本书由国家社会科学重大项目：
中国城市社会来临与智慧城市设计及发展战略研究（11&ZD154）资助

迈向新时代的智慧社会：

中国智慧城市发展战略研究

王世福　张振刚◎著

科学出版社
北京

内 容 简 介

本书是在国家社会科学基金重大项目“中国城市社会来临与智慧城市设计及发展战略研究”（11&ZD154）结题成果基础上，进一步以智慧城市发展战略的顶层目标响应社会主要矛盾的变化，以“迈向新时代的智慧社会”为题，建构多学科协同研究框架，论述智慧城市推动中国城市化进程中，实现更高更和谐的人类城市文明的理念与策略。智慧社会是以知识与技术为支撑，具有均衡的经济与社会活动体系，是在美好空间与环境中实现科技智能向社会、向人的内涵的全面渗透，是对中国城市社会美好前景的综合描述和具体构想。

本书可供智慧城市研究相关的城乡规划学、信息科学、社会学、管理学、经济学等学科研究人员及相关行业的决策、管理、技术人员阅读。

图书在版编目（CIP）数据

迈向新时代的智慧社会：中国智慧城市发展战略研究/王世福，张振刚著. —北京：科学出版社，2021.8

ISBN 978-7-03-066524-9

Ⅰ. ①迈…　Ⅱ. ①王…　②张…　Ⅲ. ①现代化城市-城市建设-研究-中国　Ⅳ. ①F299.2

中国版本图书馆 CIP 数据核字（2020）第 204597 号

责任编辑：陈会迎 / 责任校对：贾娜娜
责任印制：张　伟 / 封面设计：有道设计

科学出版社 出版
北京东黄城根北街 16 号
邮政编码：100717
http://www.sciencep.com

北京捷迅佳彩印刷有限公司 印刷

科学出版社发行　各地新华书店经销

*

2021 年 8 月第 一 版　开本：720 × 1000　B5
2023 年 1 月第三次印刷　印张：20 3/4
字数：412 000

定价：198.00 元

（如有印装质量问题，我社负责调换）

著者说明

本书著者王世福、张振刚为国家社会科学基金重大项目的联合首席专家，衷心感谢课题组中来自各学科的教授学者和研究生。课题研究自2011年立项至2017年结题，在跨学科交流中共同构建有关“智慧城市”的概念模型，并开展了一系列交互关联的理论探讨、案例分析和策略构想，通过有效的多学科协同研究实现了课题研究的总目标。其间发表的近百篇与课题直接相关的学术论文及学位论文，特别是张小娟的博士学位论文、李元珍和王璎卉的硕士学位论文，以及课题结题报告等，均构成了本书不可或缺的基础成果。

子课题负责人及核心成员作为各章的初稿执笔人，提供了本书基础性的内容，各章撰写人如下。

第1章由王世福、张振刚、刘玉亭、邓昭华撰写，第2章由刘玉亭撰写，第3章由邓昭华、张小娟、樊霞撰写，第4章由张振刚、张小娟、邓沁雯撰写，第5章由刘洪波、张小娟、吴克昌撰写，第6章由丁焕峰、张振刚撰写，第7章由樊霞、徐向民、朱桂龙、晋建秀撰写，第8章由赵渺希、张小娟撰写，第9章由王世福、张振刚、邓昭华撰写。

邓昭华负责后期整体的编辑组织工作，大批师生参与了繁重但充满智慧和汗水的初稿研读、观点凝练和文字编辑工作，他们包括：李元珍、杨修文、赵晔炜、王璎卉、刘铮、李璐颖、曹璨、林铭祥、刘逸云、赵银涛、梁潇亓、冯倩晶、陈丹彤、刘洁、陈安德、胡歆悦、韩咏淳。

前　言

进入新时代，我国的社会经济发展呈现出一系列新特征，主要包括：社会主要矛盾的转变、经济社会新常态、工业化进入中后期、城镇化转型、向信息社会加速过渡、人口老龄化等。而城市社会则成为我国新时代的基本特征。

中国城镇化率超过 50%并带动全球进入城市时代，城市社会成为全球生产、生活的主导模式，日益给予人类一种“城市性”的教化，一种强交互和强自我并存、组织精细化和个体异质化共现的精神洗礼。城市社会的来临，意味着人类走出“乡村社会”的简单组织模式，迈入复杂化、高科技化、专业化的分工合作共享模式，并在信息技术的变革推动下日益呈现去时空的即兴式特征。当前，我国已步入工业化、全球化、信息化同步交织的快速城市化后半程，成为“世界工厂”，但也留下了一些城市问题；光速传播的信息流压缩了时空距离，使得社会交往、思想传播和货物流通的方式得以变革，显著提升了城市的产业创新和综合服务能力，同时也重构了城市实体空间和虚拟意象，催生了社会性的数字鸿沟。如果说，城市是人类最伟大的发明与最美好的希望，基于信息技术建构的智慧城市则应是人类走向未来更高更和谐城市文明的一种状态。

据此，本书提出了“在城市社会来临的背景下，智慧社会作为智慧城市的最终发展目标，应如何构建及发展”的核心问题，并借助软系统理论解析“城市社会”与“智慧城市”的特征及要素，由此确立了本书的框架和研究目标。本书编写组通过整合城乡规划学、社会学、经济学、管理科学、信息科学等多学科资源，在文献考据、理论研究的基础上，综合采用定性与定量分析相结合的多种研究方式，在实践中将大数据分析技术拓展至区域发展、城市管理等多个领域，实现了跨学科理论研究在城市社会实践中的推广应用。

在基础研究层面，首先从历史演进的角度出发，总结了我国城市社会的发展现状，在国内外经验总结的基础上，归纳了我国城市社会在经济、社会、空间发展等维度的特征。其次，本书对智慧城市进行了工作定义，从技术层面回顾梳理智慧城市的国内外理论与实践，总结了新时代智慧城市建设的关键要素及要素间的耦合关系。

本书指出，“城市社会”是一个动态的区域时空概念，是城市生产和生活占主导的发展阶段，同时也包含了时间维度的动态演进过程，中国当前处在城市社会发育的初步阶段，当前的城镇化阶段是社会矛盾的凸显期和“城市病”的集中爆发期，具体表现如下。

（1）中国城市化发展呈现大城市规模持续增大、承载密度居高不下、社会异质性突出的特点。

（2）中国城市化进程中社会建设重视不足，公共服务供给和公共管理水平滞后于经济和空间的城市化。

（3）中国城市化进程中经济发展质量不优，企业创新能力和产业价值效能的不足影响了城市竞争力的提升。

在系统建构层面，结合中国城市化的发展趋势，本书研究制定了我国智慧城市的设计框架，具体包括智慧城市的基本要素、智慧城市三层次五系统模型及智慧城市的发展战略。该系统模型由战略层、活动层、支撑层三大层次构成，战略层位于智慧城市系统的顶层，指引智慧城市的其他四个系统，实现系统内的多维相互协调；活动层是智慧城市系统的中间层，包括以智慧公共政务、智慧公共服务、智慧城市社会治理为主导的社会活动体系，以及以制度创新、产业创新为主导的经济活动体系；支撑层是智慧城市系统的技术承载层，包括以知识信息技术发展与基础设施提升为主导的知识与技术体系，以及以要素流动与空间耦合为基础，整合城市功能、交通出行、意向感知、资源与环境等方面的空间与环境体系。

结合中国新时代城市社会的发展趋势，本书旨在指出以下几点。

1. 以智慧城市构建更加均衡的城市经济社会活动体系

经济活动体系是智慧城市建设的基本内容，智慧城市必须是经济可持续发展的城市，合理高效且充满创新能力的产业体系是智慧城市建设的关键。综合考虑智慧城市的建设实际，本书研究将智慧城市建设的经济活动体系分为三大部分：经济制度系统、创新系统、产业体系。智慧城市的产业体系应具备持续性、创新性、生态性和舒适性四大特征，是智慧型产业比重高、产业创新能力强、产业结构优化且能协同发展的城市产业体系。智慧城市的经济制度系统主要包括基本经济制度、现代市场体系、地方政府职能、城乡发展一体化、开放型经济体制等五方面内容。智慧城市的创新系统则是城市创新驱动战略的基础，地方政府应该建立研发的公共服务平台来为企业创新提供支持，建立产学研协同创新机制，强化企业在技术创新中的主体地位，发挥大型企业创新骨干作用，激发中小企业创新活力，推进应用型技术研发机构市场化、企业化改革，让企业成为建设城市创新体系的主体。

智慧城市的社会活动体系是城市中人与人之间形成的联系、网络、组织、制度、规范及价值观念和行为活动的集合。数字化、网络化、智能化运作的社会活动体系包括三大部分：一是智慧公共政务，通过信息共享、资源整合、业务协同实现一站式政务服务和及时、精准的智能化决策；二是智慧公共服务，通过信息技术的应用提升公共服务供给能力，创新供给模式，突出强调人的核心价值和能动作用，实现公共产品和公共服务高效便捷的智慧化供给；三是智慧城市社会治理，通过信息开放、公众参与促成多元主体基于共同目标的合作，实现积极的社会互动，市民、公私机构及政府通过合作、协商、伙伴关系，处理城市公共事务或者实现协同发展，促进社会进步。

2. 以知识与信息技术支撑智慧城市的发展

智慧城市的知识与技术体系涵盖了感知、设施、数据和应用等四个层次：①感知层的核心能力是泛在的外界感知能力和本地智能处理能力，通过传感器及传感网等技术实现对城市范围内各种关注对象的监测和控制，帮助人们及时了解和掌握事物的状态、位置、所处环境等；②设施层作为智慧城市的物理基础，其核心是实现互联的广域通信网络和高效一体化的云基础设施；③数据层的主要功能为实现数据共享与融合、为各类智慧城市业务和应用提供通用数据及能力支撑；④应用层基于充分汇聚的城市各类大数据及智能处理结果，实现城市智慧化运行和管理。

基于我国当前各城市的实践经验，信息技术支撑体系的建设路径主要包括六个方面：①建立全面覆盖的感知网络，为城市智能化提供基础；②建立完善的信息基础设施，推动高速网络的全面覆盖；③建立完善的信息技术链与信息产业链，推行信息产业化与产业信息化的建设，以“互联网+”和“工业 4.0”（第四次工业革命）为重点推进互联网与产业的融合发展；④建立信息数据库系统和信息公共平台体系，有条件开放数据接口，利用新型数字服务改善城市生活、鼓励新业务发展；⑤推进智慧操作系统建设，提升信息技术的城市应用；⑥建立信息安全与保障体系，促进数据安全流动，加强对信息源的保护力度，保障信息公开的透明度，实现信息共建共享、安全流动。

3. 构建美好空间环境中的智慧社会

在现代人类文明的发展理念中，城市意味着更加美好的空间状态。在中国当前的城镇化阶段，尽管“大城市病”的社会反思与乡思、乡愁的文学追忆相交织，却不能否认中国城市化进程还将继续，智慧城市的意义即在于如何智慧地利用各种可能的知识和先进技术，让城市社会容载、发育于更加美好的城市空间环境中。智慧城市的空间环境建设包括四个主要方面：①推进智慧的城市功能组织建设，探索城镇体系等级结构和职能结构的优化，关注信息社会下城市社区尺度的空间优化与社区建设，完善小尺度的城市功能环境；②创建智慧的城市交通组织，高效地组织“智慧”型交通；③互联网媒介与城市建设深度融合，为城市构建美好的城市形象；④调控互联网与物联网，促使资源环境建设从单向式处理向有机循环式处理转变、促使空间规划管理从集中管控向分布式社会治理转变，积极采用城市资源环境的微降解、微净化、微渗透、微更新和微调控等手段，协调自然生态空间与城镇发展空间的耦合布局关系，最终实现城市资源环境的可持续发展。

最后，本书对未来中国智慧社会进行了展望，智慧社会并非只是技术进步和应用的数字城市或智能城市，而是科技智能向社会、向人的内涵的全面渗透，是对城市社会美好前景的综合描述和具体构想。中国传统文化中蕴含着丰富的“大智慧”，如何在积极的文化传承中表达大数据信息时代的中国幸福生活理想，如何运用最新科技智能，实现更高更和谐的新型人类城市文明，是一种集合“智慧城市”和“中国梦”的中国智慧城市社会构想。

目　　录

第 1 章 背景及框架①

本章从我国新时代背景与研究意义出发，通过追溯研究问题的起源与进展，明确了研究的总体思路与方法，以及目标与基本内容。

1.1 新时代背景与研究意义

1.1.1 新时代背景

党的十九大报告明确指出："中国特色社会主义进入了新时代"，社会主要矛盾转化为"人民日益增长的美好生活需要和不平衡不充分的发展之间的矛盾"②。同时，新型城镇化战略、创新驱动发展战略、供给侧结构性改革、数字中国、乡村振兴等国家战略的提出，都预示着我国城市和社会的发展进入了阶段性转化的关键时期。

进入 21 世纪，全球有 50%以上人口居住在城市。在中国，城市化正处于快速发展阶段，2017 年底我国的城市化率已经达到 58.52%，中国正进入城市社会，这将区别于农村人口占主导地位的传统农业社会。未来 10~25 年将是中国社会整体变迁期，在这期间中国将有 2 亿~3 亿农业人口迁入城市，这一巨大变迁对中国经济、社会的全面发展有着不可估量的推动作用（张鸿雁，2008）。

这一前所未有的城市化进程，给城市的发展带来巨大机遇的同时，对城市规划和管理、社会稳定与安全、城市可持续发展等问题也提出了严峻挑战，城市被推到了世界舞台的中心，发挥着主导作用。考察当代中国的城市化进程，中国城市化和城市发展将不得不面对许多问题和挑战。《中国城市发展报告》编委会研究结果指出，中国城市发展面临着人口、资源、环境制约，区域发展不平衡不协调，

① 初稿执笔人：王世福、张振刚、刘玉亭、邓昭华。

② 《习近平：决胜全面建成小康社会 夺取新时代中国特色社会主义伟大胜利——在中国共产党第十九次全国代表大会上的报告》，http://www.gov.cn/zhuanti/2017-10/27/content_5234876.htm[2021-05-28]。

“大城市病”日益蔓延等诸多挑战。中国的城市，随着城市化进程的加速，大量人口（规模上的）在城市空间聚集（空间上的），城市社会面临许许多多的社会问题、经济问题、政策和制度问题、资源与环境问题。与此同时，信息技术的高速发展带来了全球普遍的信息化浪潮。一方面，信息化使人们和工作单位的联系越来越依赖于电子通信和因特网，减少了面对面的接触需求，进而降低了空间集中的需求，某种程度上影响了城市化的快速发展。但另一方面，通信技术革命却加速城市化的浪潮，人们趋向于有工作机会的地方，而在全球知识经济的浪潮中工作机会集中在财富、权力、知识和信息集中的地方，也就是最大的都市地区。基于信息技术的支撑，城市自然空间的地理、物理限制已经被彻底打破，人们的虚拟活动也不再受国家边界等的限制，流动性显著增强，城市空间与时间出现分离（卡斯特和许玫，2006）。信息化冲击着许多工业化时代的过时的城市生活方式，对城市管理的优化提出新的要求。如何有效应对问题和挑战，实现城市健康、持续发展的基本诉求，寻求合理的城市发展模式和基本路径是必要而又迫切的。城市需要在社会管理、经济发展、文化策略、政府管理等多方面有“更智慧”的策略，这些需要也在呼唤“智慧城市”时代的到来。

1.1.2 理论与现实意义

从国内外经验来看，一般把城镇人口作为判断一个国家或地区是否进入城市社会的主要标准，当城镇化率达到50%时，标志着城市社会的来临，同时，根据人口城镇化水平，可以把城市社会划分为四个阶段（表1-1）。我国常住城镇人口比重在2011年底首次超过50%，至2017年底，全国常住人口城镇化率达58.52%，进入初级城市社会阶段后期，城市社会成为我国未来发展的主旋律。与此同时，国家大力开展智慧城市试点工作，截至2017年底，共公布了3批、290个试点城市。从数字城市、智能城市到智慧城市的发展演进，现代信息技术在城市中的应用日益广泛和深入，并不断参与重塑我们的城市社会生活。可见，城市社会和智慧城市作为本书的两大核心关键词，不仅是我国当前重要的发展趋势，也是社会研究和城市建设的热点内容。

表1-1 城市社会阶段划分

城镇化率	城市社会阶段划分
51%~60%（含）	初级城市社会
60%~75%（含）	中级城市社会
75%~90%（含）	高级城市社会
90%以上	完全城市社会

面对上述背景，学术界从中国城市社会来临、智慧城市的评价体系和建设路径等方面展开了零散研究，但对城市社会和智慧城市的基本定义及内涵、中国现代城市社会的基本特征及面临的关键问题、智慧城市设计的主要内容、智慧城市的发展战略选择等内容都缺少系统而深入的研究，本书正是在此背景下展开研究和撰写的。为此，本书在清晰认识中国城市社会来临背景下城市社会的基本特征的同时，为推进新时代城市社会持续、健康发展，探讨智慧城市的发展模式和设计智慧城市的基本路径及方法。本书的意义与价值体现于理论和现实两个方面。

1. 理论意义

1）从理论上定义城市社会，并厘清城市社会的内涵、特征

目前，城市社会并没有被明确和理性地认识，也没有判断标准。但从我国的发展现状来看，经济、城市化和工业化等方面的巨大成就，预示着我国城市社会的发展进入了新时代。展望未来十年，人口城镇化率仍将保持较快的增长速率，同时，还表现出城市生活方式逐步普及、城市空间品质不断提升、城乡关系日益和谐、城市文化特色更加鲜明等特点，体现着乡村社会向城市社会的深入转变，可以说，城市社会是新时代中国的基本特征。本书将明确城市社会的定义和内涵。在此之上，进一步分析我国城市社会的基本特征，从而为理性认识中国现代城市社会提供基础的研究结论。

2）建构智慧城市的理论体系，明确智慧城市的概念和特征

智慧城市暂时还是一个模糊的概念，本书通过对相关研究与实践的回顾与评价，结合我国城市社会所涉及的关键特征，建立一个以问题为导向的智慧城市理论体系。这包括了明确定义智慧城市，并抽取其核心要素组建概念模型。

3）构建智慧城市的社会活动体系

城市化和城市发展的问题需通过智慧化的社会管理手段缓解。智慧城市所涉及的社会活动就是要以持续改善民生为根本的出发点和落脚点，紧紧围绕民众实际需要，服务群众，服务社会。把智慧城市建设的重点转移到改善、提升市民生活质量上，建设一个民众生活品质高的城市。本书将以智慧城市社会治理为核心，同时以智慧公共政务和智慧公共服务为支撑，构建智慧城市的社会活动体系。

4）构建智慧城市的经济活动体系

城市的智慧化将催生并带动智慧产业的迅速发展，同时产业的智慧化又反作用于智慧城市的建设和发展。在充分利用物联网、云计算、大数据、移动互联网等信息通信技术的基础上，智慧城市应该具有智慧的经济结构和产业体系，以及高效增长的城市经济体系；智慧城市一定是创新型城市，也是幸福城市和经济增长绿色化的城市。本书将在论述智慧城市经济活动体系主要内容和中国城市发展

问题的基础上，探讨智慧城市建设的产业体系和经济支撑体系，重点关注产业创新，并提出提升智慧城市经济效率的相关政策措施。

5）构建智慧城市的知识与技术体系

知识与技术是智慧城市构建的基础与关键支撑。本书将展开该支撑体系的关键阐述，侧重解析如何完善投入与激励机制，以及如何运用系统知识的思想和方法，开展顶层研究规划、制度建设、产业布局、技术创新、人才培养等工作，实现城市科学管理、智能生活和可持续发展的预期目标。

6）构建智慧城市的空间与环境体系

有别于传统意义上的空间环境，智慧城市中的空间与环境体系更多地表现为在借助知识与技术体系的基础上，城市的社会活动和经济活动在物质空间上的智能化运行状态。由此，回归到物质层面上，智慧城市的空间与环境建设，是最能被城市中微观个体所感知的部分，是与城市居民的日常生活最密切相关的部分。本书研究将阐述智慧城市空间与环境体系的含义和要素，就其主要内容进行深入的研究，并对智慧城市背景下的空间应对方法进行探讨，强调绿色发展和建设美丽中国。

7）阐明智慧城市群和智慧社会是新时代智慧城市建设的新阶段

智慧城市群与智慧社会是超越物质承载的智慧城市建设。智慧城市的内涵不仅是知识与技术在城市建设层面的应用，还强调知识与技术在区域发展和城市社会的全面渗透，指向未来理想的区域关系与社会构想。新时代的提出预示着智慧城市建设进入新阶段，本书在建构智慧城市理论体系的基础上，对智慧城市群与智慧社会的发展进行展望，从而实现更智慧的区域关系和城市社会。

2. 现实意义

1）明确城市社会是我国新时代的基本特征

综合考虑国内外城市社会研究成果，结合我国的发展趋势与特征，判断城市社会是否为我国新时代的基本特征，构建本书的研究背景与研究基础。

2）明确城市社会来临的背景下，我国城市的主要特征

深度挖掘我国城市社会的特征，是本书的重要基础性研究之一。该部分的成果能使得接下来的研究更有针对性，并从侧面为我国城市发展指明方向。

3）明确智慧城市的发展方向，为我国提供智慧城市建设的战略框架

本书将明确智慧城市的工作定义、概念内涵，并建构智慧城市的概念模型。该概念模型将为我国城市发展提供重要的价值观指引与战略框架。

4）为社会活动提供更智慧的战略设想

针对社会管理格局、群众权益机制、人口管理和服务、社区管理和服务、信息网络管理和思想道德建设等核心方面，提出具体的智慧公共政务、智慧公共服

务、智慧城市社会治理策略，促进社会系统协调运转。

5）为经济活动提供更智慧的战略设想

从更智慧的经济结构和更智慧的产业体系出发，着眼城市创新，在论述智慧城市经济活动体系主要内容和中国城市发展问题的基础上，重点探讨智慧城市建设的产业体系和经济支撑体系，并提出提升智慧城市经济效率的相关政策措施。

6）以知识与技术为基础，构建更智慧的支撑体系

重点运用系统知识的思想和方法，挖掘信息技术的关键技术，构建智慧城市的知识与技术体系。

7）在空间与环境发展方向，提供智慧化的空间发展战略

阐述智慧城市空间与环境体系的含义和要素，就其主要内容进行深入的讨论，并对智慧城市背景下城市空间应对方法进行探讨。

1.2　问 题 起 源

1.2.1　中国步入新时代

1. 新时代的提出

改革开放以来，我国在经济建设和城市化等方面取得了突出成就，经济总量稳居世界第二，不少领域进入了世界前列，明显地拉近了与西方发达国家的差距。党的十九大报告明确提出："中国特色社会主义进入了新时代"，社会主要矛盾转化为"人民日益增长的美好生活需要和不平衡不充分的发展之间的矛盾"[①]，标志着我国进入了全新的发展阶段。新时代的提出，既表明了我国当前的发展可能存在质量不高、区域差异显著等问题，还指出了与过去相比，我国的发展环境已出现明显的转变，我国进入了转型发展的战略性阶段。

2. 新时代的特征

新时代的提出是对国家发展现状与国内外发展环境的一次深刻认知与反思，通过明晰我国的发展阶段与特征，确定阶段性发展的目标与要求，有助于探索科学发展的新路径。

新时代下，我国的经济社会正呈现新的发展特征。一是经济发展进入新常态，

---

① 《习近平：决胜全面建成小康社会 夺取新时代中国特色社会主义伟大胜利——在中国共产党第十九次全国代表大会上的报告》，http://www.gov.cn/zhuanti/2017-10/27/content_5234876.htm[2021-05-28]。

经济由高速增长向中高速增长转变，强调经济的“提质增效”，转变传统的增长方式；二是城镇化速率有所放缓，但仍保持高速增长，《中国农村发展报告 2020》中指出，预计到 2025 年，中国城镇化率达 65.5%，城市社会将进一步取代乡村社会，成为我国新时代的基本特征；三是创新日益成为国家发展的核心动力，包括经济、科技、体制等各个方面。

3. 新时代的战略目标

党的十九大综合分析国际国内形势和我国发展条件，对国家提出新时代的战略目标，习近平在十九大报告中强调“从二〇二〇年到二〇三五年，在全面建成小康社会的基础上，再奋斗十五年，基本实现社会主义现代化”“从二〇三五年到本世纪中叶，在基本实现现代化的基础上，再奋斗十五年，把我国建成富强民主文明和谐美丽的社会主义现代化强国”①。新目标强调实现经济、政治、社会、文化和生态的全面提升，主要的发展战略包括：加快建设创新型国家，为科技强国、数字中国和智慧社会等建设提供有力支撑；落实新型城镇化战略，提高新型城镇化质量和统筹城乡发展；坚定文化自信，提升国家软实力；实施乡村振兴战略，解决“三农”问题；加强生态文明建设，缔造美丽中国等。并且，“智慧社会”被写入十九大报告，它是对“智慧城市”概念的延伸，预示了未来社会的发展方向。

1.2.2　城市社会来临

当代世界城市的发展，正在形成新的城市化与城市现代化高潮，中国正处在城市社会来临的社会发展阶段。联合国人居署的《2008/2009 世界城市状况：和谐城市》报告中指出，全人类现在已有一半的人口生活在城市，但是这个重大的转变过程远未接近尾声。全球城市化程度将在今后 40 年显著上升，到 2050 年达到 70%。中国的城市化水平预计到 2050 年也将达到 70%。如何应对这一规模空前的城市人口膨胀，是摆在城市决策者面前的一道难题。时代的发展将城市推到了世界舞台的中心，城市发挥着主导作用。

1. 中国城市社会的基本特征

中国城市正处于快速工业化发展期，现代城市社会运行与发展的必然性，具体表现为以下几点：现代城市规模不断扩大，城市人口高度密集；现代城市社会

① 《习近平：决胜全面建成小康社会 夺取新时代中国特色社会主义伟大胜利——在中国共产党第十九次全国代表大会上的报告》，http://www.gov.cn/zhuanti/2017-10/27/content_5234876.htm[2021-05-28]。

成员异质化程度加深，现代城市社会流动率高；现代城市空间结构日益复杂；现代城市社会文化日益世俗化，现代城市生活方式日益现代化、多元化；现代城市社会问题时有发生，难以根除。

2. 中国城市化面临的主要问题

当代中国正处在一个城市化快速发展阶段，未来10~25年将是中国城市社会来临的社会整体变迁期，与此同时，中国将有5亿~6亿的农业人口迁入城市，这一巨大变迁将对中国经济、社会的全面发展起到不可估量的推动作用。然而，随着城市经济的发展，以及人口的迅速增长，城市贫困、社会分化、心理失调及环境污染等城市社会问题也逐渐浮现。考察当代中国的城市化进程，中国城市化将不得不面对以下12个问题（张鸿雁，2008）：①人口高增长是制约中国城市化发展的主要因素，城市土地与资源的缺乏，城市与自然环境的承载关系矛盾将是中国城市化发展的最大障碍；②城市自身可持续发展能力的政策环境不充分，城市总体发展目标与社会需求及历史责任目标有偏差；③城市基础设施水平低，"拥挤不经济"普遍存在，城市环境在较长时间内难以满足人们对生活的质化追求；④城市政府管理模式不适应现代城市的发展，在创造可持续发展的城市化过程中，有可能出现城市管理缺位现象；⑤中小城市和小城镇建设中可能存在一些问题，在整体规划方面不能形成区域间的整合与建构；⑥反城市化思潮及现象依然存在，在某些领域人们对城市化的认识缺乏科学和基础的认知；⑦城市发展模式以规模扩张为主要形式，内部城市化发展之后，适度紧缩城市的理论不能在现实中发挥作用；⑧区域城市化和城市现代化发展面临一系列制度性障碍，城市间的行政壁垒成为城市群结构关系发展的制约因素；⑨一系列城市社会问题影响城市化质量和进程，如城市社会犯罪、城市污染、城市外来人口、城市老龄化、城市家庭问题等；⑩城市化多梯度结构影响社会整体发展与进化；⑪对城市化发展的理论认识不足，缺乏科学的城市化综合评价体系，城市规划引导不力；⑫城市生态建设缺乏超前运作能力，特别是城市生态与循环型城市社会发展理论没有广泛运用。总之，伴随着快速的城市人口快速增长，种种城市问题也逐渐浮现，如何在满足城市化发展需求的基础上，消除城市人口快速增长所产生的一系列社会问题是城市规划者与管理者必须考虑的问题。

3. 中国城市社会的发展诉求

"十三五"期间，我国常住人口城镇化率达到60%，加快城镇化进程是转变经济发展方式的主要动力。但随着城市化进程的加速，大量人口（规模上的）在城市空间聚集（空间上的），城市社会不得不面临来自社会、经济、政策和制度、资源与环境等多方面的问题和挑战。首先是社会问题（人），包括失业导致的贫困集聚、职住不平衡、住房短缺、城市更新与社区邻里文化的丧失、社区治理滞后、城市规模的过度膨胀等问题。其次是经济问题（产业），包括城市用地不集约、产业结构层次低及能耗高、高污染产业对城市的负效应、都市型和创新型产业发展薄弱等。再次是政策和制度问题（体制），包括户籍制度问题、公共政策决策问题、各种制度缺陷和不足、保障制度不完善等。最后是资源与环境问题（自然本底），包括城市气候变化，能源问题，交通拥堵与基础设施不足，公共服务设施不足和不均衡，水、土地等资源短缺和生态环境破坏及污染等问题。因此，面对多重的城市社会问题，积极构建人口均衡型、资源节约型、环境友好型的“三型”社会，加快转变经济发展方式，从实现人口长期均衡发展入手缓解人口与资源环境之间的矛盾，是中国城市社会发展诉求的根本所在。

4. 中国城市社会的发展方向

中国城市社会的发展呈多元化、多样化趋势。张鸿雁（2008）认为，21 世纪中国城市发展将呈现八大前景：①城市化进入高速增长期，即中国城市社会即将来临；②多梯度的城乡社会结构与差异仍然存在；③大城市数量继续扩大和功能继续提升，中国将有 1500 个城市；④城市带、城市群（圈）发展模式将成为中国城市化发展的主流；⑤国际性城市逐步出现，并将进入全球城市体系网络；⑥新兴工业化、信息化与城市化进程同时推进；⑦集中型城市化与分散型城市化同时推进，中国将进入典型的都市圈发展期，中国可能形成 20~30 个不同规模的城市群；⑧城市化与乡镇一体化同时推进，形成全新的城市社会结构关系与城市生活方式。此外，《2006–2010 中国城市价值报告》中结合中国实际，指出了中国城市社会的发展方向，即城市将向着增长方式集约化、公共服务均等化、城乡发展一体化方向发展，此项研究从“十一五”时期中国城市的价值判断出未来城市的发展走向，认为五大趋势预示中国城市新价值：一是城市化将成为转变经济发展方式的最基本的推动力量；二是生活质量是城市内涵式发展和经济包容性增长的核心；三是文化软实力成为提升城市综合竞争力的重要标志；四是有效化解“大城市病”是未来中国城市发展的当务之急；五是构建以公平正义为核心的现代社会治理模式是城市社会服务管理创新的关键（北京国际城市发展研究院课题组，2010）。此外，西方城市发展的经验教训表明，对城市社会问题的研究应成为城市建设和发展的重要前提，城市发展的根本目标在于为人类创造良好的生活居住环境，如生态城市、可持续城市、低碳城市与集约型城市、宜居宜业型城市、功能城市、文化城市、包容性城市、特色城市，以及相关学者提出的循环型城市社会发展模式等，凡此种种，成为人类追求理性城市建设和发展的模式选择，也是人类推进城市健康、可持续发展的基本诉求。因此，相关学者对中国城市的发展方向仍然持乐观态度。

5. 小结

总体而言，除了从城镇化率这一单一指标来衡量城市社会外，相关研究主要对城市社会的特征和引发问题做了简单描述，指出开放性与流动性、异质化与多元化是城市社会的基本特点，住房短缺、环境污染、交通问题等成为城市社会的焦点问题，此外，还提出了城市社会的发展前景与方向。然而，当前对城市社会仍然缺乏理性、科学的评价标准，对何为城市社会（定义和内涵）、城市社会具备什么基本特点、面临哪些关键问题和挑战、城市社会的持续健康发展具有哪些具体的诉求，以及针对此类问题和诉求，相关责任方应采取什么样的措施等问题，缺少科学的研究成果支撑，难有具体的答案。

1.2.3　智慧城市的发展

1. 智慧城市的起源

“智慧城市”的概念，最早起源于“智慧的地球”这一愿景。2008 年 11 月，在纽约召开的外国关系理事会上，发布了《智慧的地球：下一代领导人议程》主题报告，提出了“智慧的地球”这一理念，主要指把信息技术充分运用在各行各业之中，即把感应器嵌入和装备到全球每个角落的医院、电网、铁路、桥梁、隧道、公路、供水系统、大坝、油气管道等各种物体中，通过互联形成“物联网”，再与互联网相联，实现人类社会与物理系统的整合，而后通过超级计算机和云计算将物联网整合起来，以更加精细和动态的方式管理生产和生活，从而达到全球“智慧”状态，最终实现“互联网+物联网 = 智慧的地球”的愿景（沈明欢，2010）。简单地说，“智慧的地球”是 IBM 对于如何运用先进的信息技术构建新的世界运行模型的一个愿景。

随后，出于自身产业转型和推销软件与服务的商业目的，IBM 提出“智慧的城市在中国突破”的战略，并相继与我国十多个省区市签署了“智慧城市”共建协议，一时间“智慧的地球”“智慧城市”等新概念引起人们的广泛关注（秦洪花等，2010）。事实上，世界范围内的有识之士，一直在努力提升信息技术的应用水平。然而，这些行动大多零散且各自为政。相比之下，“智慧的地球”则从一个总体产业或社会生态系统出发，针对该产业或社会领域的长远目标，调动该生态系统中的各个角色以创新的方法做出更大更有效的贡献，充分发挥先进信息技术的潜力以促进整个生态系统的互动，以此推动整个产业和公共服务领域的变革，形成新的世界运行模型（张永民，2010）。

“智慧城市”作为“智慧的地球”策略的一个重要方面，能够充分运用信息通信技术手段感测、分析、整合城市运行核心系统的各项关键信息，使得决策者可以做出最佳决策，并预测可能发生的问题，最大程度降低灾害的影响，同时有效协调资源以解决问题。“智慧城市”被认为是城市解决发展挑战，实现创新转型的重要工具。

2. 智慧城市的概念

对于“智慧城市”的概念，目前尚没有统一的说法，但现有研究与实践大多基于 2008 年底 IBM 提出的“智慧的地球”这一理念而展开。IBM 在《智慧的城市在中国》白皮书中将智慧城市定义为：能够充分运用信息通信技术手段感测、分析、整合城市运行核心系统的各项关键信息，从而对于包括民生、环保、公共安全、城市服务、工商业活动在内的各种需求做出智能的响应，为人类创造更美好的城市生活。可以发现，IBM 作为国际商用机器公司，其提出的智慧城市的概念主要以信息技术行业的生存发展出发点，侧重于发挥自身的优势技术和应用，因此不能代表智慧城市应有的含义，智能化只是智慧城市的一个方面或手段。

2009 年，来自意大利和荷兰的学者结合维也纳大学评价欧洲大中型城市的六个维度——智慧的经济、智慧的运输业、智慧的环境、智慧的居民、智慧的生活和智慧的管理，定义了智慧城市。这个定义在国际上被广泛接受，即智慧城市通过在人力、社会资本、交通和信息通信基础设施上的投资，来推动经济可持续增长和提高生活质量，并且通过参与式的管理对上面的资源及自然资源进行科学的管理（黄天航等，2011）。

我国学者普遍认为，智慧城市充分借助物联网、传感网，涉及智能楼宇、智能家居、路网监控、智能医院、城市生命线管理、食品药品管理、票证管理、家庭护理、个人健康与数字生活等诸多领域，把握新一轮科技创新革命和信息产业浪潮的重大机遇，充分发挥城市信息通信技术产业发达、射频识别技术（radio frequency identification，RFID）领先、电信业务及信息化基础设施优良等优势，通过建设信息通信技术基础设施等工程，加快产业关键技术攻关，构建城市发展的智慧环境，形成基于海量信息和智能过滤处理的新的生活模式、产业发展模式、社会管理模式等，面向未来构建全新的城市形态。

“智慧城市”，狭义地说是使用各种先进的技术手段尤其是信息技术手段改善城市状况，使城市生活便捷；广义上理解应是尽可能优化整合各种资源，使城市规划、建筑让人赏心悦目，让生活在其中的市民可以陶冶性情、心情愉快而不是承受压力，建设适合人的全面发展的城市。可以说，智慧城市就是以智慧的理念规划城市，以智慧的技术建设城市，以智慧的手段管理城市，用智慧的方式发展城市，从而提高城市空间的可达性，使城市更加具有活力和长足的发展潜力。

3. 智慧城市的特征与内涵

纵观国内外智慧城市特征的相关成果，大多研究认同 IBM 在《智慧的城市在中国》白皮书中的界定，即智慧城市所具有的基本特征是：①全面物联，智能传感设备将城市公共设施物联成网，对城市运行的核心系统实时感测；②充分整合，物联网与互联网系统完全连接和融合，将数据整合为城市核心系统的运行全图，提供智慧的基础设施；③激励创新，鼓励政府、企业和个人在智慧基础设施之上进行科技和业务的创新应用，为城市提供源源不断的发展动力；④协同运作，基于智慧的基础设施，城市里的各个关键系统和参与者进行和谐高效的协作，达到城市运行的最佳状态（史璐，2011）。

针对智慧城市的内涵，国内研究视角差异较大。骆小平（2010）基于国际城市发展的应然取向提出智慧城市的三层内涵。①经济上健康合理可持续。智慧城市首先应该具有智慧的经济结构和产业体系，具有高效增长的城市经济体系。智慧城市的经济是绿色、低碳、循环经济。②生活上和谐安全更舒适。智慧城市是充满活力、积极向上、富有朝气的具有未来视野的居住地。智慧城市有现代的技术支撑，涉及城市的智慧管理、智慧生态、智慧流通、智慧交通、环境保护、社会公共安全、智慧消费和智慧休闲等多个领域。智慧城市是以人为本、和谐、生活舒适便捷的城市。③管理上科技智能信息化。城市管理包括政府管理与居民自我生活管理，管理的科技化要求不断创新科技，运用智能化、信息化手段让城市生活更协调平衡，使城市具有可持续发展的能力。智慧城市最明显的表现即广泛运用信息化手段，这也是智慧城市所包含的意义。而张永民和杜忠潮（2011）认为，智慧城市的内涵很广泛，至少包括三大网络：一是物质网络，以物联网为代表；二是信息网络，以云计算为代表；三是以智能电网为代表的能量网。智慧城市的核心包括对现有互联网技术、传感器技术、智能信息处理等信息技术的高度集成，其大规模应用将成为城市未来新的经济增长点之一，也有利于政府管理、企业运营、市民工作和生活。

综合现有研究对于智慧城市的理解，“智慧城市”理念是围绕城市可持续发展、城乡一体化发展、民生核心需求等关注点，将互联网、物联网等先进信息技术与城市管理运营理念进行有机结合，通过对城市海量信息数据进行实时收集、存储，构建智能化的城市信息技术基础架构，通过数据的互联互通、交换共享、协同的关联应用，为城市治理与运营提供更高效、灵活的决策支持与行动工具，为城市公共应用服务提供更人性化、更便捷的创新应用与服务模式，让现代城市运作更安全、更高效、更便捷、更绿色。值得一提的是，智慧城市的理念提供了城市创新发展的新思路，开辟了认识城市、发展城市的新视角，其本质是以物联网为重要基础，以先进信息技术、智能技术和多网融合为依托，以智慧技术、智慧产业、智慧服务、智慧管理、智慧人文、智慧生活等为重要内容的城市发展新模式和新形态（张永民和杜忠潮，2011）。

然而，需要认识到，技术上的全面物联、充分整合、激励创新及协同运作，并不一定完全顺应城市空间发展的规律，也并不一定促使城市空间高效有序运转。不管智慧城市的基本内涵是经济发展、生活舒适、管理智能，还是物质网络、信息网络及智能电网，可以发现，这些内涵都强调技术智能对城市运行与发展的好处。

4. 小结

从现有文献资料来看，国内外有关智慧城市的研究已有一定基础并达成一定共识。全面物联、充分整合、激励创新和协同运作，或者说更透彻的感知（物联化）、更全面的互联互通（互联化）、更深入的智能化被认为是智慧城市的基本特征。实现经济上健康合理可持续、生活上和谐安全更舒适、管理上科技智能信息化也被部分学者认为是智慧城市的基本内涵。智慧城市理念是围绕城市可持续发展、城乡一体化发展、民生核心需求等关注点，将互联网、物联网等先进信息技术与城市管理运营理念进行有机结合，为城市公共应用服务提供更人性化、更便捷的创新应用与服务模式，让现代城市运作更安全、更高效、更便捷、更绿色，同时开辟了认识城市、发展城市的新视角。但综合现有研究来看，智慧城市基本特征或内涵的探讨都过分强调智能技术这一手段的作用，对于智能技术在城市空间中的应用关注甚少。不管是 IBM“智慧城市”的初始提出，还是目前国内外对智慧城市研究的补充完善，智慧城市被认为由人、商业、交通、运输、供水、能源等核心系统构成，技术应用成为核心系统联系的关键条件，技术突破成为影响城市发展的核心诱因与主导手段，这使得智慧城市的研究与实践往往限于智能城市、信息城市的范畴，对于智慧城市所应具备的更深层次、更广范围的定义和内涵缺乏理性认识，对于如何设计智慧城市仍停留在技术依赖的片面层次。需要认识到，智慧城市不等于智能城市，不等于数字城市。智慧城市不是眼前的，而是长远的。通过更系统的基础研究确定智慧城市的科学定义和内涵，科学论证并量化智慧城市的评价指标体系，制定智慧城市的发展战略，成为指导智慧城市建设和发展的前提和基础。

1.2.4　研究框架

基于以上认识，本书对智慧城市进行了一个新的工作定义：智慧城市是基于地缘（区域、城市、社区）的空间有机体，它拥有自组织能力强的社会系统、智能化程度高的支撑系统及创新能力强的产业系统。

本书要解决的核心问题是：在中国进入新时代，应对城市社会来临的背景下，智慧城市应该如何构建及发展？该问题属于非系统问题的定性研究。就该问题的特殊性，本书借用软系统方法论来组织研究框架，分为七个部分（图 1-1）。

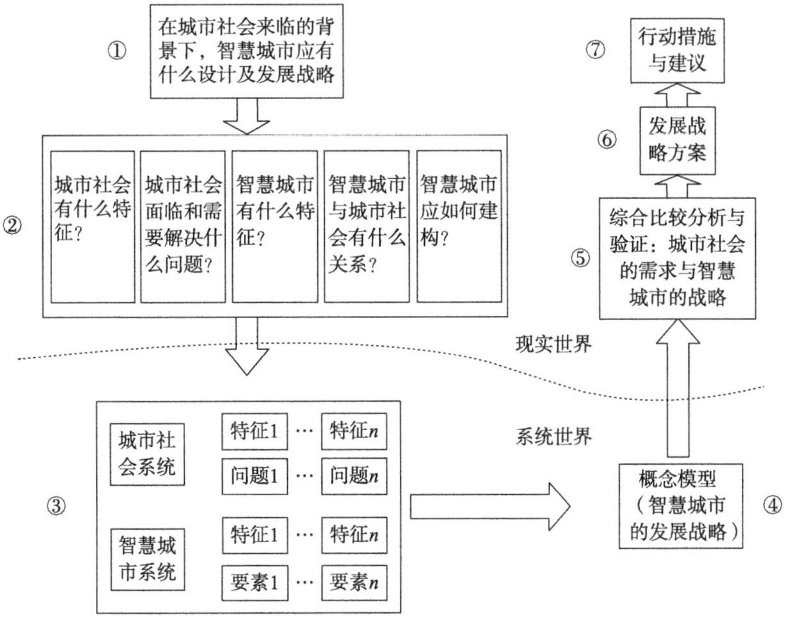

图 1-1　本书的总体研究框架

（1）研究问题的描述。在城市社会来临的背景下，智慧城市应有什么设计及发展战略？

（2）各子问题的全方位描述。其重点在于拆分研究问题的各个核心内容。对于本书，其子问题可以表述为：城市社会有什么特征？城市社会面临和需要解决什么问题？智慧城市有什么特征？智慧城市与城市社会有什么关系？智慧城市应如何建构？

（3）产生相关系统的根定义。本书的目的是建立一个满足城市社会、经济发展需求的，更加智慧的城市系统。在进行该系统建构之前，有必要把城市社会系统的特征、需要解决的问题，以及智慧城市系统的特征和相关核心要素进行系统的梳理。其中，城市社会系统的特征包括城市用地扩大化、城市人口聚集化、城市空间结构复杂化、社会成员异质化、社会文化世俗化等；城市社会系统的问题包括经济问题、管理问题、环境问题、社会问题、基础设施问题、城市发展模式问题等。智慧城市系统的特征包括要素物联、系统协同、设施整合、动力创新等；智慧城市系统的要素包括优化的空间体系、智能化的支撑体系、持续化的产业发展、高社会自组织能力等（图 1-2）。

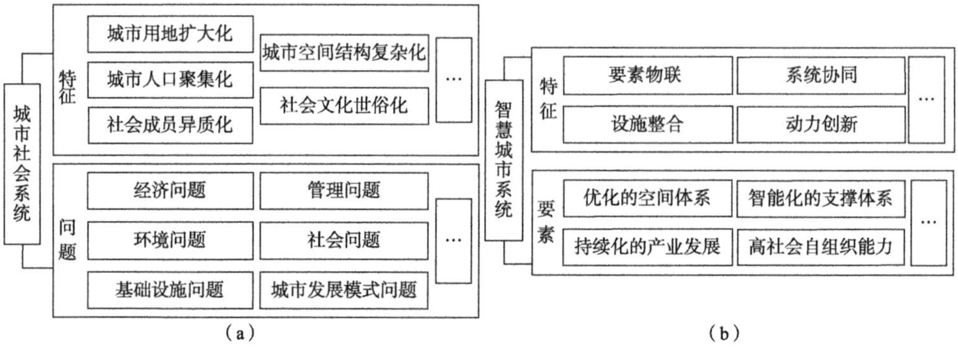

图 1-2　城市社会系统与智慧城市系统的根定义

（4）概念模型的生成。在梳理所有定义与核心要素后，对其进行重构。根据不同要素的属性与特征，建构以智慧城市设计与战略发展为总目标，含空间体系、支撑体系、社会体系、产业体系、战略体系五大体系的智慧城市星形概念模型（图 1-3）。

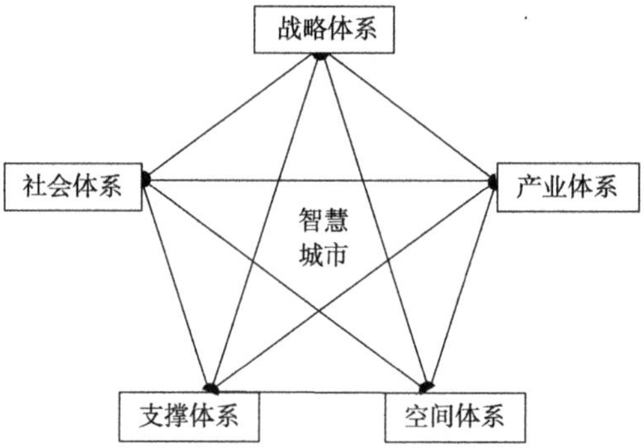

图 1-3　智慧城市星形概念模型（初步构建）

五个体系各自建构智慧城市的分项目标，并提出相应措施。更重要的是，五个体系相互关联，实现策略和措施的融合，共同构成智慧城市的总目标。

（5）验证模型。该概念模型生成后，将进行跨学科的协同研究，共同回答智慧城市构建的问题，并不断地与第（2）部分的子问题进行比照和修正。研究方案需要与实际城市社会的各方面需求进行对比分析与交叉论证。

（6）验证模型。经过第（5）部分的反复修正，得出建设智慧城市的初步方案，与实际需求进行对比分析与交叉论证，最终得出一个切实可行的发展战略方案。

（7）基于以上的研究，本书将最终提出中国实施智慧城市的行动措施、政策建议等。

1.3　思路与方法

1.3.1　研究思路

从逻辑关系来看，围绕本书的研究目标，首先，通过两个基础研究章节，分别对城市社会与智慧城市两个概念进行详细剖析；其次，对智慧城市的关键要素进行分析，分别是智慧城市的社会活动体系、经济活动体系、知识与技术体系、空间与环境体系等；最后，对以上要素进行策略性整合，形成最终的智慧城市的设计及发展战略（图 1-4）。

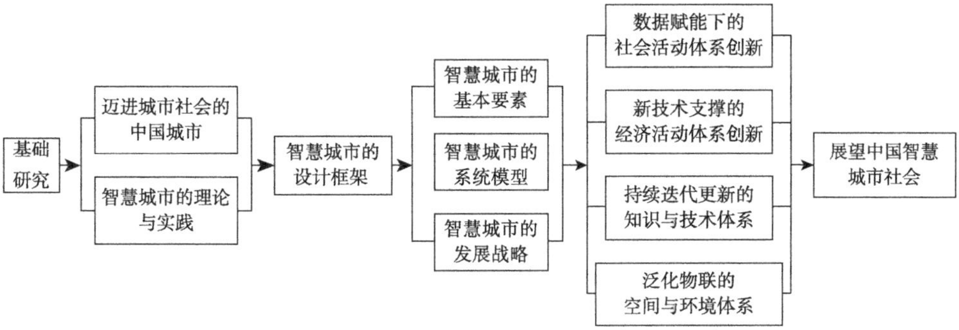

图 1-4　本书研究结构示意图

1.3.2　研究方法

1. 多学科交叉研究

由于本书研究内容具有交叉性、综合性及实证性的特点，因此采用交叉科学的理论和研究方法，从城乡规划学、信息工程学、经济学、政治学、公共行政学、政策学、统计学、建筑工程学、组织行为学、系统科学和信息管理学等不同学科角度进行全面分析和研究。

2. 空间体系的主要研究方法

在空间体系研究中，以城乡规划和城市社会的相关理论为指导，对案例城市和样本社区进行实证检验，在此基础上归纳、总结智慧城市的概念模式，揭示一般规律在各类空间尺度中的因果作用机制，从而对智慧城市的空间体系提出针对性的规划设计策略。

在技术层面，在定性分析的基础上，重视定量化研究。利用各类数据资料，运用地理信息系统（geographic information system，GIS）对空间属性资料进行处理和空间计量分析，运用 SPSS、MathCAD、UCnet、Golden Software Surfer、Office 等软件对区域城市网络、城市结构、社区的空间组织进行多变量分析，并辅以抽样问卷调查方法获取一手资料，从不同的角度揭示城市社会中区域空间组织、城市空间结构和社区空间组织的基本特征与一般规律，从而为智慧城市的规划设计提供建议。

3. 智慧城市的主要研究方法

本书利用专家访谈法来弥补文献计量分析法的某些缺陷，特别是该方法能够充分发挥各领域专家在该研究领域的优势，通过其对某些学科前沿问题的发现能力和判断力，引领智慧城市的发展。因此，本书在文献计量方法运用的基础上，结合专家访谈法，通过多种形式征求专家对智慧城市发展趋势的意见，如专家会议、专家访谈、专家专题研讨等形式，把专家的智慧集中起来，支撑本书的编写。

4. 城市社会的主要研究方法

在社会调查研究方法采用方面，本书依赖科学合理的问卷调查方案，并利用 SPSS 软件对回收的问卷进行统计分析，主要运用频率分析法和列联表分析法等定量分析方法对调研数据进行数理统计和量化分析；其中，在分析要素之间的差异时使用皮尔逊卡方检验。为保证定量研究结果的科学性，本书编写过程还采用团体小组访谈法和典型样本深入访谈法等进一步核实主观假设的真实性。

1.4　目标与基本内容

1.4.1　总体目标

在中国城市走进新时代，城市社会来临的背景下，研究智慧城市建设的关键要素，构建较为完整的、具有科学依据与广泛适应性的智慧城市解决方案，展望智慧城市群与智慧社会的发展策略。

1.4.2　分项目标

一是通过对中国城市社会的历史演进和发展趋势的分析，总结我国城市社会的特征。

二是通过对智慧城市的理论与实践的剖析，清晰定义智慧城市的概念，分析其特征及核心问题，构建一套基于我国发展现状的智慧城市的概念模型。

三是以智慧社会治理为目标，构建智慧城市的社会活动体系，以使社会治理更科学、更人性化。

四是以产业创新为核心，构建智慧城市的经济活动体系，以使城市的产业经济发展结构更健康、更可持续，最终促进产业的智慧发展。

五是以多元持续投入与激励为抓手，构建智慧城市的知识与技术体系，为智慧城市战略提供强有力的知识与技术基础。

六是以绿色发展、美丽中国为目标，构建智慧城市的空间与环境体系，从空间感知、环境感知出发，提出智慧城市的空间应对策略。

1.4.3　基本内容

服务于本书的目标，本书安排了基础内容部分、系统构建部分两大板块（表 1-2）。

表 1-2　本书研究的基本内容

板块	内容划分	主要内容
基础内容部分	迈进城市社会的中国城市	对城市社会演进进行回顾，总结规律，对城市社会来临的核心要素和带来的核心问题进行综述及评价
	智慧城市的理论与实践	对国内外研究中智慧城市的概念、内涵、特征、问题等进行综合评述
系统构建部分	智慧城市的设计框架	构建我国智慧城市概念模型
	数据赋能下的社会活动体系创新	以智慧社会治理为目标，促进社会治理的科学化、人性化
	新技术支撑的经济活动体系创新	以产业创新为核心，研究智慧城市经济活动体系的内涵与构建的途径
	持续迭代更新的知识与技术体系	以多元持续投入与激励为抓手，构建知识与技术体系的建设框架
	泛化物联的空间与环境体系	以绿色发展、美丽中国为目标，基于信息技术与感知技术，提出空间应对策略

本章参考文献

北京国际城市发展研究院课题组. 2010-11-01. 中国城市价值新变化的调查与分析：兼论“十二五”中国城市发展新方向[N]. 北京日报，（19）.

黄天航，刘瑞霖，党安荣. 2011. 智慧城市发展与低碳经济[J]. 北京规划建设，（2）：39-44.

卡斯特 M，许玫. 2006. 都市理论和中国的城市化[J]. 国外城市规划，(5)：1-3.
骆小平. 2010. "智慧城市"的内涵论析[J]. 城市管理与科技，12（6）：34-37.
秦洪花，李汉清，赵霞. 2010. "智慧城市"的国内外发展现状[J]. 信息化建设，(9)：50-52.
沈明欢. 2010. "智慧城市"助力我国城市发展模式转型[J]. 城市观察，(3)：140-146.
史璐. 2011. 智慧城市的原理及其在我国城市发展中的功能和意义[J]. 中国科技论坛，(5)：97-102.
张鸿雁. 2008. 中国城市社会将来临[J]. 财经政法资讯，(2)：59-60.
张永民. 2010. 解读智慧地球与智慧城市[J]. 中国信息界，(10)：23-29.
张永民，杜忠潮. 2011. 我国智慧城市建设的现状及思考[J]. 中国信息界，(2)：28-32.

第 2 章　迈进城市社会的中国城市[①]

本章首先明确了城市社会的概念，其次以中国城市社会发展历程的梳理为基础，分析和归纳中国城市社会的基本特征，最后通过国际城市化经验的对比研究，得出对中国城市化发展的启示。

2.1　城市社会的概念

城市社会是指传统农业社会与传统农民消亡、未来以城市产业与城镇农业为主导的市民社会，它是现代化进程中工业不断发展与进步的产物。城市社会不仅是一个区域的概念，指城市生产和生活方式占主导的区域发展阶段，还是一个动态的概念，描述的是城乡差距逐步缩小直至无差别的发展状态，强调城乡生产和生活的平衡、持续发展。

其中城市群作为城市社会的一种重要表现形式，是指城市社会发展到成熟阶段，在特定地域范围内，以一个以上特大城市为核心，三个以上大城市为构成单元的空间组织形式。多个规模不等、发育程度不一的城市群又组成了当前中国整体城市群结构体系，其是中国未来经济发展格局中最具发展潜力的战略支撑点和增长极点，是未来经济发展的命脉。

判断城市社会是否来临，需要通过判断特定区域（包括国家和地区、省、地级市等不同层级的区域）的城乡差距、判断特定区域内的城市生产和生活方式是否已经处于主导状态来识别。城乡差距需要从政治、经济、社会、文化等多方面选取指标进行综合判断，而国家统计年鉴中数据统计的不完全及地方统计年鉴中统计口径的不一致，导致综合指标选取较为困难，最终本书结合国外学者的研究，选择人口城市化水平作为单一指标，分析城市人口在区域总人口中是否已经占主

① 初稿执笔人：刘玉亭。

导，即城镇化率是否超过 50%来判断城市社会是否来临。

2011 年，我国城镇化率首次跨越了 50%的发展拐点，预计到 2025 年，我国人口城镇化率将进一步达到 65.5%，可以说，未来几年，将是中国实现由乡村社会向城市社会转变的关键时期，也是我国进入以城市社会为主体的新时代（李浩，2013）。如何提升城市品质，促进城乡融合共享，提高城镇化质量，推动城市社会向更智慧、更科学的方向发展，将是实现这一转型的关键与核心所在。

2.2 中国城市社会的历史进程

2.2.1 王权至上的古代城市

城市的起源可以追溯到早期人类定居阶段，商业和手工业的分离导致第三次社会大分工后，原始聚落居民点产生分化，以农业为主的形成了乡村，以手工商业为主的形成了城市。中国历史悠久，并且是唯一一个历史和文化未曾断层的国家。早期的文字反映，公元前 2000 年左右的夏朝作为中国史书中第一个记载的世袭制朝代，就已修筑了城市。但至今为止，部分学者根据可考遗迹，普遍认为中国最早的城市出现于公元前 3500 年前，位于今郑州一带。中国古代城市的建设与西方国家有所不同，古代城市的建设往往遵循王权至上的原则，是为秩序的构建、民众的教化所服务的。

1. 古代城市以满足阶级统治为主，经济属性逐步显现

中国古代城市形成与发展过程基本符合城市诞生的公式：“城——王权”+“市——商业”=“城市”。并且从性质上来看，中国古代城市虽然经济属性随时代的发展逐步加强，但始终没有脱离政治堡垒的特征，纯粹商业性质的城市从不曾占主流地位，商业也并非城市的主导功能。

1）夏商周时期：“城”“市”分离，单纯的王权工具

夏朝已有城墙出现，代表着“城”的雏形显现，随着奴隶制不断完善，中国古代都城成为政治统治中心和军事防御据点。奴隶主贵族居城内，一般人民居城外廓内。雏形城市作为统治阶级的工具出现，象征王权，具有政治军事功能，“城”与“市”处于相对分离的状态，实际上不能称为真正意义上的城市。

2）春秋战国及秦汉时期：“城”“市”结合，兼顾政治和经济

春秋末期至战国中叶，随着封建土地所有制的确立和商业的日趋繁荣，城市成为政治中心和经济中心的合体，经济功能的加入意味着中国真正意义上的城市

诞生。秦汉时期，城市的物质形态逐渐沉淀，并逐步形成统一的中央集权制封建国家，郡县制取代了分封制，城市除了政治功能，开始兼具经济据点的功能，并多作为商业中心及行政管辖中心出现，分布的地域也逐渐外扩。

3）魏晋隋唐及宋元时期：城市重心向东、南转移

隋唐时期，中国封建社会步入鼎盛时期，割据与统一的局面相互交替出现，北方频发的战乱导致重要城市及城市分布重心逐渐向东和向南转移。都城格局进一步附会礼制并大致定型。中国城市的发展在隋唐时期达到高峰，并在两宋时期迎来二次革命，里坊制解体并走向街坊制代表了城市从封闭走向开放，中国城市开始走向近代化。

4）明清时期：资本主义萌芽出现，城市数量与类型增加

封建社会晚期经济快速发展，传统的农业、手工业、商业都发展到了顶峰，并出现了资本主义萌芽。这一时期城市的数量和类型都有所增加，分布范围更加广泛。城市格局与秦汉后期的都城建设一脉相承，且严格附会礼制。受到统治阶级思想的影响，闭关锁国的政策导致一段时间内中国城市发展的"停滞"，清朝后期外来资本主义的冲击，对不同城市产生了不同的影响。

2. 古代城市与农村呈现和谐共存的发展关系

长期以来，中国古代城市偏重政治功能，商业发展只是维持政治性城市自身繁荣的必要条件。其中自然经济是封建统治者赖以立足的关键，与之相对的商品经济始终不能得到长足发展。这使得早期城市由于生活消费较高、政治倾向较强，缺乏对农村人口的吸引力，城乡人口比例长期维持稳定。但后期由于贸易及交通体系的发展，城、镇、村之间的交流日益频繁，一个具有相当密度的城乡市场网络体系逐渐形成。这使我国在未取得重大技术突破的情况下，地区之间的经济布局调整、资源优化配置和分工互补成为可能，也使得自然条件、发展程度各异的古代城市与乡村联结为统一的整体，并保持充足的内在活力。

3. 古代城市营建融合儒、道等传统思想文化

数千年的中国古代城市发展史涌现出许多优秀的营建思想和城市建设案例，对现代城市建设仍具有重要指导意义。在中国古代的城市发展中，儒家思想与道家思想对城市的发展和建设产生了深厚的影响。例如，以《周礼》为代表的礼制规划思想反映的是统治者的意识形态，其中所强调的轴线、对称、均衡和比例等特征便于形成宏大的氛围气息，不仅对于构建秩序非常重要，也代表了当时的审美要求；以管子为代表的自然至上理念，顺应了实际规划情况，随着社会的进步和市民意识的加强，在现实中能够得到更多的运用；"天人合一"考虑了人与自然之间的关系，其倡导的和谐理念与当今社会

推崇的可持续发展思想不谋而合。可见中国古代城市建设是与传统文化相结合的、是与自然相和谐的、是与社会发展相适应的，同时也是与城市审美相符合的。

2.2.2　动荡不安的近代城市

随着鸦片战争的战败，中国的封建制度解体，并沦为半封建半殖民地社会，这一转变使得中国近代城市进入起伏动荡的发展阶段。一般认为中国近代城市史研究有两条发展主线：一条是城市现代化过程，一条是近代城市化过程，但这两条发展主线实则为同一历史过程的两种表述方式，只是研究侧重点有所不同。前者侧重区域城市研究，后者则侧重单体城市研究。此外，中西城市化过程存在明显差异。西方城市化动力主要是工业化，而中国近代城市化动力来源于商业化，且受到外国资本主义国家的影响。

1. 近代城市的三种发展类型

第一类城市是由于外国势力入侵、外国资本输入，或是国内资本主义的发展而产生的新兴城市。例如，南通、无锡、郑州等属于受国内资本主义的发展影响而发展起来的城市。

第二类城市则是在原来封建性质的基础上，受资本主义国家侵略影响或者因为国内资本主义的发展而发生变化的城市，主要是一些长期作为地区封建统治中心的城市，如北京、西安等。

第三类城市则是其他地处内地的城市，因为外部环境基础未发生明显的变化，故而城市几乎没有变化。

2. 近代城市的五个发展阶段

第一阶段是 19 世纪中叶至 19 世纪末叶。鸦片战争结束后，一系列不平等条约的签订使中国城市里出现了租界，并使某些城市如上海、天津的局部地区不再受中国政府的管理，出现了城中之城的局面。在而后的洋务运动中，一些官办的工厂开始兴建，如武汉、广州等城市出现了新兴的工业区。

第二阶段是 19 世纪末叶至 20 世纪 20 年代。《马关条约》规定外国人可以在中国开设工厂，中国由原有的商品输入发展到资本输入。这时候的租界和对外商埠不再局限于沿海城市，部分内地城市也受到影响，如大量外国工厂的开办造成了租界的畸形繁荣。

第三阶段是 20 世纪 20 年代前后。中国的民族资本迅速发展壮大，尤以江浙沪地区的无锡、南通、上海、苏州、常州等城市为代表，大量的面粉、火柴、纺织、丝绸工厂建立，商业贸易有了较大发展，使得大量人口涌入城市，城市范围扩张。

第四阶段是 20 世纪 20 年代末叶至 1931 年抗日战争爆发。官僚资本和帝国资本集中的上海、南京有很大的发展。而“九一八”事变后的东北彻底沦为日本的殖民地，伪满洲国的政治中心长春，工业中心沈阳、哈尔滨等城市成为典型的殖民地城市。

第五阶段是抗日战争时期至 1949 年。华北、华中和华南地区的城市受到战争影响，普遍遭到严重破坏，而西南、西北地区的城市如重庆由于大量工厂和人口的内迁出现了较大发展。1945 年到 1949 年新中国成立前，中国的大部分城市几乎没有发展。

3. 近代城市与农村呈现差别对立的发展关系

不同于西方国家城乡之间明显的社会分工，以及尖锐的资本权和土地权对立问题，近代中国城乡社会的分工并不明显。这主要体现在城市社会的被动响应及城乡社会的严重脱节。一方面，城市作为经济中心的职能开始显现，对农村人口产生了较大的吸引力，城乡联系进一步加深；另一方面，城市经济生活中地主、商人、殖民者和借贷者起主导作用，使得城市在政治上压迫农村和在经济上剥削农村，扩大了城乡之间的差距，造成了中国广大农村地区的落后。近代农村现代化过程的延缓，反过来也直接影响了中国城市的现代化发展。

2.2.3　中华人民共和国成立以来城市的发展①

1. 中华人民共和国成立以来中国城市化阶段性发展

1）城市化发展阶段基本理论——诺瑟姆的“S”形城市化增长曲线

城市化，即农业人口向非农转变并向城市转移和集聚的动态变化过程，城市化在不同发展阶段呈现不同的特点和规律。当前国内外已有许多关于城市化及其发展规律的研究，其中包括常规的城市化研究，也包括关于特定国家特定发展阶段城市化的研究。

在各发展阶段中，城市化的差异主要体现为形态特征和内在发展机制的不同。城市化进程在社会地理层面体现出世界性和区域性，在时间层面上又体现出连续性和阶段性。美国城市地理学家雷 · M. 诺瑟姆（Ray M. Northam）经过

① 本节内容源于课题组成员的相关成果：李元珍. 2015. 快速城镇化背景下中国城乡差距研究[D]. 广州：华南理工大学.

深入研究后，将城市化进程大致归纳为一条较平缓的“S”形曲线，并将其分成三个阶段（图 2-1）。

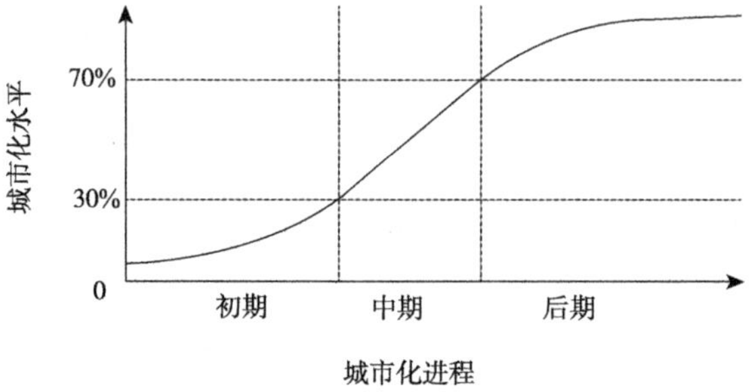

图 2-1　城市化历程一般规律——诺瑟姆的“S”形曲线

资料来源：李德华（2002）

（1）初期阶段（城市化水平低于 30%），即城市化起步发展阶段。该阶段由于城市化刚刚起步，生产力水平较低，城市化速度较慢，需要较长时期才能达到城市人口占总人口的 30%的目标。

（2）中期阶段（城市化水平介于 30%~70%），即城市化加速发展阶段。该阶段城市步入快速发展阶段，经济实力明显增加，城市化的速度加快，农村人口向非农人口转变并集聚于城市中，在较为短期的时间内城市人口占总人口的比例就可达到 70%或以上。

（3）后期阶段（高于 70%），即城市化成熟稳定发展阶段。随着农业现代化的基本完成，农村的剩余劳动力大部分已转化为城市人口，农村人口与城市人口的比例趋于稳定（李德华，2002）。

2）中华人民共和国成立以来中国城市化发展阶段

诺瑟姆的“S”形城市化增长曲线（简称“S”形曲线）是综合多个国家城市化发展进程而得出的基本模型，但由于复杂的政治、经济和社会等因素，中国的城市化进程具有特殊性，并不完全符合该模型。目前国内专家学者对于中国城市化发展阶段的划分提出了不同观点（表 2-1）。虽然这些观点对时间节点的划分并不统一，但普遍把 1978 年作为关键节点，在此之后中国城市化进入了新的发展阶段。

表 2-1　我国城市化发展阶段划分

序号	作者	时间	阶段
观点一	高珮义（1990）	1949~1960 年	城市化的起步阶段
		1961~1978 年	城市化的停滞甚至下降阶段

续表

<table>
<tr><th>序号</th><th>作者</th><th>时间</th><th colspan="2">阶段</th></tr>
<tr><td>观点一</td><td>高珮义
（1990）</td><td>1979~1989 年</td><td colspan="2">城市化的加快发展阶段</td></tr>
<tr><td rowspan="4">观点二</td><td rowspan="4">顾朝林等
（1999）</td><td>1949~1957 年</td><td colspan="2">城市化的起步阶段</td></tr>
<tr><td>1958~1965 年</td><td colspan="2">城市化的大起大落阶段</td></tr>
<tr><td>1966~1978 年</td><td colspan="2">城市化的停滞阶段</td></tr>
<tr><td>1979 年以来</td><td colspan="2">城市化的恢复与发展阶段</td></tr>
<tr><td rowspan="4">观点三</td><td rowspan="4">叶嘉安等
（2006）</td><td>1949~1978 年</td><td colspan="2">城市化发展第一波阶段</td></tr>
<tr><td>1978 年至 20 世纪
80 年代末</td><td colspan="2">城市化发展第二波阶段</td></tr>
<tr><td>1990~2000 年</td><td colspan="2">城市化发展第三波阶段</td></tr>
<tr><td>2000 年以来</td><td colspan="2">城市化发展第四波阶段</td></tr>
<tr><td rowspan="8">观点四</td><td rowspan="8">侯学英
（2008）</td><td>1949~1957 年</td><td colspan="2">城市化健康发展时期</td></tr>
<tr><td rowspan="3">1958~1977 年</td><td rowspan="3">城市化曲折
发展时期</td><td>1958~1960 年：城市化过渡阶段</td></tr>
<tr><td>1961~1965 年：城市化倒退阶段</td></tr>
<tr><td>1966~1977 年：城市化停滞不前阶段</td></tr>
<tr><td rowspan="3">1978~1996 年</td><td rowspan="3">城市化初步
发展时期</td><td>1978~1982 年：城市化恢复阶段</td></tr>
<tr><td>1983~1991 年：小城镇高速增长阶段</td></tr>
<tr><td>1992~1996 年：城市稳定发展阶段</td></tr>
<tr><td>1997 年至今</td><td colspan="2">城市化快速发展时期</td></tr>
</table>

2. 中华人民共和国成立到改革开放前中国城市化进程的三个阶段

本书结合已有研究，将中华人民共和国成立到改革开放前中国城市化进程重新归纳为三个阶段，并分析各阶段的特征及其原因。

中国近现代意义上的城市化源于 1840 年的鸦片战争，距今已有一百多年，时间晚于欧美等国家和地区。中华人民共和国成立前中国的城市发展极其缓慢，城市化水平也处于停滞状态。中华人民共和国成立后中国城镇人口占全国人口的比重仅为 10.64%，刚刚达到国际城市化 10%的起步标准。此后在国内政治和世界经济等因素的影响下，中国城市化才获得一定的发展，但出现了上升、停滞甚至倒退的往复过程。改革开放是中国城市化的重要转折点，标志着中国城市进入了平稳较快的发展阶段。根据历年城镇人口比重的变化情况，可将我国城市化发展进程分为改革开放前的曲折发展阶段（包括城市化上升发展阶段、波折发展阶段和停滞发展阶段）和改革开放后的健康发展阶段（包括初步发展阶段和快速发展阶段）（图 2-2）。

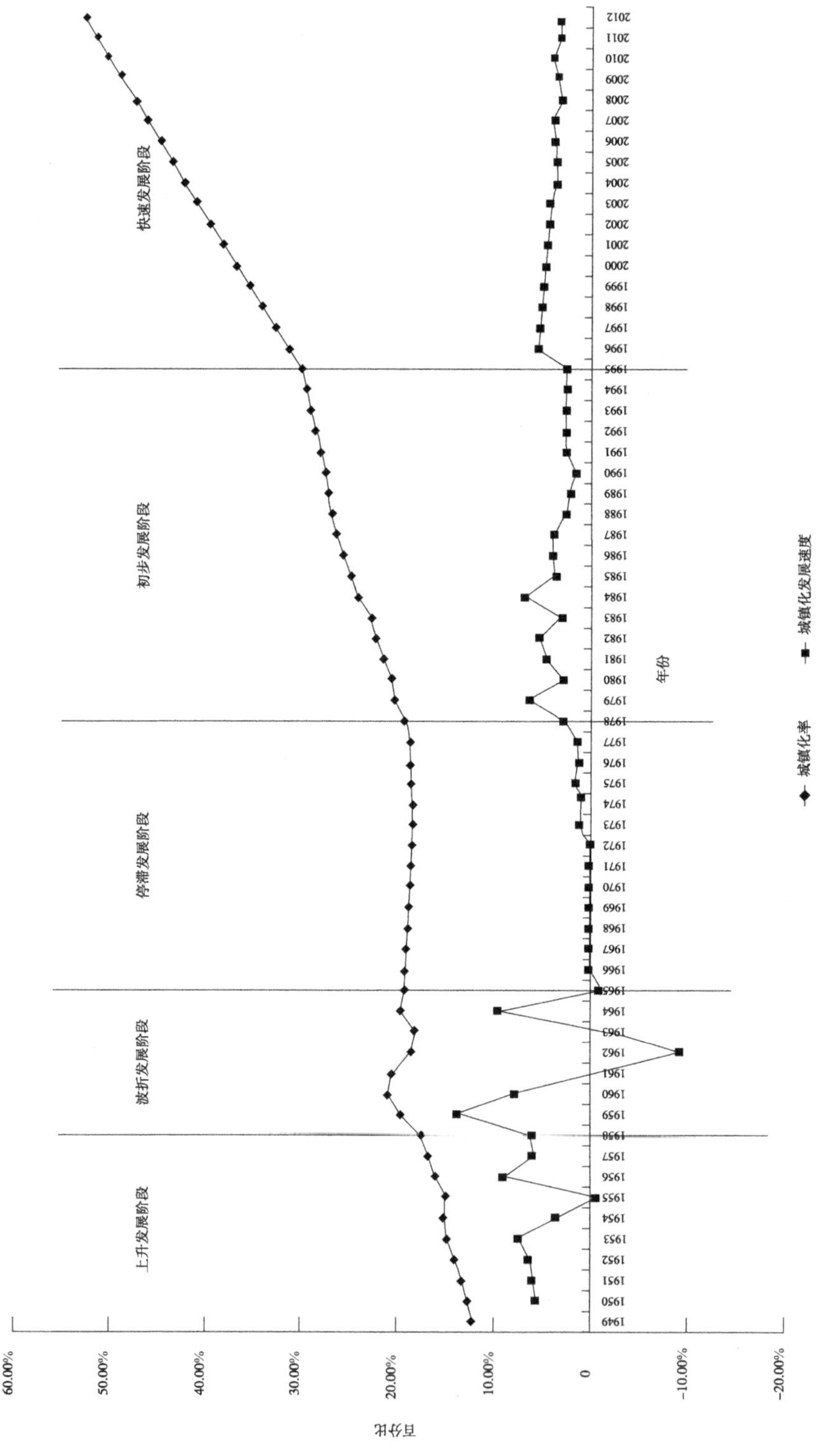

图 2-2　1949~2012 年我国城市化发展进程

资料来源：李元珍（2015）

从中华人民共和国成立到改革开放前，城市化处于曲折发展时期（1949~1978年）。该时期城市化发展波折不断，依次分为三个阶段。

1）1949~1958 年城市化上升发展阶段

该阶段我国城镇人口占总人口的比重基本呈上升趋势。中华人民共和国成立后，国家经过了一段政治、经济平缓发展期，全国范围内的城市建设、经济活动有条不紊地开展。自 1953 年开始实施第一个国民经济和社会发展的五年计划以来，中国拉开了工业化的序幕，在该计划的指导下城市开始进行大规模建设。可见，中华人民共和国成立初期中国城市化与工业化是共同起步且相互依赖的。

2）1959~1965 年的城市化波折发展阶段

该阶段我国城镇人口占总人口的比重出现了明显波折，经历了大幅上升和大幅下降 1959~1960 年，我国正经历“大跃进”运动，这一阶段城市人口剧增，城市化水平快速上升。但这种城市化进程违背了客观的经济和城市发展规律，是一种不正常的城市化现象。1961~1965 年，由于“大跃进”的政策错误导致了资源与人力的浪费，技术发展停滞，我国经济发展陷入了困境。为缓解这种困境，中央提出并实施了“调整、巩固、充实、提高”的八字方针和一系列停止城市建设与发展的反城市政策。例如，1960 年的“三年不搞城市规划”等。这一时期城镇人口的绝对数量减少，城镇人口占总人口的比重下降。

3）1966~1978 年的城市化停滞发展阶段

该阶段城镇化率的变化很小，近 10 年仅上升 0.06%。这一阶段，“文化大革命”对于城市建设和经济发展产生影响。十年内，大部分的城市企业停产停工，扰乱了农村的正常生产，全国文化、经济没有获得发展。同时在“文化大革命”影响下大量知识青年“上山下乡”，大量城市人口外迁，导致城市人口锐减，城市化进程处于停滞不前的状态。

2.2.4　改革开放以来中国城市发展①

改革开放对于中国城市化发展而言具有里程碑式的意义，自此中国城市化进程进入了快速发展的黄金时期。

1. 改革开放以来中国城市化进程的两个阶段

自改革开放以来，城市恢复正常的经济建设，各项城市建设工作有条不紊地进行，城市化发展逐渐步入正轨，按照各阶段特征，可划分为两个阶段。

---

① 本节内容源于课题组成员的相关成果：李元珍. 2015. 快速城镇化背景下中国城乡差距研究[D].广州：华南理工大学.

1）1979 年至 1996 年的城市化进程处于初期阶段

该阶段我国城市化进程恢复正常轨迹，城镇化率呈上升趋势，该时期的中国城市化处于“S”形曲线初期的后半段。

1978 年，我国通过并实施了一系列促进国家发展和实现现代化发展的方针，经济建设逐渐恢复正常秩序。1984 年，我国以农村为改革开放的重心，先改革农村经济体制来解放部分剩余农村劳动力，以之作为推动城市化发展的重要力量。在此期间，城市建设和城市化的主要目的是弥补“文化大革命”时期对城市建设造成的影响，以先促进农村人口“进城”，再进行“城市建设”为主要措施。

1985~1991 年，随着乡镇企业的兴起，小城镇和农村集镇得到迅速发展。之后国家实施城市经济改革，新的户籍管理政策允许农民进镇务工经商和落户。同时，国家又调整 20 世纪 60 年代以来的市、镇建制标准，使全国城镇数量规模大幅增长。随着改革开放纵深发展，沿海城市涌现成立经济开发区浪潮，带来了经济快速增长的正面效应，以经济开发区为重点的城市规模不断扩大。该时期，城市改革的快速推进及乡镇企业的迅速增长均对城市化起到正面推动作用，新城镇成为城镇化发展的重点。

1992~1996 年，我国确立了社会主义市场经济体制的总体目标和基本框架，并肯定了城市作为区域社会经济发展的核心地位，城市开始受到前所未有的重视并迅速发展。邓小平的“南方谈话”使乡镇企业，尤其是沿海地区的乡镇企业得到进一步发展，大量农村劳动力进入城市。经济的发展、城市规模的扩大和城镇数量的增加，使得城镇人口比重迅速上升，达到了城市化快速阶段的临界标准。

2）1996 年至 2012 年的城市化进程进入快速发展阶段

此阶段的城市化水平超过 30%，城市化进入“S”形曲线快速发展阶段的前半段，城市化水平快速上升。

改革开放后我国长期保持较高的经济增长率，进一步推动了城市化的快速发展。1997 年以来，随着我国社会主义市场经济体制的初步建立，市场经济在城市化进程中的作用开始发酵，以严格的城乡户籍管理制度作为管控城镇人口规模的关卡作用遭到削弱。同时，我国经济增长方式逐渐由粗放型转向集约型，传统的乡镇企业为适应市场经济的发展和提高市场竞争力，不得不进行生产方式的转型与升级。城市经济发展带来的就业机会和收入期望，以及城市各项良好的服务设施保障是推动大规模农村剩余劳动力进入城镇的主要因素。

2008 年，我国整体经济环境受全球金融危机影响，经济增速放缓，出口困难，中小企业生存艰难并面临大规模倒闭，一定程度上阻碍了城市化的快速发展进程。随着经济的复苏，城市化发展速度得到恢复。2011 年，我国城镇化率达 51.27%，我国城镇人口规模首超农村人口，城市化增速也逐渐趋缓。当城镇化率达到 50%，既进入了城市繁荣和城市化持续发展的阶段，也进入了城市建设矛盾凸显和“城市病”集中爆发的阶段，如城市建设扩张无序、外来人口激增、贫富差距扩大引发的社会矛盾、环境污染等问题不断凸显。城市开始注重质的提升而非量的扩张，为此党的十八大明确提出了“坚持走中国特色新型工业化、信息化、城镇化、农业现代化道路”①概念。

此外，2014 年，为继续积极稳妥地推进城镇化，有关部门相继发布和出台了《国家新型城镇化规划（2014–2020 年）》和《关于推进土地节约集约利用的指导意见》等政策意见。新型城镇化是以城乡统筹、城乡一体、产业互动、节约集约、生态宜居、和谐发展为基本特征的城镇化，也是大中小城市、小城镇、新型农村社区协调发展、互促共进的城镇化；土地集约节约利用是生态文明建设的根本之策，也是新型城镇化的重大战略选择。新型城镇化将推动人口市民化，加速消费升级并促生巨大服务发展空间。并且未来中国城市的发展方向将转向城市群建设，城市群作为城镇化的主体形态和主要平台，将有望成为中国经济发展中最具活力和潜力的核心增长极。

2. 中国的城市化水平与速率的时空差异显著

我国是一个地域辽阔、人口众多的发展中国家，在各地区的自然地理条件、社会文化背景差异巨大，经济发展模式和经济规模基础不尽相同等多重因素的影响下，各地区的城市化水平也存在相当大的差别。基于中国城市化进程的实际特征，选取城镇化率 30%、50%及 70%为临界值，将地区城市化发展水平划分为四个等级：30%以下、30%（含）~50%、50%（含）~70%、70%及以上。以省区市为区域单元，统计各阶段单元数量，可以发现，并非所有省区市的城镇化率都已经达到 50%，也并非所有省区市都是同一时期达到 50%，各区域在时间和空间上存在明显的差异（图 2-3）。

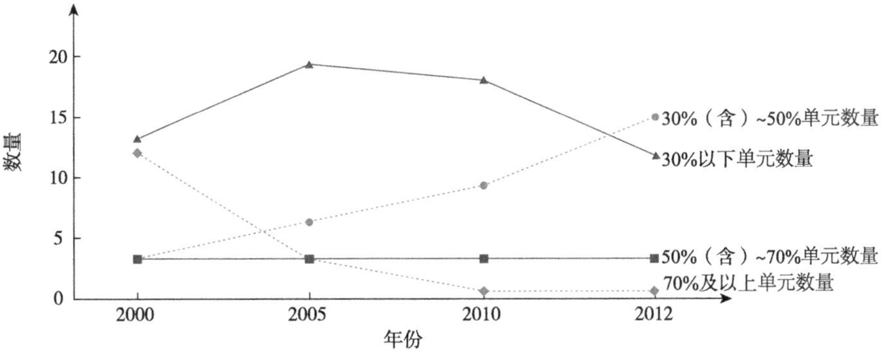

图 2-3　全国 31 个省区市历年城镇化率统计情况

① 《胡锦涛在中国共产党第十八次全国代表大会上的报告（2012 年 11 月 8 日）》，http://cpc.people.com.cn/n/2012/1118/c64094-19612151-4.html[2021-05-29]。

1）全国城镇化率的地区分布表现为“东高西低、北高南低”

2012 年城镇化率 50%以上的省区市共 18 个，其中北部有 7 个，东部有 6 个，西部有 3 个，南部有 1 个，中部有 1 个（表 2-2）。

表 2-2　2012 年我国各地区各省区市城市化水平分类

等级	北部	东部	南部	中部	西部
30%以下					西藏
30%（含）~50%	河北	安徽、江西	广西	河南、湖南	四川、贵州、云南、甘肃、青海、新疆
50%（含）~70%	山西、内蒙古、辽宁、吉林、黑龙江	江苏、浙江、福建、山东、广东	海南	湖北	重庆、陕西、宁夏
70%及以上	北京、天津	上海			

2）东部和北部的城市化发展进程领先于西部和南部（尤其是西南地区）

北京、上海、天津作为东部和北部地区的代表性城市，是我国典型的政治、经济、文化和科技中心。它们的城市发展优势明显，城市化发展进程较快，城镇化率远高于其他地区，在 2000 年甚至更早就已经达到 70%以上。而西部的西藏城市化水平远落后于其他地区，城市化发展也十分缓慢。2000 年城镇化率为 19.33%，2012 年城镇化率 22.75%，13 年仅上升 3.42 个百分点。此外，城镇化率等级变化先发生在东部和北部，然后是中部，最后是西部和南部。

综上所述，我国东部和北部等沿海的省区市（主要是珠三角、长三角、京津冀、山东半岛、辽中南、海峡西岸、长江中游等城市群及周边区域）在城市化发展上先于其他地区。主要原因在于这些地区的自然地理条件优越，使其经济发展上远超于其他地区，而经济发展又是地区城镇人口增长的重要影响因素。

2.3　中国城市社会的基本特征

2.3.1　城市化进入战略转型期，重视发展质量与效益的提升

党的十九大报告宣布中国进入新时代，预示着我国发展阶段的历史性转变。其中，城镇化率过半作为中国新时代的基本特征，一定程度上表明我国已经进入了城市占主导的城市社会。在此背景下，城市的发展将更加繁荣，城市化进程将更为深入，但由于快速城市化下不充分、不平衡的发展，我国正面临日益严峻的城市社会问题与挑战，传统的城市发展方式亟待转变。与此同时，我国城市社会在新时代的发展中呈现新的特征，集中体现在经济发展、社会民生、科技文化、

城市空间等方面，并在新型城市化路径的探索中，逐步凝练契合我国实际的发展需求与目标。

1. 城市化进程快、成就突出，逐步进入“新常态”

1）城市化水平显著提升，城镇体系格局初现

我国城市化具有起点低、发展快的特点。截至 2017 年底，全国城镇化率达 58.52%，与 1949 年中华人民共和国成立时期和 1978 年改革开放相比，分别上升 47.88 个百分点和 40.60 个百分点，比世界城镇化水平高 3.72%。其中，1978~2016 年，城镇常住人口从 1.7 亿人上升至 7.9 亿人，城市数量从 193 个增加至 657 个，建制镇数量从 2173 个增加至 20 883 个，城市化成效突出。以十年为周期，回顾改革开放 1978~2017 年的城市化历程可以发现（表 2-3），2008~2017 年，我国城镇化率增长了 12.84 个百分点，年平均增长率为 2.79%，增长势头与过去十年相比有所回落，预示着城市化进程开始从快速发展期向成熟期过渡，开始进入新常态阶段。而区别于发达国家和拉美地区的城市化模式，我国城市化具有较强的政府主导特征，在多轮的调整与改革下，初步形成以三大城市群为主体，大中小城市和小城镇协同发展的城镇体系。

表 2-3　中国 1978~2017 年的城镇化率变化情况

阶段	城镇化率	增长百分点	年均增长率
1978~1987 年	17.92%~25.32%	7.40	3.92%
1988~1997 年	25.81%~29.92%	4.11	1.66%
1998~2007 年	30.40%~44.94%	14.54	4.43%
2008~2017 年	45.68%~58.52%	12.84	2.79%

2）经济总量跃居世界第二，综合国力显著提升，形成新时代的发展基础

我国城镇化伴随着工业化的发展而起步，成为经济发展和产业转型的重要推动力。其中，经济领域的进步最为瞩目，2010 年，中国国内生产总值（gross domestic product，GDP）首次超越日本，成为仅次于美国的世界第二大经济体。2017 年，我国 GDP 达 82.71 万亿元，比 2016 年增长了 6.8%，中美经济总量的差距进一步缩小。城市化发展成就显著。2015 年，京津冀、长江三角洲、珠江三角洲三大城市群，以 5.2%的国土面积集聚了 23.0%的人口，创造了 39.4%的 GDP。我国产业结构持续优化，三次产业比例由 1978 年的 9.8：61.8：28.4 调整为 2017 年的 7.9：40.5：51.6，第三产业的发展吸纳了大量农村剩余劳动力，提高了城乡资源的配置效率。同时，我国在科技文化竞争力、人民生活质量、国际影响力、生态环境保护等方面都有明显进展，逐步适应于我国的城镇化历程，与城镇化初期相比，我国城市发展的条件已有显著的转变，进入了全新的发展阶段。

3）现代城市化背景下，城市出现新的社会特征

一是城市人口数量膨胀，剩余劳动力的就业和再就业压力增加。其主要原因在于农村剩余劳动力增多、下岗职工再就业难，以及科技进步降低了部分领域的劳动力需求。长期以来的“民工潮”加速了中国的城市化进程，随着从农村流入城市的劳动力趋于饱和，且农村劳动力就业范围狭窄，刘易斯拐点将引发“民工荒”。此外，随着城市经济的发展，产业升级迫切要求技术创新和劳动力素质提升，反映了提高教育水平的紧迫性。

二是社会分异加剧，主要体现在空间分异上。空间分异集中表现在城市中心区和郊区、城市和乡村及居住空间的分异，特别是现有住房保障政策的不足加剧了居住空间的重构，使城中村、城郊村等成为热点。这些现象和问题提醒我们要从城市化道路、农民的切身利益和制度建设上完善城市化过程，以免社会矛盾不断激化。需要统筹政府、社会、市民三大主体，提高各方推动城市发展的积极性。要善于调动各方面的积极性、主动性、创造性，集聚促进城市发展。要坚持协调协同，尽最大可能推动政府、社会、市民同心同向行动，使政府“有形之手”、市场“无形之手”、市民勤劳之手同向发力。

三是生活方式现代化，推动城市结构与空间形态的转变。随着信息化深入发展和城乡间人口流动，城市生活方式正全面向乡村渗透。时空距离不断压缩，城乡间的交往更为密切，城市呈现扁平化、网络化的结构特征；同时，经济发展带动人们生活水平提高，使其对生活的空间品质提出了更高的要求，即既要有私密性强的“自得其乐的小天地”，也要有更多的公共交往场所，增加城市广场和公共绿地等开放空间开始成为城市用地结构调整的重点内容。

四是新媒体对社会心理的引导性强。新媒体具有即时性、泛在化和低成本等特点，能快速影响社会舆论的传播和发展，甚至引导社会的主流价值取向。

2. 城市化质量不高，开始强调内涵式发展

1）城市化发展不平衡，“城市病”现象日益突出

在快速城市化进程中，随着农村人口向城镇集聚、中小城镇人口向大城市聚集，城市化的不平衡主要表现在以下几个方面。一是区域间城市化进程不平衡，呈现出“东高西低、北高南低”的发展特征。二是城市间发展不平衡，规模等级高的城市人口集聚程度较高，与其他城市形成差距，在《中国城市建设统计年鉴（2016）》统计的660个城市中，城区人口超100万的大城市共88个，其中，城区人口超1000万的超大城市共5个，分别为北京、上海、深圳、广州和重庆，城区人口在500万~1000万的特大城市共8个，分别为天津、武汉、成都、东莞、南京、郑州、杭州、沈阳，许多超大和特大城市的规模还在上升，而小城市、小城镇的规模普遍较小，产业的集聚动力不足，不利于与大城市的

协调发展。三是城乡发展差距依然存在，电商下乡、农民工返乡等改善了农业生产与农村面貌，但工业化、城镇化、信息化与农业现代化未同步，造成农业根基不稳，城乡一体化进程缓慢。此外，中国收入分配的问题日益凸显，影响到社会与经济的和谐发展。国家统计局数据显示，2003~2017 年中国基尼系数维持在 0.46 到 0.49 之间（图 2-4），高于世界银行基尼系数的警戒线，其中，2017 年我国基尼系数为 0.467，比 2015 年低谷期上升了 0.005。

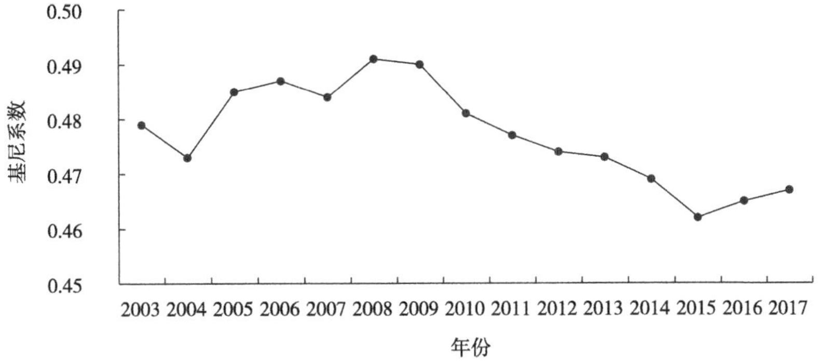

图 2-4　2003~2017 年全国居民人均可支配收入基尼系数

城市规模急剧膨胀，城市人口和建设密度失控，造成房价高筑、交通堵塞、居住环境质量下滑、住房紧张、社会矛盾加剧等“城市病”现象。例如，在 2004 年编制的《北京城市总体规划（2004–2020）》中提出 2020 年北京总人口规模规划控制在 1800 万人左右，但《北京统计年鉴 2018》的数据显示，2017 年北京常住人口已达 2170.7 万人，远远超过当初的预期容量，中心城区人口更为集中，东城区人口密度达到 20 330 人/千米^2，西城区人口密度高达 24 144 人/千米^2，朝阳区和海淀区的人口密度超过 8000 人/千米^2，而石景山区和丰台区人口也达 7000 人/千米^2，逼近北京资源承载极限。人口的规模、结构、分布与管理对应着北京当前面临的能源、交通、就医、就学、结业、居住、治安等问题，突出反映了当前大城市的发展困境（向春玲，2014）。

2）人口城镇化滞后于非农化和土地城镇化，城市化发展不充分

人口城镇化与第二产业、第三产业的发展不协调，非农化速率高于城镇化率。2016 年，我国非农产业的就业比重达 72.30%，比同年的城镇化率高 14.95 个百分点，虽然这一差距已显著缩小，但人口城镇化滞后的问题仍然存在（图 2-5）。另外，农业转移人口的市民化进程缓慢，未能充分融入城市社会。2017 年，我国流动人口达 2.44 亿人，常住人口城镇化率为 58.52%，而户籍人口城镇化率仅为 42.35%，表明了众多的农业转移人口虽然在空间或就业上实现了城镇化，但未享受城镇居民基本的公共服务保障，没有实现身份的转变。这种独特的“半城市化”

现象与我国城镇化发展速度较快有关。

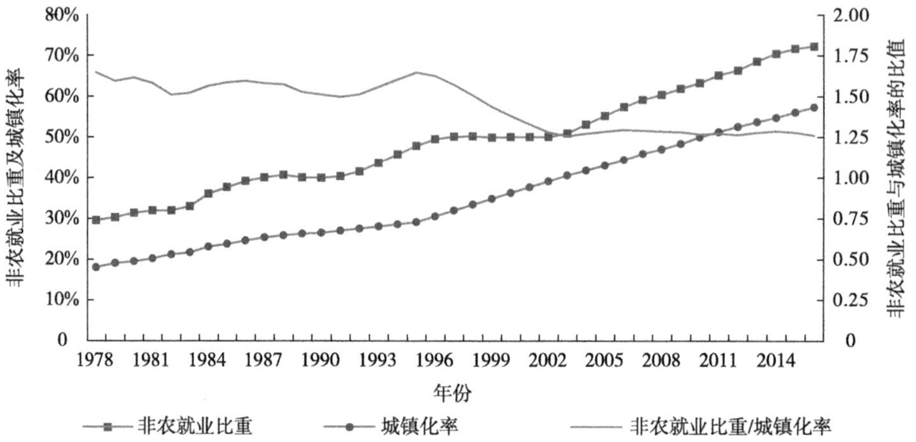

图 2-5　1978~2016 年全国城镇化率与非农化水平的关系

土地城镇化拓展速度快，建设用地粗放低效使用。《中国统计年鉴》的数据显示，2007~2016 年，我国建成区面积增加 18 861.8 平方公里，达 54 331.5 平方公里，增幅为 53.2%，年均增长率为 4.9%，与上一个十年相比下降 0.4%，同期，城镇人口增加 1.48 亿，达 7.93 亿，增幅为 22.9%，年均增长率为 2.3%，土地城镇化的速率高于人口城镇化速度。同时，土地城镇化长期注重扩大土地规模而忽略了产业集聚带来的劳动力转移效应，由于城市用地结构和布局的不合理、土地管理机制的欠缺，部分城市的人地矛盾突出，反过来制约了城市化进程的发展。

3）由“量”到“质”，是新时代城市社会发展的关键

城市发展是农村人口向城市集聚、农业用地按相应规模转化为城市建设用地的过程，是有其自身规律的自然历史过程。我国正进入城镇化发展的新常态阶段，城市的发展方式和发展重点随之转变。王成军等（2011）以经济周期为分界依据，从人口、空间、经济、社会四个视角考虑其对中国城市化的影响，并将中国城市化进程划分为三个阶段：第一阶段（1949~1977 年）呈现以人口城市化发展为主、城市全面重建的特征，经济城市化处于波动阶段，空间城市化呈现扩张趋势。第二阶段（1978~2008 年）是基于资源禀赋、技术、需求和贸易分工的经济恢复与高速增长的经济城市化时期，以及城市人口集聚政策下的人口城市化过程和城市全面重建时期。该阶段经济城市化进入后期的持续发展和稳定阶段，空间城市化在后期呈现空间不断扩大、摊大饼式发展的扩张趋势，同时空间结构出现发展不均衡现象，由于该阶段忽视社会城市化发展的建构，城市化发展动力不足。我国城市化发展正进入第三阶段（2009 年以来），表现为以社会城市化发展为主的城

市文明扩散、四者协调发展的生态城市发展时期。在这一阶段中，我国人口城市化和经济城市化有了明显改善，但空间城市化异常增长和忽视社会城市化的问题仍然突出，人口、经济、空间、社会还未取得平衡，提质成为新时代发展的关键。新时代的城市发展必须认识、尊重、顺应城市发展规律，保证城市和经济发展两者相辅相成、相互促进。

2.3.2　公共服务供给持续优化，仍未满足城乡日益增长的需求

我国的公共服务供给与人口城镇化的协调性不足，城乡差距较为显著。当前，公共服务的均等化成为新型城镇化的重要内容，同时，新一轮技术革命的快速发展助力了我国公共服务的供给创新，政府一元主导的格局被打破，对公共服务的多元化和品质化提升具有重要意义。然而，人们日益增长、日趋多样的服务需求使我国公共服务的缺口仍然明显，城乡间的差距虽有所缩小但仍然严重。

1. 新技术、新业态、新经济促进公共服务高效提升

1）新技术推动公共服务的全面革新

新技术正广泛地运用到城市的多个领域，以云计算、物联网和人工智能为代表的新技术，既推动了传统公共服务的智慧化升级，也催生了全新模式。具体包括：以国家行政机关为行动主体的公共管理组织利用现代化的信息技术来建设高效电子政务系统，包括政府热线、无纸办公和数字城管等内容；以提升城市管理和公共服务的高效化、规范化及智能化水平为目标，加强面向全体居民的就业、住房、医疗、教育、水电、社会保障等专业性的系统建设；将智慧治理和社会治理相结合，形成一种更加开放创新、更加互动合作、更加协调包容的新型社会治理体系，有利于形成联动的城市感知体系，包括实时监测、随时上传和共享参与等，以及打造精细的控制与运营管理中心。此外，新技术有助于打破时空界限，推动高品质的公共产品和服务覆盖城乡，实现社会公平。

2）共享经济优化社会资源配置

共享经济作为一种新的经济形态，借助信息技术手段对各类社会资源进行高效整合，达到优化资源配置和提高资源利用效率的目的。其中，最具代表性的是出行工具共享，如网约车和共享单车，其丰富了城市公共交通方式，此外还有联合办公和爱彼迎（Airbed and Breakfast，简称 Airbnb）等空间共享，共享医疗、知识付费等知识技能共享，共享雨伞等物品共享，以及闲置交易等。当前，共享经济展现出强大的生命力，艾媒咨询《2017—2018 中国共享经济行业全景调查报告》显示，我国 2017 年的共享经济市场规模达 57 220 亿元，同比上升 44.6%，随

着运营模式的继续创新，共享经济有望成为完善社会公共服务的重要方式。

2. 公共服务供给压力仍然突出，传统管理面临新挑战

1）城市交通拥堵问题严重

当前中国每天都有超过一半的城市在高峰时间出现拥堵，交通拥堵问题在大城市十分普遍且有愈演愈烈的趋势。据统计，2020 年我国已有 70 个城市的汽车保有量超过一百万辆，其中北京、成都、重庆的汽车保有量超过 500 万辆。百度地图发布的《2018 年度中国城市交通报告》选取了全国 100 个主要城市进行数据收集，发现 2018 年一线（北上广深）、新一线城市（沈阳、大连、西安等）中心城区单程平均通勤时间高达 41.7 分钟。交通拥堵现象亟待解决。近年来，广州、杭州等城市率先启用了智慧交通信息服务平台，通过挖掘和分析海量交通信息，排查异常拥堵点和交通事故黑点、以实时交通信息疏导车流等，城市交通拥堵的问题有所改善，但仍然严重。

2）城市住房、医疗和教育问题突出

城市住房、医疗和教育已成为城市居民最关注的民生问题，快速增长的需求与现有公共服务供给的矛盾，推动住房、医疗、教育价格上涨，主要表现在以下三个方面。

土地资源紧张与刚性住房需求的矛盾突出，造成住房价格上涨过快。2018 年《中国统计年鉴》数据显示，2017 年全国 35 个大中城市的商品房平均销售价格达 11 289 元/米^2，一线城市商品房销售价格更高，深圳和北京的商品房平均销售价格分别为 32 140 元/米^{2}和 47 936 元/米^2。多个城市着力增加保障房和人才公寓等产品供应。

城市优质医院数量少和收费高，对外来人口的基本医疗保障不足。2017 年深圳常住人口为 1252.83 万人，每千人口医疗机构床位数为 3.5 张，远低于全国 5.72 张的水平，每千人执业（助理）医师为 2.7 人，与全国 2.44 人基本持平，这两项指标都排在全国副省级城市最末位。

外来人口随迁子女中，学龄儿童的增长与教育供给不足之间的矛盾。据调查，2000~2014 年北京务工人员随迁子女由 9 万人上涨至 49 万人。但由于公办学校资源配置不足、户籍等入学门槛较高及民办学校收费高等问题，普通居民特别是农民工子女教育难。

3）传统城市管理协调性和前瞻性不足

我国当前的管理体系通常采取当地城市管理局牵头，工商、公安、住建和环保等单位配合的组织形式。由于城市管理局是政府旗下的一个事业参公管理单位，所有人员都没有行政执法的资格，在执法过程中容易出现执法依据不充分、处置手段欠缺、执法保障不到位等问题；同时，政府部门之间的职责不明确，多部门

职责较差，导致部分事务无人认责，互相推脱；此外，城市管理部门的任务繁多、涉及范围广，一般达 12~15 个领域，涉及事项达 200 余项，而在城市管理机制上，还存在督促不力和措施未落实到位的情况。可见，我国的城市管理仍处于粗放和分散状态。

另外，新一代信息技术的广泛应用，为建设系统性、法制性的现代集约型城市管理提供了解决思路，但也对传统管理提出了新的要求。面对新技术、新经济和新业态的不断涌现，城市管理存在较高的滞后性，由此引发新的管理挑战如“堆积成山”的共享单车侵占城市空间、网约车背后的安全问题、如何推进老旧住宅加装电梯的多方协调、如何推进老城老村活化的社会协作，以及未来如何应对无人驾驶对城市交通的变革等。城市管理和规划需主动提高前瞻性、专业性和动态协调性，适应日新月异的科技进步所带来的城市变革。未来的城市工作将统筹规划、建设、管理三大环节，提高城市工作的系统性。树立系统思维，从构成城市的要素、结构、功能等方面入手，对事关城市发展的重大问题进行深入研究和周密部署，系统推进各方面工作。在规划理念和方法上不断创新，增强规划科学性、指导性。抓住城市管理和服务这个重点，不断完善城市管理和服务，彻底改变粗放型管理方式。

2.3.3　创新研发与应用水平达世界中上游，但与发达国家仍有不少差距

改革开放以来，我国的科技创新实现了跨越式发展。世界知识产权组织（World Intellectual Property Organization，WIPO）、美国康奈尔大学等机构发布的《2018 年全球创新指数》研究报告根据 80 项指标对全球 126 个经济体的创新能力进行考察，研究显示：中国创新能力正稳步上升，全球创新指数（global innovation index，GII）排名第 17 位，处于世界中上游水平，是唯一进入前 20 名的发展中国家，欧美仍然引领全球创新格局。

1. 科创水平明显提高，创新型国家建设初具成果

1）“创新驱动”上升为国家发展战略

党的十八大报告明确提出“实施创新驱动发展战略”[①]，且国务院于 2016 年 5 月，印发《国家创新驱动发展战略纲要》，提出“建设国家创新体系”，预示着我国的经济发展路径将出现从要素驱动到创新驱动的根本性变化。2017 年，党的

① 《坚定不移沿着中国特色社会主义道路前进　为全面建成小康社会而奋斗——在中国共产党第十八次全国代表大会上的报告（2012 年 11 月 8 日）》,《人民日报》2012 年 11 月 18 日，第 1 版。

十九大报告再次强调："创新是引领发展的第一动力，是建设现代化经济体系的战略支撑"①，要求进一步建设创新型国家。落实创新驱动战略具有重要意义，在国际竞争中，可助力我国形成新的优势和获得长效发展的动力；在经济上，促进经济发展方式转变，提高经济发展的质量与效益；在环境上，有利于节能减排和生态保护，推动建设美丽中国。

未来城市发展需要依靠改革、科技、文化三轮驱动，推进城市科技、文化等诸多领域改革，优化创新创业生态链，让创新成为城市发展的主动力，释放城市发展新动能，提高城市发展持续性。

2）科技投入产出水平稳步提升，部分数量指标居于国际前列

近年来我国知识产出能力显著增强（图 2-6），2017 年，全国发表科技论文 170 万篇，国内发明专利申请量和授权量分别达 138.15 万件和 42.01 万件，均为世界首位；创新资源投入持续增加，2017 年我国研究与开发（research and development，R&D）经费支出为 17 606.1 亿元，居世界第 2 位，占 GDP 的 2.13%。此外，科技进步贡献率稳步上升，由 2003 年的 39.7%上升至 2015 年的 55.3%。我国科创发展迅猛，正如《2018 年全球创新指数》所说，中国的快速崛起对其他中等收入经济体起到了示范作用。

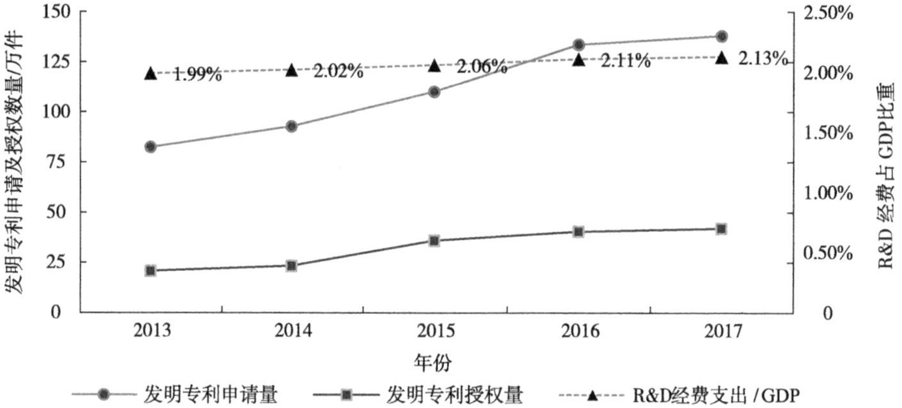

图 2-6　2013~2017 年全国科技活动基本情况

资料来源：国家统计局

2. 核心技术受制于人，创新环境仍需优化

1）知识产权保护缺失，创新环境有待改善

中国知识产权保护与发达国家存在一定的差距，根源在于政府部门对各类知

① 《习近平：决胜全面建成小康社会 夺取新时代中国特色社会主义伟大胜利——在中国共产党第十九次全国代表大会上的报告》，http://www.gov.cn/zhuanti/2017-10/27/content_5234876.htm[2021-05-28]。

识产权的管理权限不分明，使执法和管理不到位、效率低，以及知识产权侵权现象严重。我国常见的侵权现象有恶意抢注、“山寨”、“傍名牌”、驰名商标认定纠纷等。2017 年，全国法院新收各类知识产权案件为 237 242 件，审结 225 678 件，比 2016 年分别上升 33.50%和 31.43%。虽然知识产权的审批工作正在推进，但是侵犯知识产权的情况还是普遍存在。教育上，由于忽略了对知识产权的推广，大众对知识产权忽视与不了解，许多企业领导人缺乏相应的知识产权意识和观念，且由于对程序、法律不熟悉，无法运用知识产权制度对企业专利进行充分的利用与保护。

另外，随着信息时代的到来，网络成为科技创新的温床，但利用信息科技犯罪的现象也层出不穷。《腾讯安全 2017 年度互联网安全报告》显示，中国“网络黑产从业人员”已超过 150 万，“市场规模”达千亿级别，数据隐私泄漏现象也日益严重，2017 年上半年全球泄露或被盗的数据达 19 亿条。随着云计算、物联网和大数据等新一代信息技术的发展与推广，信息安全正逐步成为关注的焦点，高科技犯罪与网络犯罪的高发态势，警醒我们亟须营造良好安全的创新环境。

2）知识生产研发薄弱，创新质量偏低，技术创新平台匮乏

知识生产研发薄弱主要体现在研发投入不高，特别是企业。2017 年，我国的 R&D 经费占 GDP 的比重仅为 2.13%，约为美国的 60%，同时，企业的对外技术依存度高，占固定资产投资 40%的设备投资中，依靠进口的比例达 60%。国际数据表明，企业 R&D 投入达到年销售额的 5%以上，才能具有自主创新能力，但中国现阶段企业 R&D 投入偏低，严重制约了其自主创新能力的提高。

创新水平与质量有待提升。中国现行的专利申请共有发明、实用新型和外观设计三种，据国家知识产权局《专利统计年报 2017》统计，2017 年我国实用新型类专利授权量占比为 48.1%，外观设计类授权量占比为 32.9%，而最能体现专利水平和质量的发明类专利的授权量占比却仅有 19.0%。由于知识产权保护缺失和专利质量差，大部分企业没有自主研发的专利，只有 0.03%的企业有自主知识产权核心技术，40%的企业有自己的商标。另外从 R&D 经费看，根据经济合作与发展组织（Organization for Economic Co-operation and Development，OECD）的《弗拉斯卡蒂手册》定义，R&D 经费内部支出相应分成基础研究经费、应用研究经费及试验发展经费三类。2016 年，我国基础研究、应用研究和试验发展经费十年间年均增长率分别达到 15.2%、10.6%和 14.1%，所占比重分别为 5.2%、10.3%和 84.5%。我国三类 R&D 经费结构与其他科技强国相比，仍有继续优化的空间。2016 年，美国基础研究经费为 784.21 亿美元，优于我国；俄罗斯、日本、韩国基础研究经费虽然总量少于我国，但占比均高于 12%，远高于我国的 5.2%。这一现象侧面反映出我国的基础创新水平与质量和科技强国相比，有待

进一步提升。

技术创新平台和人才的匮乏，导致我国自主研发能力较弱，重要的关键核心技术仍然掌握在国外公司手中。以智慧城市建设为例，政府因自身技术能力的限制，通常将部分技术项目外包给专业机构，长期大量的使用外来产品和服务容易形成技术依赖，另外，由于智慧城市技术研发周期长、资金投入大和风险高，很多企业为了规避风险而奉行“拿来主义”，也阻碍了技术创新平台的发展。

2.3.4　城市空间迅猛扩张，资源环境承载力备受挑战

快速城市化和信息化背景下，我国城市空间表现出城市空间巨型化和网络化的特征，在城市规模和数量不断增加、城市间联系日益紧密的同时，也带来一系列资源环境问题，严重影响我国城市的可持续发展。

1. 城市空间的巨型化、信息化趋势突出

1）三大都市区同步发展

在中国大都市发展过程中，空间增长形态由最初的圈层式的空间扩张演变为分散组团、轴向发展的带型增长模式。大都市区空间分布具有一定的规律性，呈现出趋向沿海和我国重要的交通轴线的特点，我国的大都市区主要分布在沿海的长三角、粤港澳大湾区和环渤海湾的京津唐、辽中南及山东半岛等地区，已有部分大都市区实现了连绵发展，大都市区的空间分布与中国大城市的空间分布特征基本相同。此外，在成渝地区，陕西关中，以及以哈尔滨、长春、武汉、长沙等市为中心的地区也出现多个都市区集聚成团的现象（宁越敏，2011）。未来将在《全国主体功能区规划》《国家新型城镇化规划（2014-2020 年）》的基础上，结合实施“一带一路”建设、京津冀协同发展、长江经济带建设等，明确我国城市发展空间布局、功能定位。优化提升东部城市群，在中西部地区培育发展一批城市群、区域性中心城市，促进边疆中心城市、口岸城市联动发展。各个都市区将结合各自的资源区位优势，强化与周边城市的发展协作，错位发展，形成纵向分工协作的发展格局。

2）全球城市加速成型，城市体系日趋成熟

城市体系主要表现在城市等级规模和城市功能的变化。当前中国的等级规模出现巨大变化，顾朝林（2009）指出，中国高等级城市（北京、上海等）首位度正逐渐提高，向世界城市和巨型城市迈进，城市区域的空间结构、区域不均衡和社会极化等是我国城市化进程中城市空间的发展状态。同时，城市功能也正在转

变，随着科学技术的不断发展，许多大城市率先完成工业经济向知识经济的转换，逐步由以制造业为主导转变为以金融、贸易、信息、科技等服务业为主导。据顾朝林（2011）预测，中国在 2040~2050 年城市水平可达到 70%左右，在这一时期长江三角洲城市群和粤港澳大湾区城市群将形成中国的两个全球城市区域，顾朝林（2011）指出的中国城市人口和经济均有向东部沿海进一步集聚的趋势也支撑着这个说法。

3）信息化加快城市空间格局重塑

随着信息化的发展，互联网不仅使生活方式发生改变，也促使城市空间格局发生改变。习近平在十九大报告中提出“加快建设创新型国家……为建设科技强国、质量强国、航天强国、网络强国、交通强国、数字中国、智慧社会提供有力支撑”[①]。以云计算、大数据、移动互联为代表的信息化技术应用不再局限于经济领域，而是广泛渗透并进入各个领域。中国城市互联网发展与城市的经济特征、创新环境、开发程度和通信基础设施建设相关，在腾讯研究院发布的《数字中国指数报告（2019）》中指出，在数字中国指数市级排名中，北京、深圳、上海、广州、成都位列前五，数字化发展不均衡的状况在 2018 年有一定程度的加剧，后线城市正处于数字化发展进程中，以及由数字政务驱动转向数字产业驱动的动能转换期。在信息经济的背景下，互联网已成为人们日常生活、工作密不可分的一部分，也为链接城市空间，重新组织空间提供了可能，如通过网络组成新的社会空间、人的存在方式的变革等。

2. 城乡环境治理压力加剧

1）特大城市过度扩张，城市内部空间环境亟待提升

中国特大城市发展存在城市用地规模和人口规模过度扩张的问题。1980 年，建成区人口在 100 万以上的城市称为特大城市。2014 年对该标准进行上调：特大城市指的是城市建成区的常住人口在 500 万~1000 万的城市，超大城市指的是城市建成区常住人口 1000 万以上的城市，超大城市属于规模更大的特大城市（魏后凯，2015）。中国特大城市仍在呈现大规模扩张，主要表现在特大城市人口规模在快速、大规模地提升。2016 年末，中国城市数量达到 657 个，按 2015 年末市辖区户籍人口划分，特大城市达到 13 个，户籍及人口超过 100 万的城市已达到 147 个。北京、上海等市常住人口更是超过 2000 万，成为世界性巨型城市。2006~2016 年 13 个超大城市的市辖区人口从 6877 万人增长到 8930 万人，增幅高达 29.85%。

大型城市的人口和建设用地规模仍在持续快速扩张。当前北京、上海、深圳

---

① 《习近平：决胜全面建成小康社会 夺取新时代中国特色社会主义伟大胜利——在中国共产党第十九次全国代表大会上的报告》，http://www.gov.cn/zhuanti/2017-10/27/content_5234876.htm[2021-05-28]。

等特大城市都面临资源环境超载的问题。随着城市规模不断扩大，城市面临城市建设指标短缺、城市内部空间老化、城市灰色空间犯罪率高等问题，对城市内部空间环境的建设迫在眉睫。未来城市要统筹生产、生活、生态三大布局，提高城市发展的宜居性，以创造优良人居环境作为中心目标。

2）城市生态环境恶化，资源承载力薄弱

生态环境与资源问题严重制约着城市发展和居民的生活质量。粗放型的经济增长模式导致高地耗、高水耗和高能耗，中国城市发展正面临严峻的环境污染和资源短缺威胁，生态容量和生态承载力对城市发展的限制也越来越高。

城市环境污染破坏问题日益严重，主要集中在大气污染、水污染及对绿地系统的破坏。《2017 中国生态环境状况公报》显示，2017 年全国仅 99 个城市的空气质量达标，占全部城市数的 29.3%，平均超标天数比例为 22.0%，其中轻度污染占 15.6%，中度污染占 3.9%，重度污染占 1.9%，严重污染占 0.7%；地表水和地下水污染严重，2017 年对全国 223 个地市级行政区的 5100 个监测点开展地下水水质检测，较差级和极差级占比超过 50%；由于城市扩张，自然植被覆盖率降低、湿地面积不断缩小，生物多样性锐减。

城市资源高消耗主要体现在土地资源、水资源和能源资源上。在快速城镇化进程中，城市快速扩张消耗大量的土地资源，2012~2016 年中国城市建成区规模由 4.58 平方千米增至 5.28 平方千米。有关数据显示，我国城市中有 400 座以上城市处于缺水状态，近 200 座城市严重缺水。水资源匮乏是最广泛的资源问题，东北、华北、西北及东部沿海部分城市缺水尤其严重。随着城市化进程的快速推进，城市人口的增加，土地、水等各类资源的供需矛盾会更加尖锐。未来的城市景色将以自然为美，把好山好水好风光融入城市，因此要大力开展生态修复，让城市再现绿水青山，努力把城市建设成为人与人、人与自然和谐共处的美丽家园。

3）城市安全问题频发，防灾救灾应急能力滞后

中国城市安全和应急管理体系是保护人民安全的最重要防线。近年来，城市的地震台风、洪水内涝、危险物质泄漏爆炸和交通事故等危害城市安全的事故频发，中国城市减灾防灾体系由于成立时间较短、实际经验较少，在灾害的预测、评估、防范和应急预案方面较为薄弱，城市居民学习防范灾害的自救意识普遍较弱，一旦发生灾害，易造成较大损失。城市安全问题突出表现在防灾抗灾安全、生产安全及交通安全等方面。

防灾抗灾方面，由于中国大部分城市的建设时间已比较久远，许多建筑设施老化，为灾害发生埋下安全隐患，如 2016 年 9 月厦门在台风“莫兰蒂”的影响下损失惨重，充分暴露了中国城市在防灾救灾体系设置和应急能力建设方面的不足与滞后。生产安全方面，虽然随着中国城市的发展，工业设施安全标准逐渐提高，

但部分地区仍然分布有大量的危险及有毒生产性行业，设备老化和人员疏忽造成的各种冶炼厂、化工厂等有害物质的泄露，严重危害到居民正常的生活，同时也对城市正常运营秩序产生影响。由于对规划标准执行不力，2015 年天津仓库的大爆炸事故引起全社会深思。交通安全问题在城市尤为突出，2017 年全国发生交通事故超过 20 万起，死伤人员超过 27 万人，随着私家车数量的增加，交通设施建设和监管压力也随之增加。

2.4　城市化的国际经验总结

2.4.1　世界主要国家的城镇化发展轨迹

美国地理学家诺瑟姆于 1979 年提出了“S”形曲线，将一个国家和地区的城镇人口占总人口比重的变化概括为一条稍被拉平的“S”形曲线。相关学者利用数学模型对诺瑟姆的“S”形曲线理论进行推导，得出城市化发展的微分方程并应用该数学模型对若干个国家的城市化发展做时间序列回归分析，指出各国的城市化过程都遵循“S”形曲线的发展规律。另外在比较研究中（表 2-4），学者还发现一个国家工业化开始得越晚，城市化进程越快的特征。众多学者在此基础上，对城市化进行了进一步的解释。

表 2-4　若干国家城市化水平由 20%提高到 40%所经历的时间

国别	达 20%时的年份	达 40%时的年份	经历的时间/年
英国	约 1720	1840	120
法国	1800	1900	100
德国	1785	1865	80
美国	1860	1900	40
苏联	1920	1950	30
南斯拉夫	1949	1974	25

陈彦光和周一星（2005）等在“S”形曲线的基础上，对数学模型进行了完善。他们认为诺瑟姆对初始、加速、饱和阶段的中间阶段命名为快速发展阶段的命名方法不科学，因为中间一段是先加速再减速，而不是一直地加速，因此应更正为快速阶段。并将城市化发展分为四个不同阶段，分别为初始、加速、减速和饱和阶段，其中可将加速和减速阶段合并为快速阶段，与诺瑟姆的加速阶段一致。

王建军和吴志强（2007）对“S”形曲线城镇化发展阶段分界点进行了数学定义，指出两个曲率最大点为城镇化三个阶段的分界点，然后选择日本及其他 22 个国家，对其城镇化发展历史数据进行 Logistic 拟合分析，这种分析方法是准确判断和划分城市化发展阶段的重要方法及手段，通过对中国城镇化发展的拟合分析，得出 2004 年中国城镇化水平出现速度拐点，城镇化速度开始减缓的结论。

另外，王建军和吴志强（2007）根据城镇化水平历年数据，基于诺瑟姆“S”形曲线，分别做出各国的发展曲线。根据各国的轨迹特征，将轨迹特征相似的国家归为一组（图 2-7，表 2-5）。研究解决了由于不同国家条件的差异，“S”形曲线使用的简单化问题，但是对于不同分组，其差异原因、机制，以及影响它们速度、波动的具体原因，各自的共性特征，共同的成因，组内国家的特殊表现原因及个性，以及中国城镇化的特殊性等问题，还有待深入研究。

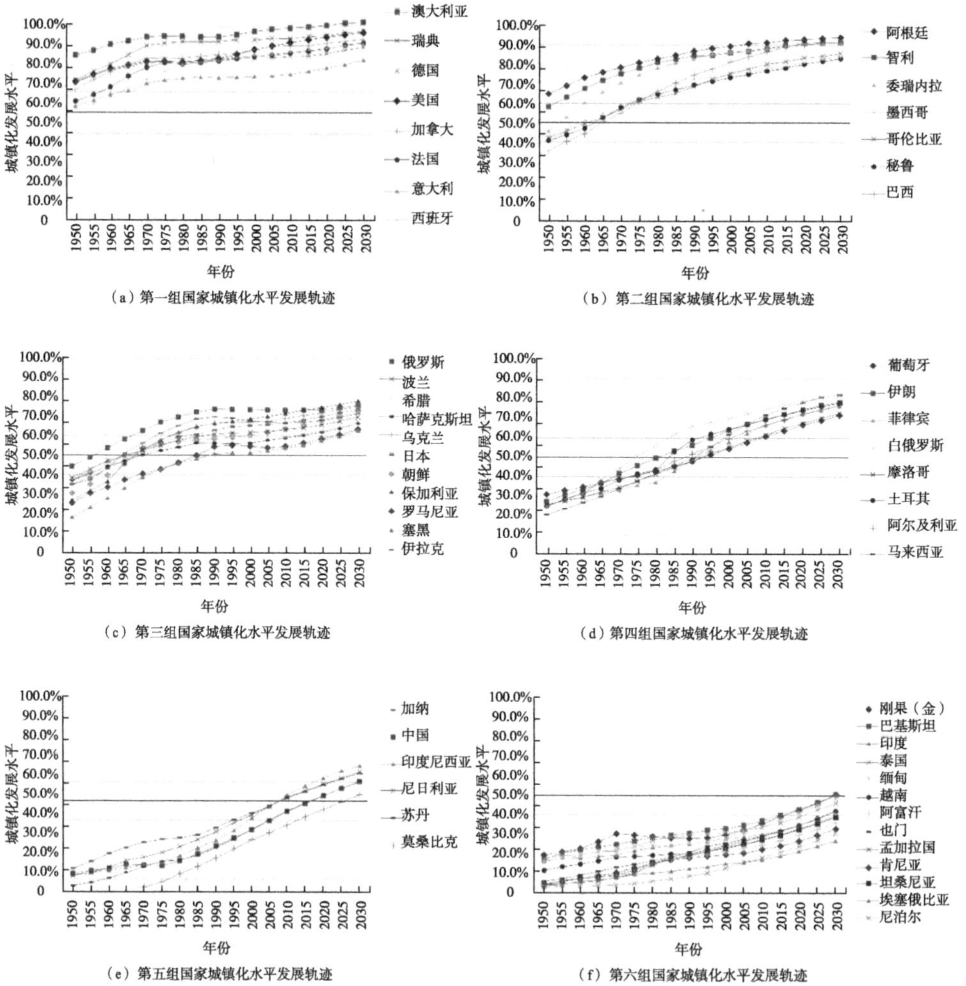

（a）第一组国家城镇化水平发展轨迹
（b）第二组国家城镇化水平发展轨迹
（c）第三组国家城镇化水平发展轨迹
（d）第四组国家城镇化水平发展轨迹
（e）第五组国家城镇化水平发展轨迹
（f）第六组国家城镇化水平发展轨迹

图 2-7　主要国家城镇化水平发展轨迹图

表 2-5　主要国家城镇化水平发展特征

组别	国家	分组特征
第一组（8 个西方发达国家）	澳大利亚、瑞典、德国、美国、加拿大、法国、意大利、西班牙	这些国家 1970 年以后城镇化发展速度减缓，进入诺瑟姆 S 形曲线的第三阶段，城镇化水平在高位缓慢增长
第二组（7 个主要拉美国家）	阿根廷、智利、委内瑞拉、墨西哥、哥伦比亚、秘鲁、巴西	城镇化水平在 80%甚至 90%以后才进入高位稳定发展阶段
第三组	俄罗斯、波兰、希腊、哈萨克斯坦、乌克兰、日本、朝鲜、保加利亚、罗马尼亚、塞黑、伊拉克	1950 年以后，经过 30 年左右的高速增长，1980 年前后速度减缓，1990 年前后在城镇化水平 50%~70%出现明显停滞
第四组	葡萄牙、伊朗、菲律宾、白俄罗斯、摩洛哥、土耳其、阿尔及利亚、马来西亚	城镇化水平发展轨迹的区间聚集在一个近似支线的狭窄上升通道内
第五组	加纳、中国、印度尼西亚、苏丹、莫桑比克	1950 年城镇化水平均不足 20%，城镇化水平沿着一个急剧上升的狭窄通道迅速提高
第六组	刚果（金）、巴基斯坦、印度、泰国、缅甸、越南、阿富汗、也门、孟加拉国、肯尼亚、坦桑尼亚、埃塞俄比亚、尼泊尔	2000 年以前部分国家城镇化水平增长缓慢，2000 年以后各国城镇化水平发展明显提速，先后进入城镇化快速增长阶段

资料来源：王建军和吴志强（2007）

2.4.2　欧美发达国家城市化发展经验

多数欧美发达国家城市化起步早，持续时间长，起始于以蒸汽机发明为标志的英国产业革命，在第二次世界大战（简称二战）以前就达到了 50%的城市化水平。其城市化呈现反复的行进过程，大体经历了城市化、逆城市化和再城市化三个阶段，并突出城乡协调，均衡发展的特点，呈现小城镇的发展模式。欧美国家城市化进程与工业化同步，动力机制为工业化驱动，工业化对城市化起到“发动”与“孵化”的作用。

1. 美国：及时协调城郊发展关系，推动大都市区经济

美国在短短 100 多年里达到了全面完成城市化进程的惊人成果。不同学者对美国的城市化进程划分不同，但一般可概括为“紧凑型城市化、城市郊区化、逆城市化和再城市化”四个阶段。紧凑型城市化阶段以工业化为主要驱动力，但随着交通和通信技术的发展及郊区住宅的开发，城市出现分散化的发展趋势，而在相关政策的引导下，当前中心城市的部分地区再次复兴，可以说，科技、住房和政策是影响美国城市化的三个关键因素。美国城市化进程的代表性研究如下。

陈明和彭桂娥（2004）在《美国 150 年城市发展历程及其对我国城市发展的启示》中研究了从 1850 年至 2004 年不同时期的城市化动力和城市发展模式，并

结合美国的人口统计学特征、民众出行方式、公共政策及网络影响等进行了原因分析（表 2-6）。

表 2-6　美国城市化发展阶段与特征（一）

时间	发展特征	原因
1850 年到第一次世界大战期间	紧凑型发展模式	生产力弱、产业联系强、电报为区域通信主要方式、低成本考虑
二战期间	大城市规模和经济实力不断扩大	运输方式的变化、电话广播的作用
二战以后到 20 世纪 70 年代（城市化水平达到 50%的时期）	城市的郊区化和中心城市的衰落	交通发展、大规模的郊区住宅开发及政府的住房抵押贷款政策
20 世纪 70 年代至 2004 年	人口继续郊区化，同时大城市人口恢复性增长，人口分布中心开始向西部和南部转移	政策引导（城市复兴和种族融合计划）、大量的低密度住宅建设
	在就业机会、产业增长势头、收入、教育、安全等方面与郊区的差距依然明显	
	城市开始复兴	
	环境承受压力加剧	

资料来源：陈明和彭桂娥（2004）

王春艳（2007）通过研究美国的城市化历史进程，发现美国城市化具有极其鲜明的个性特征和清晰的阶段性脉络（表 2-7），符合“S”形曲线的城市化发展轨迹，她还对美国城市化历史进程进行了总体评价，认为通过产业结构动态调整来提供城市化持久动力、充分发挥大都市区作用、政策刺激郊区发展、合理解决老工业衰退问题等发展策略是美国城市化的正面经验。

表 2-7　美国城市化发展阶段与特征（二）

阶段	时间	特征
城市化酝酿时期	1690~1830 年	①城市数量少，城市人口增长不稳定；②农业为主导产业，但城市中从事非农产业的人口比例高；③以传统的交通运输方式为主
城市化开始、加速及初步完成时期	1830~1865 年（内战前）	①工业化决定城市化；②交通运输技术的改进及西进运动，带动西部城市发展；③工业化、城市化带动区域经济分化
	1865~1920 年（内战后）	①制造业带形成，城市化加速；②农奴制度废除，南部城市化启动；③交通技术变革促进城市化范围扩大；④城市内部空间向多中心结构发展；⑤以集中型城市化为主，郊区化开始出现
郊区化时期	1920 年至今	①城市人口密度显著下降；②城区人口和就业比例持续下降，郊区人口及就业比例持续上升；③都市区数量和规模不断增加

资料来源：王春艳（2007）

宋金平和李香芹（2006）考察了美国城市化过程的五个阶段（表 2-8），总结出影响美国城市化的主要因素是欧洲经济入侵与商业贸易发展、工业化、大规模移民及人口快速增长及交通发展。

表 2-8　美国城市化发展阶段与特征（三）

阶段	时间	城市特征
帆船、马车时代	1830 年以前	城市数量少、规模小
蒸汽时代和铁路时代	1830~1870 年	城市紧凑发展
蒸汽机和钢铁时代	1870~1920 年	城市分工合作加强
汽车和飞机时代	1920~1970 年	郊区化、超级大都市区和都市连绵区、城市地区的增长超过了老城市中心的增长
疏散时代	1970 年至今	工业疏散、逆城市化、种族隔离加剧

资料来源：宋金平和李香芹（2006）

2. 英国：城市化问题治理成效显著，以规划先行推动城乡一体化发展

英国作为城市化发展的先驱，具有 200 多年的城市化实践经验，形成了集群化、郊区化、逆城市化和城乡一体化的四阶段城市化发展特征（表 2-9）。其中，科学技术的发展（主要包括工业革命、交通和通信技术）、城市规划和政策引导是推动英国城市化演进的重要因素。

表 2-9　英国城市化发展阶段与特征

阶段	时间	发展特征	原因
集群化	始于 18 世纪 60 年代	农村剩余劳动力向城镇转移	圈地运动、农业革命和科技革命、与海外殖民地的国际贸易和金融联系、大量机械化工厂的兴起（工业革命）
	19 世纪	城镇范围不断拓展	运输方式变化、第三产业的配套服务的作用
郊区化	20 世纪 60 年代	出现内城空洞化倾向，人口由中心城区向郊区迁移，聚居在大城市边缘地带，城市周边出现卫星城	城市化发展过快、郊区的住房条件及完善的配套条件改善、通信及交通的发展
逆城市化	20 世纪末	整体上推动了英国城市化进程向纵深发展	产业结构升级、信息社会中电子商务的普及、企业规模扩大观念的改变
城乡一体化	21 世纪初	振兴中小城市，城乡差距缩小	政策引导、政府重视农村的发展

值得关注的是，在城市管理上英国经历了城市自发蔓延、先放任后治理、规划先行、城乡一体的转变，其中，英国在城市法规的研究中具有重大贡献。英国自 1909 年至 2004 年共颁布了 40 多部有关城市的法规条例，其城市化的理念对象从过去的以城市为核心转变为现在的以人为核心，提出城市发展的终极目标是满足人的需要。在改造大城市旧城区及振兴中小城市方面，英国充分体会到了规划先行、有序发展带来的效益，同时也非常珍惜来之不易的清新空气和洁净水资源，在环保观念、标准及技术方面颇有建树，走在世界前列（李亚丽，2013）。这些为现代城市化高速发展中的国家，提供了城市化的发展经验教训及启示。

3. 德国：大中小城市均衡发展，缩小地区发展差距

德国的城市化在其特定的社会与历史背景下发生，它在一个四分五裂的国家内起步，经历自上而下的国家统一，显著受到政治因素的影响。在邦国林立的阶段，各邦国有自己的小城镇与管理方式，在实现统一后，德国的城市布局形成大中小城市均衡发展的特征。德国的城市化和工业化进程比英国慢，但它吸取了英法等工业化起步较早的国家的经验教训，从 19 世纪初开始发展，仅数十年就已发展起来。在德国的城市化过程中，农业革命为城市化发展奠定基础，工业革命迅速带动经济的全面发展与传统社会经济制度的创新与变革，科技创新推动城市综合发展，全国统一背景下相对安定的社会环境亦是德国城市化的有效助力。德国百万人口以上的特大城市数量极少，人口分布较为均匀，中小城市星罗棋布于全国各地，在城市化发展过程中，各城市发展相对协调，布局合理，这与德国致力于为城乡居民创造同等的生活条件，缩小地区发展差距，促进城乡一体的政策有关，也使得农民成为城市的一个重要组成部分，而非贫穷与落后的代名词（表 2-10）。

表 2-10　德国城市化发展阶段与特征

阶段	时间	发展特征	原因
准备阶段	1840 年以前	农业区人口逐步向城市转移，大中城市粗具规模	农业革命的兴起
发展阶段	1841 年至 1871 年	城镇人口占全国人口比重的 36%	工业革命的推动、制度的变革与创新
极大繁荣和迅速发展时期	1872 年至第一次世界大战前	大中城市崛起，新型工业城市迅速发展，城市人口比例达到 60%，城市划分了工厂区、住宅区、商业区等	国家统一、主导第二次工业革命

2.4.3　日本、韩国城市化发展经验

与欧美国家经历了大约一百年的城市化过程不同，日本与韩国都是在 30 年左右的时间内经历了高速的城市化过程，这是二战后经济起飞的国家所特有的特征。但与欧美相似的是，其城市化进程与工业化同步，发展动力为工业化驱动型，而在发展模式上，则以少数大城市优先集中发展为主，高度集聚后再多极分散发展。日本、韩国在城市化过程中明显更多地受到政府干预与宏观调控，在政府与市场的双重作用下得到较好的发展。

1. 日本：高度集中的城市化模式带动中小城镇发展，重视产业结构转变与交通网络建设

王德和彭雪辉（2004）对日本及其国内 46 个地区的经济水平和城市化发展进

行研究分析，发现日本 1955 年至 2000 年的城市化发展过程中，前 20 年经济高速增长带动人口向城市集聚，城市化水平处于加速阶段；而后日本城市化进入“S”形曲线的后期饱和阶段。日本各地区的城市化水平差异较大，虽然日本全国城市化符合“S”形曲线基本规律，但对于占比较大的城市化进程基本停滞的地区，“S”形曲线规律并不适用。这是源于日本高度集中的城市化模式。日本在城市化发展进程中以某个大城市为人口聚集的中心优先发展，使得人口在短时间迅速集中，然后再向外辐射与扩展卫星城。在这一发展模式下，日本形成了以东京、大阪、名古屋为核心的三大都市圈。这一发展模式有效地吸收了从农业中转移出来的人口，最大限度保持耕地、森林和绿化率。当大城市达到饱和后，日本城市化模式开始从集中转向分散，大城市“反哺”中小城镇，地方中小城镇并没有在发展中被落下，其发挥特有的综合功能，将传统风俗与现代化生活相互融合，推进城乡交流与旅游农业等特有产业的发展（表 2-11）。

表 2-11　日本城市化发展阶段与特征

<table>
<tr><th>时间</th><th>城镇化率</th><th>发展特征</th><th>存在问题</th></tr>
<tr><td>1950 年</td><td>37%</td><td></td><td></td></tr>
<tr><td>1955 年</td><td>50%</td><td>①日本的城市化发展选择的是大城市集中发展模式，即以某个大城市为人口中心，周围发展卫星城，再向外辐射与扩展</td><td rowspan="3">①城市人口密集
②空间有限造成住宅、交通、环境等条件恶劣
③工矿企业排放的污染物和汽车尾气使空气质量变差</td></tr>
<tr><td>1975 年</td><td>76%</td><td>②第一次世界大战以来，以重化工业为主的工业化过程刺激了一批新兴城市的诞生，有力推动了日本的城市化进程</td></tr>
<tr><td>1975 年以后</td><td>大于 76%</td><td>③有利于贸易和经济增长的国际环境，以及外资和技术的引进加快了日本的城市化进程
④政府对城市化进程的干预力度强，包括制订国土开发利用规划和相关法规</td></tr>
</table>

另外，日本产业结构的转变也加快了人口向城市的集聚。二战以后的工业化浪潮推动了日本产业结构的调整，第二产业、第三产业占比不断上升，20 世纪 70 年代，第三产业的迅速发展为日本国民提供了更多的就业机会，助推城市化进程。同时日本注重轨道交通的建设。城市化建设进程中，人口聚集也呈现出以都市为中心，沿着轨道交通线路布局向周边发散式延伸的特点，交通网络的建设引导着日本城市功能布局，明确勾画出城市的中心功能区（王莉，2018）。

2. 韩国：政府宏观调控，尊重市场规律，适时调整经济和空间发展战略

在 1960 年之前，因为战乱、殖民政策等问题，韩国并没有步入城市化健康发展的道路，从 1960 年到 1990 年，在短短 30 年内韩国将城市化水平从 28%提高到了 74.4%，其快速城市化源于市场和政府的双重作用，具有城市带动、自由人口

流动和高度集中三大主要特征。韩国在政府的推动下制定了经济发展战略、土地制度和农业政策等，一系列有利于城市建设与管理的调控安排有效推进了韩国的城市化。韩国在 20 世纪 60 年代初期，通过发展工业带动经济发展，吸引大量农村剩余劳动力涌入城市。其开发政策以低工资为基础、轻工业为核心，以输出主导开发为主，1960 年韩国启动了以利用外资为主的进口替代出口导向的工业化战略，此时城市化水平接近 30%。1977 ~ 1981 年，年均引进外资 75.50 亿美元，1987 年城市化水平提高到 68%。到 20 世纪 90 年代，韩国城市化水平相比 20 世纪 60 年代提高了 2~3 倍，城市化快速发展。借鉴韩国的经验，市场在城市化进程中的影响力巨大，因此必须注重要素的合理流动，为资本、劳动力的转移创造条件。政府通过制定相应的政策，在合理配置市场、土地、劳动力资源的基础上促进城市化进程。

2.4.4 拉美国家城市化发展教训

拉美国家的城市化水平于二战后（约 1965 年）达到 50%，呈现大城市集中发展模式，区别于欧美和日本、韩国，其城市化动力虽为工业化驱动型，但城市化超前于工业化，属于过度城市化，这使得拉美国家在城市化建设尚未完成之时，就开始“逆城市化”，政府未能及时调控，导致城乡发展失衡，甚至出现“贫民窟包围城市”的尴尬。

巴西是经济实力较强的发展中国家，城市化水平高于工业化水平，目前陷入了中等收入陷阱。巴西城市化发展早于工业化，早期，20 世纪 30 年代，巴西仅依靠外来移民来促进城市化，而后工业才开始发展。巴西的城市化水平在 1965 年达到 50%（表 2-12）。历史、政策等因素导致巴西的城市化水平虚高，城市化的水平超过了工业化水平及相应的经济发展水平，城市化的结果未能达到提高城市生活质量和环境水平的目的，反而出现了过度城市化和贫民窟等相当严重的城市问题（李瑞林和李正升，2006）。

表 2-12　巴西城市化发展阶段与特征

时间	城镇化率	发展特征
1940 年	26%	
1970 年	56%	①巴西利亚的兴建加速人口城市化
1980 年以后	大于 68%	②交通等基础设施建设加速中小城市的发展 ③“经济奇迹”进一步推动了人口城市化进程，工业化带动城市化 ④经济集聚与大都市带促进了大城市郊区城市化

2.4.5　从牺牲到反哺的国际城镇化经验

从历史上来看，城市的演变伴随着城市化的进程，从内容到形式都表现出从牺牲到反哺、从简单到复杂、从必然到自由的发展规律。纵观各个国家的城市化进程，不同体制背景与意识形态背景的国家，其城市化进程不同，但也具有共性（表 2-13）。各个国家在城市化初期的市场选择和政策导向集中体现为牺牲部分社会公平性甚至生态效益性，优先发展经济，经济高速发展的同时往往带来社会矛盾的集中爆发。以城镇化率 50%为拐点，在城镇化率达到 50%之后前期的“牺牲”开始转变为“反哺”，社会焦点和政策导向开始关注在经济发展过程中造成的社会保障和公共产品的缺失。

表 2-13　各国城镇化率达到 50%的阶段性状态描述

项目		英国	德国
年份		1851 年	1900 年
战略层面	意识形态	国家意识形态；历史保护意识；公众参与意识	国家意识形态；军国主义
	国家战略	政府开始重视社会改革事业，通过立法、基础设施建设项目、设置主管机构，逐步改善自由放任的发展格局；圈地运动逐渐结束，土地所有制改变	根据社会发展的需要，德国快速建立了一整套为城市化稳定发展所必需的制度框架，将城市化过程中的各种社会问题及时解决
社会层面	特征描述	激进式发展，社会矛盾突出的同时经济飞速增长，国家达到强盛时期，成为“日不落帝国”	城市化极大繁荣和发展的时期，也是德国近现代历史上经济社会结构巨变的时期，由一个落后的农业国迅速发展为先进的工业国，由传统的农业社会转变为现代城市社会
	主要矛盾	工人生活较苦；工作、生存条件恶劣，贫民窟比比皆是；道德沦丧，犯罪率高，接连出现起义和暴乱	流动人口数量大，比例高；住房拥挤；环境卫生差；周期性失业严重，劳动力素质差；城市公共服务不足等
	相应措施	重视社会改革事业，完善供水排水、污水处理、公共卫生、城市服务、学校建设、贫困儿童教育等计划；设置济贫法委员会、工厂视察员办公室、卫生总局、地方政府文员会、教育部、铁道部等机构；颁布《公共卫生法》《环境卫生法》；通过三次议会改革，先后赋予两大工业阶级选举权，扩大他们在公共事务上的参与	通过全面规划、综合治理，改善居民居住环境，提高生活质量；通过建立完善的社会保障制度，缓解周期性失业问题，赋予全体居民应对生活挫折的基础性制度力量；通过严格的基础教育制度和职业增调制度，大幅提高劳动力的文化素质；对流动人口是相同的政策待遇
经济层面	该国 GDP 占世界 GDP 的比重	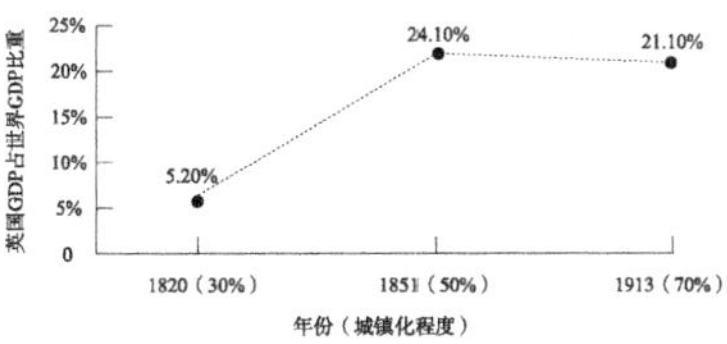	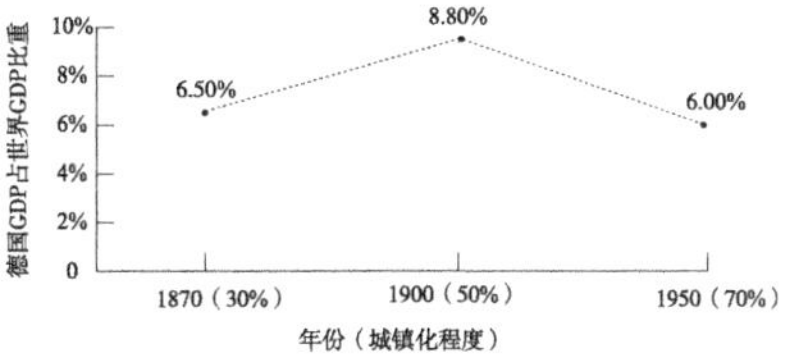

续表

项目		英国	德国
年份		1851 年	1900 年
经济层面	产业结构	第一产业 22%，第二产业 34%，第三产业 44%	第一产业 23.4%，第二产业 51.0%，第三产业 25.6%
空间层面	城市建设	基本形成铁路运输网，铁路、运河等交通枢纽城市如曼彻斯特、伯明翰出现	大城市人口的聚集能力逐渐增强；大城市优先发展；城市数量增多，规模扩大；城市根据生产发展的需要，划分为工厂区、住宅区、商业区等
	主要问题	环境污染严重，成为"雾都"；贫民窟比比皆是，缺乏基础设施，卫生条件恶劣	流动人口数量大、比例高；住房拥挤、环境卫生差；城市公共服务不足等
	相应措施	重视社会改革事业，完善基础设施建设；设置济贫法委员会、工厂视察员办公室、卫生总局、地方政府文员会、教育部、铁道部等机构；颁布《公共卫生法》《环境卫生法》	积极引导解决住房问题，政府建造经济适用房，并鼓励半政府性机构和企业参与住宅建设；行政区合并，促进劳动力就地城市化
技术层面	科技成就	以能源、工矿、交通工业等重工业、基础工业的发展为先导	完整的铁路系统，庞大的商业贸易舰队，机械制造工业、电器工业、化学工业发展迅速
	重大影响	英国的"世界工厂"地位正式确立；出现铁路、运河等交通枢纽城市；工业化的关联效应显现，工业化资金推动城市其他产业发展，如金融业、第三产业	德国推动工业化的动力来自铁路建设方面；建立了一支庞大的商业贸易舰队；成为世界上最大的机器输出国之一

项目		美国	日本
年份		1920 年	1955 年
战略层面	意识形态	私有化；个人至上；自由主义	立宪主义；地方自治；军国主义
	国家战略	通过扩张政府开支扩大就业规模，救济失业者，为城乡贫民提供基本居住生活条件，着眼点在于提供社会保障，保障经济安全	重点发展教育和科技，实行国土综合开发
社会层面	特征描述	由农业社会向工业、城市社会转型，各种"城市病"出现	经济高速增长，城市就业岗位增多，劳动力转移至大城市
	主要矛盾	贫困问题凸显；社会治安恶化；整治腐败加剧；民主政治面临危机；种族隔阂和种族矛盾加剧	收入差距大；城市人口剧增；农村人口稀疏，住房紧张；交通拥挤
	相应措施	社会改革和政府调控双管齐下；唤醒公众；发动社区改良运动，改造贫民窟；改革市政体制，提高市政管理效能；从无为到有为，政府对城市问题进行有限调控；建立社会保障体系，对社会弱势群体提供援助，救济农业并提供就业机会	"国民收入倍增计划"，全面提高社会各阶层工资收入，仅七年就实现国民收入翻倍；建立了包括年金、医疗、雇佣、劳灾和看护五项社会保险制度

续表

<table>
<tr><th colspan="2">项目</th><th>美国</th><th>日本</th></tr>
<tr><td colspan="2">年份</td><td>1920 年</td><td>1955 年</td></tr>
<tr><td rowspan="2">经济层面</td><td>该国GDP占世界GDP的比重</td><td>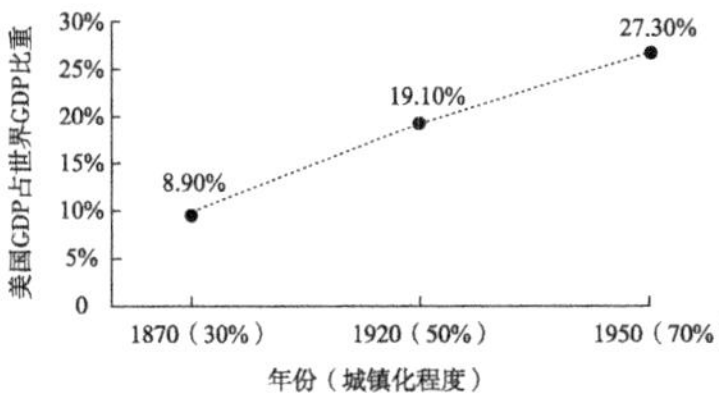
</td><td>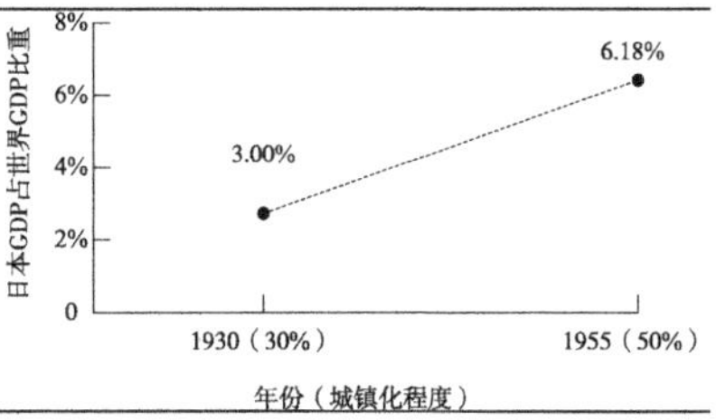
</td></tr>
<tr><td>产业结构</td><td>第一产业 28%，第二产业 32%，第三产业 40%，其中制造业占非农产业的比例在 1920 年达到最高</td><td>第一产业 13%，第二产业 45%，第三产业 42%</td></tr>
<tr><td rowspan="3">空间层面</td><td>城市建设</td><td>郊区化成为城市化进程的主导趋势，但影响尚不明显，出现城郊花园居住区的建设；土地开发强度加大，追求利益最大化；摩天大楼出现</td><td>城市面积扩张，形成东京、大阪、名古屋三大都市圈</td></tr>
<tr><td>主要问题</td><td>中心城区衰落；居住条件和生活环境恶化，环境污染严重；公共卫生设施奇缺</td><td>城市过渡拥挤，住宅紧缺，交通拥挤</td></tr>
<tr><td>相应措施</td><td>1916 年出台区划法，严格控制城市空间形态；提出与社会福利政策相分离的、以拯救中心城区为目标的城市政策（20 世纪 40 年代末）</td><td>制订严密的国土利用规划；进行新城建设，实施《都市公园法》；完善地下铁道运输网</td></tr>
<tr><td rowspan="2">技术层面</td><td>科技成就</td><td>汽车、电影、无线电收音机，以及日用化学工业全面勃发</td><td>积极引进、消化、吸收和改造国外技术</td></tr>
<tr><td>重大影响</td><td>汽车工业带动交通运输业发展，公路铁路不断扩建与翻修；带动了农业地区农产品的生产出口，同时为美国农业、农产品加工业发展创造了必要的条件；铁路建设促进了煤炭、钢铁等原材料产业的迅速发展；汽车工业拉动加油站、汽车旅馆和石油业等周边产业发展；郊区化加速发展</td><td>技术引进带动了日本的技术革命，实现了经济高速发展</td></tr>
</table>

项目		巴西	韩国	中国
年份		1965 年	1980 年	2010 年
战略层面	意识形态	军事独裁；种族多元	中央集权；民族观念	人民民主专政；民族观念
	国家战略	政治上以排斥性的、专制的集权主义为特征，通过中央集权方式对国家进行管理，采用“专家治国”方略，实施低层次福利政策缓和了社会矛盾	进行民主化改革，第二次国土综合开发计划提出“科技立国”，大力推进知识密集型产业发展	科学发展观；构建社会主义和谐社会；科技创新型国家战略

续表

项目		巴西	韩国	中国
年份		1965 年	1980 年	2010 年
社会层面	特征描述	民主化政治改革陷入危机，1960 年发生政变，建立了长达二十余年的军事政权	经济成长钝化，通货膨胀，工业不振，以及大量失业等等，经济上的问题产生了民主改革的呼声	经济高速增长，社会矛盾突出，“城市病”出现
	主要矛盾	当时的文人政权与民众的矛盾加深，经济发展所产生的贫富差距加大，两极分化，失业严重，社会保障差，环境恶化	收入分配恶化严重影响经济发展和社会稳定，引发民众不满，导致大规模的罢工风波；城乡发展不均衡，基础设施缺乏	收入差距大，劳动关系冲突显化等
	相应措施	开始实行发展战略规划并制定政府行动的基础和目标：第一个国家发展计划开始实施（1972~1974 年）；采用“积累理论”，将劳动者工资与待遇降至较低限度	促进多核心结构的形成；地域差距缓解与落后地区开发；“成长与稳重并重”开发方式引进；在国土开发计划实施过程中，政府大力支持民间投资；大幅增加对 R&D 的投资	
经济层面	该国 GDP 占世界 GDP 的比重	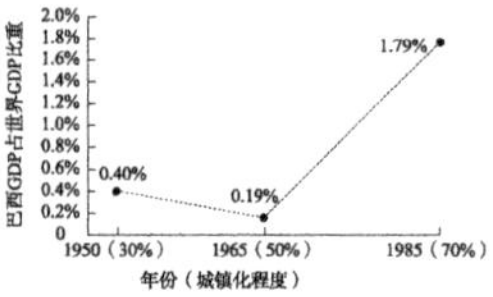	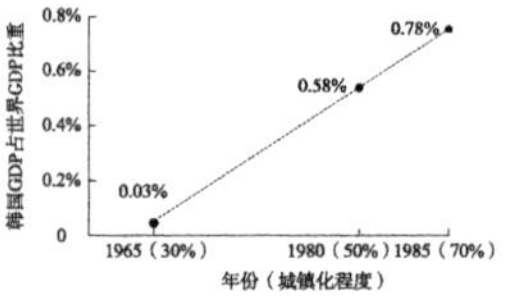	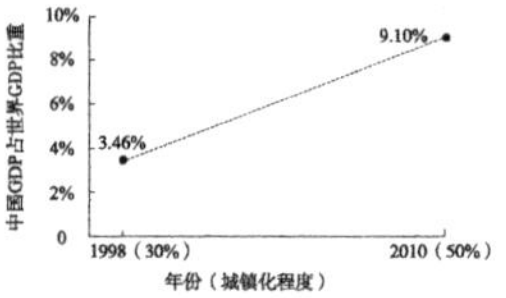
	产业结构	1960 年三产比例为 19.0%、30.3%、50.7%；1970 年三产比例为 11.7%、35.4%、52.9%	1980 年三产比例为 14.9%，41.3%，43.8%；第三产业结构调整过后，由进口替代工业逐渐转变为出口导向型产业	第一产业 10.1%，第二产业 46.8%；第三产业 43.1%
空间层面	城市建设	城市人口高度集中，人口第一的里约热内卢占比远高其他城市。1960 年巴西利亚建成，试图将发展中心往内陆偏移	在首尔与釜山的连线上逐渐形成一些人口 100 万以上的大城市	城市规模快速扩张，中心城市地位凸显；城市基础设施不断完善；城市人居环境明显改善
	主要问题	出现了大城市化和中心城市化的特点，人口高度集中	人口分布集中，城市过度膨胀，交通等城市基础设施相对滞后	城乡与区域发展需要统筹协调，城市空间开发秩序需要规范
	相应措施	试图通过在内陆建立新首都的方式将发展中心向内陆转移	第二次国土规划在首尔周围地区建立新城市，将据点开发方式转变为分散式据点开发方式，加大基础设施的建设力度	
技术层面	科技成就	飞机制造、汽车、电子工业成为新的发展重心	半导体与芯片技术，汽车制造业技术开始研究进行	无线通信技术、信息技术、计算机技术
	重大影响	促进了制造业规模的进一步扩大	自主独立研发制造的电子、汽车等产品开始逐渐打开国际市场	科技覆盖日常生活，人类对科技的依赖前所未有

各国的“反哺”措施也有所不同，如德国和日本属于主动应对，具有较强的前瞻性，及时完善社会保障制度；而英国、美国、韩国和巴西则属于被动应对，在早期城市化过于放任自流最终导致社会矛盾激化，政府不得不利用法律法规和不同政策等来调控弥补，巴西则在政府调控过程中有欠考虑，社会保障支出成为政府财政的负担。

伴随着城市发展，城市人口增长速度遵循了从缓慢到加速再放慢的规律，城市环境表现出基本协调到失调恶化再到合理协调的否定循环的特征；城市结构和设施呈现出由单一简单到复杂多样，再到全面综合的发展过程；城市规模的变化经历了由小变大、扩大化和分散化双向发展并存的进程。由此揭示的城市化进程与城市发展的内在联系和客观规律，为我们认识研究城市提供了新的角度和分析方法。中国正处在这一城市社会来临的关键节点，通过分析与研究不同时期不同背景下各国城市发展特征和城市化经验，有助于我国反思当前城市发展现状和探究未来城市化进程。

2.4.6 对中国城市化发展的启示

1. 推动城市化进程与经济发展水平相适应

从各国城市化进程的经验和教训中可以发现，城市化进程需要与经济发展相协调，才能促进城市化的健康发展。城市化一旦与经济水平不协调，就容易出现“虚假城市化”现象。例如，我国一些地区忽视了经济规律在城市化进程中的重要作用，企图依靠行政手段强制推动“城市化”，甚至制定城镇化率提高 2%等不切实际的目标，除此之外还有不合常理的无序开发等问题。在这种形势下，中国农村耕地面积锐减，农民失去土地进入城市，却没有相应的城镇化配套设施和就业标准与其适配，农民转变为流民。因此，推动城市化进程与经济发展水平相适应，是一条符合经济规律的城市化道路。

2. 调整产业结构，推进都市圈建设

发达国家出现逆城市化源自产业结构的调整，金融、商业等服务业取代传统制造业成为大城市的主导产业，效益低、产能低和人力资源需求量大的低端传统制造业被迫撤离。近些年来由于我国城市规模逐渐扩大，以北上广深为代表的人口千万规模级别的特大城市，普遍存在交通堵塞、住房拥挤、房价高等“城市病”。因此，合理控制人口规模，学习国外先进经验对这类城市产业结构进行调整，积极发展经济效益高的智慧产业和资本导向型产业，促进技术和管理等高端生产要素集聚，将经济效益低下的劳动密集型产业适当向外转移，将有利于升级城市的产业结构，有效缓解“城市病”。

在对城市内部产业结构进行调整转移的同时，也要积极融入区域城市群或都市圈发展。在经济全球化、区域化合作发展日益密切的当今，我国一些地方政府已经注意到区域经济合作对经济增长的强大促进作用，提出加强智慧城市群建设，如依托智能工厂探索区域产业融合等，有利于促进城市群经济协作、提升区域经济发展的稳定性和经济效益。

3. 坚持大中小城市协调发展，注重城乡统筹发展

巴西在城市化进程中片面强调城市的扩张而忽略农村的发展，带来“贫民窟”等问题，导致不同地区之间的差距较大，而欧美地区及日韩等发达国家则重视大中小城市的并行发展及城乡一体化。在城市化发展进程中，先获得发展的大城市形成人口集聚与经济极，其大规模与高能量可以带动较大区域协调运转，小城市则利于接纳城市能量向乡村辐射、集中乡村要素向城市输送，中等城市则是承上启下的纽带，在大城市达到满负荷后，中小城市将是未来城市化的主导力量。在城市化过程中，重视中小城市的发展，发挥其优势，切实对“三农”进行保护，实行城乡统筹规划与发展，有利于形成互补友好、良性互动的有利局面，有利于逐步缩小地区发展差距，推动城市化进程。

4. 加强创新型城市的建设

当今世界已经进入了信息时代，高科技是推动经济增长最重要也是最有效的因素，也是未来世界经济发展的主导方向，科学和技术已经成为国家争取下一轮经济发展动力的竞争关键。而我国要在经济全球化过程中保持现在的优势不被边缘化，就要在科技竞争中取得较为领先的地位。而大型城市作为我国经济发展主要阵地，必须加强其科技创新水平，引领我国经济发展走向新的高峰。要实现以上目标，就要继续推进智慧城市建设，吸引人才和以科技创新为主导的产业集聚发展，形成有利培养科技创新平台和科技产业的条件和氛围，生成一股新兴力量，带动和辐射区域范围的科技水平的提高。

5. 走生态城市化道路

生态城市是世界城市建设的现代模式，生态城市不仅可以提升城市的生活品质，而且有利于提升城市的综合竞争能力。城市化水平和经济发展之间互为正相关关系，城市化水平的提高有助于促进经济增长。目前，城市化水平的提升已经成为推动我国经济发展、提高人民生活质量和社会现代化水平的主要动力。然而我国的人口基数大，平均资源稀少和生态环境脆弱的基本国情制约着经济发展，最为明显的例子就是中西部地区，由于整体发展条件的制约，城市化的进程受到

了相当大的发展阻碍。因此，走高度集约化的生态城市化之路是我国的必然选择，此外，还可借助智慧城市的发展，完善生态环境监测管理系统的建设，以科技的手段，积极创新生态城市化路径。

本章参考文献

陈明，彭桂娥. 2004. 美国 150 年城市发展历程及其对我国城市发展的启示[J]. 经济问题探索，（8）：44-49.

陈彦光，周一星. 2005. 城市化 Logistic 过程的阶段划分及其空间解释——对 Northam 曲线的修正与发展[J]. 经济地理，25（6）：817-822.

段瑞君. 2008. 欧美发达国家城市化进程的经验及其对我国的启示[J].城市，（10）：54-57.

高珮义. 1990. 世界城市化的一般规律与中国的城市化[J]. 中国社会科学，（5）：127-139.

顾朝林. 2009.2020 年国家城市体系展望[J]. 未来与发展，（6）：2-7.

顾朝林. 2011. “十二五”期间需要注重巨型城市群发展问题[J]. 城市规划，35（1）：16-18.

顾朝林，张勤，蔡建明，等.1999. 经济全球化与中国城市发展——跨世纪中国城市发展战略研究[M]. 北京：商务印书馆.

侯学英. 2008. 中国城市化进程时空差异分析[M]. 北京：经济科学出版社.

经济合作与发展组织. 2010. 弗拉斯卡蒂手册：研究与试验发展调查实施标准 [M]. 6 版.北京：科学技术文献出版社.

李德华. 2002. 城市规划原理[M]. 3 版. 北京：中国建筑工业出版社.

李浩. 2013. 城镇化率首次超过 50%的国际现象观察——兼论中国城镇化发展现状及思考[J]. 城市规划学刊，（1）：43-50.

李瑞林，李正升. 2006. 巴西城市化模式的分析及启示[J]. 城市问题，（4）：93-98.

李亚丽. 2013. 英国城市化进程的阶段性借鉴[J]. 城市发展研究，21（8）：24-28.

李元珍. 2015. 快速城镇化背景下中国城乡差距研究[D]. 广州：华南理工大学.

宁越敏. 2011. 中国都市区和大城市群的界定——兼论大城市群在区域经济发展中的作用[J]. 地理科学，31（3）：257-263.

宋金平，李香芹. 2006. 美国的城市化历程及对我国的启示[J]. 城市问题，（1）：88-93.

王成军，王稳琴，刘大龙. 2011. 中国城市化发展的演变进程及其特征[J]. 西安建筑科技大学学报（自然科学版），43（3）：404-409.

王春艳. 2007. 美国城市化的历史、特征及启示[J]. 城市问题，（6）：92-98.

王德，彭雪辉. 2004.走出高城市化的误区——日本地区城市化发展过程的启示[J]. 城市规划，28（11）：29-34.

王建军，吴志强. 2007.1950 年后世界主要国家城镇化发展——轨迹分析与类型分组[J]. 城市规划学刊，（6）：47-53.

王莉. 2018. 日本城市化进程•特点及对中国的经验借鉴[J]. 安徽农业科学，46（15）：212-216.

魏后凯. 2015. 中国特大城市的过度扩张及其治理策略[J]. 城市与环境研究，（2）：30-35.

向春玲. 2014. 中国城镇化进程中的“城市病”及其治理[J]. 新疆师范大学学报（哲学社会科学版），35（2）：45-53.
叶嘉安，徐江，易虹. 2006. 中国城市化的第四波[J]. 城市规划，30（S1）：13-18.

第 3 章　智慧城市的理论与实践[①]

本章首先通过不同历史时期的城市发展特点归纳科技在推动城市发展中的作用，总结信息时代城市发展的趋势与特征，然后整理智慧城市的研究情况与相关理论，并从实际建设与应用出发，总结智慧城市的实践经验。

3.1　科技推动城市发展

在城市发展的历史进程中，人类依托科学技术的进步，不断更新城市发展理念、解决城市问题，并形成了城市发展理论。智慧城市是人类发展的高级阶段，当代的智慧城市建设，应在充分理解、吸收前人经验教训的基础上，结合当前的科技发展，从容地展望城市的未来。

在人类发展的历史长河中，科技是时代进步的推动力。它有针对性地解决了城市发展中的环境、经济、社会等问题，并滋养了各时代理想城市的梦想。所谓的理想城市，既包括理想的空间结构、功能布局等理想的形态，也包括一些关于城市发展与规划的先进理念与价值观。历史上有许多优秀的理想城市让人们歌颂与怀念。例如，追求人的尺度和感受的古希腊雅典卫城，强调建筑布局与自然协调，使得自由平等的人文思想在城市空间弥漫；拥有宜人尺度街道广场的欧洲中世纪城市，其紧凑的城市形态和精致的城市建筑立面令人惊叹。经过人们设想出来的理想城市往往基于当下城市问题的解决或是展现设计者对未来城市的超前构思。时代背景的差异、城市问题的不同及科学技术的水平对于理想城市的思潮起到了决定性的作用。

本节通过断代的方法总结人类各个时期的理想城市及其特点，归纳科技在推动城市发展中的作用。由于理想城市的理念与思潮主要发生在欧美国家，因此近

---

① 初稿执笔人：邓昭华、张小娟、樊霞。

现代前的断代依据带有浓厚的欧洲发展史色彩。前工业时代指从城市发展启蒙时期的古希腊古罗马时代，到城市艺术发展鼎盛的中世纪及文艺复兴时期，这一时期城市发展缓慢、功能结构单一。16~17 世纪第一次科技革命带来近代科学诞生，奠定科技推动城市发展的基础。工业时代城市迅速扩张，第二、第三次科技革命在给城市带来变革动力的同时，快速的城市化也导致城市问题集中爆发。进入现代科学技术腾飞背景下城市多元化的信息时代，第四、第五次科技革命推动城市向智能、智慧的方向发展，形成信息时代下独特的发展特征。

3.1.1　城市发展的三大历程

城市随科技而发展。人类世界的五次科技革命推动了三个城市时代的更替。城市发展离不开科技的进步，科技革命引发了人类生活观念、生活和生产方式的革命性变化。从世界科技史角度来划分，16 世纪以来，世界上大致出现了五次科技革命。

16 世纪之前，人类处于农业社会阶段。其技术的主体部分是古代数学、天文学、地理学等基础科学，城市处于原始阶段。伽利略和牛顿建立的近代物理学理论体系和实验研究方法，成为近代科学形成的标志，17 世纪，人类经历第一次科技革命，城市进入初步城市化的前工业城市阶段。18 世纪中后期，人类进入第二次科技革命阶段，其主要内容是动力技术和机械制造，带动了煤炭、冶金、化工和运输等行业的发展。从蒸汽抽水机到第一条实用铁路，第二次科技革命持续约 120 多年。19 世纪中后期，人类进入第三次科技革命阶段，其主要内容是电力电讯技术和运输技术，带动了包括电器、钢铁、石化、汽车和飞机等行业的发展。从发电机到无线电广播的 70 多年，人类经历第三次科技革命，城市步入快速城市化的工业城市阶段。20 世纪，世界进入第四、五次科技革命阶段——电子技术革命和信息技术革命阶段，内容相互渗透。电子技术革命和信息技术革命都包括电子信息技术，而且辐射面广，涉及众多技术领域和行业，城市进入郊区化的信息城市阶段（表 3-1）。

表 3-1　科技发展对应的城市阶段

时代划分	大致时间	科技革命	科技阶段特征	科技主要标志	产业阶段特征	城市化阶段	城市类型
前工业时代（手工技术时代）	16 世纪之前	石器时代、铜器时代、铁器时代	古代技术	数学、天文学、地理学、冶金技术	农业、手工业化	原始城市阶段	农业、手工业城市
	16~17 世纪	第一次科技革命	近代科学的诞生	新物理学诞生		初步城市化阶段	前工业城市

续表

时代划分	大致时间	科技革命	科技阶段特征	科技主要标志	产业阶段特征	城市化阶段	城市类型
工业化时代（机器技术时代）	18 世纪中后期	第二次科技革命	蒸汽机和机械革命	蒸汽机、纺织机、工作母机	机械化	快速城市化阶段	工业城市
	19 世纪中后期	第三次科技革命	电力和运输革命	发电机、内燃机、电讯技术	电气化		
信息时代（信息技术时代）	20 世纪上半叶	第四次科技革命	电子技术和自动化	电子技术、计算机、控制技术	自动化	城市郊区化阶段	信息城市
	20 世纪的中期	第五次科技革命	信息技术和网络化	微电脑、信息技术、数据库	信息化		

资料来源：何传启（2011）、魏宗财等（2013）

人类的技术进步无论是在历史上，还是在未来都持续地对城市发展产生着重要的影响。技术是促进城市发展的强大推动力，技术的不断进步促使城市样貌不断发生改变。针对不同时期的技术力量，其影响下的城市从形式到内容也各具特色（表 3-2）。

表 3-2　科技进步对城市发展的影响

项目	影响	社会层面	经济层面	基础设施层面	空间层面
工业化	正面	城市化进程加快；分布趋向合理；居住方式、工作组织发生改变	社会经济由农村转到城市；交通成本降低；城市开始分工；经济发展迅速	设施日益多样；结构日益复杂；出现工业区、仓库码头区、商业区等	城市分布不受自然环境的制约；城市规模急剧扩大；城市空间利用率高
	负面			居住环境恶化；贫民窟蔓延；交通紧张；基础设施与发展脱节	自然环境被破坏；生态空间缩减
数字信息化	正面	改变传统空间格局；加强人与人的相互联系	出现新的产业类型	依赖新的产业部门；功能经历了升级和替代；设施更加齐全和简单化	城市趋于扩大化、分散化、全球化；环境日益改善；城市结构发生变化
	负面	城市化进程缓慢			
智慧化（信息通信技术）	正面	劳动效率提高；社会就业结构改变；生活方式发生变化	经济结构发生变化；经济健康繁荣、可持续发展；知识与服务经济占主导地位；发展新兴产业	提供人性化、数字化的基础设施环境	提高城市管理效率
	负面	数字鸿沟	传统经济备受冲击		

在人类文明的漫长历史过程中，经历了前工业时代、工业化时代、信息时代。技术的发展不断地改变着人类的生活方式、社会组织形式、经济运转方式及人类认识自然的能力，最终影响了人类如何建设自己的城市。

3.1.2 前工业时代的城市：城市发展缓慢，功能结构单一

前工业时代以手工技术为特征，从原始社会到18世纪机器出现之前，手工工具经历了从简单工具向各种复合工具的更替。当时的人类活动表现出以下特征：①手工工具是人作用于自然界的主要方式；②人力、畜力是运用工具的主要动力；③手工工具是人与劳动对象的主要媒介。前工业时代中，手工技术是城市产生的强大动力，又是确定城市特征的决定性因素，这一时期的城市具有以下特征（张文和和孙选中，1987）。

1. 城市化水平较低，城市建设尊重自然

城市居民以非农业人口为主。城市化水平通常是以非农业人口占当时总人口的比例来衡量。据统计，在公元前2000年左右，城市化水平几乎没有超过3%，少数地区可能达到4%~5%，到公元1000年左右，城市化水平仍处于10%以下。发达的劳动分工和职业的多样化是城市化水平提升的主要动力，发展缓慢的手工技术制约了劳动分工的快速发展，从而导致低缓的城市化进程。

落后的手工技术使得这一时期城市与自然相抗衡的能力较弱，城市分布受自然条件的影响极大。因为交通无论在任何时代都是制约城市选址和城市发展的重要因素，船和马车到达不了的地方，很难形成真正的城市，故当时的城市多在河流水系和交通要道地带选址。

2. 城市规模较小，空间和时间利用率较低

古代城市的范围一般在三公里以内，即使是城市周围的场镇，通常也是一日步行可达。为了便于向各家各户提供用水和生活必需品，城市的规模受到人类步行能力限制。可见，技术发展限制了古代人类对空间的利用能力，自然形成了古代城市的小规模特质。

竖向扩张少也是古代城市对空间利用率低的表现。古代城市中的住房多是沿街排列的平房，最高也只有三层，房屋建造几乎只开发利用了城市平面空间，这与当时建造房屋的手工技术、建材的局限性，以及缺乏现代化照明设备等相关。

3. 城市设施简单，城市与自然环境基本协调

前工业时代的城市已具有一些简单的生活设施和公共设施，如渡槽、排水沟、

人工路面和浴室等生活设施，以及粮仓、庙宇、作坊、剧场等公共设施，这些设施一般是顺应地势、依靠地理等自然条件，经手工稍加改造而形成的。由于落后的手工技术难以干预自然，人类只能在城市建设时利用经验和原始技术来避免大自然的威胁，因此前工业时代的城市并没有严重的生态失衡和环境恶化的问题，人类与自然环境基本协调。

4. 城市结构简单，城市职能单一

受限于技术水平，古代城市的结构和职能都呈现单一化的特征，城市虽然有手工业作坊、工厂，但主要服务于封建权贵。城市的主要职能是政治和军事，其经济属性较弱，集中体现在大部分城市都筑有城墙，并形成分明的城郊界限。正如美国城市研究学者刘易斯·曼弗德所说，这段时期内的城市（即前工业时代的城市）常常是皇权或教权统治的中心，而不是什么贸易或制造业中心。

5. 前工业时代的理想城市

（1）启蒙时期的理想城市。基于对社会秩序规划的设想，理想城市最先由哲学家提出，反映到空间上为结构简单的城市。该时期有两个代表性的理想城，其中古希腊晚期的人文主义追求符合人体尺度与直观感受的理想城市；古罗马理性主义的理想城市则体现了哲学、数学和美学的高度结合。无论理性或人文城市，其出发点都在于对秩序"美"的追求，但前者更重视平面构成的美，后者更偏好立体动态的美。中国古代的都城从宗法礼制出发，城市形态服务于统治秩序的需要，天人合一、天圆地方等宇宙哲学观自成一体，空间上表现为中正方形的布局。该时期城市化水平很低，城市的营造模式代表了人们理想的生活空间，因此理想城市的设想并未超出当时的物质技术水平，而是成为指导城市建设的模板。它们共同的特点是结构简明、中心单一、规模较小和边界明确，古罗马以后重视防御，几何形式的外轮廓突出，这种对城市边界的几何性设计一直延续到文艺复兴时期。

（2）中世纪及文艺复兴的历史城市。该阶段的城市体现了由自然主义到理性主义的交替，与古希腊和古罗马时期相似。其中，中世纪城市与雅典模式相似，由自然发育而成，没有太多人工规划的痕迹，并在城市公共中心的营造上达到了较高的艺术水平。文艺复兴时期理性主义达到高潮，同时由于物质生活水平的改善和科学技术的进步，城市尺度显著扩大，规则的、几何的轴线系统成为城市空间的组织构架，主从关系、对称统一等人工秩序感强烈，城市从单一的公共中心走向复杂的公共空间体系，而此前的城市都是单中心结构。

综上，前工业时代的城市规模小，城市性质和功能比较简单，其特征都是与手工技术密切相关，随着工业化时代的到来，机器技术体系逐步取代手工技术体系，使前工业时代的城市面貌发生较大的转变。

3.1.3 工业化时代的城市：城市迅速扩张，城市问题集中爆发

工业化时代以大规模机器生产为主要特征，18 世纪英国的产业革命是手工技术向机器技术过渡的标志。17 世纪末蒸汽机的发明为社会生产提供了比人力、畜力及风力和水力等自然力更强大的动力。机器一般包括动力机、传动机和工具机（或称工作机），它的出现带动了钢铁、冶金、机械、运输、煤炭、化工、玻璃、水泥、建材等行业技术的发展。19 世纪中期以后，随着电力技术的广泛利用和控制技术的发展，机械化、半自动化和全自动化的技术体系也先后出现。以机器技术为主导的技术体系对城市发展产生了巨大的影响，使工业化时代的城市出现了许多区别于前工业时代城市的特征（张文和和孙选中，1987）。

1. 城市发展不断加速，城市布局日趋合理

城市是产业革命的发生地，产业革命又加快了城市的发展。机器技术时代使社会分工大生产越发广泛，各种工矿企业如雨后春笋般相继建立。资本的集中和工厂的建立，把大量的农业人口吸引到城市，引发大规模的城市化进程。例如，工业革命的前驱英国与爱尔兰，在 1801 年时，仅有 106 个城市拥有 5000 人以上的人口，城市人口不足全国人口的 26%；半个世纪后的 1851 年，5000 人以上的城市达 265 个，城市人口占全部人口的 45%；到 1891 年，该指标上升至 622 个，城市人口占全部人口的 65%。此外，从 1920 年到 1970 年的 50 年内，欧洲人口从 3.25 亿增加到 4.62 亿，上涨 42%，而城市人口同期内从 1.04 亿到 2.93 亿，上涨 182%。可见，工业化时代的城市化水平比前工业时代大大提升。

交通和通信设备的进步使城市选址和布局更加灵活自由。蒸汽机船、蒸汽机车、汽车和高速公路等交通设备的运用，以及远程通信设备的普及，降低了地理和自然条件对城市选址的约束性，工业城市可布局在原材料充足和能源丰富的地方。同时，在地域上形成了以大城市为中心、中等城市为主干、小城市为纽带及众多集镇为细胞的网状城市布局体系，城市在区域中的分布更具合理性。

2. 城市规模急剧扩大，城市的时空利用率提高

在机械动力的支持下，生产活动摆脱了过去完全依赖人畜和风水等自然动力的落后状态，并有了在城市集中的可能。工厂在规模效应等因素的吸引下在城市中大量集聚，工业城市迅速发展，部分城市的辐射范围甚至达到三四十公里。与

此同时，工业化也带动了城市化进程，到 20 世纪 40 年代末，全世界有 71 个人口超过 100 万的大城市和 6 个人口超过 500 万的特大城市。另外，随着建筑材料、设计水平和施工技术的发展，城市的楼房建造普遍增多，甚至出现了许多高层建筑，“平面城市”开始向“立体城市”转变，提高了城市空间的利用率。电力技术的进步及照明等电气设备的使用，也使人们的夜间活动增多，促进了时间利用率的提高。

3. 基础设施增多，但环境日益恶化

工业时代的城市基础设施日益增多，在不同程度上满足了工业城市生产生活的需求。这些设施在过去曾相当简陋或从未出现，主要包括：热、电、气等能源供应设施；给排水及污水处理设施，对内对外的交通设施，通信、电讯等信息传递设施；环卫、环保、园林、绿化等设施；防洪、防震、防空设施等。然而，技术的进步并没有带来更加舒适的环境，相反，由于工业的发展与人口的剧增及资本主义的无序性，城市出现了比前工业时代更严重的环境问题：①建筑密度过大，高楼林立，日照不足、居住环境卫生条件差、贫民窟蔓延，疾病发病率提高；②工厂布局混乱，工业密集，污染水质和空气，并占据了居民生活的空间，使城市居住生活环境恶化；③车辆密集、交通拥堵、噪声频繁，交通环境紧张；④城市发展与城市基础设施建设脱节，城市运转超载，环境污染难以承担。这些环境问题在 20 世纪五六十年代达到了顶峰，直接导致了城市生态学的诞生。

4. 城市结构复杂，城市职能趋于多样

机器技术时代的工业化生产方式使城市结构日趋复杂，出现了过去没有的大片工业区、仓库货物区、运输码头区、商业区等。城市结构的变化引起城市职能的变化，使前工业时代比较单一的城市职能呈现出多样化的特征。除政治、经济、文化、工业、商业、金融、科技、交通、信息等基本职能外，工业城市出现了新的类型，如煤矿城市、石油城市、钢铁城市、旅游城市、商贸城市等，且发展经济仍是工业城市的主要职能，这是工业城市的普遍特征。

5. 工业革命时期的理想城市

基于解决工业革命带来的一系列城市问题，从社会制度到空间环境的改良，用绿化隔离方式减少工业对居住的消极影响，用控制规模的手段避免城市拥挤和环境恶化，成为许多理想城市的共识。光辉城市、带形城市、广亩城市分别是集中、线形、分散形态的纯粹理想型城市，最终实现在城市的片段上。不少理想城市还对大城市的发展做出规划，重视高效的交通系统的作用，如田园城市、卫星城市、带形城市等。其中，田园城市对城乡一体的设想至今是城市发展的最高理想，对后来的城市规划思想影响很大。从这一阶段开始，城市功能与道路交通的复杂程度加大，人工秩序受到推崇，基于自然主义的城市理想逐渐沉寂。

19 世纪中期开始出现许多与社会改良的设想相联系的城市建设思潮（表 3-3），这些思潮或多或少都有企图以发达的工业技术来挽救城市和改造城市的设想，并试图通过建筑和城市的建设来解决当时社会的弊病及问题。这些未来城市设想的共同特点如下：一是认识到城市的生长性与可持续性的重要性，认为城市组件应该具有可变性与灵活性，如插入式城市、空间城市和新陈代谢派城市；二是强调城市发展要避免对自然生态的干扰并从自然中获得支撑，由此产生仿生城市、可行走城市等；三是城市规划由平面向立体空间拓展，具有集中式的特点，如用巨构建筑或机械装置的手段建造城市容器，反映了科技文明的进步与人地关系的紧张。

表 3-3　19 世纪中期以后西方主要的城市发展思潮

名称	主要思想	具体内容	演进规律
田园城市	城市建设和社会改革； 城乡一体	六条主干道路从中心向外辐射，城市分成六个区，四周为永久性农业地带；土地归公，由委员会受托管理；城市的规模达 3 万人，超过规模，另建新城	面对城市环境恶化的一种新城建设的思想
《雅典宪章》	社会改良主义、人本主义； 提出四大城市活动分类：居住、工作、游憩和交通	不同阶层混合居住； 试图通过规划手段来改良社会	城市应进行功能分区，以达到城市理性
《马丘比丘宪章》	有效地使用人力、土地和资源，协调城市与周围地区的关系	批评了《雅典宪章》的功能区；提出创造综合、多功能的环境；提倡公共利益，建立土地使用法规，公交优先	在反思《雅典宪章》的基础上，强调城市的有机构成
《华沙宣言》	强调“建筑—人—环境”之间的关系	探索并满足人的需求	强调人性化城市，提出生态环境议题
《环境与发展宣言》和《21 世纪议程》	全球伙伴关系； 世界范围内可持续发展行动计划	可持续发展战略、社会可持续发展、经济可持续发展、资源的合理利用与环境保护	强调环境保护与城市可持续发展的思想
《柏林宣言》	使欧洲的政治构成处于一个新的共同基础之上	城市政策和规划程序；信息通信技术；教育、知识型城市；环境保护；历史遗产保护；公共交通；自然和建设环境的平衡	强调各地区的协作

3.1.4　信息时代城市发展的趋势与特征

1. 信息时代下城市发展的四个趋势

20 世纪以来，城市发展步入信息时代，信息技术的广泛应用使城市呈现信息化、网络化、创新和人性化的发展趋势。信息科学技术带动了人们世界观的转变，从认为世界是“物质—能源的变换”到“物质—能源—信息的变换”，转变的核心要素是信息，此时，物质的生产方式、人们的生活方式及世界城市的联系方式都已转入信息世界之中。

1）感知多元化及信息化建设加速

信息时代的信息化使得人们感知多元化。20 世纪 90 年代的中国进入了信息化建设的全面快速发展时期，突出表现为大规模信息基础设施的快速建设和互联网络的广泛普及。据中国互联网络信息中心（China Internet Network Information Center，CNNIC）统计，截至 2018 年 6 月，全国网民数量已高达 8.02 亿人，互联网普及率已高达 57.7%，过半数中国人已接入互联网。手机成为拉动网民规模增长的主要因素，手机网民规模达 7.88 亿人，几乎所有的网民都通过手机上网。随着政府和企业大力开展智慧城市与无线城市建设，公共区域无线网络迅速普及，网民通过 Wi-Fi 无线网络接入互联网的比例超过 90%。人们可以利用多元信息化平台，快速获取海量信息。此外，2018 年，通过互联网实现在线教育的网民达 1.72 亿人，使用网络购物的网民达 5.69 亿人，使用网络预约出租车的人数高达 3.46 亿人，网络预约专车人数已达 2.99 亿人等。可见，互联网的普惠性、便捷性及共享性，使人们享受到了更高、更好、更全的公共服务水平。信息化也为民生改善与社会和谐提供了有力保障。

而在城市建设方面，智慧城市、智慧社区、信息城市、感知城市等新的空间形态成为各城市政府积极规划建设的目标。改革开放以来，随着城市化进程的加快，信息化成为时代发展的必然需求。“十五”以来，国家信息化发展开始加速，信息化在我国经济社会发展当中的影响日益凸显，信息产业发展迅速，工业和信息化部（简称工信部）数据显示，2017 年全国电子信息行业总规模超过 18 万亿元，成为支撑我国建设网络强国和制造强国的重要力量。“十一五”期间，科学技术部（简称科技部）开展一些制造业信息化的示范工程，利用信息化技术解决企业的高能耗、高污染的问题。“十二五”期间，把信息化提到了提高综合竞争力、加快经济发展的战略地位，农业、工业和服务业三大产业的互联网应用初显成效，全面推动国民经济和社会的信息化应用。“十三五”期间，《国家信息化发展战略纲要》及《“十三五”国家信息化规划》印发实施，以推动经济社会各领域的信息化建设，深化互联网与三大产业的联系，落实政务信息化，同时也将网络安全深入触及各领域。党的十九大报告提出建设网络强国、数字中国和智慧社会等目标①。未来，信息技术将进一步改变我们的生活、工作、思维和联系方式。

① 《习近平：决胜全面建成小康社会 夺取新时代中国特色社会主义伟大胜利——在中国共产党第十九次全国代表大会上的报告》，http://www.gov.cn/zhuanti/2017-10/27/content_5234876.htm[2021-05-28]。

2）联系网络化

信息时代的来临，使得空间的交互方式及人的交互方式被改变，网络化作为空间事物的一种新的组织形式正逐步浮现。

米切尔（2001）认为工业革命使家和工作场所分离，而数字革命正将它们合二为一。前工业时代的人们的生活节奏较慢，不同的城市功能空间混杂在一起；工业时代的城市物质空间则趋于刚性，犹如标准化的工业产品，按不同功能分离布置；而进入信息时代，信息技术在改变人们原有生活方式的同时，也直接或间接地改变了传统按功能划分的城市空间。信息技术为人类提供灵活多样的空间选择，现实世界中的商铺、医院、影院等实体空间，都能在非物质环境中找到对应，人类活动不再局限于固定的物质场所。同时通信工具的远程技术，降低了居民活动的距离成本，取代现实工作活动中发生的部分实际位移，居民在家中即可完成大多数的工作和游憩等活动。工业时代中功能分离的界限变得模糊，空间使用更趋复合化和一体化，各种空间联系变得紧密多元。

随着信息化时代来临，城市发展逐渐向网络化结构转变。在信息时代之前，劳动力流动、资本转移是生产要素流动的主要形式，空间通过交通运输呈现扁平化的特征。进入信息时代，信息流使得空间交互、人与人之间的关系不再是简单的单向枝状连接，人流、物流和货币流等呈现网络化趋势。在此基础上，城市发展出现了全球化现象，信息技术通过各种基础设施和设备将全球城市紧密相连，甚至覆盖落后的偏远地区，区域或城市的发展突破原有封闭系统的限制，在一个更加开放的环境中进行。

网络化已成为信息时代的时空特定结构。网络化的空间特征由物质转向非物质，时间特征由有限转向无限，交互特征由简单单向转向复合多向，这些变化呈现出信息时代的一种全新时空环境。在这种全新的网络化结构下，企业通过互联网可以在不同地区完成商务交易；市民通过互联网可以 24 小时进行远程教育、获得医疗等服务；各国家地区的交互联系也在发生变革……可见，信息时代网络化的结构转变已成为新时代发展的大趋势。

3）技术与管理持续创新

技术创新成为信息时代的主题。技术创新由来已久，每一次技术革命都会推动社会、经济的巨大发展。现代信息技术使人类步入知识经济时代和创新密集时代，技术创新已成为社会发展的关键因素，据统计，人类近 30 年来所取得的科技成果，超过了以往近 2000 年的科技成果总和。

在经济方面，信息时代的创新发展主要表现为产业结构和就业结构的调整。信息技术正重塑城市产业结构：一是对传统产业进行信息化改造，不仅有利于提高物质和能源的使用效率，也使生产组织方式从大批量流水线的“福特式”生产向更具柔性和个性的“后福特式”生产转变，促进生产效率和产品竞争力提升；

二是信息服务业及其他新兴产业正快速成为信息时代的支柱产业；三是制造业在国民经济中的比重下降，第三产业的比重提升并逐渐占据经济主导地位。此外，从事第三产业的商务、金融、管理、科研、教育等信息服务产业的人员比重增大，由于部分服务功能远程化，企业的区位选择获得更多的弹性，也有助于提高办事效率。

在社会管理方面，社会服务与管理应用成为信息时代的重点建设方向，以点带面逐步深入智慧城市的建设。例如，在公共安全、城市交通、生态环境、物流供应和城市管理等领域开展一大批示范应用工程；推动远程医疗、电子病历、远程教育、智能交通、智能物流、电子商务、智能社区等城市公共安全与监管等工程项目建设；促进管理理念和模式创新，提高政府对社会的关注度，重视公众参与；管理过程更加透明，加强互联网政务公开；快速掌握服务对象的需求并及时做出处理，提高管理效率；构建快速便捷的社会管理系统，从而精简部门机构和办事流程等。

4）信息服务人性化

工业时代的城市发展理论难以适应信息时代下城市和人类的发展诉求，而智慧城市的提出实际上是以技术手段促进城市发展的转型，从而满足人类日益增加的需求。因此，城市的智慧化发展应提供人性化的信息服务，通过移动终端、互联网等新媒介影响和改变人们的生活、工作和交互方式。

信息服务的人性化体现在操作简易、实用性强和高效便捷等方面。例如，人们可以通过移动终端满足日常吃住行游购娱的消费需求，也可以利用互联网完成日常的学习和工作；世界各地的人们可以借助网络通信技术消除时空距离障碍，共享同一时空，如异地办公和远程交流等；通过微博、微信、论坛、贴吧等网络渠道，人们可以及时向政府或企业等机构反馈个人意见，完善城市和社会运作；通过网上银行和电子商务进行网络购物和在线交易；此外，借助互联网还能随时随地访问图书馆、博物馆、展览馆和艺术馆，开启远程医疗和远程教育等。信息时代的技术发展使城市居民享受更人性化的服务。

2. 信息时代下城市发展的四个特征

信息时代以信息技术为特征，一般认为，电子计算机的诞生是机器技术时代开始向信息技术时代过渡的标志。狭义的信息技术是指管理和处理信息所采取的技术的总称，主要运用于计算机科学和通信设备领域，包括信息的设计、处理、传输、变换、存取等相关技术。信息技术的出现推动了新材料、新能源、生物工程、医学工程、海洋工程、宇宙开发等行业技术的发展。以信息技术为核心的高科技产业，在北美和西欧等少数发达国家的发展较为成熟，而在我国正处于广泛应用阶段，它对整个经济科技社会的发展起着重大的促进作用，也使现代化城市开始发生新的变化。信息技术时代城市特征如下（张文和和孙选中，1987）。

1）城市化的速率减缓，城市建设不再局限于地面

据统计，在 1800 年以后的 150 年中，世界城镇化水平大约每 50 年提高一倍；而从 1950 年到 2000 年的 50 年中，城市化水平却未翻倍，城市化速率减缓。主要原因在于 20 世纪五六十年代后，自动化技术和计算机等机器设备的发展及运用，使知识密集型产业快速崛起，对体力劳动者需求减少，而更偏好能掌控复杂技术和先进设备的技术人员及知识分子，导致城市所吸纳的外来务工人口数量减少。此外，发展中国家的城市人口增长无法弥补发达国家出现的人口负增长等，使得 20 世纪后 50 年的城市化进程变慢。

高科技使得城市建设超出陆地平面成为可能。日益紧张的城市土地资源促进了地下空间的开发利用，出现地铁、地下商业和地下车库等地下城市空间。另外，高度的技术发展使城市建设脱离陆地表面，并出现海上城市和太空城市等新构想。其中，迪拜的棕榈岛是海上建立的人工岛，已被人们所熟知；早在 1975 年，日本就建造了世界上最早的海上浮动式城市，它位于冲绳海滨 400 米以外的海面上，可容纳 2.4 万多人，配有发电、淡化水、污水处理等生活基础设施服务；未来，美国计划建造世界上第一个可容纳约一万人的太空城。

2）城市连绵带出现，城市时空利用率进一步提高

城市连绵带是指若干个邻近的大城市连成一片，在宏观上形成巨型城市复合体的特点，而在微观上却呈现分散化或郊区化特征，即人口出现从城市中心区到市郊区迁移的趋势。一方面，物质技术条件成熟、经济充裕和信息技术的广泛使用，使人们可以在远离城市中心区的郊区家中处理自己的工作及与外地通信联系；另一方面，城市中心区的传统工业日益衰落，租金的升高及大环境的衰退，使得城市中心区的企业和人口不断从城市迁往郊区，加之信息时代的技术密集型工业多为中小型企业，它们的区位选择灵活度高，可以建在郊区或小城市。随着人类生产生活范围的继续扩大，城市连绵带可能出现在区际、洲际乃至国际，从而逐步实现城市和乡村二元融合及城乡一体发展。

信息技术时代的城市建设逐步突破地表限制及城市间的交互发展，使得城市的空间利用率大大提高。同时，照明等基础设施进一步完善，城市的时间利用率也空前提高，甚至还出现了 24 小时全天候运转的不夜城。

3）设施更加完善，生态环境改善

新能源技术、新材料技术和循环技术使现代城市的各种设施向简单集约、便捷完善的方向发展。譬如，在通信、广播、电视技术中，运用电子计算机、卫星通信和纤维激光通信简化通信系统，缩小通信设备体积、扩大容量。在给排水和污水处理设施中，采用先进的清洁循环技术节约水资源并利用水净化过程中的中间产物，生产出各种新型建材，促进建材业的发展和提高资源利用效率。在新能

源方面，太阳能、海洋能、核能、生物质能等在城市中普遍使用，使城市能源的生产与供应发生结构性改变，城市可以获得更加清洁、廉价的能源。当前，发达国家的城市环境质量比工业时代显著提升，如曾经污染严重的英国泰晤士河，经过治理后重新恢复了河流生态。但是，现今许多发展中国家的城市环境和生态环境在恶化，特别是乡镇企业的飞跃发展，严重污染了郊区乡村生态环境。

4）城市布局结构发生变化，城市类型多样化

工业是工业时代城市的主要产业。信息时代，信息技术的发展使得城市主导产业的发展三产化，包括金融、商业、交通运输、邮政仓储、教育科研、环境卫生、文学艺术、公共管理、电子通信、信息传输等。相应地，影剧院、交通站场、学校、科学馆、图书馆、博物馆、青少年宫、体育馆、艺术馆等公共建筑在城市的比重增多。科学研究、经济组织、通信枢纽将成为城市的重要发展方向，制造业集中的工业区更多地放在城市偏远地带，而电子信息相关产业和企业的空间利用相对集约，布局更为广泛和灵活，有利于腾出更多的城市公共空间。

信息时代的革命性科技变革，突出了知识、人才的重要性，城市中的教育科研设施在增加，而且出现了科学城、教育城、医学城等新的城市类型。日本筑波科学城规模较大，设施完备，2015 年人口突破 22 万人，形成了产、学、住三位一体的新型城市发展方向；美国的波士顿的大学较多，2013 年的调查中整个市区人口达 64 万，高等学校的师生职工及家属占全市人口一半，哈佛大学和麻省理工学院都坐落在西北部的剑桥。

3. 信息时代下理想城市的四个特点

1）生态化的回归

工业时代由于工业的快速发展，追求快速的城市发展，出现用地紧张、交通堵塞、资源过度利用、环境恶化等各种城市问题，由此也滋生了各种反思和对理想城市的追求，如田园城市、明日城市、广亩城市等。发展至今，这些空想主义的城市理想模型或多或少呈现不足，而生态城市的概念自 20 世纪 70 年代被提出以来，已经不断发展为现代城市普遍追求的发展模式。

西方生态城市的理念来起源于 Ebenezer Howard 的田园城市主张，在 19 世纪以来有了长足的发展（鞠美庭，2007）。融合了生态学的相关知识后，英国学者 Geddes（1915）促进了生态城市相关理论的成熟。霍华德和芒福德主张城市发展要减少对生态环境的破坏，生态城市的理念已经渗透在各大学者的思想中，近年不断出现的生态文明、生态城、生态规划、绿色城市、低碳城市等概念，反映了生态是城市发展所必须注意的，以实现城市发展中自然—人—城市三者的平衡协调。

欧盟委员会在《生态城市书Ⅰ：一个更好的生活场所》（*ECOCITY Book Ⅰ*:

A Better Place to Live）中指出有五个要素与生态城市规划相关：区域、城市结构、交通、物质和能源流动、社会经济（图 3-1）。这些分项的目标中关于自然生态方面的主要有：①最小化绿地消耗；②最小化材料和能源消耗；③最大化对自然和人造区域环境的尊重；④最小化对环境和人类健康的损伤；⑤最小化交通需求；⑥最小化初始能源消耗；⑦最大化幸福感和社区感。

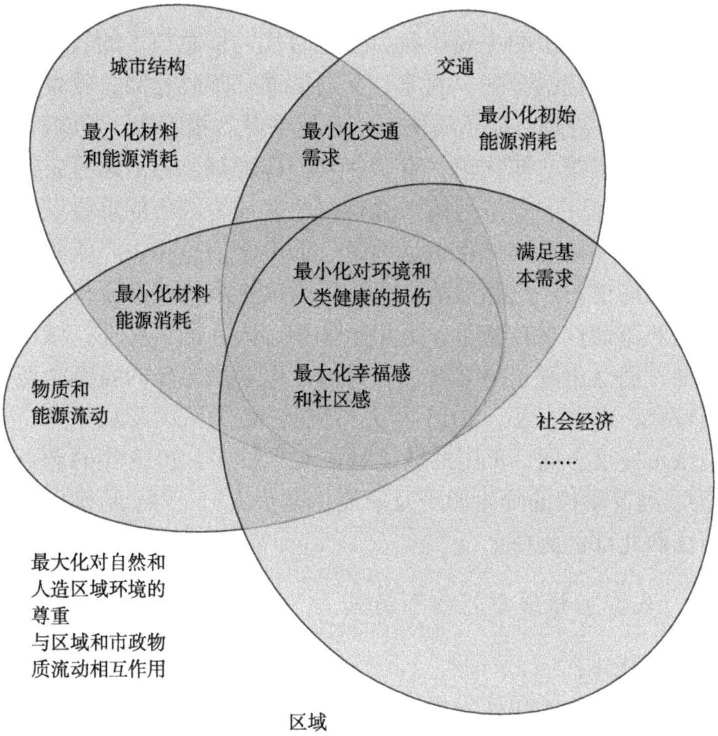

图 3-1　按照城市规划要素划分的生态城市总体目标

此外，2015 年中央城市工作会议指出，要大力开展生态修复，让城市再现绿水青山。生态修复通常是指在生态学原理的指导下，通过一系列低耗费、高效益的手段恢复城市生态系统中受损的功能与结构，重构生态环境与人类活动平衡的过程。作为信息时代下城市生态化发展的响应，生态修复具有灵活性高、针对性强和范围小等特点，适应于城市转型期的“城市病”治理。

2）人性化的回归

理想城市的人性化特征蕴含着强烈的人本主义思想。“以人为本”理念作为对现代理性功能主义的纠偏，在 20 世纪 60 年代后再次受到重视并延续至今，它强调城市的本质是人，城市的发展应充分考虑和满足人的物质与精神需求，特别是在知识经济时代，人的重要性更为突出。值得注意的是，城市与人之间存在较强的互动性，正如 Gehl（2013）在《人性化的城市》（*Cites for People*）中指出"我们首先塑造城市，而后城市塑造我们"，他还把活力、健康、安全和可持续发展作为评价人性化城市的重要标准。

进入信息时代，存量更新正取代增量建设成为城市发展的主旋律。其中，城市修补是城市更新理念的一次创新，强调以渐进式、系统性和针对性的规划设计手段，对城市功能体系和空间场所进行修复，从而提高城市的宜居水平、活化城市空间，以及延续城市文脉与特色。城市修补本质上体现了"人性化"思想，抛弃过去以"大拆大建"、宏大叙事为特征的项目建设，转而关注人民日常生活的实际需要，提供人性化的城市空间，但在此过程中仍要避免产生"建设性破坏"的嫌疑。

此外，健康城市的提出把"以人为本"上升至新的高度。健康城市强调始终把人的健康作为城市发展建设的核心，世界卫生组织（World Health Organization，WHO）在 1994 年给健康城市的定义是：不断开发、发展自然和社会环境，并不断扩大社会资源，使人们在享受生命和充分发挥潜能方面能够互相支持的城市。我国在党的十九大报告中做出了"实施健康中国战略"①的重大决策，将人民健康放在国家未来发展的突出位置，推动健康城市的实践探索。

3）地域性的回归

回到中国，可以看到一个关键性的问题：无论在古代还是近现代，中国的城市乌托邦都寥寥无几，这与中国传统文化中对个人意志和理性主义的发展不充分有一定的关系。另外，城市规划的工具理性大大强于价值理性。在快速城市化大潮中，城市建设片面追求"大干快上"，简单抄袭与模仿国外城市，缺乏冷静思考和长远考虑，难以掩饰内在的空虚。在这样的背景下，对理想城市的梳理与再认识具有重新审视我国城市规划方法与理念的重要作用。

理想城市思潮对当代城市的价值在于：①对当代城市存在的问题进行批判，包括不可持续的发展模式和生活方式，以及不平衡发展的全球城市体系——问题解决型理想城市；②对未来城市发展有所启示，把美好未来的坚定信念给予正处于多元混乱时期的城市——未来图景型理想城市；③对城市规划理论发展开拓思路，对不适应时代的传统城市规划理念进行批判，给新的规划理念提供了发展方向，并激发了新的理性城市设计观念产生——新型理念型理想城市。

4）智能化的前瞻

科技的发展为理想城市的演进带来无限的想象力，从数字城市到智能城市再到智慧城市，人类对智能化理想城市的向往表露无遗。特别是科技革命周期的压

① 《习近平：决胜全面建成小康社会 夺取新时代中国特色社会主义伟大胜利——在中国共产党第十九次全国代表大会上的报告》，http://www.gov.cn/zhuanti/2017-10/27/content_5234876.htm[2021-05-28]。

缩，加快了新技术对城市的重塑，加速了人们生活方式的革新，使城市的智能化发展日益成为社会关注的热点。

当前，智能化正积极渗透城市系统的各个方面，包括智慧生产、智慧管理和智慧生活。其中，智能制造和无人驾驶的关注度较高，前者作为“中国制造2025”战略的核心，具有信息深度自感知、智慧优化自决策、精准控制自执行等功能，有利于显著提高生产效率、降低生产成本和提高产品质量；后者在多个国家和地区完成了实景测试，有望在近期正式投入使用。此外，智能楼宇、智能电网、智慧教育、智慧医疗和智慧社区等方向也处于积极探索阶段，逐步迈向智能化城市的理想目标。

4. 智慧城市兴起的三个背景与动因

与18世纪及其之后的一系列技术突破引发的工业革命浪潮相似，智慧城市的提出反映了以新一代信息技术发展为代表的科技进步所引起的信息时代新浪潮。智慧城市是工业化、城市化和信息化深度融合并进一步发展的产物，因此可以说，智慧城市这一概念的产生正是与特定的时代背景密切相关的。

1）城市问题推动新型城市模式的诞生

城市的地域范围和功能领域随工业化和城市化进程的深入而不断扩大，大量人口在城市中集聚，引发了一系列城市和社会问题，给城市的规划、发展、管理带来很大的挑战，包括空气污染、交通堵塞、资源紧张、废弃物难以管理、基础设施的恶化和老化等。传统的城市发展模式难以为继，城市运作方式的创新已迫在眉睫。其中，城市的“智慧化”发展成为解决城市化问题的有力抓手，不少研究支持这一观点，如逄金玉（2011）认为智慧城市是特大城市发展的必由之路；郑立明（2011）认为智慧城市建设不但可解决城市发展过程中的问题和解决“城市病”的内在需求，而且可充分发挥创新精神进行跨越式发展，转变经济增长方式，进行产业优化升级；巫细波和杨再高（2010）重点从城市管理方式、城市基础设施建设、物联网技术及产业发展、智能生活方式等方面分析智慧城市理念对未来城市发展的重要影响。由此可见，智慧城市战略的提出为解决这些城市发展问题提供了多角度的全新选择。

2）信息通信技术的广泛应用为智慧城市的发展带来了新的机遇

因特网带宽的扩展、通信网络的泛在化、因特网访问终端（如电脑、手机等）的激增等，为人们建设智慧城市奠定了良好的物质基础。另外，城市基础设施和人类生活的信息化使城市进入了大数据时代，人们的交通出行、在线交易和网络点评等行为在互联网平台上形成海量的实时数据。通过数据分析，挖掘城市运作规律和监测城市异常现象等，有利于提高城市的管理水平和管理效率，从而支撑智慧城市的发展。

3）知识经济时代来临下人的主导地位日益突出

研究表明，城市经济的动力和竞争力主要来源于城市劳动力的技能、知识、创造力，以及城市吸引创造性人才的能力。随着各地经济社会的不断发展，创造性人才选择城市的自由度也随之上升，不再局限于传统的大城市。2017年以来，我国多地政府敲响了“人才战争”的擂鼓，纷纷出台各类优惠政策吸引人才落户，集中反映了人才对城市的价值。而智慧城市作为一种城市发展的逻辑，对人才表现出强大的吸引力。它能为创造性人才提供舒适便捷的智能化体验，满足他们对绿色生活方式的追求，还为他们的个人发展提供良好的环境，实现自我提升。

3.2 智慧城市的相关理论

智慧城市的概念虽然在学术界出现得较晚，但近年来，在国内受到了学者关注。下文从年代、学术期刊、作者、核心主题等角度，简述智慧城市的整体研究情况。继而再从概念、内涵、要素、概念模型等方面，总结当前学术界对智慧城市的理解。

3.2.1 智慧城市整体研究情况

以“智慧城市”“smart city”为主题词，在知网平台（SCI（Science Citation Index，科学引文索引）、EI（The Engineering Index，工程索引）、核心期刊、CSSCI（Chinese Social Sciences Citation Index，中文社会科学引文索引）数据库）与WoS（Web of Science，科学网）平台（SSCI（Social Sciences Citation Index，社会科学引文索引）、CPCI-S（Conference Proceedings Citation Index-Science，科学技术会议录索引）、CPCI-SSH（Conference Proceedings Citation Index-Social Science & Humanities，社会科学及人文科学会议录索引）数据库）上进行检索，结果显示从2009年到2016年，国内外共有3528篇与智慧城市研究相关的文献，其中中文文献为849篇、外文文献为2679篇。本节以此为样本，运用CiteSpace软件分析当前学界对智慧城市的研究概况，包括文献的年代分布、文献的期刊分布、高产作者统计等。

1. 国外研究比国内研究增速快

智慧城市的概念在2009年由IBM公司正式提出，但以智慧城市为主题的文献最早在2005年已收录于中国知网。2005~2008年出过3篇有关于智慧城市的新闻报道。智慧城市从2009年开始受到国内学者的关注，说明国内学者对智慧城市的敏感度相当高，也从侧面反映了政府对智慧城市建设的重视。2010~2016年每年论文数量趋于稳定并有所上升。

2009~2016 年以智慧城市为主题的外文文献数量则普遍高于中文文献数量，这在一定程度上说明国外对智慧城市的敏感度普遍高于国内；2012~2015 年外文文献对智慧城市的研究呈快速增长态势，说明该阶段国外对智慧城市的关注度较高（图 3-2）。

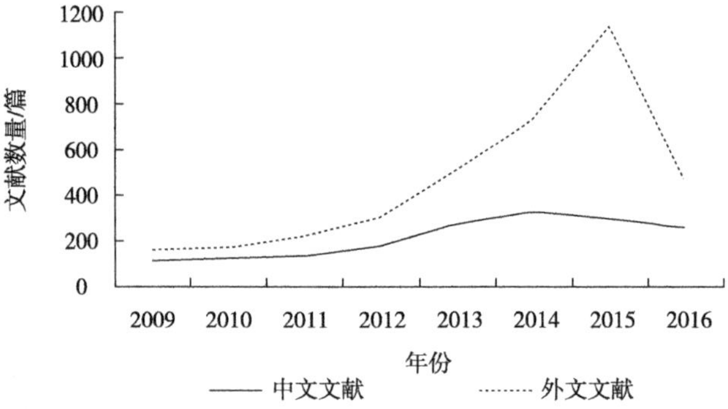

图 3-2　智慧城市研究成果产出的年代分布

2. 学术期刊对智慧城市研究的刊载量大

在 WoS 平台上，从 2009 年到 2016 年共有 583 种期刊发表过关于智慧城市问题的研究成果，平均载文量为 4.595 篇。按照发表论文的数量进一步细分期刊数据，如表 3-4 所示。

表 3-4　发表智慧城市论文期刊统计表（外文文献）

项目	1~10 篇	11~20 篇	21~30 篇	31~40 篇	41~50 篇	51~100 篇	100 篇以上
期刊数/种	540	32	6	2	1	1	1
所占比例	92.62%	5.49%	1.03%	0.34%	0.17%	0.17%	0.17%

注：比例组数据经过四舍五入，相加与 100%有误差

通过统计分析可以看出，目前对于智慧城市的研究已经得到学术界较为广泛的关注。2009~2016 年在知网平台上，发表论文较多的期刊有《电子政务》（74 篇）、《电视技术》（28 篇）、《城市发展研究》（27 篇）、《测绘科学》（26 篇）、《测绘通报》（24 篇）、《现代城市研究》（20 篇）；在 WoS 平台上，发表论文较多的期刊有 *Lecture Notes In Computer Science*（104 篇）、*Sensors*（60 篇）、*2015 IEEE First International Smart Cities Conference*（*ISC*）（46 篇）、*Communications in Computer and Information Science*（39 篇）、*Procedia Computer Science*（37 篇）。这表明国内外学者对智慧城市研究的侧重点有所不同，前者偏好智慧城市的发展及应用研究，国外则关注智慧城市相关技术的研究。

3. 高产研究人群相对固定

智慧城市研究领域的深入有赖于持续的投入和核心作者群的形成，目前的论文统计表明，2009~2016 年 849 篇中文文献中共有作者 282 组（有个别作者以联合形式发文多篇算一组作者），每组作者平均发文数量为 3.01 篇，表明有一定数量的作者对智慧城市问题有较深的涉足；2679 篇外文文献中共有作者 1399 组，每组作者平均发文 1.91 篇，表明大多数学者以合作的形式或只是偶尔涉足于智慧城市问题的研究。

对于中文文献，发文数在 20 篇以上的有 1 组作者，为甄峰（25 篇）；发文数在 10~20 篇的有 6 组作者，分别是李阳（13 篇）、李纲（11 篇）、柴彦威（11 篇）、张毅（10 篇）、吴运建（10 篇）、徐静（10 篇）（表 3-5）。对于外文文献，发文数在 15 篇以上有 1 组作者，为 Jara（16 篇）；发文数在 10~15 篇的有 2 组作者，分别是 Alba（11 篇）、Corradi（10 篇）（表 3-6）。这说明国内外均已形成一批相对固定的有研究兴趣的研究人群。

表 3-5　中文文献作者发文数量分析

项目	1~5 篇	6~10 篇	11~15 篇	16~20 篇	21~25 篇
作者数/组	248	30	3	0	1
比例	87.94%	10.64%	1.06%	0	0.35%

注：比例组数据经四舍五入计算得出，相加与 100%有误差

表 3-6　外文文献作者发文数量分析

项目	1~5 篇	6~10 篇	11~15 篇	16~20 篇	21~25 篇
作者数/组	1359	38	1	1	0
比例	97.14%	2.72%	0.07%	0.07%	0

4. 学术研究聚焦五个主题

采用共词网络分析方法，对 2009~2016 年我国智慧城市的代表性研究进行整理，确定 41 个高频关键词，并以此为基础，运用 CiteSpace、SPSS、UCINET 软件，分析智慧城市的研究结构。

采用 CiteSpace 对智慧城市文献中的关键词进行分析（图 3-3），其中，一个节点表示一个关键词，节点大小表示频次高低，节点轮表示历年关键词频次信息；此外，节点间连线表示节点间发生了联系。我们发现：中心性较强的关键词为“智慧城市”“物联网”“信息技术”“城市治理”“城乡建设”“基础设施”“低碳城市”等，这说明在智慧城市研究中，它们位于核心位置；从研究热点出现的时间来看，“智慧城市”“科技创新”“电子政务”“数字档案”“物联网”“信息技术”“城市治理”“城乡建设”等关键词主要出现在 2012 年及更早之前（如“智慧城市”出

现在 2009 年，“物联网”“信息技术”出现在 2010 年，“数字档案”“数字城市”出现在 2011 年，“电子政务”出现在 2012 年）；2012 年以来，则新出现了“大数据”“新型城镇化”“可持续发展”“互联网+”“数据可视化”等研究热点（如“大数据”“新型城镇化”“可持续发展”出现在 2013 年，“数据挖掘”“数据可视化”出现在 2014 年，2016 年则出现了“互联网+”“城市群”）。

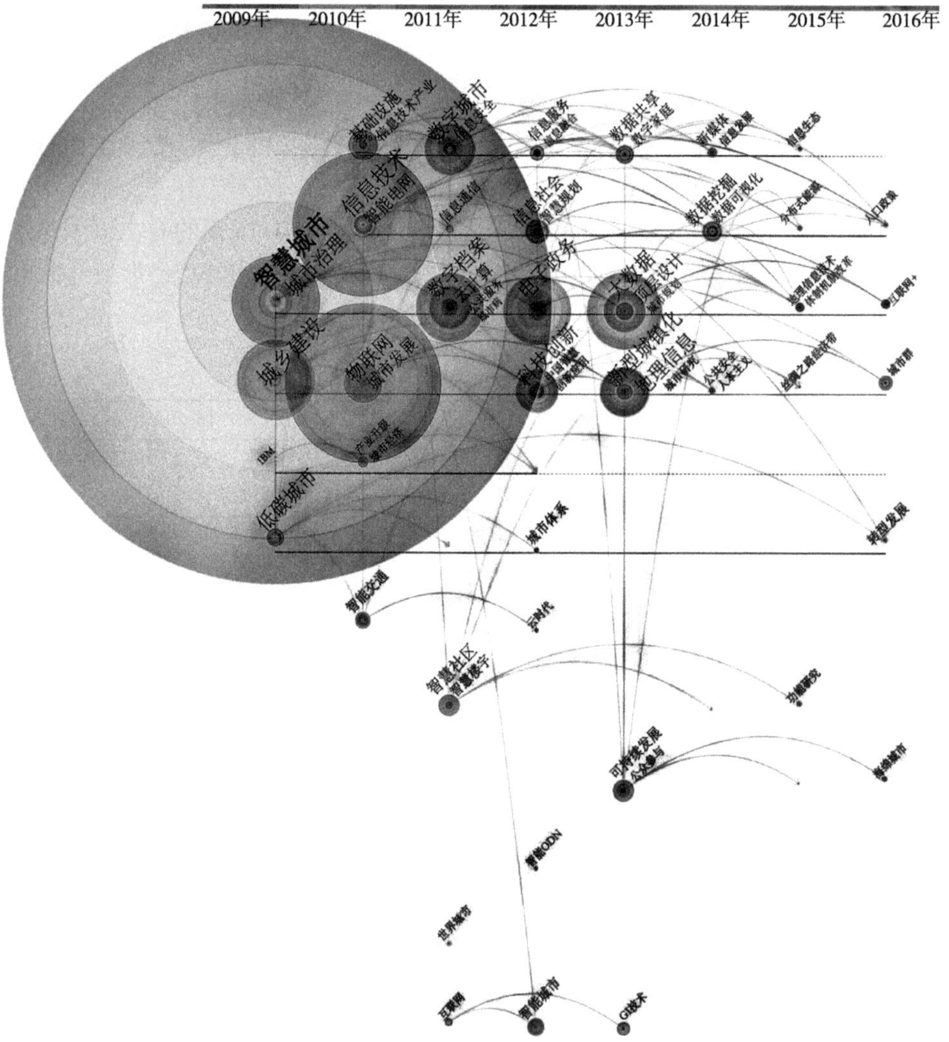

图 3-3　智慧城市关键词与出现年代图谱

ODN 英文为 optical distribution network，中文含义为光分配网络；GI 英文为 geography information，中文含义为地理信息

采用 SPSS18.0 绘制智慧城市研究图谱（图 3-4），采用 Euclidean distance（欧氏距离）模型，分析后得到了可视化的二维知识图谱，形成信息技术、城市规划、城市产业基础管理、发展策略、城市生活与智慧生活六个研究主题群。

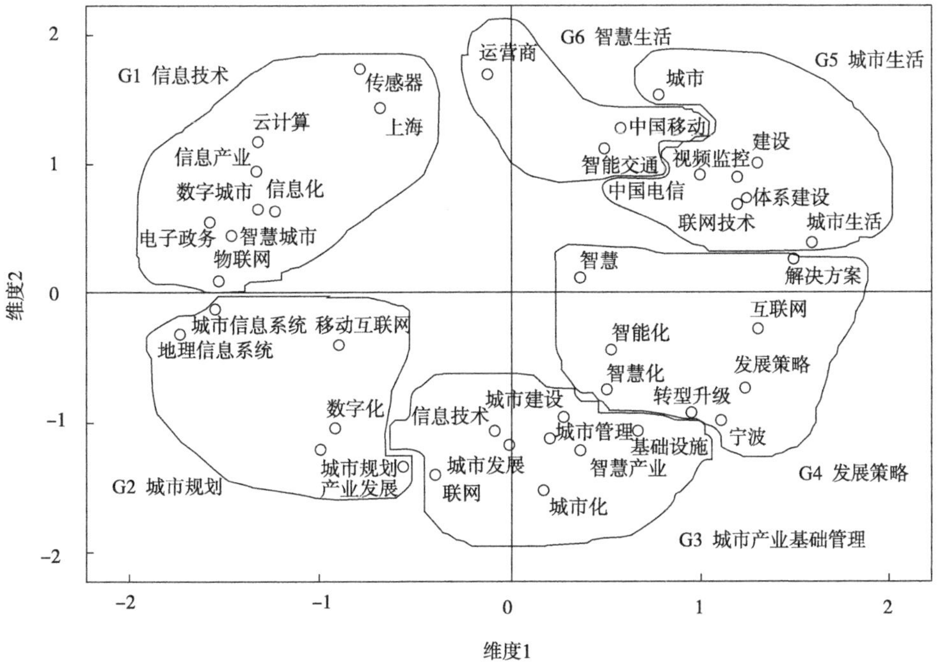

图 3-4　智慧城市研究图谱

3.2.2　智慧城市的概念综述①

1. 多视角下的智慧城市概念

智慧城市的概念目前在学界内有不同的理解视角与不同的解读观点，不同学者对智慧城市概念的界定反映了人们基于不同的视角对智慧城市这一新事物进行的理论定义，相关观点为本书深入剖析智慧城市这一新事物奠定了基础。下文从技术内涵角度、多领域融合角度、动态系统角度等，对智慧城市的概念进行阐述。通过对不同的智慧城市概念定义与视角解读的分析，将智慧城市的主要特征归纳总结为以下方面。

① 本节内容源于课题组成员的相关成果：张小娟. 2015. 智慧城市系统的要素、结构及模型研究[D]. 广州：华南理工大学。

1）技术内涵角度

以 IBM 公司提出的智慧城市方案为典型代表，很多学者较为重视智慧城市的技术内涵。最早提出智慧城市建设方案的 IBM 公司指出，智慧城市是运用信息技术来改造城市的核心系统、优化有限资源利用的城市，即通过创造一个互联、互通、智能化的城市系统，政策制定者和市民可以从大量数据中洞悉城市活动及其新趋势，从而做出更加明智的决策。与此类似，Harrison 和 Donnelly（2011）认为，智慧城市是指充分利用城市信息系统对城市基础设施和服务进行规划、设计、投资、建设、管理和运作；王世福（2012）认为，智慧城市是一种应对城市化进程的状态，可以智慧地应对转型和发展问题，其内核是城市化发展的质量导向，其形态是由精明的发展战略引领的空间有机体；龚炳铮（2012）认为，智慧城市是依靠科学技术等，通过全面的感知和处理实现城市资源的优化配置，实现政府和居民智能化，确保社会运作高质量、高效率，确保城市可持续发展和高度文明智能化社会的进程稳步推进；王家耀等（2011）认为智慧城市就是让城市更聪明，它通过互联网把无处不在的被植入城市的智能化传感器连接起来形成物联网，实现对物理城市的全面感知，然后利用云计算技术对感知信息进行智能处理和分析，实现“数字城市”与物联网的融合，并发出指令，对政务、民生、环境、公共安全、公共服务、工商活动等在内的各种需求做出智能化响应和智能化决策支持；李德仁等（2011）认为智慧城市是在城市全面数字化基础之上建立的可视化和可量测的智能化城市管理和运营，更为简练的说法就是“智慧城市=数字城市+物联网”。

2）多领域融合角度

很多学者认为信息技术只是智慧城市的基础，只有信息技术与城市的经济、社会、生态等主要发展领域实现良好的融合、整合时，城市才能成为一个智慧的城市。Hollands（2008）在对北美、欧洲及东南亚很多自我标榜为智慧城市的案例进行剖析之后发现，这些智慧城市涉及的主要因素有信息技术及网络、教育与学习、创业创新环境与经济发展、公共服务与治理模式转变、社会资本与社会融合、环境与可持续发展等多个方面，并且他指出，信息技术本身不会带来城市的转变和发展，智慧城市发展应该从城市中人的现实状况（如需求、知识、技能等）和相应的人文资本现状出发，在此基础上，关注信息技术在商业、政府、社区等领域的应用与城市普通市民应用的平衡，以及经济发展和可持续发展的平衡。Giffinger 和 Gudrun（2010）认为，那些将城市自身禀赋状况和城市中具有独立意识、具备自我决策能力的市民的活动巧妙地结合起来，在经济发展、人的素质和技能、社会参与和治理、交通和信息通畅性、自然资源和环境、生活质量等六个方面以富有远见的方式发展，且在这些方面具有良好的表现的城市是智慧城市。我国部分学者也认为不能单纯地从技术角度考虑智慧城市，应该从城市管理和公共服务角度来认识智慧城市。例如，宋刚和邬伦（2012）指出智慧城市建设既要通过物联网、云计算等新一代信息技术的应用实现全面感知和深度互联，更要营造一种可持续创新的制度、生态和社会环境；张楠等（2015）进一步指出，构建有利于创新涌现的制度环境与生态，有助于实现以用户创新、开放创新、大众创新、协同创新为特征的，以人为本的可持续创新，塑造城市公共价值并为生活其间的每一位市民创造独特价值，实现城市与区域可持续发展。与此同时，也有一些学者开始从城市发展角度来更全面地认识智慧城市，如许庆瑞等（2012）指出概念是对数字城市、知识城市、生态城市、创造城市的一种整合，是整合了以上几个概念的城市功能并凌驾于之上的综合体，智慧城市的战略愿景是实现经济、社会、环境的可持续发展。

3）动态系统的角度

还有一些学者从动态的、系统的观点来看待智慧城市。Nam 和 Pardo（2011）认为，智慧城市不是一个城市“智慧”程度的状态，而是该城市使其自身变得“智慧”的努力。因此，智慧城市的内涵是城市创新，它是城市在技术、管理和政策方面进行的创新，可以使城市运作变得更加灵活。Raffaele Pé（2011）将智慧城市看作一个跨学科的关于城市新陈代谢（这一概念将城市看作一个生物物理系统，将城市的经济、社会和生态因素统一纳入该系统，将该系统中物质和能量的流动拟人化，视作由食物输入和废物输出所组成的人的新陈代谢所形成的循环系统）的综合性的概念，他认为，智慧城市之所以称为“智慧”，是因为它具有感知能力，这种感知能力使城市能够迅速发现它在社会、环境、技术等方面的薄弱环节，并通过改进和提升这些环节来激发城市的发展活力。

综上所述，国内外学者从不同的角度对智慧城市的概念进行了较为广泛的分析，目前对于智慧城市形成了不同的几类观点，并且不同类别当中不同学者之间的观点也不尽相同。不同的智慧城市概念定义对智慧城市建设实践具有不同的引导作用，综合分析不同类别、不同学者的观点，有利于本书在深入解读智慧城市的基础上探讨其内涵。

4）智慧城市的特征

关于智慧城市特征的探讨，不同学者也给予了不同的总结：如龚炳铮（2012）指出智慧城市应有数字化、网络化、信息化、智能化和绿色化的特征；杨堂堂（2013）通过对智慧城市的含义、产生的源头、技术特征、空间表现形式、目标和结果进行探索，提出智慧城市三大技术特征、四大核心技术、五大空间、六大效果表现特征，并论述了新型城市化、智慧城市与数字城市的关系，分析了当前智慧城市建设中存在的问题，提出以“十个一”为重点的智慧城市的建设思路和技术路线，强调智慧城市要以数字城市为基础来整合城市各种数据和信息，才能消除“信息孤岛”，实现城市协同高效的智慧管理。

总的来说，智慧城市的主要特征体现在以下八个方面（张振刚和张小娟，2013）。①经济上的健康繁荣可持续，即通过投资和充分利用当地的人文社会资源吸引创造性的人才，激发人们的创新意识，鼓励知识的积累与创造，拉动经济的持续增长。同时，合理开发和利用自然资源，实现经济的可持续发展。②生活上便利安全更舒适，即通过生活、娱乐基础设施的建设和无线网、传感网等信息技术的运用，为市民工作和生活提供更加人性化、可视化的数字环境，为居民提供舒适、安全、便利的生活环境。③管理上科技智能数字化，即通过物联网、互联网、宽带网等现代信息技术基础设施的建设及运用为政府及其相关部门进行城市管理提供先进的技术和手段。④"以人为本"理念突出。一方面充分考虑人的利益，信息通信技术的应用应以方便市民生活为根本，同时，要扩大信息技术的覆盖面和惠及面，使不同阶层、不同教育水平、不同年龄和不同区域的人们都能从信息技术的运用中获益；另一方面重视人才，尤其是受过良好教育的劳动力和创新人才，智慧城市的建设要营造富有创造性的城市文化和环境氛围，增强城市对创新人才的吸引力。⑤城市环境的低碳化、生态化发展。能源和环境问题给城市发展带来巨大挑战，随着新一代信息技术的发展，信息技术可以更多地应用于城市环保设施、废弃物回收利用、建筑节能设计等环保领域，以及轨道交通等城市公共服务领域，将信息技术作为一种优化或替代物质资源的数字资源，以达到一定的环保指标，改善城市生态环境。⑥公共服务的个性化、网络化。新一代信息技术将在医疗、教育等公共服务领域广泛深入应用，形成无所不在的公共服务，为市民提供及时、虚拟化、个性化的生活服务。⑦信息网络的泛在化、高速性。随着三网融合进程的不断加快，下一代互联网快速推进，互联网、物联网交融发展，云计算使资源配置更加有效，高速、宽带、融合、无线的新一代智能信息基础设施将满足随时、随地、任何物、任何人都可以上网及所有人或物的联通。⑧城市运行的可视化、智能化。物联网、互联网和云计算交融发展正在构建无所不在、人与物共享的关键智能信息基础设施，广布的传感器、RFID 和嵌入式系统使物理实体具备了感知、计算、存储和执行能力，不断推动城市运行的智能化、可视化和精准化。

2. 国内外研究聚焦智慧城市的三方面内涵

尽管学者对智慧城市的定义各不相同，但从现有的文献来看，国内外学者主要结合以下三个方面来分析智慧城市的基本内涵。

第一，技术层面：信息网络。信息通信技术是智慧城市建设的核心驱动因素，信息基础设施的建设和各类信息技术（互联网、物联网、无线技术、移动通信等）的整合能够改变城市的面貌，创造大量潜在发展机会，并帮助加强城市的管理和促进城市各项功能的顺利实现（Odendaal，2003；Golubiewski，2012）。但它们实现的基础是由信息技术及相关基础设施进行连接所形成的智能信息网络。这样一个信息网络将城市中所有的人、所有的物连接起来，使其能在任何时间、任何地点都能进行互连（Nam and Pardo，2011），实现信息的交流和共享，这是城市实现转变、创新、提升的技术基础。

第二，社会层面：社会网络和社会资本。在智慧城市中，用信息网络将人们联系起来，其主要目的是实现城市中知识、信息、经验、技能的共享及城市发展战略、愿景的交流，从而帮助企业、政府和社区为市民提供更好的产品、服务及政策措施（Paskaleva，2011）。由此可见，城市的智慧发展离不开城市中各利益相关者的参与、合作和共同努力。同样，城市集聚发展所产生的各类问题的解决也是通过利益相关者的知识、创造性和合作来形成智慧解决方案（Nam and Pardo，2011）。因此，社会网络的构建及人们的积极参与需要充分了解、挖掘、激发人们的需求（Kwon and Kim，2007），并在此基础上激发产生社会资本。社会资本主要由一定网络条件下的一组规范、制度、价值观、期望及相应的制裁处罚组成（Halpern，2005），它对连接社会成员和社会组织，消除社会分割具有重要作用，它促进社会成员交往的规范标准和价值观逻辑的形成，是产生集体智慧的基础（Paskaleva，2009）。社会网络和社会资本的形成是智慧城市建设目标实现的社会基础。

第三，愿景目标层面：智慧城市致力于实现城市经济增长与竞争力提升、社会公平与社会融合、资源与环境可持续发展。信息技术的发展是智慧城市概念出现的基础。对于信息技术而言，最重要的不是它的先进性和创造智慧城市的能力，而是它能通过信息网络的构建和应用成为城市经济、政治、社会、文化整体发展中的重要组成部分（Allwinkle and Cruickshank，2011）。对于很多城市而言，建设智慧城市的主要目的是将其视为城市经济发展的驱动力（基本思路：通过信息和社会网络促进社会学习和创新，促进知识的形成、积累、传播和转化，推动城市创新创业，并通过培育有利于商业发展的环境和投资人文基础设施来吸引资本投资和创意人才），从而在全球经济中保持较强的竞争力（Hollands，2008）。这种经济导向的智慧城市必然会为了吸引更多的具有知识、技能和创造力的人才，而将城市打造成更加适宜这一群体居住、生活和工作的环境，那些没有技能和对信息技术不了解的“贫穷者”则被忽略，城市社会分化将会加剧。但城市发展的生态完整性和公平性要求城市加快民主决策议程，一方面加快推进政府管理和决策的民主化，建立基于信息技术网络的治理机制，发展电子治理（e-governance），一般认为包括两部分，一是电子政务，依托信息通信技术平台提供公共服务和进行政府政务管理，二是电子民主，依托信息通信技术平台实现城市决策的公众参与（Paskaleva，2009）；另一方面通过建设和发展信息网络及社会网络将所有市民都接入知识社会中来，为市民提供社会学习的平台，进一步提高他们参与电子政务和电子民主的能力，使他们能够通过这些网络平台更好地参与到当地的规划、设计、发展事务中，将城市建设成当地人们希望的居住场所（Tranos and Gertner，2012）。同时，社会的融合与公平也能更好地促进城市经济的健康发展。在城市经济迅速发展的同时，城市也是大量资源的消耗者和大量环境垃圾的制造者，因此城市环境的可持续发展也非常重要，很多城市，尤其是欧洲地区，都将智慧城市建设看作达到一定节能目标实现可持续发展的重要手段，如阿姆斯特丹就建立了一个市民、政府、企业共同合作来节约能源的信息通信技术网络系统（Baron et al.，2012）。面对全球日益严峻的环境和能源问题，信息技术可以作为一种替代现有物质资源的数字资源，通过对相关信息的收集、传递、分析，达到一定的环保和节能指标。总之，从现有的文献来看，智慧城市的建设的侧重点在于通过发展高新技术、创造性的产业及营造有利的商业环境来促进城市经济的发展，通过发展电子治理来实现社会公平和社会融合，通过信息技术运用和全民参与来实现可持续发展。

3.2.3 智慧城市的模型综述①

国内外学者在分析智慧城市概念内涵的同时，也从城市系统角度出发构建了一些智慧城市的理论模型，较为典型的有智慧城市信息系统模型和智慧城市创新生态系统模型。Harrison 和 Donnelly（2011）从城市系统视角出发提出了智慧城市的城市信息系统模型，他们认为，智慧城市的本质就是一个城市信息系统，它通过在城市内部构建发达的城市信息系统，实现信息的产生、收集、传递、运用、反馈。通过将城市中包含和流动的不同类型的信息加以分类和结构化，他们建立了包括自然环境、基础架构、资源、服务、社会系统五个层次的城市信息系统模型（图 3-5）。

Zygiaris（2013）从城市生态系统视角出发提出了智慧城市的城市创新生态系统模型，认为智慧城市是对传统的城市特征和新出现的“绿色”“智能”“开放”“创新”等这些智慧环境理念的概括，它是以信息技术为基础的城市创新生态系统。为了将城市绿色、可持续的投资与智慧城市的社会—技术、财政资金等方面相结合，并把城市中心监控系统与底层利益相关者纳入一个混合的模型中，他提出了以创新生态系统为特征的智慧城市（图 3-6）。

---

① 本节内容源于课题组成员的相关成果：张小娟. 2015. 智慧城市系统的要素、结构及模型研究[D]. 广州：华南理工大学。

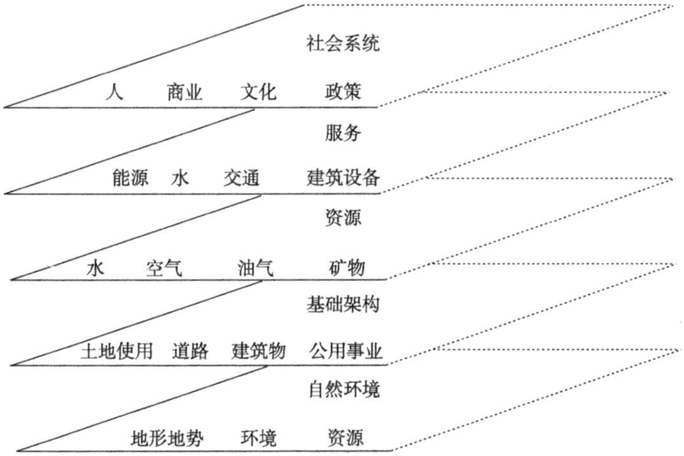

图 3-5　智慧城市的城市信息系统模型

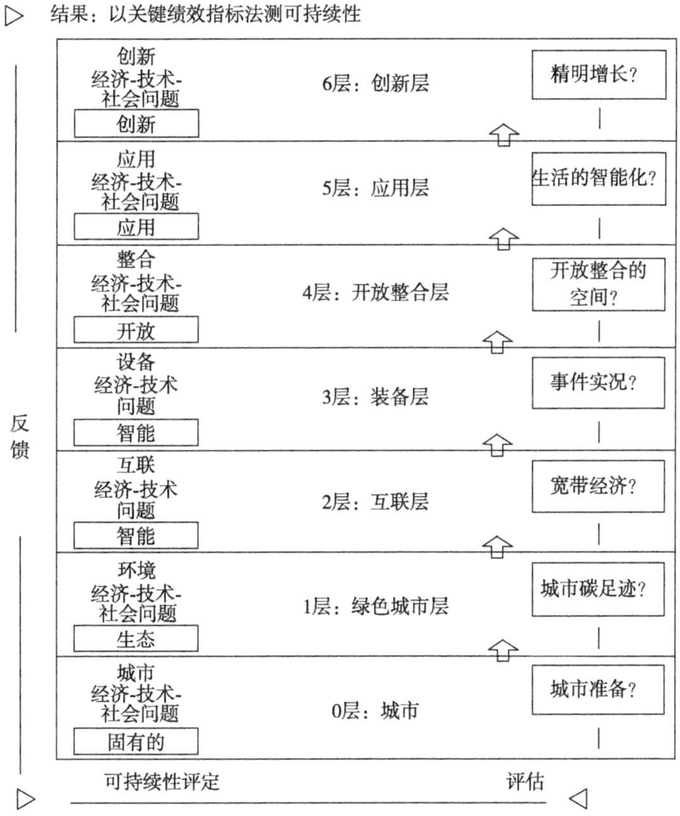

图 3-6　智慧城市的城市创新生态系统模型

资料来源：Zygiaris（2013）

3.2.4 智慧城市的研究展望

作为一个由实践引导的全新的研究主题，智慧城市的研究还处于起步阶段，且引起了越来越多学者的关注。但未来还有很多方面有待于进一步研究，具体如下（张振刚和张小娟，2013）。

第一，进一步加强对智慧城市理论内涵的研究。智慧城市最初是由 IBM 等科技公司从其业务角度提出来的，主要理念是采用复杂的信息系统来整合城市基础设施和公共服务的日常运作。这一理念得到了奥巴马政府的认可，建设智慧城市的热潮在全球各地不断掀起。尽管各地建设智慧城市的热情不减，但笔者发现，很多地区和城市认为投资建设信息基础设施，发展物联网和云计算就是建设智慧城市了。显然，这是对智慧城市的狭隘认识，现有的理论研究也不足以为智慧城市实践提供有效的指导。未来应加强对智慧城市的理论研究，结合城市面临的问题和城市发展诉求，分析如何通过信息技术的运用实现城市经济、社会、生态的可持续发展。

第二，建立一个囊括智慧城市运行的核心系统的研究框架。城市是一个复杂的巨系统，基于当前研究的核心主题与文献综述，对城市的运行与发展起主导作用的系统称为城市的核心系统，主要包括经济系统、社会系统、生态系统等。城市的健康发展既需要城市核心系统的良好运行，又需要各个核心系统的协调合作。因此，对智慧城市的研究，一方面要明确智慧城市运作的核心系统有哪些，另一方面要探究几大核心系统之间的协作关系如何。

第三，进行本土化的智慧城市研究。由于经济发展水平、社会环境、政治制度、文化传统等各方面的不同，中国城市的发展与西方国家相比具有较大的差异，虽然中国城市的发展遇到了一些与西方国家城市同样的问题（如环境污染、资源紧缺、人口老龄化、交通拥堵），但问题的类型、程度、产生原因及解决方法都因中国国情而异。因此，西方国家提出的智慧城市理论及其智慧城市建设经验未必完全适合中国国情。中国智慧城市的建设和研究，必须从中国国情出发，研究中国城市化的特点和城市社会发展状况，在此基础上探究智慧城市建设的一般规律。

第四，加强实证研究与量化分析。站在系统论的角度构建有效计量模型，对智慧城市关键要素识别及要素之间的耦合关系进行探讨，进而实现智慧城市的自组织运行，具有十分重要的理论意义和实践价值。

3.3　智慧城市的相关实践[①]

3.3.1　智慧城市的建设与应用

智慧城市建设与应用研究主要涉及智慧城市的应用、建设重点、治理模式、建设路径、政府的作用等。

（1）在智慧城市的应用方面，主要是讨论某个具体的因素对智慧城市的影响，或是智慧城市的智能在哪方面得到应用。Komninos（2011）对空间智能的城市、使用信息通信技术和制度框架支持创新生态系统的城市、解决问题能力较强的社区和城市进行了讨论，指出智慧城市运用集体智慧创新和使用智能设备，高效运营和治理城市，并实现社区智能化。Caragliu 等（2011）指出，利用网络化的基础设施来改善经济和政治效率，促进社会、文化及城市发展与强调高科技和创意产业在长期的城市增长中的重要角色是智慧城市的重要特征，他们提出信息通信技术在过去 20 年对提高一个城市竞争力有重要作用，并通过定性和定量的分析，提出城市环境、教育水平、城市开放性和信息通信技术的使用情况与城市财富呈正相关，希望以此为契机，为城市发展提出战略模式。Harrison 等（2010）的研究表明，智慧城市的感知化、互联化与智能化主要依靠技术来实现，感知化使用传感器、电话、个人设备、数码相机、智能手机、植入式设备、网络及其他类似的数据采集系统（包括人体感应传感器）来实现真实的数据整理；互联化将数据整合到统一的计算机平台，并且在不同的城市服务中进行交流；智能化则是指复杂的分析、建模、优化及业务操作流程中的可视化，并以此为依据做出更好的决策。在此基础上，Toppeta（2010）进一步指出，智慧城市是基于信息通信技术和新一代互联网的应用，其目的在于实现城市的可持续发展和宜居性改善目标。Yamagata 和 Seya（2012）提出实现未来的智慧城市设计的有前途的方法之一是适当的土地使用（紧凑城市）、交通运输（电动车和公共交通系统）和能源系统（智能电网系统）的有机结合，因为这些元素之间可以相互作用。

（2）在智慧城市的建设重点方面，学者利用大量城市案例进行剖析研究，如覃璇和王承云（2013）利用城市案例分析，总结概括出我国智慧城市建设的几个重点：重视公共领域资源的管理和调控、重视以“三网融合”为基础的泛

① 本节内容源于课题组成员的相关成果：朱桂龙，樊霞. 2015. 智慧城市建设理论与实践[M]. 北京：科学出版社。

在网和信息通信基础设施建设、重视智慧产业在实现区域创新与产业转型中的作用、重视将智慧城市的建设和城市的发展实际及长远发展战略相联系等，并指出智慧城市建设中的企业行为，即中国企业应该担负起保障国家信息安全和智慧研发的重大职责，避免跨国公司的市场垄断，培育良性发展的信息资源市场。有学者提到了重视产业结构与智慧城市的关系，童隆俊和陈铭（2010）表示产业结构的转换是建设智慧城市的重要方向；吴余龙和艾浩军（2011）也强调了智慧城市产业发展的重要性；沈明欢（2010）认为，智慧城市的核心价值在于为城市的经济注入新鲜的智慧，这将有助于城市产业结构由劳动密集型向知识密集型转变，从而更有利于发展经济。另外值得关注的是环境与智慧城市的关系，Caragliu 等（2011）表示，社会和环境的可持续发展是智慧城市不可或缺的组成部分；李贤毅和邓晓宇（2011）认为智慧环境是衡量智慧城市不可或缺的评价因素之一。

（3）在智慧城市的治理模式方面，毛艳华（2012）综合分析了国内智慧城市治理研究方面存在的不足，构建了基于主体对象过程的智慧城市治理模型，并从两两作用的角度出发阐述了各自之间的相互作用关系，指出了城市信息化不同发展阶段的侧重点，并指出智慧城市应该区别于智能城市、数字城市，并把建设智慧城市的内容细化，明确了政府、企业、社会、个人的任务。毛艳华（2012）强调智慧城市的治理过程中，必须要加强各个部门之间的配合与沟通。从开放度与智慧城市的关系角度，Caragliu 等（2011）指出，智慧城市根本强调的是商业主导城市发展。Hollands（2008）则从资本流动的角度对智慧城市进行了研究，智慧城市在建设与治理过程中应高度重视全球化的商业模式，单纯面向商业的模式可能会阻碍其长期发展。

（4）在智慧城市的建设路径方面，有学者认为建设路径大体上可以分为以下五种——创新驱动型、产业驱动型、管理服务驱动型、可持续发展型、多目标发展型，并且不同路径智慧城市的各个方面的发展也不同，但是各个方面要素是相互联系不可分割的，以一点为侧重，但也没有牺牲其他方面的利益。还有学者认为，智慧城市建设应该是多要素的融合，如 Nam 和 Pardo（2011）认为，技术、人和制度是智慧城市的关键组成部分，一个城市要成为智慧城市，必须构建广泛参与的治理结构，并投资于人文基础设施和信息技术基础设施，从而推动城市的可持续发展，提高人们的生活质量；Giffinger 和 Gudrun（2010）认为智慧城市应该具备智慧经济、智慧人民、智慧管理、智能移动性、智慧环境、智慧生活六个方面，并对每个方面设定了一定的评价指标来进行衡量；Chourabi 等（2012）认为，智慧城市的必需要素有八个，分别是管理和组织、技术、治理结构、政策、人和社区、经济、信息通信技术基础设施、自然环境，且技术、管理和组织、政策三个要素对其他要素的影响更大。众多学者认为应该从系统的视角来探讨智慧城市各要素之间的关系，如方丹丹和陈博（2012）将智慧城市的要素归纳为主要要素，包括智慧政务、智慧民生、智慧经济、智慧人群、智慧基础设计和保障体系；唐建荣等（2011）提出智慧城市的建设应当分三大领域即经济、市民和政府开展，共涉及智慧交通、智慧城市光网、智慧工业、智慧医疗、智慧政府服务、智慧电网、智慧青奥、智慧城市市民卡、智慧生态、智慧社区十大示范工程；童隆俊和陈铭（2010）表示智慧城市需要从基础设施、政府、公共服务、产业及人文五个角度着手进行建设；吴余龙和艾浩军（2011）指出，智慧城市建设应当围绕基础设施、公共服务、社会管理及产业发展四大方向展开。除此之外，智慧城市的建设主体与服务对象都是人，而人又是智慧城市能否顺利实现的重要因素之一，因此城市性能不仅仅取决于城市的基础设施（有形资本），而且越来越取决于可利用的、高质量的知识交流与人力资本（人和社会资本）。受大学教育居民比例的增加可显著提升城市的生产力与城市的整体竞争力（Shapiro，2006）。

（5）政府在指挥城市建设中应发挥重要作用。有学者认为这主要体现在六方面：一是在智慧治理方面，政府以信息化手段引领城市变革，提高城市管理质量；二是在智慧产业方面，政府培育保护新信息技术产业，以创新促升级，提高产业竞争力；三是在智慧环境方面，政府提出引进人才和资金的政策扶持，创建良好服务环境；四是在智慧民生方面，政府建立健全导向和运行机制，解决实际需求，更好地为人民服务；五是在智慧基础设施方面，政府和社会资本合作，加大投入力度，支持智慧城市发展；六是在指挥规划建设方面，政府的思想需要破旧立新，分层次多层面出发，以社会实际需求为立足点进行规划，真正提升城市的运行效率。

另外还有一些学者构建了智慧城市竞争力指标体系，这是一套系统的科学的评价指标体系，反映了智慧城市与智慧城市竞争力的内在关系，以及各竞争要素之间的关系和智慧城市竞争力的表现指标。智慧城市综合评价指标体系，旨在通过有效评价促进智慧城市的良性发展，如陈铭等（2011）以“智慧南京”建设为例，构建智慧城市评价指标体系；毛艳华（2012）基于 SOP（standard operation procedure，标准操作程序）模型构建智慧城市治理模式及评价体系；龚炳铮（2012）提出了由环境、发展水平和效益组成的评价模型，将各个层面细分到各个指标，从人文、信息化、政府、企业等方面，提出了针对性的建议，有一定的参考意义。肖易漪和孙春霞（2012）认为：①智慧城市涉及智慧产业领域、智慧服务领域、智慧基础设施领域、智慧人文领域；②建立金字塔式的评价模型，从金字塔的最低端到最高层依次是泛在网络、智慧应用、公共支撑服务、智慧城市实现价值；③从应用水平、信息通信基础水平和实际应用效果来评价智慧城市的建设。仇保兴（2013）、郭理桥（2013）构建了智慧城市的评价指标及评价体系，涵盖基础设施、共享平台、应用体系、保障体系等。智慧城市是 20 世纪末特别是 21 世纪初以来在全球范围内出现的关于未来城市发展的新理念和新实践。作为一种崭新的城市形态，智慧城市具有透彻感知、泛在互联、高效协同、精准管控、创新应用、和谐发展等特征。其对于应对全球城市快速发展中出现的人口膨胀、交通拥堵、环境污染等问题具有重要的意义。在我国智慧城市建设兴起，以及智慧城市建设经验不足的背景下，科学认识和把握智慧城市建设及发展的内在机理，是我国智慧城市建设与发展的首要前提。而近年来，欧洲、亚洲、美洲等不同地区开始探索智慧城市建设发展的关键要素与政策措施，为本书研究提供了实践借鉴来源。

3.3.2　国外智慧城市建设实践

智慧城市在国外的发展，最早可追溯到 1992 年新加坡制定的以“建设覆盖全国的高速宽带多媒体网络”为主要内容的“IT2000——智慧岛计划（1992~1999）”，该计划被视为全球智慧城市的萌芽。其后，从智慧建筑发展到智慧城市群、从高科技在小范围领域的应用发展到整个街道、社区以至整个城市的各个方面，国外智慧城市的建设得以不断推进和发展，并逐渐形成了各自的特色。例如，美国的国家信息基础设施（National Information Infrastructure，NII）和 GII 计划、韩国 2004 年提出的“泛在城市”（ubiquitous city）战略、日本的“I-Japan（智慧日本）战略 2015”及欧盟进入 21 世纪的智慧化实践等。本节首先从战略、社会、经济、空间和技术五个维度，对国外典型智慧城市的建设情况进行了总结，并对上述智慧城市的建设特点进行了系统化的对比分析（表 3-7）。

表 3-7　国外典型智慧城市建设的基础条件及特点

国家/地区	战略层面	社会层面	经济层面	空间层面	技术层面	典型城市
美国	经济刺激资金将会投入宽带网络等新兴技术中去，这就是美国在 21 世纪保持和夺回竞争优势的方式	加大智慧型基础建设，如智慧医疗等，降低美国失业率，并提升长期竞争优势	2017 年 GDP 为 19.39 万亿美元，占世界 GDP 的比重为 24.03%	启动联邦智能交通系统，使公众用智能手机就能实时了解交通状况；建设现代化城市电网	把新一代信息技术运用到各行各业，通过互联网形成物联网，推动能源、宽带和医疗的发展	迪比克、费城
欧盟	“欧洲 2020 战略”旨在通过信息通信技术的深度应用和广泛普及，取得稳定、持续和全面经济增长	从培养公众信息素养和推进电子政务发展两方面加强社会基础设施的建设	2017 年 GDP 为 17.28 万亿美元，占世界 GDP 的比重为 21.42%	利用信息通信技术来解决城市交通和电网问题，解决成员交通拥堵问题和能源利用率问题	对关键领域进行重点支持，攻克技术难关，成立合作企业，推动高技术的发展	斯德哥尔摩、阿姆斯特丹

续表

国家/地区	战略层面	社会层面	经济层面	空间层面	技术层面	典型城市
英国	"Digital Britain"（数字英国）计划旨在改善基础设施，推广全民数字应用，提供更好的数字保护，打造世界的"数字之都"	发展应对世界气候变化的各种智能和环境友好型技术方案，推广可再生能源应用	2017年GDP为2.62万亿美元，占世界GDP的比重为3.25%	打造泛在网和培养公民的数字素养，使其参与到数字经济和数字社会当中，同时推进智能交通系统的建设	世界级水准的学术和研究资源，政府和企业合作开发智能项目，如Cubed酷比科技公司开发的虚拟伦敦项目	伦敦、格洛斯特
日本	"I-Japan（智慧日本）战略2015"聚焦电子政务、医疗健康和人才培育等方面，2015年实现对社区的智能管理	将多种智慧化应用服务于高密度人群和节约资源方面，提高可再生能源利用率	2017年GDP为4.87万亿美元，占世界GDP的比重为6.04%	推出智能交通系统（intelligent traffic system，ITS），缓解道路拥堵状况；利用电子标签，追踪货物去向，提高物流效率	推广网络技术，支持日本的新产业发展；成立野村综合研究所，为提高智能化运行提供有力帮助	东京、横滨
韩国	"U-Korea（韩国信息化战略）"政策旨在通过四项基础建设和五大应用开发，把资源数字化、网络化、可视化、智能化	建设视频监控中心、U-中心和U-环境系统等，从各个方面给公众提供智能服务	2017年GDP为1.53万亿美元，占世界GDP的比重约为1.90%	推进智能公共交通项目，实施一体化汽车站，实现对互联网电视（internet protocol television，IPTV）、交通信息等多方面服务的融合	U-Korea通过布建智能网络、推广信息技术应用等信息基础环境建设，强化产业优势与国家竞争力	釜山、仁川
新加坡	"iN2015（智慧国家2015）计划"旨在打造由资讯通信所驱动的智慧国家，缩小数字鸿沟，给公众提供一体化服务，提升公共领域的生产力和效率	通过发展清洁能源，鼓励绿色建筑、废水利用等推广绿色环保节能措施的实施	2017年GDP为0.32万亿美元，占世界GDP的比重为0.40%	实施ITS，提供实时交通信息；开通全地图服务，轻松找到行车路线，方便出行	注重信息通信技术的推广应用，提高航运枢纽的地位及各物流部门的服务能力；提高网速，扩大网络的全国覆盖率	新加坡

资料来源：国家统计局

如表3-7所示，美国作为全球最大的发达国家，率先推进智慧城市建设，对于其他国家今后的智慧城市建设有指导作用，而且通过智慧城市建设，改进了目前美国的交通和能源使用效率，给人们的生活提供了便利。目前美国智慧城市建设仍在进行中，相比其他国家和地区，进度较快，实施效果相对较好。欧盟的智慧城市建设则更加注重城市的生态环境和智能经济，从"i2010战略"到

“欧洲 2020 战略”，欧盟把智慧城市建设始终放在首要位置。英国的智慧城市建设旨在打造“数字之都”，城市有序开展智慧城市建设，伦敦的贝丁顿社区就是英国最大的低碳可持续发展社区。日本和韩国则是充分利用技术创新的巨大推动力，通过智慧城市建设提升城市信息化程度和智能化程度，对城市目前的交通、医疗、生态环境等状况进行改善。此外，新加坡作为一个典型的资源匮乏型小国，很早就意识到信息通信的力量。近 30 年来，新加坡政府一直不断地修订国家信息化战略蓝图，使之与最新的信息通信科技接轨，造福民众和企业，其“iN2015 计划”也初见成效。

总结国外发达国家和地区智慧城市的建设特点，可以看出一方面这些城市均是以强大的经济发展条件为基础，另一方面各城市又结合自身基础和发展需求，在战略定位和要素建设上有所差异。体现在战略层面上，由于信息通信技术和宽带网络的发展对于城市互联互通、虚拟平台建设、电子政务服务等的平台作用，各个国家和地区基本上都把“宽带技术”的提高作为发展和建设智慧城市的基本目标。在经济层面上，欧盟和美国两大经济体的 GDP 总和几乎占到世界 GDP 总和的一半，其他国家 GDP 在智慧城市的建设过程中也有较大幅度提升，这对于政府及公众接受并发展智慧城市建设都有很好的推动作用。体现在社会要素层面上，美国把智慧城市的建设重心放在智能社区“数字化”的建设上，通过宽带网络把整个资源都连接起来，给市民提供方便，而欧盟、新加坡则是把“低碳、经济”作为发展的目标，通过应用新型技术，改善生态环境，提高能源利用率，给家庭、企业提供节能方案，节约能耗费用。体现在空间要素层面上，这几个国家和地区都是把智慧交通建设作为空间建设的首要任务，解决由人口增多，交通拥堵带来的种种问题，通过运行各种智能交通系统进行缓解，并加强对交通的监控，对实时路况进行网上发布，给市民提供便利，同时优化和节约交通时间。在技术要素层面上，几乎所有的国家和地区都在进行智慧城市的建设过程中和世界顶尖技术公司合作，或者和当地知名大学合作，进行技术开发和运用，把高校和企业的技术运用到当地智慧建设中，提高智能化程度，并改善各方面的技术问题，推动经济和社会发展，并依旧把智慧城市建设的重心放在信息通信技术的发展上。

3.3.3 国内智慧城市建设实践

受全球智慧城市建设热潮的影响，我国亦开始了全面的智慧城市建设。尤其是自 2008 年底 IBM“智慧的城市在中国突破”战略提出后，“智慧地球”“智慧城市”等新概念引起人们的广泛关注。而从城市自身建设出发，以物联网建设和信息通信技术应用为核心的智慧城市建设，也是我国进一步推动城市化演进和信息化发展的内在需求。2009 年我国提出要尽快建立中国的传感信息中心，2010 年科技部部长万钢在世博会上提出，城市的运行将具备感知和自适应能力，我国智慧城市的建设亦开始进入政府的宏观战略部署并得以积极推进。

1. 国内智慧城市试点具有数量多、分布广的特征

2012 年国家开始推进智慧城市的相关试点工作（表 3-8），截至 2015 年 3 月，我国开展的智慧城市试点达到八大类共计 613 个，这些试点包括：国家智慧城市试点（住房和城乡建设部（简称住建部））、智慧城市技术和标准试点（科技部与国家标准化管理委员会（简称国家标准委））、基于云计算的电子政务公共平台建设和应用试点（工业和信息化部（简称工信部））、智慧城市时空信息云平台建设试点（国家测绘地理信息局）、国家信息消费试点（工信部）、信息惠民国家试点城市（国家发展和改革委员会（简称国家发改委））、“宽带中国”示范城市（工信部与国家发改委）、“宽带乡村”试点工程（国家发改委）。

表 3-8　国内历次智慧城市相关试点概况

年份	部委名称	试点名称	试点类型	试点数量/个
2012	住建部	国家智慧城市试点（第一批）	智慧城市类	90
	科技部和国家标准委	智慧城市技术和标准试点	技术标准类	20
2013	住建部	国家智慧城市试点（第二批）	智慧城市类	103
	工信部	国家信息消费试点（第一批）	专项类	68
	国家测绘地理信息局	智慧城市时空信息云平台建设试点（第一批）	平台类	10
	工信部	基于云计算的电子政务公共平台建设和应用试点	专项类	77
2014	工信部	国家信息消费试点（第二批）	专项类	36
	国家发改委	信息惠民国家试点城市	专项类	80
	工信部与国家发改委	“宽带中国”示范城市（城市群）	专项类	39
	国家发改委	“宽带乡村”试点工程（一期）	专项类	6
2015	住建部	国家智慧城市试点（第三批）	智慧城市类	84

资料来源：根据各部委发布的智慧城市试点名单整理

从表 3-8 可以看出，我国从 2012 年开始实行智慧城市试点，这时的试点主要集中在智慧城市类和技术标准类，即国家智慧城市试点与智慧城市技术和标准试点。从 2013 年开始我国的智慧城市建设进入快速发展阶段，试点数量大幅上涨，

并增加了平台类和专项类的智慧城市试点，如国家信息消费试点、智慧城市时空信息云平台建设试点及基于云计算的电子政务公共平台建设和应用试点。2014 年我国的智慧城市试点种类和数量继续增加，但涨幅不大。

根据各部门发布的智慧城市试点名单，可以发现，2012 年我国的智慧城市试点主要分布在环渤海、长三角及珠三角这三个沿海区域，2013 年的智慧城市试点从这三个沿海区域开始向外扩散，至 2014 年，智慧城市试点已经覆盖了我国大部分城市。

虽然我国的智慧城市试点数量大、种类多、分布范围广，但从这些智慧城市试点的类型来看，我国的智慧城市试点侧重于技术层面，缺乏对社会层面的关注。

2. 国内七个典型智慧城市的发展战略及基础条件

自 2010 年 9 月宁波市第一个从政府层面全面推动实施智慧城市建设以来，截至 2012 年 4 月，我国共有 3 个直辖市、6 个省份、51 个城市相继提出智慧城市建设规划。其中，北京、上海、广州、南京、宁波、深圳等城市已进入智慧城市的实质性建设阶段，并在改善人口居住环境、缓解交通系统拥堵、提高能源使用效率等方面取得初步的建设成效。

表 3-9 对国内典型智慧城市的发展战略及其基础条件进行了总结分析。从表 3-9 中可以看出，国内典型智慧城市在发展过程中均制定了较为明晰的战略目标，且均在目标中强调了“信息化”和“基础设施”的建设。与此同时，依据城市自身的经济、社会、空间和技术等基础和条件，各城市的发展战略也有所差异。例如，北京和深圳的战略规划都是“全面建设”，战略涉及城市、企业、家庭生活、政府运行、生态发展等诸多方面；而宁波的战略则是在促进智慧产业集群发展、智慧基础设施完善的同时，建设具有国际港口城市特色的“智慧城市”。

表 3-9　国内典型智慧城市建设发展战略及基础条件

特征	战略目标	经济基础	社会基础	空间基础	技术基础
北京	以“4+4”总体发展思路实施，信息通信技术已成为继水、电、气、路之后的公共基础设施，把建设世界智慧城市作为发展目标	2016 年地区生产总值占全国 GDP 比重为 3.45% 产业结构为 0.51∶19.26∶80.23	处于社会加速转型的新阶段，不同社会群体的价值取向和利益诉求更趋多元	全市交通事业实现了跨越式发展，各项交通基础设施建设进展顺利	软件、光电显示、生物医药等附加值高的产业领域逐渐成为新的增长点

续表

特征	战略目标	经济基础	社会基础	空间基础	技术基础
上海	资源丰富、商务环境规范、城市开放度较高，世博会后续效应释放，为上海未来发展奠定了坚实基础	2016年地区生产总值占全国GDP比重为3.79% 产业结构为0.4：29.1：70.5	教育资源公平性和均衡性进一步加强；城乡整体医疗服务水平提升	轨道交通运营里程超过440公里，绿化覆盖率达38%以上，环境空气质量不断改善	“云海计划”正在全面实施中，让云计算实现自主可控的关键技术正在全力研发
广州	发展现代信息服务业，加强对先进制造业和现代服务业的支撑，实现产业结构转型升级，“让经济变得更有效率”	2016年地区生产总值占全国GDP比重为2.63% 产业结构为1.22：30.22：68.56	医疗服务功能显著增强，住房保障体系不断完善，城市应急和食品药品安全工作不断加强	建成规模庞大、功能齐备、覆盖全面的城市基础设施体系，成立国际信息通信枢纽	产业结构和产业布局加速调整，有利于广州利用国际创新资源，提升自主创新能力
南京	基本建成宽带、泛在、融合、安全的信息化基础设施，实现各领域比较广泛的智慧应用，打造一批智慧产业基地	2016年地区生产总值占全国GDP比重为1.41% 产业结构为2.4：39.2：58.4	卫生服务体系逐渐完善，全民健身工作迈向长效化，新型农村社会养老保险基本实现全面覆盖	全市推进公交优先的城市交通系统建设和城市环境整治	实施城市光网工程，对海量信息进行高速传输和高效处理，提高无线网络覆盖率
深圳	从科技、人文、生态三方面打造，并以此作为建设国家创新城市的突破口，充分发挥深圳信息化程度高和地处沿海的特点，建设智慧城市	2016年地区生产总值占全国GDP比重为2.62% 产业结构为0.04：39.91：60.05	社会保障体系日益健全，社会福利、社会救助和优抚安置三大体系基本建立	“一横八纵”城市快速公路网基本形成；油、电、水、气保障能力显著提升	在关键产业领域，核心技术创新取得突破性进展
宁波	到2020年，成为智慧应用水平领先、智慧产业集群发展、智慧基础设施完善、具有国际港口城市特色的“智慧城市”	2016年地区生产总值占全国GDP比重为1.17% 产业结构为3.48：51.29：45.23	生态文明建设扎实推进，城乡区域统筹取得积极进展，就业规模持续扩大，服务型体系日趋完善	港口综合服务功能不断增强；实施公交优先战略，推进“三横三纵”快速路建设	推广RFID、多维条码、电子商务等信息技术在物流企业、物流产业基地的应用
武汉	构建基于“中国云”和“智慧城市”基础设施及智能处理的平台，推进以数字化、网络化、智能化为特征的智慧武汉建设	2016年地区生产总值占全国GDP比重为1.60% 产业结构为3.28：43.88：52.84	科技、教育、文化、卫生、体育等社会事业蓬勃发展，公共服务逐步趋向均等化	推进全市多种运输方式高效连接，构筑一体化综合交通体系	电子信息产业规模超亿元，在中部地区排名第一

资料来源：《中国城市建设统计年鉴2016》

体现在智慧城市的建设要素上，我国智慧城市的建设体现出以下特点。

经济层面上，各城市良好的经济发展条件和不断优化的产业结构为智慧城市的建设奠定了基础。例如，北京、上海、广州、深圳是国内经济最发达的四大城市，南京是华东区域中心城市，宁波是我国东南沿海重要的港口，武汉正努力构建中部地区的支点城市，各城市地区生产总值均占全国 GDP 比重较大；从产业结构上，尽管各城市三大产业结构的比重稍有差异，但共同之处在于第一产业、第二产业的比重在下降，第三产业的比重在上升，高科技服务业作为第三产业发展中的重中之重，对其智慧城市的建设与发展起到了关键性的基础作用。

社会层面上，公共社会事业的发展和对社会群体价值取向、利益诉求多元化的均衡为智慧城市的发展提供了保障。例如，上海的教育资源公平性和均衡性进一步加强，城乡整体医疗服务水平提升；南京的卫生服务体系逐渐完善，全民健身工作迈向长效化，新型农村社会养老保险基本实现全面覆盖等。

空间层面上，除了宁波的重点放在港口综合服务的建设上以外，其他城市的建设重点都放在交通基础设施的建设及交通系统网络的覆盖上，便利的交通系统对于节约运输时间、缓解交通拥堵、快速响应各种服务都有关键的影响。

技术层面上，物联网依旧在建设中发挥着基础作用，是对其他产业发展的必要支撑。各城市都把信息技术的建设及物联网的扩展作为技术发展的基础。同时，各城市又进一步针对自身的建设特点，开展各式各样技术创新，如深圳作为电子产业发展迅速的沿海城市，重心就放在对核心领域的技术创新上；宁波作为港口城市，重心就放在信息技术在物流产业的应用上等。

3. 国内七个典型智慧城市的主要举措及其特点

表 3-10 对国内典型智慧城市的建设举措进行了对比分析。总体而言，各城市均是以各自的城市发展战略目标为核心，通过社会、经济、空间和技术层面要素的建设，积极推进信息化在民生、交通、医疗、教育、电子政务等方面的应用，以实现城市的智慧发展。体现在建设举措上，我国智慧城市的发展一方面强调以经济和产业为驱动的建设模式，通过发展低碳经济，支持实现产业结构的转型升级和可持续经济发展，如广州、南京、宁波等；另一方面则强调了信息基础设施建设在智慧城市建设与发展中的先导作用，利用信息技术发展的平台建设城市的核心产业，并通过推进电子信息化的发展，提高智慧城市发展的质量和效率，如上海、北京等。

表 3-10　国内典型智慧城市建设的主要举措

城市	战略举措	社会层面举措	经济层面举措	空间层面举措	技术层面举措
北京	围绕城市运转、企业运营、生活便捷、政府服务等方面，实现从数字北京向智慧北京跃升，全面开展智慧城市建设	以社保卡、交通卡为基础，打造“市民卡”，实现一卡多用；加快资源循环利用和节能环保服务业的发展	经济发展高端化格局初步形成，六大高端产业功能区粗具规模，首都经济特征进一步显现	构建以“一个中心、三个平台、八大系统”为核心的智能交通管理系统	在全国率先实现向战略性新兴产业转型升级，形成“创新发展”、“智能发展”和“绿色发展”的发展格局
上海	“三个构建”：构建国际水平的信息基础设施体系；构建便捷高效的信息感知和智能应用体系；构建创新活跃的新一代信息技术产业体系	推进文化惠民工程，扩大公共文化场馆免费开放，完善社区文化活动中心功能；加强“四位一体”住房保障体系建设	港口货物吞吐量居世界第一，进出口总额、服务贸易进出口总额占全国比重均超过25%，经济中心城市的集聚辐射功能明显提升	加强轨道建设及城市环境维护	推动信息技术的应用，实施数字教育工程、卫生信息化工程等项目，加强云计算、物联网、分时长期演进(time division long term evolution，TD-LTE）等的建设
广州	建立以服务经济为主体的产业结构，中心城区产业“退二进三”与现代服务业功能区建设同步推进	实施“数字环保”工程；通过智能家居、智能水网等示范工程，为广州市民营造智慧的生活环境和生态友好型的人居环境	产业结构高级化趋势明显，初步建立以服务经济为主体的产业结构，分工明确、功能互补的产业布局基本形成	建立了交通控制与指挥系统、交通管理信息网络，启用了公共交通综合管理系统	构建立足广州、服务珠三角、面对世界的现代物流信息平台；实施以光纤到户、“天云计划”为代表的信息基础设施建设
南京	跟进新技术，完善智慧的基础设施，实现智慧互联；以开放式的架构，发展智慧的应用	建设生态环境，以及全方位、智能化的立体应急防护系统；在信息丰富完整、跨服务部门基础之上，建立面向患者的系统工程	以重大工程及项目推动产业升级，全力培育新兴产业，启动实施“千企升级”计划，在全省率先基本形成“三二一”产业格局	以云计算、物联网等先进技术应用为重点，推进环境监测、应急联动等方面的项目建设	普及并推广信息技术在农村的应用，缩小城乡数字鸿沟；积极推进政务数据中心、市民卡、无线宽带行业专网等项目
深圳	建设以无线宽带移动互联网为主体的“无线城市”网络，提升无线网络的接入带宽，实现无线互联网室外全覆盖	建立用户可定制、个性化、一站式的公共信息服务网站；建立居民电子病历，构建城市、社区、医院卫生信息网络平台等	经济结构不断优化升级，高新技术产业、现代金融业、现代物流业和文化产业四大支柱产业支撑能力明显增强	开展了“十二五”智能交通专项规划工作；成立了智能电网创新联盟	推动科技创新与金融、商业、文化、管理创新有机互动的横向集成创新，打造全球创新成本低、创新收益高的先进城市

续表

城市	战略举措	社会层面举措	经济层面举措	空间层面举措	技术层面举措
宁波	在经济、社会、文化、政治和生态文明五个方面全面开展建设，跻身于国际智慧城市行列	全面推进面向市民的住房、教育、就业等公共服务智能应用系统建设；推进面向企业的行政审批等公共服务信息平台建设	先进制造业和现代服务业联动发展，自主创新能力明显增强，R&D经费支出占生产总值的比重达到2.5%	推进以道路交通监控系统、视频监控系统、动静态交通诱导系统为主要内容的建设	建成一批国家级产业基地，形成若干个千亿元产值规模的战略性新兴产业，推广宁波现代物流建设，吸引更多投资
武汉	全面完善交通和市政设施网络，加快推进以智能化为特征的智慧武汉建设	提供智慧政务服务；建智慧小区，集成多元服务、物业管理、安防、住宅智能化系统，实现动态交互、在线监控等	综合经济实力提档进位，进入全国副省级城市第一方阵，现代产业体系逐步建立，先进制造业、现代服务业协同发展	实施监控和交通诱导，提供实时交通流量信息和出行建议，为市场提供点到点服务	武汉实施“走出去”战略，引导武汉有实力的企业发挥优势，积极开展境外投资、工程承包等业务

资料来源：根据各城市的《国民经济和社会发展第十二个五年规划纲要》整理

此外，由于各城市战略目标定位及资源禀赋的差异，各个城市的建设与发展举措也存在差异性。例如，在战略举措上，上海利用世博会后续效应把世博会中应用的高新技术运用于上海智慧项目的建设中；广州则注重依靠信息服务业来加快产业结构升级，使第三产业作为城市发展的重心；其他几个城市则强调信息通信技术的建设，提升无线网络的覆盖率。在技术层面的举措上，深圳主要是发展创新产业，并通过创新推动金融、文化等的发展；武汉通过和高科技企业合作，共同开发应用新技术；北京、上海则重点放在信息技术的应用上，加强云计算、物联网的建设。上述城市战略目标与经济、社会、技术和空间四大体系要素的匹配关系，也进一步验证了智慧城市关键要素在其建设与发展中的耦合作用。

4. 结论与启示：以技术为保障，“因城而异”地制定智慧城市战略目标

智慧城市建立在技术保障基础之上，并广泛涉及社会、政治、经济、文化领域。根据城市建设的不同方面，智慧城市建设的不同路径侧重点和目标是不同的。不同的国家不同的城市，建设智慧城市的方法也不完全相同。

从要素上讲，智慧城市系统可进一步划分为战略体系、社会活动体系、经济活动体系、知识与技术体系和空间与环境体系等五大体系。其中，战略体系是智慧城市建设的纲领与指南，决定了智慧城市建设的愿景与发展方向。社会活动体系是智慧城市建设的保障，决定了智慧城市建设与发展的效率。空间与环境体系是智慧城市建设的组件，从社区的智慧应用，扩大到整个区域的智慧建设，对智慧城市的建设起到示范作用。知识与技术体系是智慧城市建设的平台与支撑，该

体系可进一步细分为信息技术体系和基础设施体系。信息技术体系的发展对未来无线城市建设及宽带网络的覆盖等具有重要的影响，而基础设施体系的建设则是实现城市智能化和可持续发展、提高公众智能化生活水平的前提。经济活动体系是智慧城市建设的基础，决定了智慧城市的竞争力。

从要素的耦合上，智慧城市的五大体系也展现了智慧城市的一种均衡状态：知识与技术体系和空间与环境体系共同组成智慧城市的支撑基础，分别以信息技术进步和空间品质优化不断演进，构成经济与社会的发展平台；社会活动体系与经济活动体系互为关联，实现公平与效率的均衡；战略体系作为统领，实现各体系的动态均衡。综合而言，智慧城市的发展，不仅需要实现对上述五大体系的建设发展，更需通过五大体系要素的耦合及其协同发展，共同实现智慧城市的战略目标。

因此，尽管国内外智慧城市建设所处的发展阶段及其特点存在差异，但其共同点均是基于各城市自身的基础条件和发展需求，进行相匹配的智慧城市战略定位，并通过社会、经济、空间和技术层面要素的建设，积极推进信息化在民生、交通、医疗、教育、电子政务等方面的应用，以实现城市的智慧发展。进一步，我国智慧城市的建设和发展，不仅需要战略、社会、经济、空间与环境和知识与技术体系的建设，更需要在战略的统领下，通过空间与环境体系的优化、知识与技术体系的智能化、产业发展的持续化及社会自组织能力的高度化等要素的耦合联系和协同互动，实现智慧城市的战略体系目标，最终实现我国智慧城市的发展和城市竞争力的提升。

本章参考文献

陈铭，王乾晨，张晓海，等. 2011. “智慧城市”评价指标体系研究——以“智慧南京”建设为例[J]. 城市发展研究，18（5）：84-89.

方丹丹，陈博. 2012. 智慧城市系统架构研究[J]. 未来与发展，35（12）：23-26，22.

龚炳铮. 2012. 关于发展我国智慧城市的思考[J]. 中国信息界，（11）：7-10.

郭理桥. 2013. 中国智慧城市标准体系研究[M]. 北京：中国建筑工业出版社.

何传启. 2011. 科技革命与世界现代化[C]. 北京：现代化的特征与前途——第九期中国现代化研究论坛.

鞠美庭. 2007. 国外生态城市建设经典案例[J]. 科技潮，（10）：24-25.

李德仁，邵振峰，杨小敏. 2011. 从数字城市到智慧城市的理论与实践[J]. 地理空间信息，9（6）：1-5，7.

李贤毅，邓晓宇. 2011. 智慧城市评价指标体系研究[J]. 电信网技术，（10）：43-47.

毛艳华. 2012. 基于主体-对象-过程治理模型的智慧城市治理模式研究[J]. 商场现代化，（13）：95-96.

米切尔 W J. 2001. 伊托邦：数字时代的城市生活[M]. 吴启迪译. 上海：上海科技教育出版社.
逄金玉. 2011. “智慧城市”——中国特大城市发展的必然选择[J]. 经济与管理研究，32（12）：74-78.
仇保兴. 2013. 中国智慧城市发展研究报告（2012~2013 年度）[M]. 北京：中国建筑工业出版社.
沈明欢. 2010. “智慧城市”助力我国城市发展模式转型[J]. 城市观察，（3）：140-146.
宋刚，邬伦. 2012. 创新 2.0 视野下的智慧城市[J]. 城市发展研究，19（9）：53-60.
覃璇，王承云. 2013. 从全球视角看中国的智慧城市建设[J]. 信息化建设，（1）：34-35.
唐建荣，童隆俊，邓贤峰，等. 2011. 智慧南京：城市发展新模式[M]. 南京：南京师范大学出版社.
童隆俊，陈铭. 2010. 构建“智慧南京”提升城市功能——南京构建“智慧城市”的若干思考[J]. 信息化建设，（5）：25-27.
王家耀，刘嵘，成毅，等. 2011. 让城市更智慧[J]. 测绘科学技术学报，28（2）：79-83.
王世福. 2012. 智慧城市研究的模型构建及方法思考[J]. 规划师，28（4）：19-23.
魏宗财，甄峰，席广亮，等. 2013. 全球化、柔性化、复合化、差异化：信息时代城市功能演变研究[J]. 经济地理，33（6）：48-52.
巫细波，杨再高. 2010. 智慧城市理念与未来城市发展[J]. 城市发展研究，17（11）：56-60，40.
吴余龙，艾浩军. 2011. 智慧城市：物联网背景下的现代城市建设之道[M]. 北京：电子工业出版社.
肖易漪，孙春霞. 2012. 国内智慧城市研究进展述评[J]. 电子政务，（11）：100-104.
许庆瑞，吴志岩，陈力田. 2012. 智慧城市的愿景与架构[J]. 管理工程学报，26（4）：1-7.
杨堂堂. 2013. 从数字城市到智慧城市的建设思路与技术方法研究[J]. 地理信息世界，20（1）：63-67.
张楠，陈雪燕，宋刚. 2015. 中国智慧城市发展关键问题的实证研究[J]. 城市发展研究，22（6）：27-33，39.
张文和，孙选中. 1987. 技术进步与城市发展[J]. 科学、技术与辩证法，4（4）：13-18.
张小娟. 2015. 智慧城市系统的要素、结构及模型研究[D]. 广州：华南理工大学.
张振刚，张小娟. 2013. 智慧城市研究述评与展望[J]. 管理现代化，（6）：126-128.
郑立明. 2011. 关于建设智慧城市的战略思考[J]. 现代管理科学，（8）：66-68.
朱桂龙，樊霞. 2015. 智慧城市建设理论与实践[M]. 北京：科学出版社.
Allwinkle S，Cruickshank P. 2011. Creating smart-er cities：an overview[J]. Journal of Urban Technology，18（2）：1-16.
Baron G，Brinkman J，Wenzler I. 2012. Supporting sustainability through smart infrastructures：the case for the city of Amsterdam[J]. International Journal of Critical Infrastructures，8（2/3）：169-177.
Caragliu A，del Bo C，Nijkamp P. 2011. Smart cities in Europe[J]. Journal of Urban Technology，18（2）：65-82.
Chourabi H，Nam T，Walker S，et al. 2012. Understanding smart cities：an integrative framework[R].
Geddes P. 1915. Cities in Evolution：an Introduction to the Town Planning Movement and to the Study of Civics[M]. London：Williams & Norgate.
Gehl J. 2013. Cities for People[M]. Washington：Island press.
Giffinger R，Gudrun H. 2010. Smart cities ranking：an effective instrument for the positioning of the

cities?[J]. ACE：Architecture，City and Environment，4（12）：7-26.
Golubiewski N. 2012. Is there a metabolism of an urban ecosystem? An ecological critique[J]. AMBIO，41（7）：751-764.
Halpern D. 2005. Social Capital[M]. Bristol：Policy Press.
Harrison C，Donnelly I A. 2011. A theory of smart cities. http://journals.isss.org/index.php/ proceedings55th/article/view/1703[2018-04-12].
Harrison C，Eckman B，Hamilton R，et al. 2010. Foundations for smarter cities[J]. IBM Journal of Research and Development，54（4）：1-16.
Hollands R G. 2008. Will the real smart city please stand up？Intelligent，progressive or entrepreneurial？[J]. City，12（3）：303-320.
Howard E. 1898. Tomorrow：A Peaceful Path to Real Reform[M]. London：Swan Sonnenschein.
Komninos N. 2011. Intelligent cities：variable geometries of spatial intelligence[J]. Intelligent Buildings International，3（3）：172-188.
Kwon O，Kim J. 2007. A methodology of identifying ubiquitous smart services for U-City development[R].
Lee S H，Han J H，Leem Y T，et al. 2008. Towards ubiquitous city：concept，planning，and experiences in the republic of Korea[R].
Nam T，Pardo T A. 2011. Smart city as urban innovation：focusing on management，policy，and context[C]. New York：Proceedings of the 5th International Conference on Theory and Practice of Electronic Governance.
Odendaal N. 2003. Information and communication technology and local governance：understanding the difference between cities in developed and emerging economies[J]. Computers，Environment and Urban Systems，27（6）：585-607.
Paskaleva K A. 2009. Enabling the smart city：the progress of city e-governance in Europe[J]. International Journal of Innovation and Regional Development，1（4）：405-422.
Paskaleva K A. 2011. The smart city：a nexus for open innovation?[J]. Intelligent Buildings International，3（3）：153-171.
Raffaele Pé. 2011. Smart cities and the emergence of "sensitive" areas for urban reclaim[C]. Genoa：Congress Center "Magazzini del Cotone".
Shapiro J M. 2006. Smart cities：quality of life，productivity，and the growth effects of human capital[J]. Review of Economics and Statistics，88（2）：324-335.
Toppeta D. 2010. The smart city vision：how innovation and ICT can build smart "livable" sustainable cities[J]. The Innovation Knowledge Foundation，5：1-9.
Tranos E，Gertner D. 2012. Smart networked cities?[J]. Innovation：The European Journal of Social Science Research，25（2）：175-190.
Yamagata Y，Seya H. 2012. Integrated modelling for a future smart city：toward efficient CO_2 management of EV transport using PV systems[C]. Vienna：19th ITS World Congress.
Zygiaris S. 2013. Smart city reference model：assisting planners to conceptualize the building of smart city innovation ecosystems[J]. Journal of the Knowledge Economy，4（2）：217-231.

第 4 章　智慧城市的设计框架①

本章运用内容分析法中的共词分析方法及社会网络分析方法归纳了智慧城市的主要构成维度，分析了智慧城市系统的要素构成与层次体系，并在此基础上构建了智慧城市的系统模型，总结归纳了智慧城市的发展战略。

4.1　智慧城市的基本要素②

国内外学者从信息技术、人、环境、组织、管理、制度、政策、经济等多个维度对智慧城市的要素进行研究，发现上述要素分别具有不同的性质和特征，发挥着不同的功能与作用，它们相互联系、相互作用，共同构筑为一个智慧城市。为了梳理以上多个要素在智慧城市中的地位和作用，更加全面、系统地把握智慧城市的核心，下文将以现有中外文献中人们对智慧城市研究分析的高频关键词分类为基础，划分智慧城市的基本构成维度，进而概括智慧城市系统的基本构成要素。

4.1.1　研究设计

1. 三个文献研究方法

本部分涉及的研究方法主要有共词分析方法、聚类分析和多维尺度分析方法、社会网络分析方法。

1）共词分析方法

本部分将采用共词分析方法，采用非介入性、客观的方式从大量的文献材料

---

① 初稿执笔人：张振刚、张小娟、邓沁雯。

② 本节内容源于课题组成员的相关成果：张小娟. 2015. 智慧城市系统的要素、结构及模型研究[D]. 广州：华南理工大学。

中寻找客观规律,以共词分析的统计结果作为划分智慧城市构成维度的重要依据。共词分析方法是内容分析法的一种，主要通过分析某一学科领域的研究主题或关键词在同一篇文献中共同出现的次数，揭示关键词之间的亲疏关系，从而展现该学科的知识结构和研究内容，这一方法比较适合对新兴学科和新兴主题展开研究（张红春和卓越，2011）。智慧城市是一个新兴的研究领域，不同学科的学者从不同角度对智慧城市进行了探讨，形成了不同的研究主题。同时，智慧城市也是一个非常庞大的体系，包含了很多方面的内容，这些纷繁复杂的内容可以划分成几个维度来理解。通过采用建立在词频分析法基础上的共词分析法，我们可以获取其中的关键词或主题词，作为分析载体，其基本步骤有以下三个（张勤和马费成，2007）：①从相关文献数据库中抽取能够代表该学科领域研究主题的关键词，并根据关键词出现的频次设定一定的阈值，以高频关键词作为代表该学科领域的关键词进行分析；②两两统计高频关键词在同一文献中同时出现的次数，构建共词矩阵；③利用统计软件及现代信息技术等可视化手段，将高频关键词进行统计分析，并以图形的形式展示高频关键词的分类和网络关系。

2）聚类分析和多维尺度分析方法

本部分将对高频关键词的共词矩阵进行聚类分析和多维尺度分析，依据分析的结果对关键词进行分类，并以此作为划分智慧城市构成维度的重要依据。其中，聚类分析以“物以类聚”为基本思想，依据事物本身的特征对研究个体进行分类，根据事物之间的相似程度或差异程度，以一定的谱系图将研究对象之间的亲疏关系表示出来。本书通过利用聚类分析方法把共同出现的频率高的关键词归结为一类，从而将共词矩阵复杂的网状关系简化为相对较少的类群之间的关系，并以一定的图谱形式将这种分类过程及分类关系展示出来。多维尺度分析是通过测定研究对象之间的距离来发现数据的基本结构，它利用二维或三维空间反映研究对象之间的相似程度，展现研究对象之间的联系，将具有高度相似性的对象聚集在一起，形成一个类团。在多维尺度分析中，被分析的关键词以点的形式出现，点的位置显示了关键词之间的相似性。在文献计量分析中，多维尺度分析通常用来分析一个学科或研究领域的知识图谱。

3）社会网络分析方法

本部分将采用社会网络分析方法分析高频关键词分类后的不同子网的网络特征，以判断高频关键词分类是否合理。社会网络分析方法是社会学研究的一种方法，其中社会网络是指社会行动者及他们之间关系的集合，它是由多个点（社会行动者）和点之间的连线（代表行动者之间的关系）组成的，社会网络分析的核心在于从“关系”的角度出发研究社会结构和社会现象（刘军，2009），它借助现代计算机技术将社会网络的关系结构以图形的方式展示出来。本书将借助社会网络分析方法分析高频关键词之间的网络关系，其中，关键词是网络中的节点，关键词之间的连线代表关键词之间的共现关系。本书应用社会网络分析软件 UCINET 6 来分析高频关键词的共词矩阵，并利用可视化绘图软件 Netdraw 绘制关键词的网络关系图谱，作为分析智慧城市构成维度之间关系的重要依据。

2. 选取 227 篇中外文献为研究样本

本部分将国内外智慧城市研究的相关文献为关键词数据的来源。智慧城市是一个较新的研究领域，相关研究自 2008 年以来迅速增多，通过中外文献数据库可检索到的相关文献众多，以中国知网为例，输入“智慧城市”关键词后检索到的期刊文献为 14 650 篇。从时间、经济、可行性及关键词数据的代表性和学术影响性角度考虑，在中文文献方面，本书将以 2009~2014 年核心期刊刊登的智慧城市研究的论文为研究样本，在英文文献方面，因为国外智慧城市方面的研究论文大多是以会议论文和工作论文形式在网上发表的，为了保证文献的质量和权威性，本书以 2008~2014 年在相关领域的期刊上发表的学术论文作为研究样本。

本部分共选取了 227 篇中外文献作为研究的样本文献，其中中文文献 187 篇，英文文献 40 篇。在中文文献检索中，以“智慧城市”为关键词，以上文所述约束条件在中国期刊全文数据库检索到文献 340 篇（图 4-1）。由图 4-1 可知，中文核心期刊网刊登智慧城市的论文从 2009 年开始，逐年增加，因为检索日期为 2014 年 8 月，检索到的 2014 年的论文为 2014 年 1~6 月刊出的论文，故 2014 年只有 102 篇。在文献收集过程中，剔除掉了一些主题与本书研究不太相符的文献，如《银江股份引领智慧城市发展》等，以及一些报道性的文章，如征文通知、会议报道等，经过对 340 篇核心期刊论文的筛选，最终得到 187 篇与本书研究主题结合较为紧密的论文。在英文文献检索方面，以“smart city”为关键词，以上文所述为约束条件在“ISI Web of Knowledge”、“Ei Engineering Village2”和“ScienceDirect”数据库中进行检索，并对检索到的期刊论文进行筛选，最终得到 40 篇英文文献。以上得到的 227 篇中英文文献是下文构建共词矩阵的样本文献。

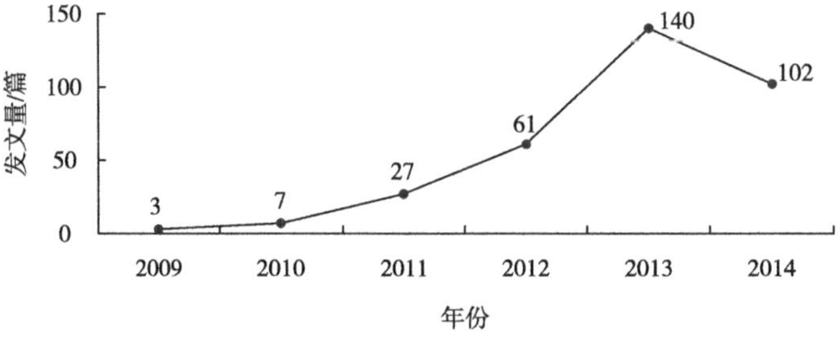

图 4-1　2009~2014 年智慧城市研究核心期刊发文量

4.1.2　智慧城市的关键词选取

1. “57×57”的共词矩阵构建

1）高频关键词的确定

结合词频统计软件“ROST 中文字频统计分析软件”的分析结果及人工识别和人工筛选，本节最终得到了 57 个高频关键词。通过中文文献关键词统计共得到 318 个关键词，英文文献关键词统计共得到 145 个关键词，将中英文文献的关键词合并共得到 411 个关键词。为了便于智慧城市构成维度的分析，并考虑到样本的数量及关键词的代表性，本节选取了出现频次不小于 5 次的关键词作为高频关键词。由于“智慧城市”关键词不适于进行智慧城市构成维度的分析，因此将“智慧城市”关键词剔除。同时，“电子政务”与“智慧政务”较为相似，于是合并两个关键词。共得到高频关键词 57 个，占关键词总数（409 个）的 13.9%。57 个高频关键词出现总频次为 914 次，占出现总频次的 72.3%，较剩余的低频关键词更具有代表性（表 4-1）。

表 4-1　智慧城市研究高频关键词汇总表（2009~2014 年）

序号	关键词	频次	序号	关键词	频次	序号	关键词	频次
1	信息通信技术	63	17	信息共享	22	33	无线网络	10
2	基础设施	54	18	智慧公共服务	20	34	大数据	10
3	智能化应用	45	19	智慧民生	18	35	智慧社区	9
4	城市创新	44	20	云计算	16	36	技术体系	9
5	信息化	42	21	智能交通	15	37	发展目标	9
6	标准体系	34	22	服务型政府	14	38	智慧经济	8
7	物联网	32	23	城市治理	14	39	智慧安全	8
8	顶层设计	27	24	城市化	14	40	智慧城管	7
9	城市规划	25	25	信息安全保障	13	41	信息网络	7
10	可持续发展	24	26	战略规划	12	42	空间布局	7
11	信息平台	23	27	产业转型升级	12	43	管理模式	7
12	城市管理	23	28	以人为本	11	44	智慧政务	6
13	信息社会	23	29	智慧产业	11	45	低碳城市	6
14	数字城市	23	30	城市发展战略	11	46	传感网	6
15	公众参与	22	31	城市系统	11	47	智能流动	5
16	保障措施	22	32	智慧环境	10	48	智能化	5

续表

序号	关键词	频次	序号	关键词	频次	序号	关键词	频次
49	智慧人群	5	52	数字化	5	55	信息资源	5
50	信息产业	5	53	人口管理	5	56	城市应急管理	5
51	文化创意产业	5	54	跨部门	5	57	城市信息系统	5

2）关键词共词矩阵的建立

将上述确定的 57 个关键词输入 EXCEL 表中，两两统计它们在上述 227 篇中外文献中共现的次数，形成了一个 57×57 的共词矩阵。其中，共词矩阵对角线上的数值为同一个关键词出现的总次数，其他数值为不同的关键词在同一篇文献中共现的次数（表 4-2）。

表 4-2 智慧城市研究高频关键词共词矩阵（部分）

关键词	信息通信技术	基础设施	智能化应用	城市创新	信息化	标准体系	物联网	顶层设计	城市规划	可持续发展	信息平台	城市管理	信息社会	数字城市	公众参与	保障措施	信息共享
信息通信技术	63	15	10	14	12	9	5	5	9	16	8	10	3	8	13	2	3
基础设施	15	54	15	13	9	13	5	7	10	10	3	7	11	5	10	10	6
智能化应用	10	15	45	11	8	11	7	5	9	7	6	7	6	6	8	5	6
城市创新	14	13	11	44	9	3	5	8	2	9	3	5	7	2	6	6	5
信息化	12	9	8	9	42	7	6	7	4	1	4	4	6	9	3	4	4
标准体系	9	13	11	3	7	34	3	6	6	3	1	2	5	3	4	2	5
物联网	5	5	7	5	6	3	32	0	1	1	3	4	4	6	1	5	3
顶层设计	5	7	5	8	7	6	0	27	1	2	3	4	4	2	4	6	6
城市规划	9	10	9	2	4	6	1	1	25	4	3	4	4	2	5	2	1
可持续发展	16	10	7	9	1	3	1	2	4	24	2	4	1	1	4	3	1
信息平台	8	3	6	3	4	1	3	3	3	2	23	3	3	2	4	4	3
城市管理	10	7	7	5	4	2	4	4	4	4	3	23	3	3	5	4	1
信息社会	3	11	6	7	6	5	4	4	4	1	3	3	23	3	3	4	1
数字城市	8	5	6	2	9	3	6	2	2	1	2	3	3	23	1	1	3
公众参与	13	10	8	6	3	4	1	4	5	4	4	5	3	1	22	3	0
保障措施	2	10	5	6	4	2	5	6	2	3	4	4	4	1	3	22	5
信息共享	3	6	6	5	4	5	3	6	1	1	3	1	1	3	0	5	22

续表

关键词	信息通信技术	基础设施	智能化应用	城市创新	信息化	标准体系	物联网	顶层设计	城市规划	可持续发展	信息平台	城市管理	信息社会	数字城市	公众参与	保障措施	信息共享
智慧公共服务	5	5	6	6	2	2	2	2	0	1	2	2	1	2	1	1	3
智慧民生	2	10	4	4	4	5	3	2	1	1	2	3	7	1	3	2	0
云计算	6	1	3	2	4	2	12	0	1	0	1	2	2	7	0	2	2
智能交通	2	3	3	3	2	4	4	0	3	1	0	2	5	4	1	0	1
服务型政府	2	2	0	3	4	3	2	5	0	0	1	1	2	0	1	1	3
城市治理	5	7	6	5	3	3	1	2	2	3	1	3	3	1	4	0	1
城市化	2	3	3	4	4	5	3	2	3	1	1	2	1	1	0	0	1

3）矩阵的转化：相似矩阵和相异矩阵的构建

由于关键词共词矩阵中显示的关键词共现频次为绝对值，难以真正反映关键词之间的相互依赖程度，而且不同的多元统计方法对矩阵结构有不同的要求，为了进行后续的聚类分析和多元统计分析，需要对关键词共词矩阵按照一定的方法进行转换。本节运用 Ochiia 系数方法将关键词共词矩阵转换成相似矩阵：

$$\text{Ochiia系数}=\frac{\text{A、B两词出现的次数}}{\sqrt{\text{A出现的频次}}\times\sqrt{\text{B出现的频次}}} \tag{4-1}$$

利用式（4-1）计算关键词之间的 Ochiia 系数，矩阵对角线上的系数表示某个词与自身的相关程度，其值均为 1。计算后，共词矩阵转变为所有数值均为 0~1 的关键词相似矩阵（表 4-3）。在表 4-3 中，数值的大小体现了两个关键词之间的距离的远近，数值越大，表明两个关键词之间的距离越近，相似度越高，反之，数值越小，则表明两个关键词之间的距离越远，相似度越低。

表 4-3　智慧城市研究的关键词相似矩阵（部分）

关键词	信息通信技术	基础设施	智能化应用	城市创新	信息化	标准体系	物联网	顶层设计
信息通信技术	1.00	0.26	0.19	0.27	0.23	0.19	0.11	0.12
基础设施	0.26	1.00	0.30	0.27	0.19	0.30	0.12	0.18
智能化应用	0.19	0.30	1.00	0.25	0.18	0.28	0.18	0.14
城市创新	0.27	0.27	0.25	1.00	0.21	0.08	0.13	0.23
信息化	0.23	0.19	0.18	0.21	1.00	0.19	0.16	0.21
标准体系	0.19	0.30	0.28	0.08	0.19	1.00	0.09	0.20

续表

关键词	信息通信技术	基础设施	智能化应用	城市创新	信息化	标准体系	物联网	顶层设计
物联网	0.11	0.12	0.18	0.13	0.16	0.09	1.00	0.00
顶层设计	0.12	0.18	0.14	0.23	0.21	0.20	0.00	1.00

由于原始共词矩阵中 0 值偏多，因此造成相似矩阵中 0 值过多，在统计分析过程中容易造成误差过大，因此为了方便后续的进一步分析，将 1 与相似矩阵上的每个数值相减，最终得到了关键词之间相异程度的相异矩阵（表 4-4）。与相似矩阵不同，相异矩阵中的数值表明的是关键词之间的不相似程度，数值越大，说明关键词之间的距离越远，相似度也越低，相反，数值越小，说明关键词之间的距离越近，相似度也越高。利用相关统计分析可以得出关键词之间的类群关系。

表 4-4　智慧城市研究的关键词相异矩阵（部分）

关键词	信息通信技术	基础设施	智能化应用	城市创新	信息化	标准体系	物联网	顶层设计
信息通信技术	0.00	0.74	0.81	0.73	0.77	0.81	0.89	0.88
基础设施	0.74	0.00	0.70	0.73	0.81	0.70	0.88	0.82
智能化应用	0.81	0.70	0.00	0.75	0.82	0.72	0.82	0.86
城市创新	0.73	0.73	0.75	0.00	0.79	0.92	0.87	0.77
信息化	0.77	0.81	0.82	0.79	0.00	0.81	0.84	0.79
标准体系	0.81	0.70	0.72	0.92	0.81	0.00	0.91	0.80
物联网	0.89	0.88	0.82	0.87	0.84	0.91	0.00	1.00
顶层设计	0.88	0.82	0.86	0.77	0.79	0.80	1.00	0.00

2. 共词矩阵的多元统计分析

1）聚类分析

本部分运用 SPSS 17.0 统计软件，采用消除共词频率影响后的相异矩阵进行聚类分析，聚类方法采用组间连接方法，度量标准采用区间的“欧式距离”，得到了聚类分析的树状图（图 4-2）。根据对聚类结果的分析，本书将 57 个关键词划分为 9 个类别，分别是：智慧城市设计与发展、智慧城市战略、城市信息化、智慧城市的社会发展、城市运行模式、空间规划、产业发展、城市管理智能化、智慧城市的应用领域。

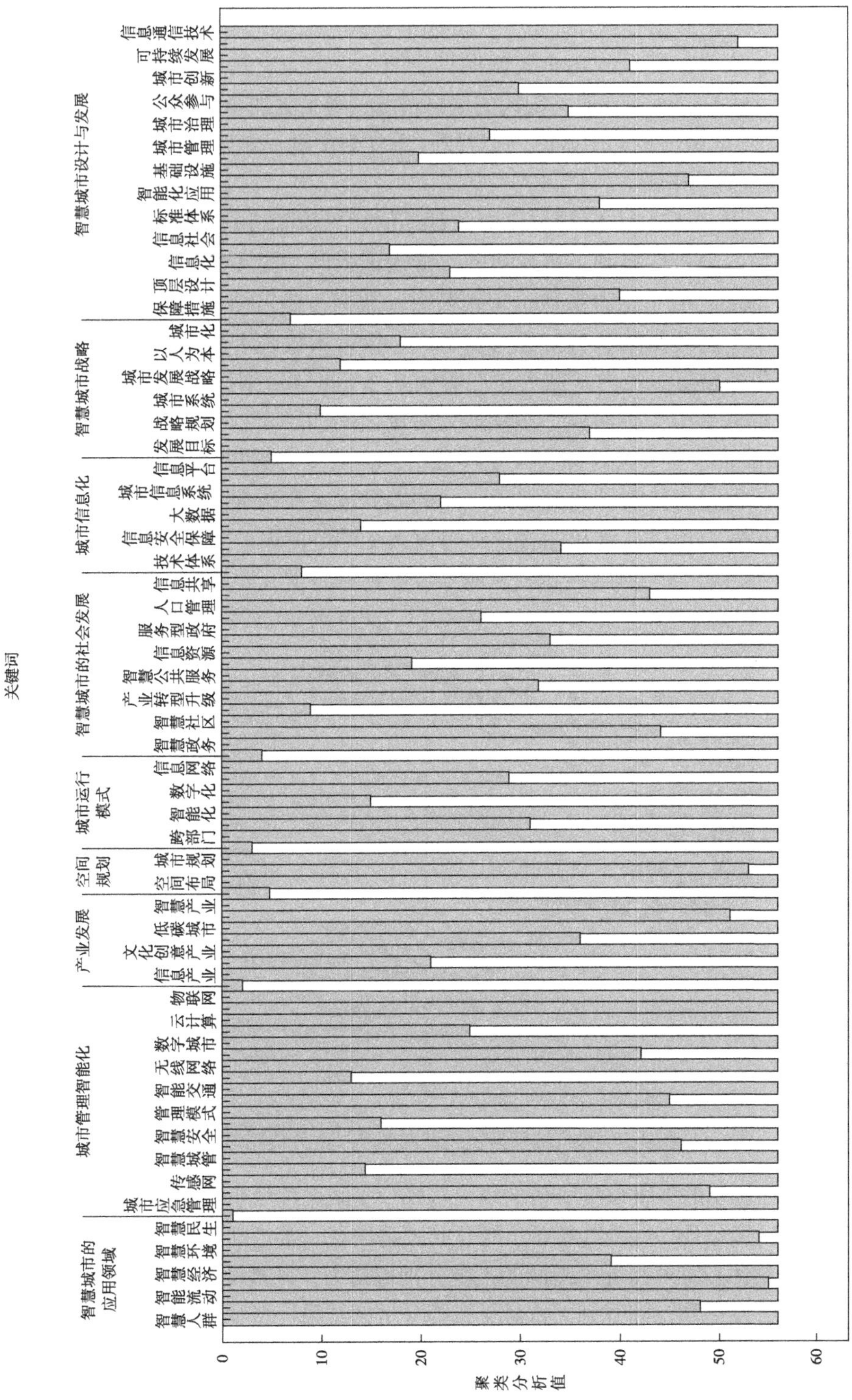

图 4-2　智慧城市高频关键词聚类分析的树状图

由关键词的相似矩阵可知，每个关键词都和其他关键词有不同的网络联系，但由于聚类分析本身的特征，每个关键词只能纳入一个与它自身联系最紧密的类别中，而不能看到关键词与其他关键词的联系情况，为了更加全面地分析关键词的属性特征，对关键词做出更加明确的归类判断，下文对关键词矩阵进行多维尺度分析。

2）多维尺度分析

本部分运用 SPSS17.0 统计软件对关键词的相异矩阵进行多维尺度分析，采用欧式距离模型，分析后得到了可视化的二维知识图谱（图 4-3）。在多维尺度分析中，通常用 stress 值（压力系数）来判断输入数据与输出结果之间的吻合程度，压力系数越小，则分析结果越好。一般来讲，压力系数小于等于 0.1 的时候，则表示分析结果非常好，压力系数大于或等于 0.15 的时候，则表示分析结果不能接受，压力系数大于 0.2 的时候，表明研究对象之间的层次划分非常不明显（吕一博和程露，2011）。本节关键词相异矩阵分析得到的压力系数为 0.13，表明分析结果可以接受，但是也体现了研究对象之间的差异关系在压缩到低维空间时受到了一定程度的扭曲，不过这种扭曲程度在可以接受的范围内。

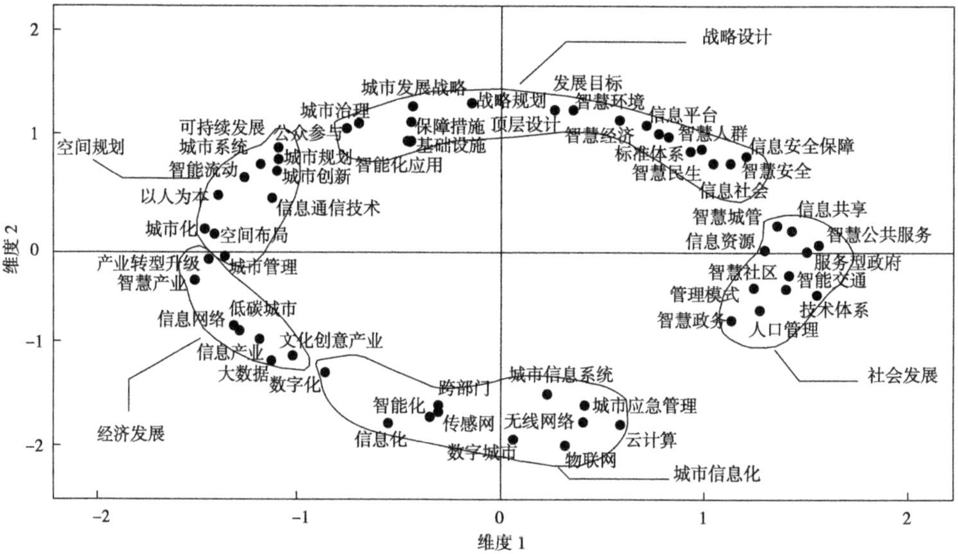

图 4-3　智慧城市高频关键词多维尺度分析图谱

由图 4-3 所示的多维尺度分析的结果可知，多维尺度分析与聚类分析的结果基本吻合，同时又呈现一些新的特征。所有的关键词在二维空间中集合为五个相对集中的关键词组团，本节将五个组团的主题分别概括为：战略设计、社会发展、城市信息化、经济发展和空间规划。相对于聚类分析的结果，多维尺度分析所呈现的五个组团是对聚类分析九个类别的再次组合聚类，也呈现了一定的学科特征。

3. 57 个高频关键词划入五大维度

通过上文的聚类分析和多维尺度分析，57 个高频关键词的分类结果（表 4-5，表 4-6），最终将其归纳为五个维度。由聚类分析和多维尺度分析可以发现，智慧城市研究相关的关键词的总体结构既呈现一定的集中趋势，即有几个特定的研究主题，同时也具有一定的分散特征，出现了一些相对独立的研究关注点。由于聚类分析和多维尺度分析各有其缺陷，即聚类分析要求关键词归属唯一的特点使得聚类的结果具有一定的局限性，多维尺度分析采用降维的思想用二维空间中点的位置的形式体现关键词所在的组团，对关键词的归类具有一定的扭曲。综合而言，多维尺度分析更清晰地划分了关键词的构成特征，从战略设计、社会发展、经济发展、城市信息化及空间规划等五个不同的重要维度刻画了智慧城市的要素构成，为我们了解智慧城市的基本构成及其联系机制提供了科学的思路。为了进行智慧城市构成维度及其关系的分析，本书以多维尺度分析对关键词的分类为主，并结合关键词的具体含义和聚类分析的结果对其进行适度调整，从战略维度、社会维度、经济维度、支撑维度、空间维度五个方面对 57 个关键词进行归类。

表 4-5　基于聚类分析的关键词分类

序号	类别	关键词
1	智慧城市战略（6 个）	城市发展战略、战略规划、城市系统、城市化、以人为本、发展目标
2	智慧城市设计与发展（13 个）	信息通信技术、基础设施、智能化应用、可持续发展、城市创新、公众参与、城市治理、城市管理、标准体系、信息社会、信息化、顶层设计、保障措施
3	智慧城市的应用领域（5 个）	智慧民生、智慧环境、智慧经济、智能流动、智慧人群
4	智慧城市的社会发展（8 个）	信息共享、人口管理、服务型政府、信息资源、智慧公共服务、产业转型升级、智慧社区、智慧政务
5	产业发展（4 个）	智慧产业、信息产业、文化创意产业、低碳城市
6	城市信息化（5 个）	信息平台、城市信息系统、大数据、信息安全保障、技术体系
7	城市运行模式（4 个）	信息网络、数字化、智能化、跨部门
8	城市管理智能化（10 个）	物联网、云计算、数字城市、无线网络、智能交通、管理模式、智慧安全、智慧城管、传感网、智慧应急管理
9	空间规划（2 个）	城市规划、空间布局

表 4-6　基于多维尺度分析的关键词分类

序号	类别	关键词
1	战略设计（18 个）	城市发展战略、战略规划、顶层设计、发展目标、城市治理、公众参与、基础设施、智能化应用、标准体系、保障措施、信息安全保障、信息平台、信息社会、智慧安全、智慧民生、智慧环境、智慧经济、智慧人群
2	社会发展（11 个）	服务型政府、智慧公共服务、智慧社区、智慧政务、信息资源、信息共享、管理模式、人口管理、技术体系、智能交通、智慧城管

续表

序号	类别	关键词
3	经济发展（7 个）	智慧产业、产业转型升级、文化创意产业、信息产业、信息网络、低碳城市、大数据
4	城市信息化（11 个）	数字化、智能化、信息化、跨部门、传感网、数字城市、物联网、无线网络、云计算、城市应急管理、城市信息系统
5	空间规划（10 个）	空间布局、城市规划、智能流动、信息通信技术、城市管理、城市系统、以人为本、可持续发展、城市创新、城市化

从战略维度来看，它的关键词以多维尺度分析中“战略设计”中的 18 个关键词为主要来源，在聚类分析中，则体现为“智慧城市战略”“智慧城市设计与发展”“智慧城市的应用领域”三大类别的 24 个关键词。经过分析可以发现，“城市化”“可持续发展”“以人为本”“城市创新”“城市系统”属于反映城市发展的方向性、原则性、趋势性和整体性的内容，更多地反映城市战略方面的内容。但多维尺度分析存在一定的扭曲性，其被归入空间维度中，因此本书将这 5 个关键词纳入战略维度中。

从社会维度来看，它的关键词以多维尺度分析中“社会发展”中的 11 个关键词为主要来源，在聚类分析中，则主要体现为“智慧城市的社会发展”类别里的 8 个关键词。由聚类分析的结果可知，“智能交通”和“智慧城管”更多地反映了“城市管理智能化”的内容，“技术体系”则更多地反映了“城市信息化”的内容，故将这 3 个关键词在社会维度中剔除。同时，“信息社会”在聚类分析中属于“智慧城市设计与发展”中的重要关键词，但在多维尺度分析中被归入了“战略设计”中。本书认为“信息社会”是属于智慧城市社会发展的重要背景和内容，应将其纳入社会维度中。

从经济维度来看，它的关键词以多维尺度分析中“经济发展”中的 7 个关键词为主要来源，在聚类分析中，则主要体现为“产业发展”类别里的 4 个关键词。其中，多维尺度分析结果中的“产业转型升级”“文化创意产业”“信息产业”“智慧产业”“低碳城市”都较好地反映了智慧城市的经济发展的主要特点和趋势，但“信息网络”和“大数据”属于智慧城市中基础性的、信息化方面的内容，在聚类分析中，它们分别位于“城市运行模式”和“城市信息化”中。故将“信息网络”和“大数据” 2 个关键词在经济维度中剔除。

从支撑维度来看，它的关键词以多维尺度分析中“城市信息化”的 11 个关键词为主要来源，在聚类分析中，则体现为“城市信息化”“城市运行模式”“城市管理智能化”三大类别中的 19 个关键词。由上文分析可知，多维尺度分析中“社会发展”中的“技术体系”“智慧城管”“智能交通” 3 个关键词，以及“经济发展”中的“信息网络”“大数据” 2 个关键词，都已被社会维度和经济维度剔除，以及“战略设计”中的“信息平台”“智慧安全”，在聚类分析中，它们都隶属于“城市信息化”“城市运行模式”“城市管理智能化”三大类别中的重要关键词，且根据以上 7 个关键词的具体含义，将其归入支撑维度中。

从空间维度来看，它的关键词以多维尺度分析中“空间规划”的 10 个关键词为主要来源，在聚类分析中，则主要体现为“空间规划”的 2 个关键词。由上文分析可知，“城市化”“可持续发展”“以人为本”“城市创新”“城市系统”5 个关键词已被纳入战略维度中，故空间维度主要包括 5 个关键词。

综合以上分析，本书将 57 个高频关键词划分为五大维度，其中战略维度 20 个，社会维度 9 个，经济维度 5 个，支撑维度 18 个，空间维度 5 个（表 4-7）。

表 4-7　智慧城市研究高频关键词分类

类别	关键词
战略维度（20 个）	城市发展战略、战略规划、发展目标、顶层设计、保障措施、标准体系、信息安全保障、城市化、可持续发展、以人为本、城市系统、城市创新、城市治理、公众参与、基础设施、智能化应用、智慧经济、智慧环境、智慧民生、智慧人群
社会维度（9 个）	信息社会、服务型政府、智慧政务、智慧社区、信息资源、信息共享、智慧公共服务、管理模式、人口管理
经济维度（5 个）	智慧产业、文化创意产业、信息产业、产业转型升级、低碳城市
支撑维度（18 个）	技术体系、物联网、传感网、云计算、大数据、无线网络、城市信息系统、城市应急管理、信息平台、智慧城管、智能交通、智慧安全、数字城市、数字化、信息化、智能化、跨部门、信息网络
空间维度（5 个）	城市规划、空间布局、信息通信技术、城市管理、智能流动

由表 4-7 可以看出，高频关键词在不同维度分布并不均匀，战略维度和支撑维度关键词较多，社会维度、经济维度和空间维度相对较少。究其原因，笔者认为，一是智慧城市的新概念，广泛进入公众视野时间较短，人们更多地关注这个由信息技术发展带来的新概念需要的信息化支撑是什么，这一概念对应的城市未来的发展方向和应用领域有哪些，以及应该建设一个怎样的城市，在本书的维度划分中，这些都属于支撑维度和战略维度的内容，故这两个领域的关键词最多；二是在某些领域，人们对智慧城市的讨论内容比较集中，也会导致关键词较为集中，如在社会维度，人们比较关注的是智慧政务、智慧公共服务、智慧社区的建设，而在经济维度，人们都一致较为关注智慧产业、产业转型升级、信息产业等，导致这些维度高频关键词少且集中。

4. 高频关键词的社会网络特征分析

为进一步探究将高频关键词划分为五大维度是否合理，本部分利用社会网络分析方法对高频关键词的网络特征进行分析，在分析中发现高频关键词具有整体集中趋势不高，但组团内部的联系紧密的社会网络特征。

1）整体网的网络特征

本部分运用社会网络分析软件 UCINET 6 来分析高频关键词的共词矩阵，并利用可视化绘图软件 Netdraw 绘制所有关键词的网络关系图谱（图 4-4）。在图 4-4 中，原始矩阵中关键词的共现关系在社会网络图谱中得到完整展现，图中 4-4 节点越大，代表它出现的频率越高，在整个网络中越具有重要的地位，节点之间的连线代表关键词之间的共现关系。在关键词网络中，网络密度、图的中心势是分析整体网络特征的主要指标。网络密度反映网络节点之间联系的紧密程度，反映密度的指标的取值为 0~1，数值越接近于 1，代表节点之间联系越紧密（张红春和卓越，2011）。分析显示，关键词共现网络的网络密度为 0.5238，标准差为 0.1672，密度水平相对较高，表明关键词之间具有密切的联系，由此可知智慧城市五大构成维度之间相互联系较为紧密，相互间具有较强的相互作用关系。图的中心势是对网络集聚度的评价，它反映网络的集中趋势，代表了网络的集散程度（吕一博和程露，2011）。分析显示，关键词共现网络的中心势为 43.73%，可见网络的集中趋势一般，根据关键词之间的联系及关键词的含义将其概括为几个代表特定领域的类别是较为合理的。

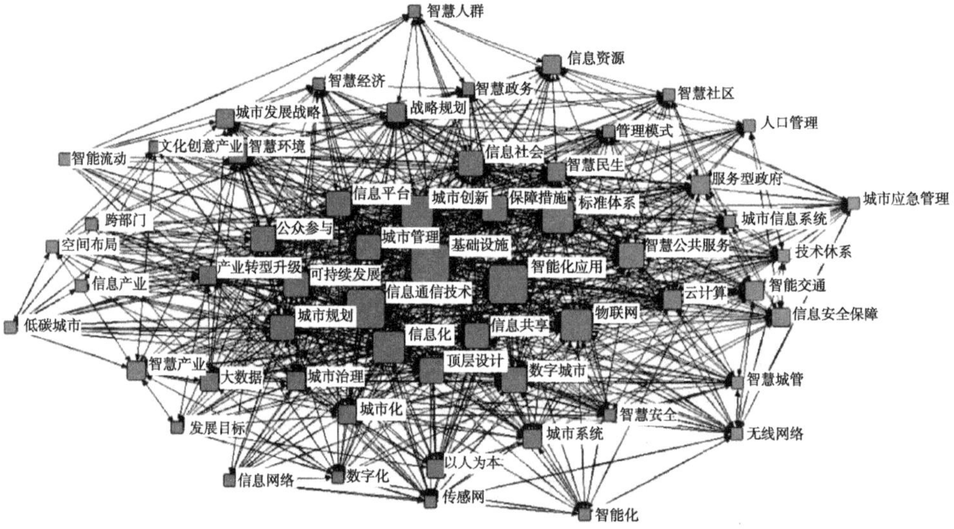

图 4-4　智慧城市高频关键词社会网络关系图谱

2）五大维度中高频关键词的相关子网的网络特征

根据多元统计分析后对高频关键词类别的划分，战略维度、社会维度、经济维度、支撑维度及空间维度相关关键词形成的社会网络分别如图 4-5 至图 4-9 所示，它们所体现的网络特征指标如表 4-8 所示，战略子网、社会子网、经济子网、支撑子网和空间子网中的“网络关联度”及其他的中心势数值较高，由此可知五个维度中的关键词之间都具有较高的联系紧密程度，以及较强的集中性、接近性和中介性，可见不同维度中的高频关键词之间都具有较强的联系，将 57 个高频关键词划分为这五个维度具有一定的合理性。

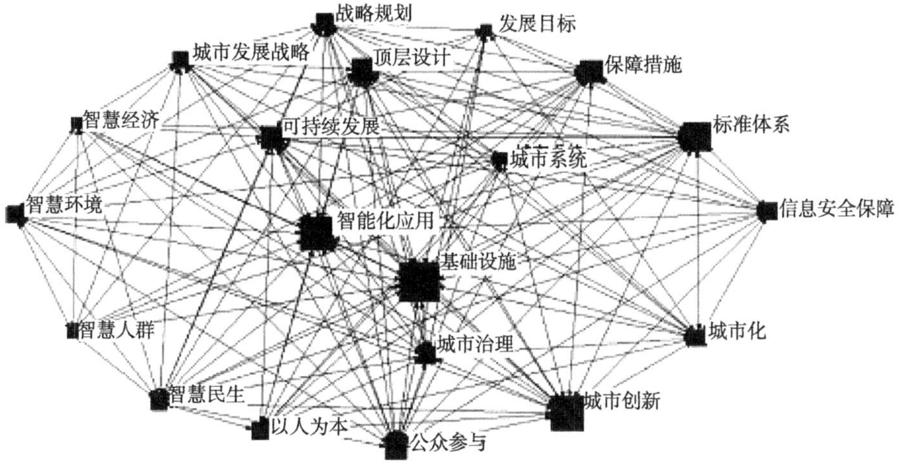

图 4-5　战略维度中关键词的社会网络图谱

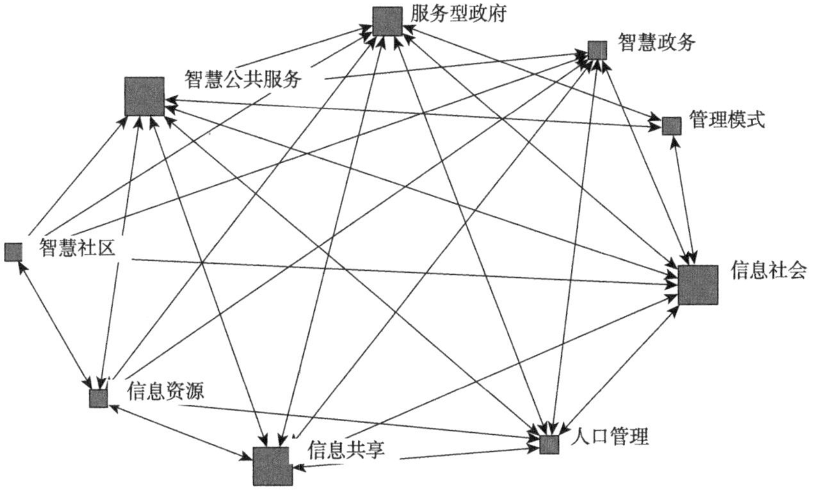

图 4-6　社会维度中关键词的社会网络图谱

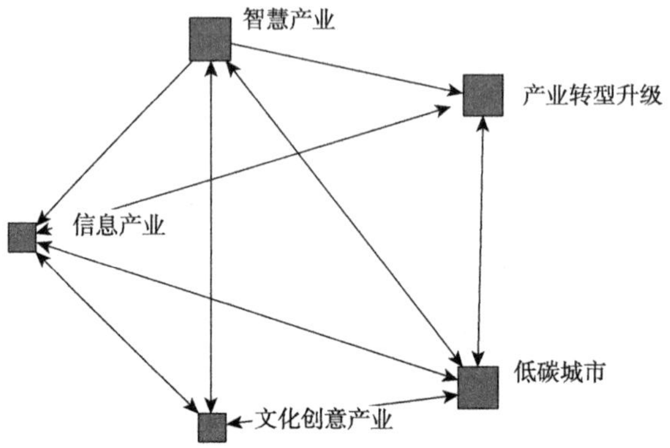

图 4-7　经济维度中关键词的社会网络图谱

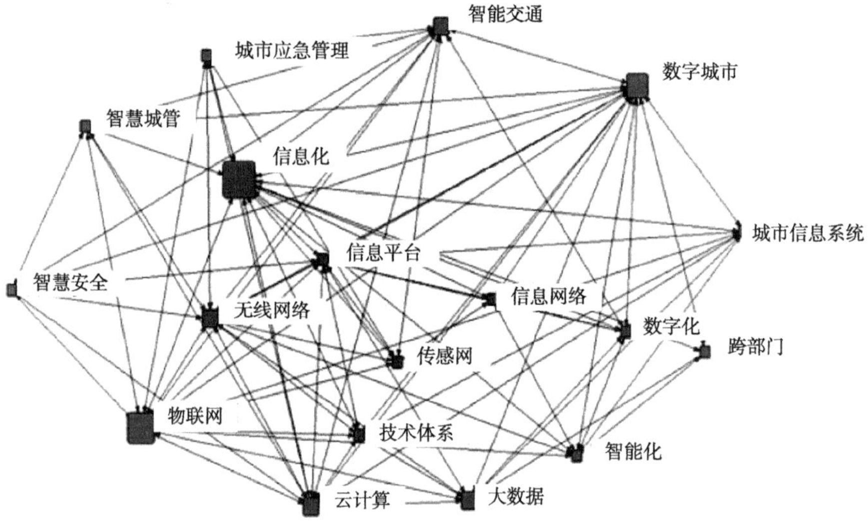

图 4-8　支撑维度中关键词的社会网络图谱

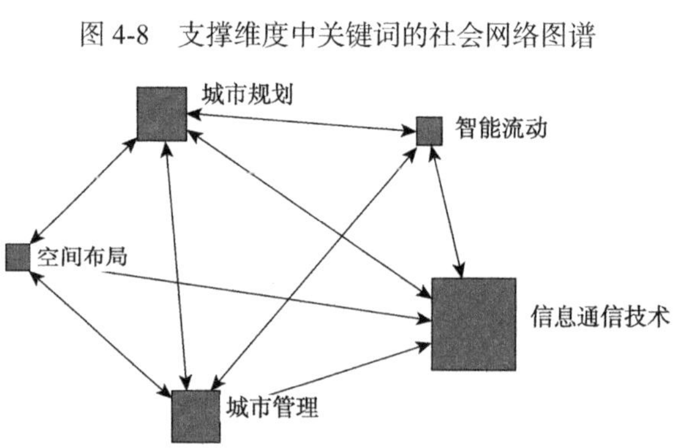

图 4-9　空间维度中关键词的社会网络图谱

表 4-8　不同维度相关子网的网络特征指标

网络特征指标	战略子网	社会子网	经济子网	支撑子网	空间子网
网络规模	20	9	5	18	5
网络关联度	0.76	0.75	0.80	0.54	0.90
网络度数中心势	76.32	75.00	90.00	54.25	90.00
网络接近中心势	82.07	81.34	92.00	69.79	92.00
网络中间中心势	1.32	3.57	3.33	2.86	3.33

注：网络规模反映了不同网络中包含的全部关键词的个数；网络关联度与网络密度等同，它反映网络成员相互联络的紧密程度，即在多大程度上可以建立它们两两之间的联系；网络度数中心势反映了整个网络在多大程度上表现出向某个点集中的趋势；网络接近中心势反映了网络中的点与点之间的距离，即接近程度；网络中间中心势反映了网络中点与点之间不受他人控制而直接建立联系的程度

4.1.3　智慧城市的五大构成维度分析

综合以上分析，结合 57 个关键词在战略、社会、经济、支撑、空间五个维度的分布，本节对智慧城市的五大构成维度进行概括与提炼。

1. 战略维度：顶层设计，全局统筹

战略维度的关键词主要体现在智慧城市的顶层设计上，反映对智慧城市的全局统筹。战略维度的 20 个关键词主要涉及战略规划、顶层设计、发展目标、标准体系、信息安全保障等方面的内容，集中体现了智慧城市的战略、目标、趋势、方向、宗旨、应用等内容，是与智慧城市建设和发展相关的长期性、全局性、整体性谋划及实施方面的内容。战略维度主要刻画了对智慧城市的运行与发展起组织、引领和规范作用的内容，它对智慧城市的建设和发展进行长期性、全局性、整体性谋划和规划，并统筹智慧城市中其他组成部分的均衡发展。

2. 社会维度：社会治理，智慧升级

社会维度的关键词主要体现智慧城市中社会治理的形态，反映城市社会的智慧化。社会维度的 9 个关键词主要涉及智慧城市在社会管理和公共服务领域出现的新的发展形态与模式，体现了智慧城市中社会领域的管理和服务方式发生的变化。社会维度是智慧城市中具有较强的能动性和自组织性的组成部分，它主要反映了智慧城市中的社会主体开展的新型的、智能化的管理与服务活动，它通过人的能动性和自组织性推进不同社会主体之间建立新的组织和联系方式，也在信息社会背景下不断推进社会管理和服务方式的变革。

3. 经济维度：创新驱动，活力源泉

经济维度的关键词主要体现智慧城市在产业方面的特征，反映智慧城市经济领域的活力与创造性。经济维度的 5 个关键词主要涉及智慧产业、信息产业、传统产业智慧化改造、文化创意产业、绿色低碳经济等方面的内容，反映了智慧城市中经济领域呈现的新的发展形态。经济维度在智慧城市发展中具有较强的活力和创造性，它主要反映智慧城市中呈现的新的经济业态，通过不断培育和发展新的经济形态为智慧城市的建设与发展提供强大的经济动力和经济基础。

4. 支撑维度：技术支持，物质保障

支撑维度的关键词主要体现智慧城市在技术支持上的内容，反映新兴技术为智慧城市提供的支持保障。支撑维度的 18 个关键词主要涉及信息技术及其智能化应用、城市信息化建设、城市智能化运行与管理等方面的内容，主要反映了智慧城市运行与发展需要依托的信息技术与基础设施等。支撑维度是对智慧城市的运行与发展起支撑作用的组成部分，它以新兴信息技术及相关基础设施为基础，为城市的智能化运行提供技术支持和物质保障。

5. 空间维度：空间承载，规划支撑

空间维度的关键词主要体现智慧城市在空间发展中的特征，反映智慧城市空间规划的特征。空间维度的 5 个关键词主要涉及智慧城市在空间发展方面呈现的基本形态，反映了智慧城市的空间规划和管理出现的新特点及发展趋势。城市空间是智慧城市存在和依托的载体，它是城市中各类相互关系的物质体现及其在一定地理区域上的投影，它使城市中各类要素的相互关系在物质形态层面上得到统一。智慧城市的空间维度则主要体现了智慧城市空间发展的趋势、特点和方向，为智慧城市的空间规划和空间管理提供了必要支持。

4.1.4 智慧城市系统的要素构成分析

智慧城市系统由人的智慧与若干智能化的城市子系统相互联系、相互结合而组成，上文通过对现有智慧城市的相关研究分析，总结其主要从战略、社会、经济、支撑和空间这五个维度来组成智慧城市系统的要素。随着时代的发展，智慧城市的内涵也不断丰富拓展，前人对智慧城市的研究开始呈现出一定的片面性，如忽略了知识载体与生态环境对智慧城市的重要支撑作用。于是，本节在前人研究成果的基础之上，对智慧城市的核心组成要素进行完善，认为智慧城市的核心组成要素可以从战略、社会、经济、知识与技术、空间与环境五个方面来归纳与概括。人的智慧与若干智能化的城市子系统的联系与协作主要在城市的战略、社会、经济、知识与技术、空间与环境五大方面反映出来，它们在智慧城市系统中分别体现为战略系统、社会系统、经济系统、知识与技术系统、空间与环境系统五大子系统（图 4-10）。五大子系统相互联系、交织与协作，最后涌现出智慧城市系统这种具有“智慧”特征的城市系统。下文将从战略系统、社会系统、经济系统、知识与技术系统、空间与环境系统五个方面来详细分析智慧城市系统的要素。

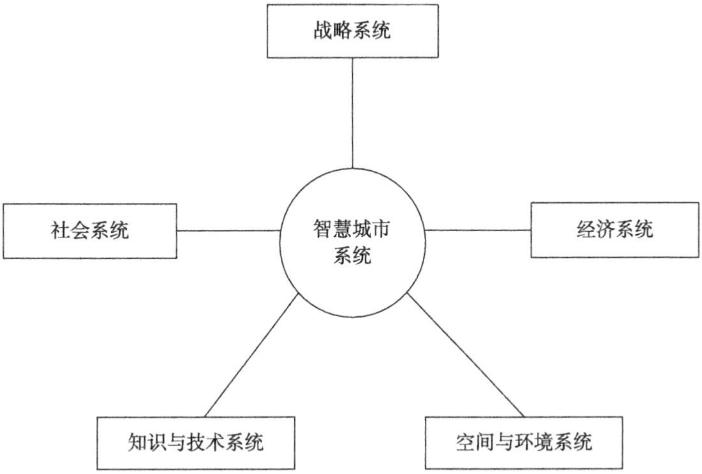

图 4-10　智慧城市系统的五大要素（子系统）

4.2　智慧城市的系统模型

4.2.1　智慧城市体系建构过程

通过梳理城市社会系统和智慧城市系统的特征及核心要素，对其进行整合重构，根据不同要素的属性与特征，建构智慧城市建设系统的要素构成。本书研究框架的第三部分（图 1-1），是我国智慧城市方案设计的重要研究前提。即在进行智慧城市的概念模型建构之前，有必要先对城市社会系统和智慧城市系统进行根定义（图 1-2），把城市社会系统的特征、需要解决的问题，以及智慧城市系统的特征和相关核心要素进行系统地梳理。

智慧城市是一个复杂巨大的系统，这一复杂系统可以划分为不同的层次类型。

在系统科学理论中，博尔丁按照系统的复杂程度将其分为九大类型，其中每一高层次系统都包含着其低层次系统所拥有的全部特征，且较之它的低层次系统有突现性质。按照起源的不同，切克兰德将世界上的系统划分为自然系统、人造物理系统、人造抽象系统和人类活动系统。

借鉴系统分层研究思路和方法，我们将智慧城市系统按复杂程度由低到高分为三个层次类型：支撑层、活动层、战略层。其中，支撑层是城市中自然系统与人造物理系统的集合，活动层是城市中人类活动系统的集合，战略层是城市中人造抽象系统的集合。

智慧城市系统是一个大组合系统，其中包含的主要组分系统为战略、社会、经济、知识与技术、空间与环境五个子系统。大组合系统是复杂系统和大尺度结构相结合所形成的概念，它体现了大尺度组合所形成的复杂性。大组合系统中包含着多个组分系统，正是由于组分系统的多样和错综复杂，它们相互间作用的多样性和强弱，以及组分的数量，才形成了大组织系统的复杂性。对于智慧城市系统这个大组合系统而言，其中有哪些组分系统呢？从城市发展战略角度来看，城市发展战略的主要研究客体是城市系统，城市系统主要包括城市经济系统、城市社会系统和城市环境系统。其中城市经济系统主要是城市经济运行及其管理活动所形成的系统，城市社会系统主要包括城市社会的人口、城市居民的物质生活和健康水平、城市居民的精神文化生活、城市居民的社会保障与政治生活、城市居民的和谐程度五个方面的内容，城市环境系统主要包括城市自然环境、人工自然环境和经济社会环境（梁兴辉，2005）。从城市规划角度来看，城市规划是对城市发展战略的展开、分解和具体化，追求经济效益、社会效益、环境效益的共赢，并且随着信息技术的发展，人们越来越重视信息技术对城市空间规划的影响作用，并将信息技术运用与空间规划有机结合起来。美国学者利维（2003）具有丰富的城市规划实践经验，他总结了城市规划的八个目标，并从经济、社会、环境三个维度来分类，经济方面是财政健康、经济增长，社会方面是健康、公共安全、再分配、交通规划、公共设施设备的提供，环境方面是环境保护。随着城市规划实践的发展，人们不断修正已有的城市规划理念方法，对规划中人与人、人与自然、历史与未来有了更为深刻的认识和理解。在《北京宪章》里面，吴良镛（1999）对21世纪的建筑学进行了展望，并指出建筑学应该具有以下五个方面的价值观：生态观，即正视生态环境，增强生态意识；经济观，即实现人居环境建设活动与经济发展良性互动；科技观，即充分利用科学技术，推动经济发展和社会繁荣；社会观，即关怀最广大的人民群众，重视社会发展的整体利益；文化观，即积极推动建筑文化和艺术的创造、发展及繁荣。

由此可知，未来的城市规划是统筹兼顾城市经济、社会、生态、技术、文化、艺术等多方面要素的综合性规划，且更为注重城市的可持续发展。智慧城市是城市化、信息化、工业化融合发展的产物，是继数字城市、智能城市之后更高级的城市发展阶段，智慧城市的规划和设计也是综合城市发展的经济、社会、生态、技术、文化等多方面要素对城市未来发展的科学谋划，它充分利用先进的信息通信技术促进城市的创新发展，并以更加清晰的结构来组织、构建或完善城市各要素之间的联系，不断提升城市的发展境界，让城市中的物质和信息更加流通、让城市中的活动更加有序、让城市的环境更加优美、让城市的经济更加繁荣、让城市中的社会关系更加和谐、让城市的生活更加便利、让城市的管理更加高效等。

为了更加清晰地刻画智慧城市系统的组成结构和组成部分，我们将智慧城市系统的组分系统概括、抽象为五个子系统：战略系统、经济系统、社会系统、知识与技术系统、空间与环境系统。其中，战略系统是智慧城市发展战略相关要素的集合，经济系统是智慧城市中经济活动及相关要素的集合，社会系统是智慧城市中社会活动及相关要素的集合，知识与技术系统是智慧城市所依托的知识载体和信息技术及其基础设施的集合，空间与环境系统是智慧城市空间布局、生态环境保护和规划相关要素的集合。

最后，形成了由战略体系、经济活动体系、社会活动体系、知识与技术体系、空间与环境体系组成的五体系智慧城市“星形概念模型”（王世福，2012）。

4.2.2　智慧城市的三层次五系统模型

根据智慧城市系统结构的三大层次，以及五个子系统之间的相互关系，本节构建了智慧城市系统模型（图 4-11）。智慧城市的系统模型是对智慧城市系统的描述、模仿和抽象，它以某种确定的结构形式描述智慧城市系统要素之间的关系。由图 4-11 可知，智慧城市的系统模型是由战略层、活动层、支撑层三大层次，以及战略系统、社会系统、经济系统、知识与技术系统、空间与环境系统五大子系统构成的，其中战略系统位于战略层，战略层位于智慧城市系统的最高层，社会系统和经济系统位于活动层，活动层位于智慧城市系统的中间层，知识与技术系统和空间与环境系统位于支撑层，支撑层位于智慧城市系统的最底层。同时，战略系统、社会系统、经济系统、知识与技术系统、空间与环境系统之间存在着相互联系、相互作用、相互依存的关系。

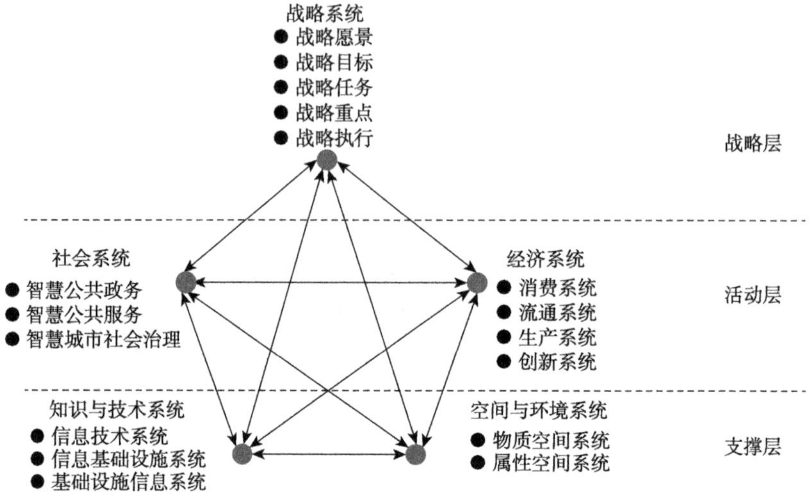

图 4-11　智慧城市的系统模型示意图

同时，智慧城市的概念模型展现了智慧城市的一种均衡状态（图 4-12）。知识与技术体系和空间与环境体系共同组成“智慧城市”的支撑基础，分别以信息技术进步和空间品质优化的不断演进，构成经济与社会的发展平台；社会活动体系与经济活动体系互为关联并相互制约，实现公平与效率的均衡；战略体系作为统领，实现各体系的总体动态均衡。譬如，倘若社会活动和经济活动这两个体系的动态平衡超出了合理区间范围，则容易导致社会、经济甚至更大范围的城市系统崩溃，此时，战略体系将发挥均衡作用（王世福，2013）。

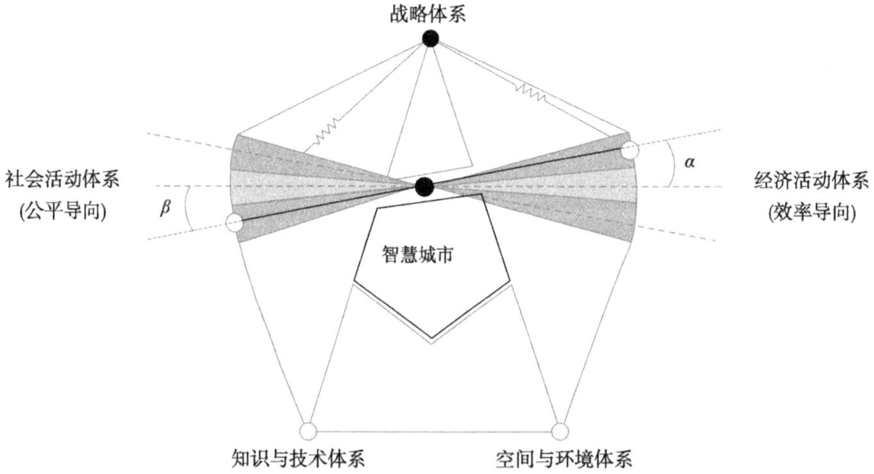

图 4-12　智慧城市概念模型的动态均衡关系

α为经济活动兴衰的指标；β为社会公平性的指标，皆受战略体系的牵引，在合理的范围（阴影区）上下浮动

4.2.3　智慧城市系统模型分析

1. 智慧城市系统模型的三个层次

1）战略层

战略层是关于智慧城市建设与发展的理念、思路和规划，集中体现于智慧城市的战略系统中。战略系统主要包括战略重点、战略愿景、战略目标、战略任务、战略执行五个部分。战略重点包括经济、社会等各领域的信息化建设、城市各领域的互联互通等。战略愿景、战略目标与战略任务是对智慧城市的战略规划及理念的具体细化，便于更好地指导智慧城市建设实践。战略执行是为了保障战略规划的顺利实施而部署的一系列支持性的活动和措施，主要包括组织领导、政策法规、投资融资、人才建设、标准体系、信息安全、制度创新、宣传推广等方面（图 4-13）。

2）活动层

活动层是由城市中人们进行的各种类型的活动组成。在智慧城市系统中，最关键、最核心的活动是经济活动和社会活动，体现为城市活动层的经济系统和社会系统。

经济系统主要分为四大部分：一是智慧城市的消费系统，主要包括生产资料消费、生产服务消费、生活物质消费、生活精神消费等内容；二是智慧城市的流通系统，主要包括 B2B（business to business，企业对企业）、B2C（business to customer，企业对用户）电子商务模式和 O2O（online to offline，线上到线下）商业模式等的内容；三是智慧城市的生产系统，主要包括智能装备、信息服务业、服务外包、物联网、云计算等智慧产业，以智能制造为代表的智慧工业及以设施农业和精准农业为代表的智慧农业等内容；四是智慧城市的创新系统，主要包括智慧城市科技体制、开放的创新网络体系、智慧型人才建设、知识产权运用与保护等内容。

社会系统主要包括三个方面的内容：一是智慧公共政务系统，即政府的行政管理活动的智慧化形态，主要包括政府云计算中心、政府数据资源中心、协同办公平台、电子政务安全平台、统一身份认证、电子行政审批、电子监察绩效考核、移动办公、电子政务外/内网及市长桌面应用等内容；二是智慧公共服务，即公共产品或公共服务供给活动的智慧化形态，主要包括城市市民卡、智慧医疗、智慧社保、智慧教育、智慧文化、智慧旅游和智慧社区等内容；三是智慧城市社会治理，即政府对社会公共事务的管理活动的智慧化形态，主要包括智慧城管、智慧交通、智慧防灾减灾、智慧电网、智慧水务、智慧环保、智慧港口、智慧公众参与等内容。

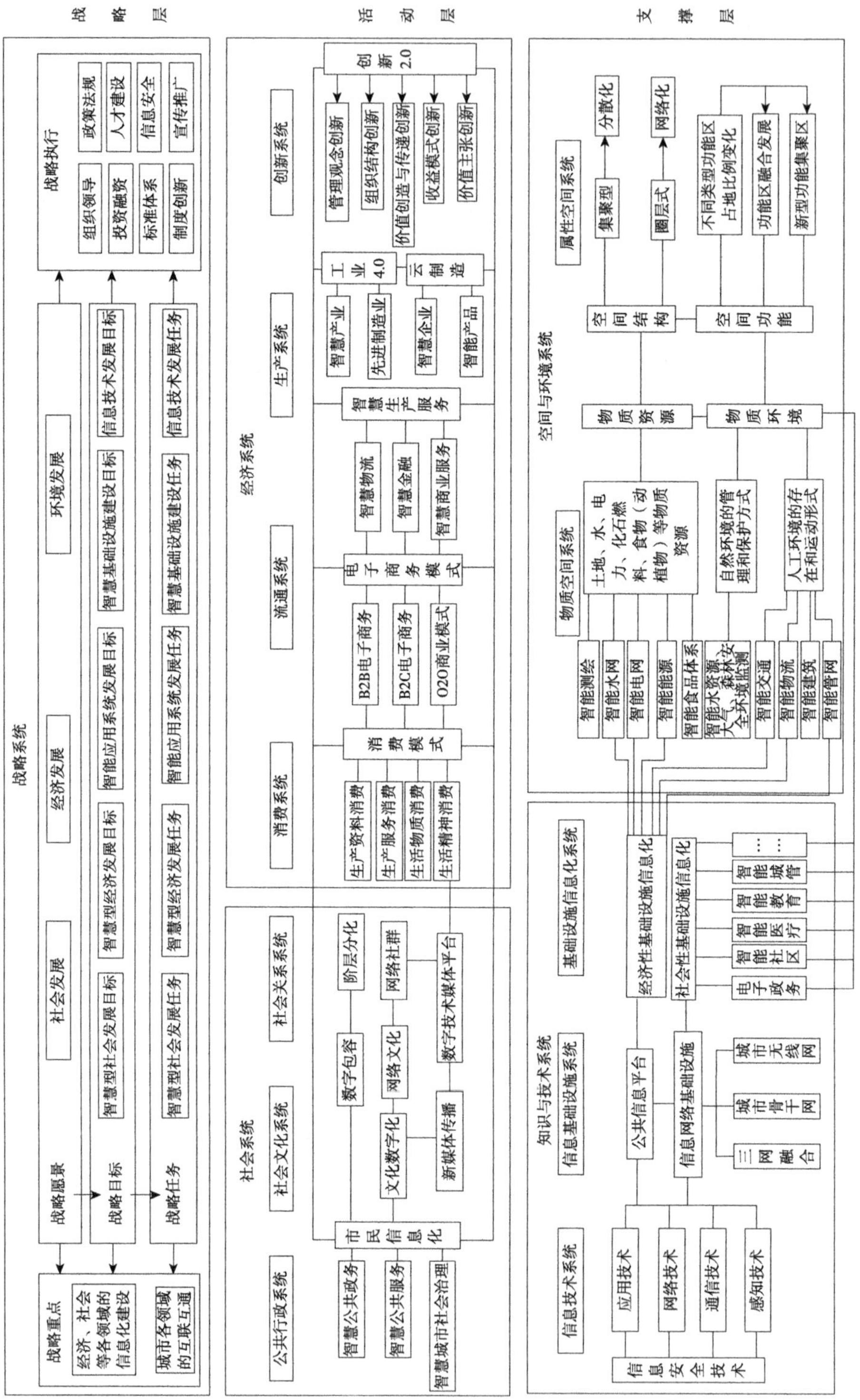

图 4-13 智慧城市系统模型具体展开示意图

3）支撑层

支撑层是人类根据自身需要及城市发展需要对城市自然环境进行改造所形成的物质形态，为智慧城市中人们的经济社会活动提供支持，主要包括城市的空间与环境系统和知识与技术系统。

空间与环境系统主要包括城市的空间形态，经济、社会、生态、物质等方面的空间结构，城市的社会生产、物质循环、能量流动、信息传递的功能运行状况，以及城市生态系统的运行结构。

知识与技术系统主要包括信息技术及其广泛应用所形成的信息网络、信息网络建设所依托的基础设施、智能化的公共服务部门及为智慧城市建设提供智囊支持和中介服务的智力服务机构。

在空间与环境系统和知识与技术系统中，新一代移动通信、互联网、物联网、无线网、云计算等信息技术的发展与广泛应用，构建连接城市中所有的人和物的信息网络，使城市中任何人、任何物都可以在任何时间、任何地点广泛互联。信息网络的建设一方面依托于相关信息基础设施的建设，另一方面又要与城市传统基础设施（水、电、气、热管网及道路、桥梁、机场等交通设施）的规划建设相互协调、配合，以最大限度地保证城市中信息流、物流、人流、商流、资金流的顺畅流通。智慧城市依托信息技术对城市运行系统进行整合、提升，结合城市信息网络和物理空间，构建高效、高速、便捷的城市网络系统，这一过程包括了整个城市空间的规划与设计（张振刚和张小娟，2015）。因此，城市的整体空间形态、职能结构组成、城市生态系统的运行结构等是否科学、合理都直接影响着城市基本功能的发挥，也决定了整个智慧城市系统能否良好运作。

2. 智慧城市系统模型的五个体系

智慧城市系统的形成、运行和发展是战略系统、社会系统和经济系统、知识与技术系统和空间与环境系统相互之间的联系和作用而实现的。其中，战略系统是推动整个智慧城市系统呈现“智慧”的灵魂与核心，它通过发挥强大的他组织力量，以明确的愿景方向、科学的规划方案、有力的执行措施，一方面推动知识与技术系统中信息网络基础设施、智能应用系统、公共信息平台的建设，空间与环境系统中高度智能化的流动空间和科学合理的空间发展格局的形成，社会系统中更符合现代人生存和发展需要的社会环境及条件的形成，经济系统中更加高效、科学及符合人性化需求的经济运行模式的形成；另一方面战略系统通过其约束、控制和调节作用实现社会系统、经济系统、知识与技术系统、空间与环境系统的协调、平衡发展，进而推动整个城市系统的不断优化。社会系统和经济系统与人的活动密切相关，它们是智慧城市系统中最有活力和创造力的系统组成部分，在战略系统的引导和调节下，以及知识与技术系统和空间与环境系统的支持下，社会系统通过创造良好的社会环境与条件促进人的全面发展，经济系统通过创造更加多样化、丰富的物质生活条件与环境为人的全面发展奠定坚实的物质基础，由此可见，社会系统和经济系统共同在城市中打造更加符合现代人的发展需求的社会经济环境。知识与技术系统和空间与环境系统与城市中的物质要素密切相关，它们在战略系统的部署和实施中形成，并为智慧城市中人们的经济社会活动提供物质基础和依托场所，其中，知识与技术系统为人们各类经济社会活动提供知识和技术支持，空间与环境系统为人们的经济社会活动提供资源环境和依托场所，由此可见，知识与技术系统和空间与环境系统共同构建更加符合现代城市运行发展需求的基础条件。

在智慧城市的系统模型中，战略系统、社会系统、经济系统、知识与技术系统、空间与环境系统的主要内容如下。

1）战略系统

战略系统主要包括战略愿景、战略目标、战略任务、战略重点和战略执行五个组成部分。战略愿景是依据智慧城市发展相关的多种因素概括和凝练而形成的概念系统，它描绘了智慧城市发展的美好前景。战略目标是对战略愿景的展开和细化，它明确智慧城市建设的阶段性发展水平。战略任务是对战略目标所做的进一步分解，它明确了智慧城市建设需要完成的基本任务，它是实现战略目标的基本路径。战略重点是战略任务中具有决定性意义的组成部分，它是关系战略目标能否实现的关键环节。战略执行是为了实现战略愿景和战略目标，以及完成战略任务而部署的一系列措施。从抽象到具体，从理念到行动，从现在到未来，战略系统以人类智慧的强大力量推动整个城市系统的“智慧”转型。

智慧城市的战略体系表现为精细、准确、可视、可靠的传感中枢，由物联网、互联网和云计算交融发展构成的智能信息基础设施作为支撑。随着国家运行管理网络延伸到城乡、社区、家庭和个人，以及与治安管理等信息系统的深度融合，国家运行管理网络将逐渐覆盖城乡所有人和物，使得传感中枢智能调度城乡要素（张永民，2012）。

2）社会系统

社会系统主要包括智慧公共政务、智慧公共服务和智慧城市社会治理的相关内容。高效透明、无缝服务是中国政府改革的方向，网上政府将成为政府行使职能的主要形式。电子政务促使政府行政由管制型向服务型转变，强调政府履行政府职能要充分发挥和完善政府的服务功能，为公众和社会提供更广泛、更快捷、更全面的无缝服务，使得传统政府由多层次、多部门、以“管”为目的向一个智能的、以客户为中心的高效透明服务型政府转变。电子政务、网上政府将是实现这一目标不可或缺的手段，也是政府行使职能和提供服务的主要形式。网上政府将促进政府管理模式的创新，建立面向政务的管理和服务流程，减少管理环节和层次，促进政府组织扁平化，实现对整个业务链的一体化管理，从而极大提高行政效率，降低行政成本（张永民，2012）。

社会系统中市民信息化程度的提高为政府管理与服务的智慧化发展奠定了社会基础，同时，随着数字技术媒体和新媒体传播的发展，市民信息化保障了公众参与民主治理的进程，推动了网络社群的发展、网络文化的兴起及文化资源的数字化发展。与具有信息优势的从业者的社会经济地位升高相对应，市民中由于各种原因没有能够接入网络服务中的人成了数字弱势群体，实现数字包容和社会公平成为社会体系发展的重要目标和任务。

3）经济系统

经济系统主要包括经济制度系统、创新系统和产业体系中的相关内容。智慧中国经济增长最主要的驱动力是知识的创造与利用，知识和技术密集的高新技术产业和现代服务业是智慧中国最主要支柱产业。在经济系统中，Web2.0①背景下创新 2.0 的出现使企业的知识创新、技术创新、管理创新和商业模式创新都有了新的发展形态，知识网络、大众创新、开放创新、竞争理念转变、组织结构的扁平化和网络化、收费和支付模式创新等，都成为创新 2.0 模式下企业创新的发展方向。与创新 2.0 相对应，智慧城市中的产业发展进入工业 4.0 时代，对应的产业业态为智慧产业、先进制造业等，与此同时，企业的生产制造呈现云制造模式，对应的企业和产品形态为智慧企业和智能产品。为生产提供服务的生产服务业呈现了智慧生产服务的发展形态，智慧金融、智慧物流、智慧商业服务成为生产和流通环节中资金流、物流、信息流等流动的新模式。对应于生产和服务的智慧化发展，它们下游的流通和消费环节也呈现了智慧的发展形态，主要体现为电子商务的兴起与发展，包括 B2B、B2C 电子商务模式，以及新兴的 O2O 商业模式。同时，受新兴信息技术的影响，人们的生产消费和生活消费、物质消费和精神消费的内容也都有了新的变化。非物质化的网络文化打破了文化载体、内容和传播的制约，加速了文化传播，使得人类文化娱乐活动从传统媒体、电影院等转向没有时空限制的网络空间，极大促进电子商务的发展。

4）知识与技术系统

知识与技术体系主要包括知识支撑体系和信息技术支撑体系中的相关内容。知识支撑体系是在工作中所运用到的多种知识组合而成的网络结构体系，主要包括政府相关部门、大学与科研院所、企业和其他非营利性组织等。公共信息平台是连接智慧城市系统支撑层与活动层的核心，它以信息技术为技术支撑，以信息网络基础设施和基础设施的信息化建设为物质支持，将城市的物质实体空间和网络虚

① Web2.0 是相对于 Web1.0 的新的时代，指的是一个利用万维网平台，由用户主导而生成的内容互联网产品模式。

拟空间连接起来，为人们开展各类经济社会活动提供便利。公共信息平台的运作需要依托感知技术、通信技术、网络技术、应用技术等信息安全技术，在技术层面上实现数据和信息的感应、传输、存储、计算及分析，依托城市骨干网、城市无线网和三网融合等信息网络基础设施，以及经济性和社会性基础设施的信息化，在物质层面上实现数据信息的采集、传输、分析和应用。公共信息平台依托各类信息技术实现不同应用领域数据信息的整合与共享，是实现智慧城市互联互通的核心与关键（陈远方，2018）。

在这个公共信息平台构架下，互联网、物联网交融发展，云计算所带来的计算资源配置更加有效，高速、宽带、融合、无线的新一代智能信息基础设施将成为现实。无论使用者是在电脑前、厨房里，还是在便利店购物过程中，或是在火车站候车过程中，都能通过便利的方式连入网络。同时，无所不在的传感器网络也将成为智慧中国最基本的基础设施，实现所有城乡部件的联网。信息基础设施将与城乡水、电、气、公路等设施通过传感网络紧密联系、融为一体，共同构成城乡性基础设施，全面满足城乡人与物的联通需要（张永民，2012）。

5）空间与环境系统

空间与环境体系主要包括物质空间系统和属性空间系统的相关内容。物质空间中的物质要素主要体现为物质资源和物质环境，智慧城市中土地、水、电、化石燃料、食物（动植物）等物质资源的获取和使用方式呈现了智能测绘、智能水网、智能电网、智能能源、智能食品体系等智能化运作形态，同时，智慧城市中水、大气、森林等自然环境的管理和保护方式呈现了智能水资源、大气、森林安全环境监测等智能化运作形态，交通、物流、建筑、管网等人工物质环境设施的存在和运动形式呈现出智能交通、智能物流、智能建筑、智能管网等智能化运作形态。面向基层、覆盖城乡、功能完善、布局合理的公共服务体系和普遍服务的机制将使城乡的数字差距逐步缩小，推动教育、医疗等资源的均等化，促进形成公平、和谐的社会氛围。

物质空间中的物质要素在空间场所上的投影呈现为属性空间，物质要素在空间的分布和布局形态形成了属性空间的结构形态，智慧城市的空间结构呈现了从集聚型向分散化、从圈层式到网络化的发展变化趋势。物质空间中物质要素按照特定的联系方式在空间上的集结和组合形成了属性空间的功能形态。在智慧城市中生产、生活、工作、服务等功能空间具有了新的发展趋势，不同类型功能空间的占地比例具有了变化，不同类型功能空间呈现融合发展的趋势，新型的融合不同功能的功能集聚区逐渐形成并渐渐增多。

综上，智慧城市建设的最终目标，就是充分发挥城市智慧型产业优势，全面提高资源利用效率、城市管理水平和市民生活质量，努力改变传统落后的生产方式和生活方式。经过若干年的努力，将城市建为一个基础设施先进、信息网络通畅、科技应用普及、生产生活便捷、城市管理高效、公共服务完备、生态环境优美、惠及全体市民的智慧城市（沈阳，2013）。

4.2.4　我国智慧城市战略体系下的建设重点

在我国智慧城市建设顶层设计的战略发展下，各领域相互关联，相互作用，形成各体系的建设重点。战略体系作为统领，展现智慧城市以人为本的建设理念。社会活动体系与经济活动体系互为关联，构成城市活动层，实现公平与效率的均衡。知识与技术体系和空间与环境体系共同组成智慧城市的支撑基础，在空间感知上缩小距离隔阂，构成经济与社会的发展平台。

战略体系作为统领，作用于四分支体系上，分别是以效率为导向的经济活动体系、以公平为导向的社会活动体系、以智能化为导向的知识与技术体系，以及空间优化和健康有机结合的空间与环境体系。各层各分支系统也竞相作用，譬如以知识与技术推动经济活动体系的工业 4.0 的产业升级；以空间与环境为基础对经济活动进行产业布局；以知识与技术支撑推进社会活动体系的指挥管理；以空间与环境为背景强化社会活动体系中的空间公平。

1. “经济–社会”领域：实现经济与社会的相互促进、均衡发展

经济和社会是城市的两大活动体系，智慧城市的建设应确保经济和社会的均衡发展，主要包含以下内容。

用经济反哺社会，由粗放的增长型城镇化向精细的质量型城镇化转变。当前我国大多城市的社会发展跟不上经济发展的步伐，呈现“经济高于社会”的不均衡现状。智慧城市的建设应摆脱传统的“重经济，轻社会”观念，重点关注城市发展过程中的社会质量水平建设。政府可通过财政的转移支付，将经济税收投入社会公共产品建设；同时通过政策鼓励，促进企业对公共福利的转移支持，确保公共产品的多元化供给，保障社会稳定。

加强区域间互助，促进城市整体均衡发展。将经济水平较发达地区的资本，转移输入于经济水平较低的地区，以财政补给和团队帮扶等方式进行区域的整体协作，调节不同区域的经济空间分异。

2. “经济–知识与技术”领域：以知识与技术创新驱动智慧经济建设，加快“工业 4.0”进程

知识与技术是推动智慧经济建设高效健康发展的有效动力，以知识为载体，充分发挥信息技术，尤其是信息通信技术对经济产业的促进作用，有利于经济和知识与技术的相互促进。

坚持“创新驱动”的发展理念。通过技术革新，促进经济活动的不断创新，

推动智慧城市经济建设高效持续发展。

积极推动“工业 4.0”的发展进程，实现产业智能化，知识与服务经济占主导地位。推动信息技术与传统产业融合，推动工业生产、配送、服务的智能化建设，拓展软性制造与个性化定制的发展模式。

大力发展“互联网+”，促进各经济领域的创新发展。以互联网为触媒，推动各领域跨界融合，广泛提升各经济领域的创新能力。

政府适当放权，推动经济合理自主，为全民创新提供良好的政策环境。政府应充分尊重经济发展的自身规律，适当放权。同时，政府可为新兴的经济形态予以适当政策支持，为其提供宽松的发展环境。

3. “社会–知识与技术”领域：发挥智慧管治对提升社会管理的支持作用

信息技术对社会活动的支持作用巨大，主要包括对社会管理的知识与技术支持和对社会自组织的知识与技术支撑两个方面。

充分利用知识信息技术，实行社会管理的信息技术化，建立社会管理的决策支持系统。利用互联网信息通信技术客观反映市民需求情况。通过运用计算机辅助技术，对社会管理内容进行信息采集、分析处理，帮助识别问题，提供备选方案及其评估，进而为社会管理的决策提供判断支持，从而提升社会管理效率。

充分利用互联网信息技术，构建信息交流共享平台，培育社会自组织力量，促进社会自治。以互联网（尤其是移动互联网）为载体的自媒体能够反映市民的真实需求，可借助互联网，构建线下线上的现实虚拟交流平台，促进社会自组织建设，培育社会组织的基础力量。

4. “社会–空间与环境”领域：关注不同社会团体的需要，实现空间公平的价值诉求

城市空间对社会关系的承载包含了实体空间环境和网络虚拟空间，城市社会关系在空间上的分异反映出不同社会群体的属性区别，智慧城市的建设应充分注重不同社会群体的人文需求，并在分异中寻求相对的公平。同时，应做好网络虚拟空间的社区建设与人文疏导，并与城市实体社会环境有机结合，共同发展。

社会在空间与环境上的分异表现为人群分化和不同的圈子。智慧城市的建设中，应注重在社会空间与环境的分异中，寻求相对的社会公平，以促进城市发展向人性化迈进。

互联网信息技术的发展，促进了网络化的社会空间形态。智慧城市的建设中，应注重网络虚拟空间所承载的真实社会形态，做好网络虚拟空间的社区建设与人文疏导，并利用网络虚拟社会空间对城市实体社会空间的影响，将网络虚拟社会空间与城市实体社会空间有机结合，促进智慧城市发展。

5. “经济–空间与环境”领域：优化产业布局，满足新经济、新产业的空间诉求

智慧城市的经济建设首先应确保产业的空间布局合理化，并考虑相关经济、产业发展的诉求，提供对应空间。伴随信息技术产业的大力发展，应注重对新经济形态的空间需求研究，深入分析经济在空间上的分异特征，为新兴产业和新经济形态的发展提供合理有效的空间支撑。

新兴的信息技术产业将打破传统产业的空间布局模式，从信息技术产业的空间需求特征出发，为其提供多元化的适宜空间。

互联网移动通信技术打破了传统的信息交流模式，并促使城市空间呈网络化发展。因此，应加强互联网经济对空间的需求研究，深入分析互联网经济的网络化特征，为大众创业、万众创新的新经济形态提供合适的空间支撑。

6. “知识与技术–空间与环境”领域：强化空间感知，缩小距离隔阂

知识与技术体系和空间与环境体系共同构成智慧城市的支撑基础系统，对城市的经济活动和社会活动起到支撑作用。智慧城市的这两大支撑体系，应通过信息技术的空间化和空间的可感知化，形成技术支撑与空间支撑的一体化，对城市的经济活动和社会活动起持续适应的支撑作用（图 4-14）。

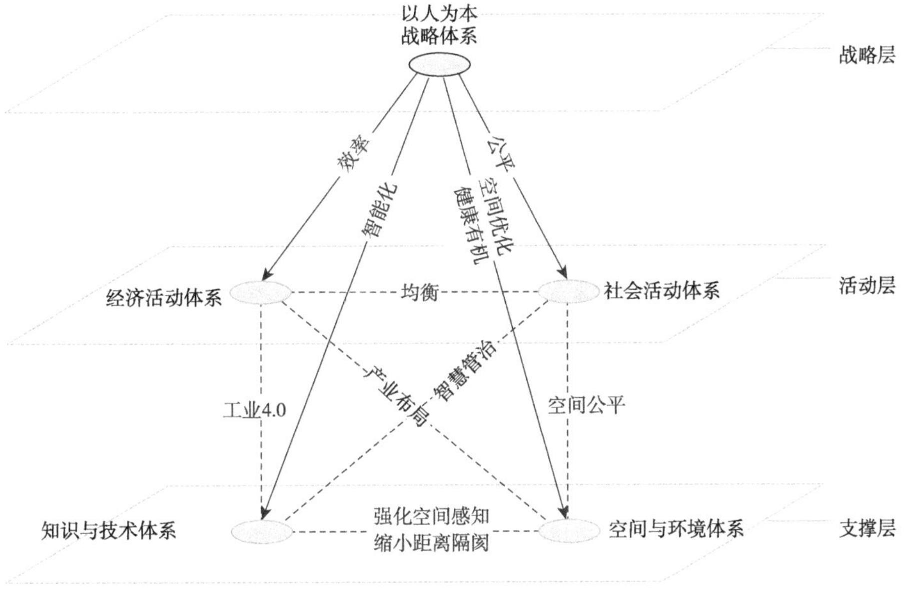

图 4-14　智慧城市的各体系建设重点

城市群层面：加强区域间信息基础设施的建设，促进信息在跨区域层面空间

上的流通。重点完善跨区域间下一代高速网络的铺设，主要包括固定宽带和无线移动网络的建设；做好大型区域信息处理设施的选址和建设，如云计算中心等；构建重要功能区域的全面感知系统，并通过互联互通，形成统一的感知网络。

城市层面：建立全面覆盖的高速网络系统，重点做好城市内固定宽带和无线移动网络设施的全面升级与网络化建设，形成完善的信息流通通道。建立全面覆盖的城市感知网络，加强信号感知网络、位置感知网络、身份标识号感知网络和流量感知网络的设施建设，确立城市感知的技术支撑。

街区层面：应侧重提升街区空间的质量感知水平。在空间感知的信息获取、信息处理和反馈等方面更加细腻化，实现街区空间全面和深入的智能化，对市民的工作、生活、交通、游憩等方面起到全面的智能化支持。

总之，我国智慧城市的建设，应更加聚焦于新技术对社会进步带来的正面作用，应强化信息通信技术对释放社会力、焕发社会活力、增强社会与环境责任感的积极作用；同时应克服新技术对社会可能带来的负面影响，如数字鸿沟、情感冷漠等。智慧城市的建设，最终应回归理性、提升品质，为人与人之间更好的关系服务，并最大程度支持个体发展。

4.3 智慧城市的发展战略

4.3.1 智慧城市战略的系统特征

智慧城市系统比一般城市系统更具有明显的人为的他组织特征，而这种人为的他组织力量则体现为城市战略对城市系统涌现智慧的干预作用。在一般城市系统中，城市战略不是一个城市的必然要素，但在智慧城市系统中，城市战略则是一般城市系统能够突现或涌现智慧的必有要素。在智慧城市系统中，这种城市战略以“人的智慧”积极地推进其他城市子系统向智能化、智慧化发展，并科学合理地统筹智慧城市系统中各类智能化、智慧的城市子系统的协调发展，它以智慧的城市战略的形式体现出来。智慧的城市战略以新兴信息技术的发展及应用为基础，以为人类创造更美好的生存环境为宗旨，以城市的长远、持续发展为基本方向，通过充分运用人的智慧有计划、有步骤、有重点地引导和控制城市系统按照既定的发展目标和发展方向前进，从而使城市系统接近或达到其运行发展的最理想状态，这也是城市战略的智慧之处。

从城市战略的发展历程来看，战略研究一直是企业经营与管理中采用的基本方法，但随着近些年城市体日益向着企业化发展，人们开始应用企业的战略管理理念和方法来研究、编制和实施城市的战略规划①。在智慧城市中，城市战略具有举足轻重的地位，智慧城市战略是智慧城市系统能够呈现智慧形态的关键所在，在智慧城市系统中，它以一个复杂的有机系统的形态存在和发生作用。智慧城市战略的复杂有机系统特征主要体现在以下两个方面。

（1）智慧城市战略以智慧城市建设与发展的全局规律为研究对象，呈现为一个有机的系统。智慧城市战略的研究任务是拟定智慧城市建设与发展的重点和方向，明确智慧城市运行发展的各个主要领域和关键环节，并依据它们之间的联系和作用方式建立它们之间的有机联系，构建一个"性能优良"的城市系统。因此，智慧城市战略的研究需要系统思维，同时，系统思维又帮助智慧城市战略发挥力量。战略现象是对目的与手段、全局与局部、现在与未来三个维度的展开和整合，战略现象本身是一种系统现象，战略系统是当代战略的主要形态，智慧城市战略研究对象的系统性特征也决定了它从理念上呈现为一个有机的系统。

（2）智慧城市战略是一个非常复杂的系统，主要体现在以下几点。第一，智慧城市涉及的因素众多，智慧城市的建设和运行也涉及了城市经济、社会、环境、技术、空间等各主要领域的多个方面，而且不同领域具有不同的地位、性质、作用和功能，这使智慧城市战略体系及战略研究变得复杂。第二，智慧城市系统的结构复杂，因素众多，也必然导致因素之间联系和作用方式的复杂，带来智慧城市系统结构的复杂，同时智慧城市系统结构的复杂还体现在不同因素之间联系形成的结构组织形式多样，而且内外部因素及环境的变化也会带来结构的变化，由此使其结构更为复杂。第三，智慧城市系统处于运动状态，由于智慧城市系统是一个开放的系统，不断地与外界进行物质、能量和信息的交换，这种交换使智慧城市系统处于量变或质变的运动状态中。第四，智慧城市系统的控制难度大，智慧城市战略研究的目的是对智慧城市系统的形成、运行与发展进行控制，但由于前面三个因素决定智慧城市系统的控制难度较大，在一定程度上也决定了智慧城市战略的复杂性。

4.3.2　智慧城市战略体系的要素与结构

智慧城市系统的战略体系是智慧城市能够实现智慧发展的前导和灵魂，它以智慧的战略发挥系统的他组织作用，统筹和引领城市不断向智慧城市演进，具有

① 主要体现在，首先，从城市的组织特征来看，第一次工业革命以来，城市逐渐从早期松散联系的单向控制的共同体向紧密联系、有机协作、多向互动的功能体发展，城市组织越来越像企业组织，因此，随着城市的企业化发展和城市管理的经营化，城市战略规划可以借鉴和参考企业战略管理与规划的经验。自2000年以来，我国的城市战略逐渐从城市空间规划走向了战略规划，突破了传统的孤立的城市个体视角和单纯的空间规划，更加关注对城市未来可持续发展产生重要影响的前瞻性（时间上）的、区域性（空间上）的、战略性（内容上）的、框架性（形式上）的问题。

特定的要素与结构。如果将战略作为一种实施规划的行动过程来看，它主要由目标、手段和结果三个要素构成，从结构方面来看，它的结构中应该包括主体要素、客体要素和主客体相连的控制手段与方法（毛建儒等，2014）。我们同样可以从要素和结构角度来分析智慧城市战略的组成内容，相应的愿景、目标、手段、主体、客体等内容揭示了智慧城市战略所应具备的基本组成单元（图 4-15）。

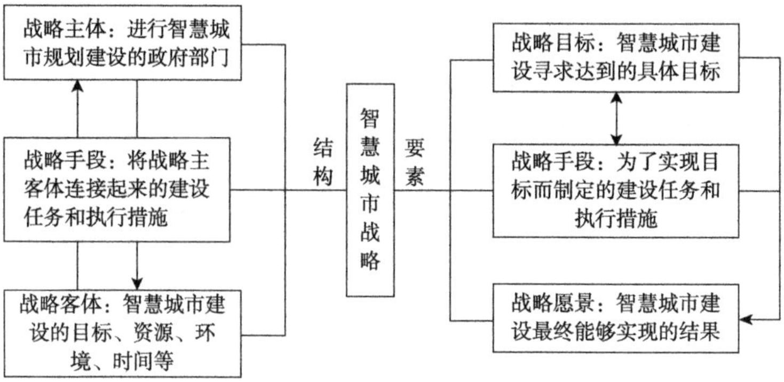

图 4-15　智慧城市战略的要素与结构

为了更加清晰地描绘智慧城市战略体系的主要内容和结构，本节采用路线图的方法来分析智慧城市的战略体系。路线图是一种将战略的愿景、目标、任务和行动方案有机结合的自上而下的规划工具，它能够协调各利益相关者形成统一的使命愿景，并利用结构化和系统化的方法统筹考虑目标、任务和资源保障之间的联系，既描述了现在，又预测未来，是一种灵活的战略管理工具。如图 4-16 所示，利用路线图工具可以从愿景驱动、能力驱动、时间维度三个层面来刻画智慧城市战略体系的基本内容和结构。结合这一分析结果，本节进一步从战略愿景、战略目标、战略任务、战略重点和战略执行五个方面来描述智慧城市战略体系的主要内容。

4.3.3　智慧城市战略体系的主要内容

智慧城市战略体系通过战略愿景、战略目标、战略任务、战略重点和战略执行五个方面的相互配合与协作来对智慧城市系统进行干预，它们之间环环相扣、逐步递进，引导和推动智慧城市系统向既定的理想方向发展（图 4-17）。其中，战略愿景描绘智慧城市发展的美好蓝图，明确智慧城市发展的基本方向，战略目标是对战略愿景的展开和细化，以明确智慧城市建设的阶段性发展水平，战略任务是对战略目标所做的进一步分解，战略重点是明确战略任务中具有决定性意义的建设任务，战略执行是为了保证战略愿景、战略目标的实现和战略任务的执行而部署的一系列支持性的措施。

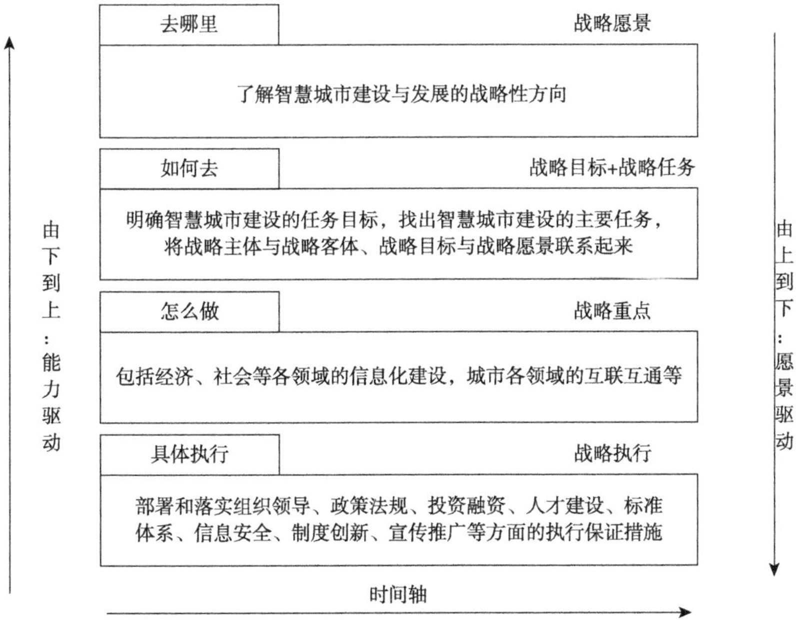

图 4-16　基于路线图工具的智慧城市战略体系的内容与结构

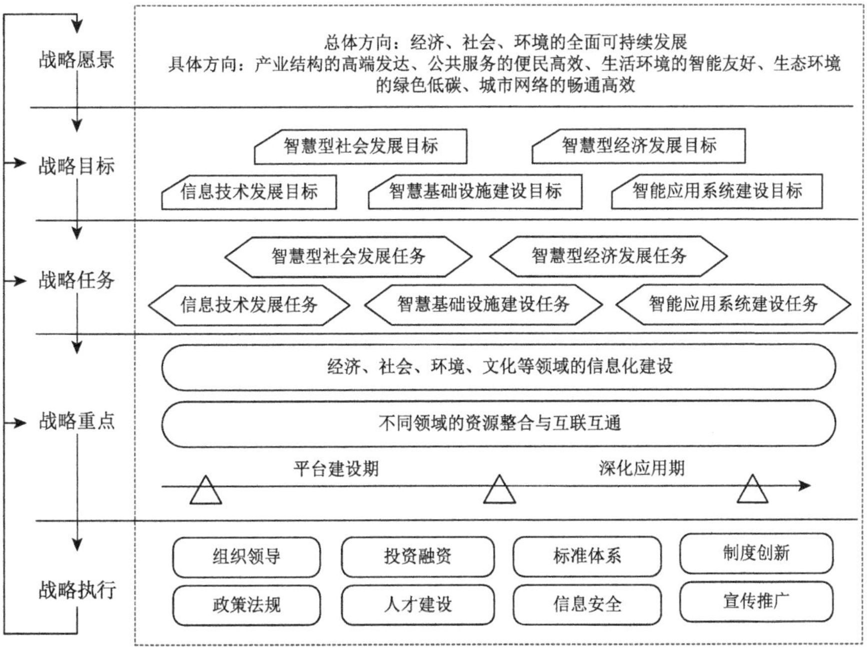

图 4-17　智慧城市战略体系的要素与结构示意图

1. 战略愿景：经济、社会、环境的全面可持续发展

智慧城市的战略愿景是依据与智慧城市发展相关的多种因素抽象和凝练而形成的概念系统，以经济、社会、环境的全面可持续发展为总体方向。智慧城市的战略愿景反映了在一个相当长的历史时期内城市的主要发展方向，与城市的性质、功能和定位密切相关①。结合新兴信息技术的应用对城市运行发展带来的主要影响，智慧城市的战略愿景可以从经济、社会、环境②的全面可持续发展来描述（表 4-9）。可以看出，智慧城市战略愿景描绘的美好蓝图与总体方向展现了新一代信息通信技术的应用为城市的全面优化发展带来的机遇。

表 4-9　智慧城市的战略愿景

总方向	具体方向	具体体现
经济可持续发展	产业结构高端	下一代信息技术、新一代网络技术和智能技术的应用促进传统产业的改造升级和智慧型产业的集聚发展，推动产业的高端化发展。同时，智慧城市建设会吸引创新型人才和企业的集聚，人才与产业集聚又会提升相关服务业的发展水平，并进一步促进相关产业的集聚、升级、转型及催生新的产业
	科技领先发达	物联网、云计算等技术的发展与应用将催生大规模新兴产业，促进人才、资金、技术等生产要素向新兴产业集聚，进而推动新一轮科技创新。同时，智慧城市的建设和发展将为科技创新创造前所未有的优越条件与环境，使科技创新进入协同创新、合作创新、用户创新、大众创新、开放式创新的新阶段
	经济运行高效	智能化生产、运营、管理、流通和消费系统在经济生产的产品设计、加工、检测、管理、销售、购买、服务这一全过程的使用，使产品的生产制造过程更加智能化、集成化、虚拟化、柔性化，使其流通渠道更加高效通畅，智慧型生产服务业的发展为经济生产提供更加智能高效的服务，从而使经济运行的效率更高
社会可持续发展	城市管理透明精准	以智慧政府、智慧公共政务为代表的智能化城市管理系统的建立将实现政府部门内部及不同政府部门之间的信息共享和业务协同处理，政府能够通过对实时数据的分析对城市管理中出现的问题进行及时响应。公众互动网络平台的建立能够调动社会公众共同参与公共管理，形成共建共治的社会治理格局

① 城市的性质是城市在一定的地区、国家及更大范围内的政治、经济与社会发展中所处的地位和所担负的主要职能；城市的功能是城市在一定范围内的政治、经济、文化、社会活动中所具有的能力和所起的作用；城市的定位是对城市的性质及其未来发展地位的基本判断和选择，它从客观层面上把握城市发展的定位、定性、定向。城市的性质、功能和定位一脉相承，三者共同明确了城市的未来发展方向，成为城市确立智慧城市建设的战略愿景的重要依据。

② 环境主要包括自然环境和人工环境两个部分，其中自然环境由与人们的生活息息相关的水、大气、生物、阳光、土壤等因素相互作用而形成，人工环境是人类活动与自然环境相作用的产物，它包括城市中与人类活动相关的设施、设备、交通道路、管道、建筑物等物质要素，以及它们构成的作为人类生存空间的社会条件。

续表

总方向	具体方向	具体体现
社会可持续发展	公共服务便民高效	智慧政府的建设使政府信息化建设从传统的“电子政府”过渡到“整合的政府”“无处不在的服务型政府”，使政府的各项服务更加人性化，形成政府和被管理者的友好互动关系。通过发展各类智慧民生服务项目，提供高层次的、细化的公共服务，实现公共服务的“如影相随、量身定制”
	生活环境智能友好	智慧城市、智慧公共服务、智慧社区、智能家居等智能应用系统的建设，为城市打造完全智能化的生活环境，提供无所不在的、即时接入的公共网络，随时随地满足人们工作、生活、娱乐、社交等方面的各类服务需求，为人们创造良好的生活环境和生活体验
环境可持续发展	生态环境绿色低碳	智慧城市中的信息要素是经济发展的决定性内生变量，它能够被无限复制和重复使用而不会产生额外成本，不会造成环境污染，可以推动经济的绿色增长。智能化管理和服务系统的建立，提高公共服务机构的服务水平和工作效率，促进资源的高效利用与成本和能源的节约，实现“效能优化”。通过推动绿色消费、清洁生产和敏捷制造，并加强对高能耗、高物耗、高污染行业的监督管理，降低经济社会发展对环境的负面影响，实现节能减排和低碳环保
	城市网络畅通高效	通过推进光纤到户、三网融合、无线城市、物联网和智能管网建设，建成高速、宽带、广泛覆盖的信息通信网络。通过建设统一的公共信息平台，为各类信息的共享和整合，以及在此基础上的各类业务创新应用奠定基础。通过建设与发展电子收费系统、智能交通监控和管理系统、智能公交系统、综合信息平台与服务系统及智慧港口，构建智能化的交通运输体系，实现城内和城际高效的人流、物流运输

2. 战略目标：着力提升五个方面，明确阶段性发展水平

在战略体系中，战略目标代表了智慧城市系统发展演化的目的或目标，结合战略愿景，明确各阶段性发展水平，提出着力提升的方面。系统的有序演化是一种有目的的行为，它的目的性体现为系统目标的引导性，系统目标发挥着“吸引中心”的作用，指引着实际行为不断向目标趋近。战略目标是根据战略愿景而确定的，这样才能保证它能沿着正确的方向发展。

智慧城市的战略目标是对战略愿景的展开和细化，它明确智慧城市建设的阶段性发展水平。与战略愿景的展望相应，战略目标的内容一般包括信息技术及信息基础设施的建设水平、经济社会环境领域相关智慧应用发展水平。作为智慧城市建设的阶段性发展水平，战略目标一般以 3~5 年为宜①。本节对我国城市中制定智慧城市建设规划纲要的主要城市在其相应规划中拟定的战略目标进行了整理

① 主要原因如下：一是智慧城市是依靠信息通信技术支撑而运行的，而信息与通信技术本身还在迅速发展，应用领域也在不断拓展，技术的快速变化与发展导致每隔 5~8 年，信息与通信系统的设备就要更新换代，应用软件则一般在 3~5 年就必须升级；二是智慧城市的各类信息应用系统依附于政府与行业的业务，近年来，中国的政府体制、公共事务管理模式与经济发展模式也正在加紧改革步伐，一旦某一领域的运行管理模式发生变化或出现了新的需求，则信息应用系统也需要进行改造和重建（程大章，2012）。

（表 4-10）。由表 4-10 可知，北京等主要城市对于智慧城市建设战略目标的设定主要包括信息技术发展、信息基础设施建设、智能应用系统建设、智慧产业（经济）发展、智慧城市管理体系建设、智慧民生服务应用、智慧政务应用、智慧城市标准体系建设等多个方面。

表 4-10 北京、上海等智慧城市建设的战略目标的主要内容

城市	起止时间	主要内容
北京	2012~2015 年	①建成泛在、融合、智能、可信的信息基础设施；②基本实现精准管理、交通智能、资源科学调配、安全切实保障的城市运行管理体系；③基本建成覆盖城乡居民、伴随市民一生的集成化、个性化、人性化的数字生活环境；④基本普及信息化与工业化深度融合、信息技术引领企业创新变革的新型企业运营模式；⑤全面构建以市民需求为中心、高效运行的政府整合服务体系
上海	2011~2013 年	①宽带城市、无线城市基本建成；②信息感知和智能应用效能初步显现；③新一代信息技术产业成为智慧城市发展的有力支撑；④信息安全总体实现可信、可靠、可控
广州	2012~2015 年	①建成一批战略性信息基础设施；②建成一批智能化管理和服务系统；③发展一批智慧型产业；④突破一批新一代信息技术；⑤健全智慧城市发展保障体系；⑥提升市民信息技术应用水平
深圳	2011~2020 年	①打造功能完善的信息通信技术基础设施，形成信息资源高效融合的公共信息服务支撑平台；②催生一批成熟高效的城市管理和民生服务应用；③掌握一批具有自主知识产权的关键核心技术和标准体系；④培育一批具有国际竞争力的产业集群，促进产业结构和创新能力的优化发展
杭州	2011~2015 年	①智慧应用体系全国领先；②智慧经济发展全国领先；③新一代信息技术产业取得突破；④先进的信息网络设施基本形成；⑤组织机制和推进机制基本健全
南京	2011~2015 年	①基本建成宽带、泛在、融合、安全的信息化基础设施；②实现政务、商务、事务各领域比较广泛的智慧应用，电子政务成为公共管理和服务的主流模式；③打造一批重点示范工程和上规模的智慧产业基地，智慧产业成为经济增长的重要引擎
宁波	2010~2015 年	①建成先进的智慧城市信息网络设施；②智慧城市信息资源开发利用取得重大进展，形成较为完善的信息资源共享机制；③经济转型升级取得重大进展；④市民的生活品质得到明显提升；⑤政府行政效率和公共服务能力大幅度提升；⑥城市建设和管理的科学化水平明显提高；⑦智慧城市应用系统和智慧产业发展取得重大突破；⑧智慧城市标准化建设走在全国前列

资料来源：根据《智慧北京行动纲要》《上海市推进智慧城市建设 2011—2013 年行动计划》《中共广州市委广州市人民政府关于建设智慧广州的实施意见》《智慧深圳规划纲要（2011—2020 年）》《杭州市智慧城市建设总体规划》《南京市“十二五”智慧城市发展规划》《宁波市智慧城市发展总体规划》等整理

结合智慧城市的战略愿景及上文对北京等城市对智慧城市建设战略目标的部署，本节从信息技术发展、智慧基础设施建设、智能应用系统建设、智慧型经济发展、智慧型社会发展五大方面来概括智慧城市系统战略目标包含的主要内容，主要利用具体可衡量、测量、计量的数字指标描绘在以上五大方面将要达到的发展水平（表 4-11）。

表 4-11 智慧城市建设的战略目标

目标类别	主要内容及相关指标
信息技术发展水平	首先应明确智慧城市建设必要的支撑技术有哪些，其次明确本市相关领域信息技术水平在全国及世界中居于什么位置，最后拟定信息技术的发展目标。信息技术的发展目标应明确哪些信息技术要在世界、国家或地区居于什么水平，近几年要在哪些技术领域实现怎样的突破
智慧基础设施建设水平	主要包括宽带网、无线网和三网融合建设的发展水平，主要指标包括互联网普及率、光纤到户户数、家庭平均接入带宽、移动通信带宽、企业平均接入带宽、互联网国际和国内出口带宽、无线局域网接入点、无线宽带网络覆盖率、有线电视双向数字化率、三网融合完成进度等。公共服务平台及城市基础设施的智能化改造建设水平
智能应用系统建设发展水平	智能化应用系统涉及城市管理、市政设施等领域相关应用系统，主要包括智能交通、智慧电网、智慧气网、智慧水务、智慧安全、智慧环保、智慧港口等应用系统的建设发展水平，同时也包括了经济社会领域中如生产管理系统、电子商务、智慧医疗、智慧社保等应用的信息化建设部分
智慧型经济发展水平	①智慧型产业发展水平包括四个方面，一是新一代信息技术产业的发展水平，相关指标有信息产业总规模、电子信息产业年销售收入、信息服务业年营业收入、信息服务业增加值占全市生产总值比重等；二是智慧制造业的发展水平，相关指标有工业增加值增速、单位工业增加值能耗、单位工业增加值用水量、单位工业增加值二氧化碳排放量等；三是智慧服务业的发展水平，主要包括智慧金融、智慧物流等；四是服务应用系统的发展水平 ②电子商务发展水平，相关的指标有电子商务平台建设的数量和规模、上市电子商务企业数目、企业设有电子商务网站的数量、企业电子商务应用率比重、企业电子商务交易量占总收入的比重等
智慧型社会发展水平	①智慧政务发展水平，相关指标有政府公开信息网上发布率、政府部门网上办公率、行政许可和行政处罚事项网络办理率、网上申报纳税额占纳税总额的比率等 ②智慧公共服务发展水平，主要包括智慧医疗、智慧文化教育、智慧社保、智慧社区、智慧家居等应用系统的建设发展水平 ③市民信息化水平，相关指标有移动电话和固定电话普及率、每百户家庭电脑拥有量、家庭上网率、互联网普及率、市民卡或社保卡持有量和覆盖率、市民网购渗透率、市民数字证书使用量等

3. 战略任务：细化战略目标，制定有针对性的发展战略

战略任务是对战略目标所做的进一步分解，通过制定有针对性的发展战略任务去实现战略目标。对应于智慧城市的战略目标，智慧城市建设的战略任务主要包括信息技术发展任务、智慧基础设施建设任务、智能应用系统建设任务、智慧型经济发展任务、智慧型社会发展任务。

1）信息技术发展任务

智慧城市的出现是信息技术发展及应用的必然结果，信息技术是支撑智慧城市运行与发展的重要基石。智慧城市建设与发展涉及的必要支撑技术有通信技术、计算机网络技术、云计算技术、物联网技术、软件工程、建筑信息模型（building information modeling，BIM）、信息安全技术等（程大章，2012）。智慧城市信息技术的发展任务可以分别从其优势领域、薄弱环节、基础尚可领域及跨领域合作方面有针对性地制定相应的发展策略（图 4-18）。

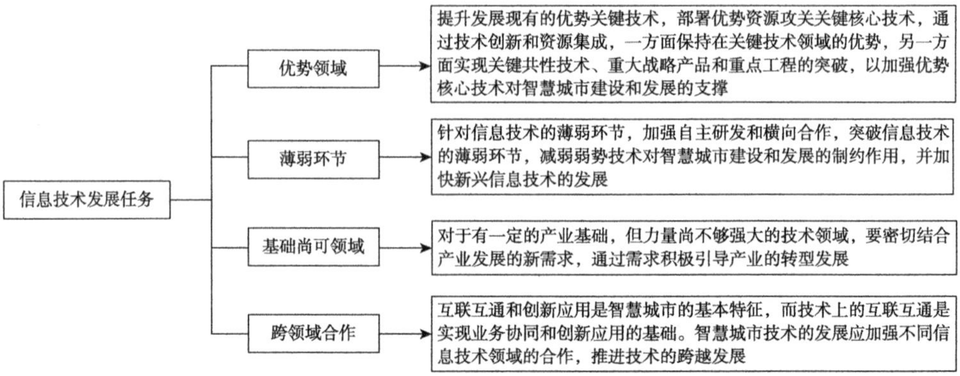

图 4-18　信息技术发展的基本策略

2）智慧基础设施建设任务

智慧基础设施主要通过建设相应的管道网络、基站、设备和设施为智慧城市的运行和发展提供载体及支撑。如果将智慧城市系统比拟为人体，则智慧基础设施类似于人的双腿和双脚。智慧基础设施是信息技术所附着的物质载体，按照信息技术及智慧城市运行与发展的需求，智慧基础设施共有基础设施智能化、信息网络基础设施及公共信息平台三种基本类型（表 4-12）。基础设施智能化是构建智慧城市技术架构感知层的重要任务，它主要利用 RFID、传感器、摄像头、二维条码、遥测遥感等传感设备和技术，对传统的城市基础设施进行智能化改造，实现对城市中人与物的全面感知。信息网络基础设施建设是构建智慧城市技术架构网络层的重要任务，它主要通过构建高速、泛在、融合的高端化、系统化的信息网络，实现信息的传输和整合，进而推进信息资源的整合利用。公共服务平台以云计算、数据挖掘、数据存储等支撑技术为基础，实现城市不同领域的资源整合和信息共享，并把城市中不同的应用系统整合成一个扁平的应用网络体系，在各行业应用，在数据和业务层次上实现不同程度的融合，全面实现整个智慧城市各个应用系统之间的互联互通和智能处理。

表 4-12　智慧基础设施的三种基本类型

层次	基本类型	主要建设内容
感知层	基础设施智能化	城市中经济性基础设施和社会性基础设施的智能化改造
网络层	信息网络基础设施	宽带网络、无线网络、通信枢纽、三网融合等
应用层	公共信息平台	云计算中心、信息安全服务平台、公共数据库、公共信息应用系统等

3）智能应用系统建设任务

智能应用系统在信息技术及承载信息技术的智慧基础设施基础上，在城市生产、流通、管理和服务等各个领域构建专业化的应用系统，加强基础设施、公共管理服务、产业结构及资源环境等各方面的资源整合，提升城市运行发展的智慧程度。根据智能应用系统所涉及的领域（表 4-13），本节将智慧城市中主要的应用系统划分为生产/流通/消费领域、城市管理领域、社会管理与公共服务领域三大类，涉及了智慧生产、智慧金融、智慧物流、智慧交通、智慧城管、智慧电网、智慧水务等 17 个专业的智能化应用系统。

表 4-13　智能应用系统的建设任务

领域类型	应用系统	主要建设内容
生产/流通/消费领域	智慧生产	①发展智慧制造，推广新一代信息技术在工业领域的运用，推进双高行业节能减排的智能化，推进各行业的智能化发展；②发展智慧企业，加强企业信息化集成应用，在研发设计、生产制造、经营管理、市场营销等关键领域推广新一代信息技术，提升企业管理决策的智能化水平；③发展智能产品，在汽车、船舶、机械装备、家电、家具等产品中集成由电子元器件、集成电路、嵌入式软件等构成的信息系统，采用产品数据管理（product data management，PDM）系统和产品生命周期管理（product lifecycle management，PLM）系统
	智慧金融	发展金融智能卡，发展移动支付，发展供应链金融，为客户提供量身定制的个性化金融服务，搭建人民币跨境业务信息管理系统和共享平台
	智慧物流	建设物流公共信息平台，实现物流运作的全流程电子化交易和在线客户服务。建设现代化的物流配送体系，实现物流配送手段和管理的现代化
	电子商务	推广电子商务应用，完善电子商务服务体系，加快电子商务模式创新，完善电子商务支撑体系，建设国际电子商务应用，建设城市商务局协同办公平台
城市管理领域	智慧交通	车辆智能化卡、道路交通综合信息应用服务平台、交通综合应用系统、高速公路不停车收费系统、公共交通信息服务系统等
	智慧城管	城市管理信息平台、网络化管理系统、市场管理信息系统、地下空间管理信息系统等
	智慧电网	智能用电基础设施建设、电网断面实时监测与预警系统、新能源网状监测系统、工业企业实时用电数据收集整理系统、区域一体化电能信息综合监视平台
	智慧水务	智能水务信息基础设施建设、水资源管理和防汛指挥系统、水雨情实时监测预警系统、水质实时监测预警系统、饮用水取水口入侵防护系统
	智慧环保	环境监测监控系统、环境信息数据库、环境信息综合分析中心、环境智慧监控平台、市政绿化智慧管理平台、能耗监测平台
	智慧港口	港口智能管理系统、智能物流信息平台、空港自动感知和智能处理系统、电子票务
	智慧防灾减灾	自然属性或准自然属性的安全防卫，包括多灾种早期预警系统、安防视频资源共享系统
社会管理与公共服务领域	智慧政务	公共数据中心、移动电子政务、政务服务平台、网络安全平台、智慧的领导决策支持
	智慧社会安全	社会人文性的安全防卫，包括小区一卡通系统、食品安全追溯系统、安全生产综合管理信息系统、智能化消防数字平台
	智慧医疗	智慧医疗专网、智慧医疗数据中心、智慧医疗信息平台

续表

领域类型	应用系统	主要建设内容
社会管理与公共服务领域	智慧社区	智能化城市公共服务体系建设，社区内自治服务体系建设，社区家庭自我服务体系建设
	智慧文化教育	数字教育工程、班班通工程、文化与教育信息资源共享服务平台、智慧校园
	智慧社保	深化和推进社保的智能化、网络化，促进社会保障网络向社区和乡村延伸，建立健全以城市为核心、覆盖城乡的社保信息服务体系

资料来源：根据吴余龙和艾浩军（2011）、余红艺（2012）、金江军（2012）及北京、上海、广州、深圳、杭州、南京等地的智慧城市规划纲要整理

4）智慧型经济发展任务

智慧型经济反映了智慧城市中经济发展所呈现的新形态。新一代信息技术发展对城市经济发展的影响主要体现在两个方面，一是大规模的新的产业形态——新一代信息技术产业的发展壮大，二是原有传统产业呈现的智慧新形态，如智慧制造业、智慧服务业、电子商务等。智慧型经济的发展任务为推进新一代信息技术产业的培育发展壮大，并推动传统产业的智慧化改造，具体包括部署和推进智慧制造业、智慧服务业及电子商务等新兴产业和业态的发展（表 4-14）。

表 4-14　智慧型经济发展的主要任务

产业类型	产业门类	主要发展任务
新一代信息技术产业的培育和发展壮大	智慧产业（新一代信息技术产业）	新一代信息技术产业有物联网、云计算、TD-LTE、新一代移动通信、软件与信息技术、高端软件、集成电路、车联网、信息服务等，通过打造上下游企业协同配套的电子信息产业链和创新链，推进“产学研用金”相结合的发展模式，带动电子信息产业不断向高端发展，并推进新一代信息技术产业的集群式和跨越式发展
传统产业的智慧化改造	智慧制造业	推进传统制造业向先进制造业转化，实现制造过程的设计数字化、产品智能化、生产自动化及管理网格化
	智慧服务业	利用先进信息技术对现代服务业进行智能化改造，以更高的效率、更低的成本、更优的服务质量为人们的生产和生活提供服务
	电子商务	实现传统商业活动各环节的电子化、网络化，利用物联网、信息安全等技术实现金融、保险、物流等商业应用的移动支付、实时感知、信息动态发布，电子商务不仅涉及人们的生活、工作、学习和消费等领域，也包括政府、工商、金融等多方面的城市商务活动

5）智慧型社会发展任务

智慧型社会反映了智慧城市中社会发展呈现的新形态。新一代信息通信技术在社会生活各领域的广泛渗透对城市的社会发展产生了重要影响，一方面它使政府的政务活动及人们的工作、生活、娱乐、社交等更加便利和人性化，改变和重塑了人们的活动方式；另一方面，它对原有的社会结构产生了重要冲击，社会群

体中从事信息产业的社会成员的社会地位上升，由于技能、年龄、受教育水平、经济能力等原因而不能很好地融入信息社会的“数字弱势”群体的存在，“数字鸿沟”成为智慧城市社会发展中亟须解决的重要问题。

为了更好地推进社会形态的智慧化转变，也为了更好地应对“数字鸿沟”这一重要问题，推进市民的信息化建设成为智慧城市社会发展的重要任务。智慧城市的社会形态是建立在发达的信息网络基础上的能够促进人的全面发展的新型社会形态，它具有较高的开放性和包容性，体现为公平、公正的社会环境。市民的信息化建设主要通过实施能够让市民广泛接入和高效使用信息网络的建设工程，保证人人都能方便地接入信息社会，享有公平的发展机会。市民信息化建设主要涉及市民卡和市民融合平台建设（表 4-15），其中，市民卡的主要建设内容是与市民卡应用相关的智能应用系统建设，市民融合平台建设的主要内容是连接和融合市民卡、电子健康档案、社区服务、城市管理等领域的公共信息平台的建设。

表 4-15　市民信息化建设项目及其主要内容

项目	主要内容
市民卡	建立基础信息交换系统、市民卡整合系统、市民卡管理系统、市民卡运营系统
市民融合平台	实现市民卡、居民电子健康档案和电子病历、智慧社区服务平台、数字城管等现有平台的有效融合，主要包括融合服务支撑平台、应用融合管理平台、服务渠道管理平台、服务渠道整合等

4. 战略重点：推进城市各领域的信息化建设及互联互通

战略重点是战略任务中具有决定性意义的组成部分，它是全局性的战略目标能否实现的关键环节。智慧城市是继数字城市、智能城市之后的城市信息化发展的高级阶段，它的本质特征体现为基于高速、泛在、融合的信息网络的城市各领域的互联互通和创新应用。智慧城市战略实现的关键在于城市政治、经济、社会、环境、空间等各领域的信息化建设，以及各领域之间的互联互通与整合共享。

在城市各领域的信息化建设方面，主要以物联网、云计算、大数据等新一代信息通信技术的发展及应用为基础，积极推进城市经济、社会、环境等重要领域的信息基础设施建设和相关传统基础设施的信息化改造，发展经济社会领域的智能化应用，为城市智能化运行奠定基础。表 4-16 主要从信息基础设施建设、社会领域信息化、经济领域信息化三个方面梳理了北京等七个城市在信息化建设方面涉及的主要内容。其中，信息基础设施建设主要是铺设高速、泛在、融合的信息网络，在此基础上推进城市基础设施的智能化，而经济领域和社会领域的信息化建设主要是在智能化的城市基础设施的基础上，通过信息技术应用推进各类智慧形态的经济社会活动的开展。

表 4-16　北京等城市关于城市信息化建设的主要内容

城市	主要内容
北京	①信息基础设施建设，主要包括完善高速、泛在的信息网络，统筹建设全市政务信息基础设施；②社会领域信息化，包括城市人口精准管理、交通智能管理服务、资源和生态环境智能监控、城市安全智能保障，提供方便获取的社会公共服务，使人人享有数字化便捷生活；③经济领域信息化，包括应用信息化手段实现企业网络运营，应用信息技术引领创新发展
上海	①信息基础设施建设，包括宽带城市建设、无线城市建设、通信枢纽建设、三网融合试点、功能设施建设；②社会领域信息化，包括城市建设管理、城市运行安全、智能交通、社会事业与公共服务、电子政务、“两化”深度融合等；③经济领域信息化，包括推进智慧商务、智慧制造、智慧企业、互联网金融等智慧应用的发展
广州	①信息基础设施建设，包括构建枢纽型国际信息港、推进城市基础设施智能化；②社会领域信息化，包括建设高效便民的电子政府、着力推进城市管理智能化；③经济领域信息化，包括着力发展新一代信息技术产业、打造网络商都、推动传统优势产业智能化、建设智慧型产业集聚区
深圳	①信息基础设施建设，包括感知网络、下一代宽带网络、云计算中心的建设，以及加强现有城市基础设施的智慧化改造；②社会领域信息化，包括城市基础设施服务、城市社会服务、城市经济服务和城市公共服务；③经济领域信息化，包括推动产业链融合，探索新兴产业发展模式，培育产业辐射扩张能力等
杭州	①信息基础设施建设，包括推进信息基础设施建设、综合交通路网建设、公共基础设施建设等；②社会领域信息化，包括智慧政务、智慧城管、智慧公共安全、智慧环保、智慧水资源、智慧医疗、智慧社区、智慧文教建设等；③经济领域信息化，包括智慧制造、智能物流建设
南京	①信息基础设施建设，包括下一代互联网、无线宽带网络、新一代广播电视网，以及三网融合、提升基础设施智能化水平等；②社会领域信息化，包括电子政务、电子商务、电子服务应用等；③经济领域信息化，包括智能工业、智能农业、智慧产业和产业基地建设
宁波	①信息基础设施建设，包括泛在化的信息网络、三网融合、多网合一、智慧电网、智慧能源、网络数据中心基地、多网融合通行服务平台等；②社会领域信息化，包括智慧健康、智慧社区、智慧文化娱乐、智慧安全、智慧交通、数字城建与城管、经济管理综合平台等；③经济领域信息化，包括推进制造业、服务业、农业及企业总部的信息化进程

资料来源：根据北京、上海、广州、深圳、杭州、南京、宁波等地的智慧城市规划纲要整理

在城市各领域互联互通与整合共享方面，通过建立统一的技术标准和规范，构建统一的公共信息平台，推进城市中的信息整合、资源共享和业务协同。智慧城市与数字城市、信息城市、智能城市的根本区别之处在于，它能够最大限度地实现城市中不同物质实体之间、不同行为主体之间、不同部门和业务领域之间、不同行业和经济领域之间的互联互通与协同合作，在此基础上激发各类创新应用，涌现城市发展的智慧形态。从目前我国的智慧城市建设实践来看，“信息孤岛”是智慧城市建设过程中资源整合的最大障碍。究其原因，由于智慧城市建设覆盖诸多领域，标准化、规范化是实现信息资源整合的关键。但由于目前缺乏统一的行业标准、建设标准和评估标准来约束和指导，智慧城市不同系统之间的接口又非常复杂，不易实现系统之间的互联互通和信息的同享协同。因此，建立统一的标准和规范非常重要。与此同时，统一的公共信息平台的建立也非常关键，它实现了城市中不同核心系统之间的信息整合、资源共享和业务协同。智慧城市的互联互通和整合共享首先是在同一业务领域实现资源

整合与信息共享，通过建立专业的数据库和专业信息平台，推进信息资源的整合和业务的协同。在此基础上，构建城市级的综合数据库和公共信息平台，实现整个城市不同领域信息资源整合与共享，为整个城市的创新和智慧发展奠定基础。

5. 战略执行：确定执行主体，完善七大配套措施

战略执行主要反映了为了实现战略愿景和战略目标，以及完成战略任务而应该部署的一系列实施措施，它主要体现为，战略执行者以愿景和目标为努力方向，通过多种手段或措施作用于智慧城市系统，使其产生合目的性的变化。

智慧城市战略执行体系主要包括执行主体和配套措施两大层面（图 4-19）。第一，在执行主体方面，组织领导部门是智慧城市战略的执行主体，它依据实际情况建立的组织领导体系是智慧城市战略能够落地实施的重要保证。智慧城市建设是一项复杂的系统工程，具有跨部门、跨行业等特点，实施难度较大。对于这样一个涉及整个城市的综合大型建设项目，建立与建设项目相适应的组织领导体系是保证项目能够顺利实施的首要条件。一般应由市委书记或市长牵头成立智慧城市建设专项工作小组，领导工作小组下设办公室，负责日常协调推进工作。依托智慧城市建设专项工作小组，建立专家决策咨询机制，研究解决智慧城市建设中的重大问题，并建立首席信息官制度，提高信息资源整合和协同能力。同时，应建立相应的推进机制，并定期进行统计评估，以保证智慧城市建设工作的有效进展。第二，在配套措施方面，应在资金、政策、标准、人才、信息安全、体制机制创新方面积极部署，为战略体系对智慧城市系统的引导和干预提供支持。例如，针对不同类型的建设项目应采取不同的投融资策略，研究制定、建立和完善智慧城市新技术、新应用、新业态发展的相关政策，不断完善对信息化人才的工作和服务体系，引进和培育智慧城市建设需要的人才，从技术产业、管理监督、建设等多个层面入手，推进信息安全工作等。

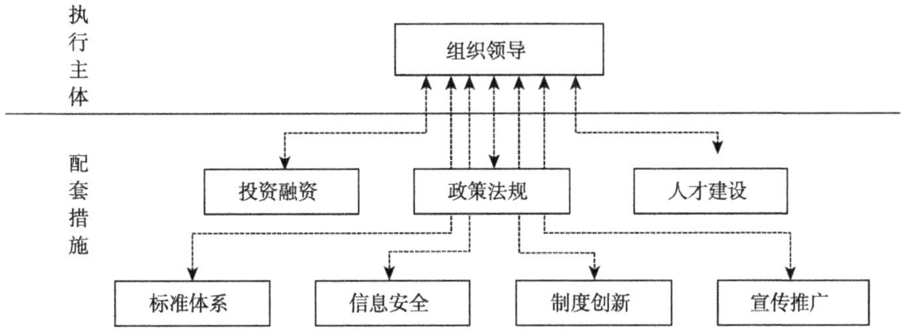

图 4-19　智慧城市战略执行体系的组成内容

本章参考文献

陈定荣，蒋伶，程茂吉. 2011. 转型期城市战略研究新思维[J]. 城市规划，35（S1）：148-151.

陈远方. 2018. 智慧图书馆知识服务延伸情境建构研究[D]. 长春：吉林大学.

程大章. 2012. 智慧城市顶层设计导论[M]. 北京：科学出版社.

金江军. 2012. 智慧产业发展对策研究[J]. 技术经济与管理研究，（11）：40-44.

利维 J M. 2003. 现代城市规划[M]. 5 版.孙景秋，等译. 北京：中国人民大学出版社.

梁兴辉. 2005. 城市发展战略的理论与方法探讨[D]. 大连：东北财经大学.

刘军. 2009. 整体网分析讲义：UCINET 软件实用指南[M]. 上海：格致出版社.

吕一博，程露. 2011. 基于共词网络的我国创新管理研究结构分析[J]. 管理学报，8：1541-1548.

毛建儒，李忱，王颖斌. 2014. 系统哲学的探索与研究[M]. 北京：中国社会科学出版社.

沈阳. 2013. 浅谈“智慧城市”与智慧城市空间布局的关系[J]. 上海城市规划，（2）：25-29.

王世福. 2012. 智慧城市研究的模型构建及方法思考[J]. 规划师，28（4）：19-23.

王世福. 2013-02-27. 创建“智慧城市”需要发挥创造性智慧[N]. 光明日报，（11）.

吴良镛. 1999. 北京宪章[J]. 时代建筑，（3）：88-91.

吴余龙，艾浩军. 2011. 智慧城市：物联网背景下的现代城市建设之道[M]. 北京：电子工业出版社.

余红艺. 2012. 智慧城市：愿景、规划与行动策略[M]. 北京：北京邮电大学出版社.

张红春，卓越. 2011. 国内社会保障研究的知识图谱与热点主题——基于文献计量学共词分析的视角[J]. 公共管理学报，8（4）：111-121，128.

张勤，马费成. 2007. 国外知识管理研究范式——以共词分析为方法[J]. 管理科学学报，10（6）：65-75.

张小娟. 2015. 智慧城市系统的要素、结构及模型研究[D]. 广州：华南理工大学.

张永民. 2012. 如何建设智慧中国（上）——分析、路径、对策和建议[J]. 中国信息界，（3）：14-20.

张振刚，张小娟. 2015. 广州智慧城市建设的现状、问题与对策[J]. 科技管理研究，35（16）：87-93.

第5章　数据赋能下的社会活动体系创新[①]

本章从智慧城市的社会活动体系的含义与要素出发，从大数据获取与运用的角度，从智慧公共政务、智慧公共服务、智慧城市社会治理几个方面阐述信息时代下智慧城市的社会活动体系内涵，并选取了广东省与深圳市构建智慧城市的实际案例作为辅证与参考，指导未来智慧城市社会的建设。

5.1　含义和要素[②]

5.1.1　数据赋能下的社会活动体系含义

社会体系（又称社会系统）在本质上体现为一种人类活动体系。在学术范畴内研究和论述社会体系是从美国社会学家帕森斯开始的，Parsons（1951）在《社会系统》（*The Social System*）一书中详细阐述了“社会系统”的一般理论，他的社会系统理论也成为西方现代化理论的主流理论。在帕森斯的论述中，社会体系实际上是一个社会活动体系，是由行动者、目的、手段、情境、规范和价值观等多种因素制约形成的综合体。改革开放后，帕森斯的社会体系理论传入我国，也引发了我国学者对社会体系理论的研究。

表5-1列举了国内外学者关于社会体系的主要观点。由表5-1可知，尽管不同的学者对社会体系的认识和表述不同，但共同点在于，他们都认为社会体系是与人的活动密切相关的，它是一种明显区别于自然体系、机械体系的

① 初稿执笔人：刘红波、张小娟、吴克昌。

② 本节内容源于课题组成员的相关成果：张小娟. 2015. 智慧城市系统的要素、结构及模型研究[D]. 广州：华南理工大学。

人类活动体系。从社会体系的构成来看，一般认为社会体系是由社会人及他们之间的经济关系、政治关系和文化关系构成的体系。在系统工程理论中，钱学森从社会形态和开放复杂系统的高度，指出任何一个社会的社会形态都有三个侧面，即经济的社会形态、政治的社会形态和意识的社会形态，因此，他将社会体系划分为社会经济系统、社会政治系统和社会意识系统三个组成部分。

表 5-1　国内外学者对社会体系（社会系统）的主要观点

学者	观点
Parsons（1951）	社会系统存在于许许多多彼此在互动情境中发生互动的个人行动之中，互动情境由物质和环境组成，行动者倾向于追求最大化的满足，借助于有着文化结构和共享的象征符号体系的社会系统，行动者与情境及与其他行动者产生联系
张劲松（1994）	社会体系是按照一定的目标运动的多因素综合作用的动态的整体，社会体系与自然体系和机械体系相对应
顾民（1999）	社会体系和自然体系既有区别又有紧密联系，区别主要表现在社会体系是有主体目的指向和中介手段的主客体相互作用的活动，有结构的存在和演化。整体有序性、自稳定性、自组织性是社会体系和自然体系存在运行和演化的共有的机理及特征
李学栋和李习彬（1999）	社会体系是一种典型的人造体系，社会体系的设计是为了实现一定的功能，追求构建一种功能体系

本节对从事物质财富生产活动的经济活动与处理人自身及人与人之间关系的社会活动进行有针对性的区分，分别将其称为经济活动体系和社会活动体系，从而更清晰、明确地分析新一代信息通信技术的发展及应用对人们经济社会活动的影响。其中，经济活动体系是在物质财富创造领域中的人、物质资源、技术手段、生产组织及它们之间的联系和作用方式所构成的集合，其核心是人与自然的关系，反映人类改造自然的能力。社会活动体系是人类在处理人自身及人与人之间关系中形成的联系、网络、组织、制度、规范及价值观念的集合，其核心是人与自我、人与人、人与社会的关系。其中，经济活动体系对应于系统工程中社会体系分类的社会经济体系，社会活动体系对应于系统工程中社会体系分类的社会政治体系和社会意识体系。

数据赋能下的社会活动体系是指以“智慧数据”为核心，而从事的与社会有关的一系列事务。其包含的内容广泛，但总体上来看，智慧城市所涉及的社会活动就是要以持续改善民生为根本的出发点和落脚点，紧紧围绕民众实际需要，服务群众，服务社会。特别是在我国社会发育明显落后于经济建设的情况下，应进一步强调公平正义的价值理念，把改善、提升人民生活质量作为智慧城市建设的重点之一，建设一个社会共享的高品质城市，为经济发展提供长效的社会支持。

5.1.2　数据赋能下的社会活动体系要素

随着全球化进程的加速、我国市场机制的确定、科学技术的发展、大众消费社会的来临、城市化的快速推进，我国的经济社会生活正变得空前复杂。这种复杂化的经济社会生活，客观上要求城市管理者有更高的治理能力来协调各方关系与整合社会生活的秩序。但大规模的人口集聚对城市政府的社会管理和治理能力提出了巨大挑战。以五大城市为例（表 5-2），各市的常住城镇人口占比较高，其中北京、上海、广州已突破 85%，天津为 80%以上，与发达国家持平。在人口持续流入和在城镇地区进一步集中的情况下，政府的管治压力将更为明显。

表 5-2　北京、天津、上海、广州、重庆 2017 年人口状况

指标	北京	天津	上海	广州	重庆
年末常住人口/万人	2170.70	1556.87	2418.33	1449.84	3078.16
人口规模全国排名	3	5	2	6	1
常住外来人口/万人	794.30	498.23	972.68	551.97	167.65
所占比重	36.59%	32.00%	40.22%	38.07%	5.45%
常住城镇人口/万人	1876.60	1291.11	2120.88	1248.89	1970.68
所占比重	86.45%	82.93%	87.70%	86.14%	64.02%
户籍人口/万人	1359.20	1049.99	1455.13	897.87	3389.82
所占比重	62.62%	67.44%	60.17%	61.93%	110.12%

资料来源：根据各市 2017 年国民经济和社会发展统计公报及各市相关年鉴整理

改革开放以来，我国在城市建设与发展方面的成就突出，但长期“重经济、轻社会”的价值偏颇导致城市软硬实力发展不均衡。我国医疗健康、文化教育等社会事业的发展相对滞后，也陷入了公共服务和公共产品供给短缺的困境。当前，新一代信息技术的广泛应用正推动着社会发展的变革，正通过搭建以政府、企业、市民三大主体为核心的交互共享平台，为城市治理与运营提供更方便快捷、灵活高效的决策支持与行动工具，为市民提供更丰富、更高质量的公共服务，更好地满足城市居民不断增长的物质文化需求。

数据赋能下的社会活动体系包括三类要素：一是智慧公共政务，即政府的行政管理活动的智慧化形态；二是智慧公共服务，即公共产品或公共服务供给活动的智慧化形态；三是智慧城市社会治理，即政府对社会公共事务的管理活动的智慧化形态。图 5-1 所示列举了智慧公共政务、智慧公共服务、智慧城市社会治理的功能活动体系，通过建立数字化平台，实现了传统的政府行政管理、公共服务供给及城市社会管理等业务领域的数字化、网络化、智能化运作，使公共管理活动的开展和实施更加及时、精准、高效。

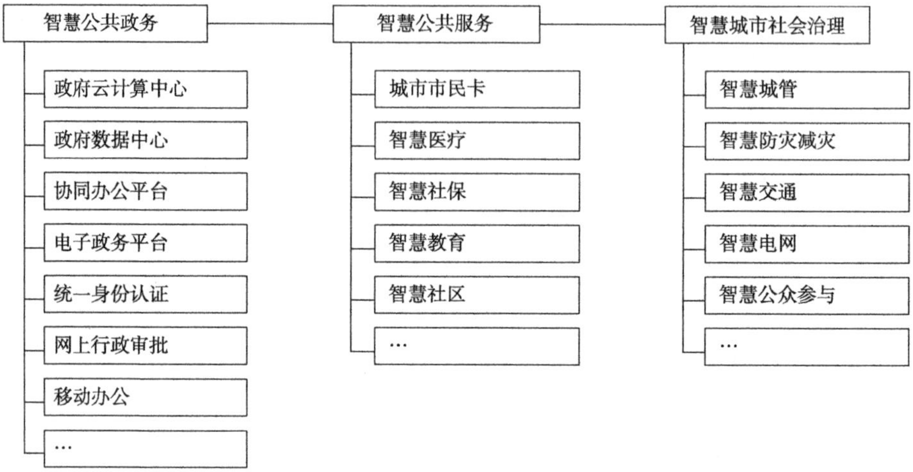

图 5-1　智慧公共政务、智慧公共服务和智慧城市社会治理的功能活动体系

5.2　智慧公共政务

5.2.1　智慧公共政务的内容与特点①

智慧公共政务是政府在处理行政事务管理工作中，充分利用感知感应、通信、智能等新一代信息技术来提升政府的感知、信息沟通和处理及智能决策水平，它在政府部门内部实现办公的自动化、智能化，推动不同政府部门之间的信息共享和业务协同，提高政府的工作效率、科学决策水平和服务水平，从而更好地贯彻服务型政府的服务理念。智慧政府在业务形态上主要体现为智慧公共政务，在具体应用中也对接智慧公共管理和智慧公共服务，它的主要体系架构如图 5-2 所示。从图 5-2 可以看出，智慧政府建设的关键在于建立政务的公共数据中心，推动政务信息资源整合共享与互联互通。在此基础上，进一步建立智慧行政服务中心和移动电子政务，为市民提供各类智慧公共政务应用。同时，公共数据中心实现的信息资源整合为海量数据挖掘分析和智能决策奠定了基础，智慧的领导决策成为辅助政府部门进行决策的重要应用。

① 本节内容源于课题组成员的相关成果：张小娟. 2015. 智慧城市系统的要素、结构及模型研究[D]. 广州：华南理工大学。

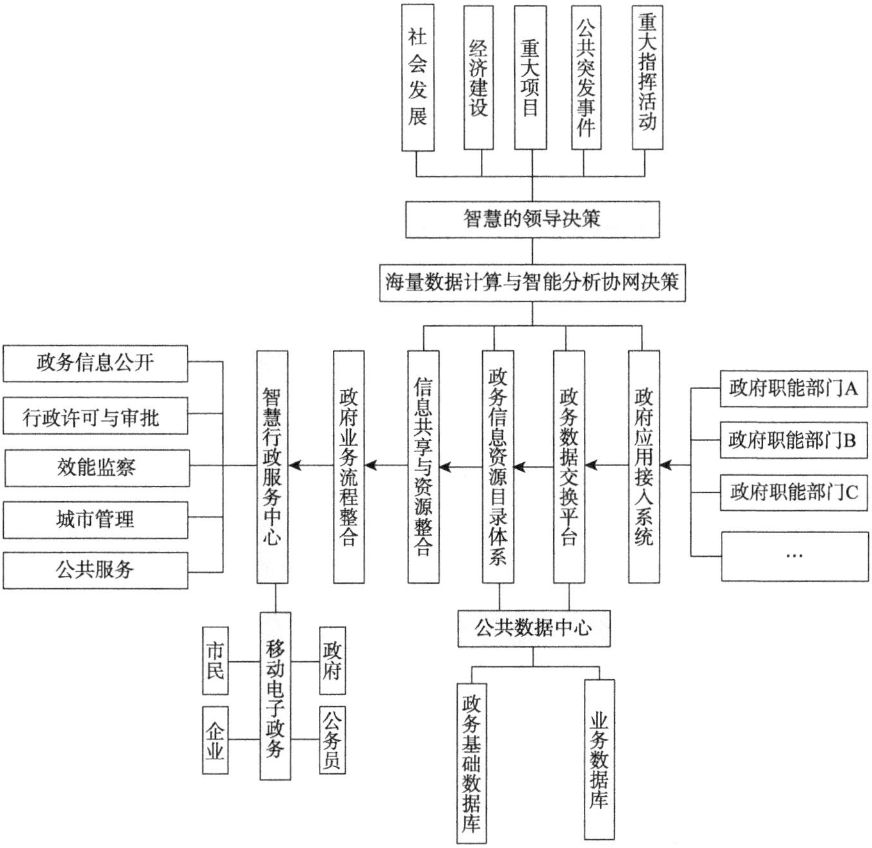

图 5-2　智慧政府的主要体系架构

与传统电子政务相比，智慧公共政务最大的特点是信息共享、资源整合、业务协同，实现了政务的一站式办理，并通过发展移动电子政务打破政务办理的时空限制，实现随时随地的政务服务。政府部门的信息共享与业务整合主要是通过构建政务数据交换平台、实现不同政务体系的连接和业务整合来实现的。智慧公共政务通过建设应用支撑数据平台，将物联网和政务网体系，以及政府各个管理部门之间进行完全连接与融合，将分散在各个政府职能部门的政务基础数据集中到政府公共数据中心，构建统一的公共数据库，把人口管理、企业经营和宏观经济等多方面的数据整合为城市政府信息的统一数据库，对这些数据进行统一管理和维护，促进城市信息资源的共享和开发利用，推动不同政府部门之间业务的整合，建立起协同管理模式，实现不同业务的一站式办理。

智慧公共政务的另一个重要特色是实现了智能化决策。实践表明，政府部门的决策越来越依赖于对历史数据、相关数据的科学分析。大数据、云计算及数据挖掘技术的发展为政府决策提供了科学的数据和事实支持，提高了公共政策制定的科学性和有效性。政府部门将经济决策、社会发展决策和重大建设项目等专题制定，以及指标、地区、时间、法律法规、互联网娱乐热点等信息进行关联，采用数据仓库、数据挖掘、知识库体系等技术手段，建立智能决策体系，推进政府信息资源的开发整合与高效利用。根据领导的需要开发用于辅助政府领导干部决策的“仪表盘”体系，把经济运行情况、社会管理情况等形象地呈现在领导面前，实现人的智能和人工智能的高度协同，支持政府的智能化决策。

综合以上分析可知，智慧公共政务能够通过主动设计和变革来转变政府的行政理念，改进政府的管理方式，大幅提高政府的办公效率和决策的科学水平，增强政府的管理和服务能力（张小娟，2015）。

5.2.2 搭建智慧型政府一站式服务模式①

一站式政府（one-stop government）是智慧公共政务的集中体现，指在公民本位理念指导下，政府通过设置多种便于寻找的服务前台（实体的或虚拟的）和协调整合不同政府部门间的信息和服务，使其在与公民、企业或第三部门的单一接触中，为他们提供全方位、一体化和个性化服务的组织形态。一站式政府在提供服务过程中所体现出的集中性、一次性、一体化和个性化等特征将极大地满足公民的需求，提升政府的形象，进而巩固政权的合法性基础。一站式政府建设的提出并非一个行政意志的偶然而是时代发展的必然，是在国家治理社会化大潮中催生的新型治理形态。

1. 一站式政府的逻辑框架

一站式政府的组织模式需要通过“前台—后台”的功能设置及前台与后台的双向互动来实现。这种逻辑框架突出体现了政府工作重心的转移，即由以政府自身为中心的管制向以公民为中心的服务的转移。具体而言，一站式政府的前台在提供必要的静态的公共服务信息的同时，也针对个性化的公民服务请求提供多元化的动态的公共服务形式，即前台还要承担公民请求的接收及服务结果的提供等职责；而后台，则需要在各个政府部门管理形式规范化、标准化的基础上，实现其业务管理形式的一体化，以使各部门既分工负责，又协同一致地完成服务请求的处理和反馈工作。

1）前台服务形式多元化

一站式政府的前台的设置必须是多元的，通过多种渠道为所有公民提供公共

① 本节内容源于课题组成员的相关成果：刘红波. 2011. 一站式政府研究[D].长春：吉林大学。

服务，这是对政府民主与公平的必然要求。本书将前台服务形式概括为“多元前台，单一接触；多层前台，一体服务”的服务形式（图 5-3）。

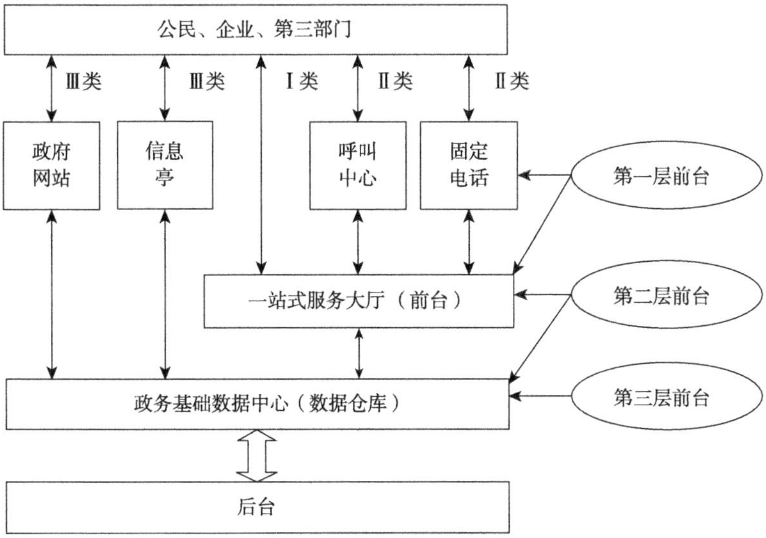

图 5-3　一站式政府的前台服务形式

一站式政府拥有“多元前台，单一接触”的服务形式。“多元前台”是指公民与政府具有多种交互的渠道，如政府网站、信息亭、呼叫中心、固定电话、移动电话和一站式服务大厅等；“单一接触”是指公民接触任何一个前台入口都可以获得服务。另外，一站式政府还拥有“多层前台，一体服务”的服务形式。第一层前台是与公民直接接触的前台，其中包括了第Ⅰ、Ⅱ、Ⅲ类交互模式；第二层前台和第三层前台都是相对的概念，即相对于第Ⅱ类交互（呼叫中心、固定电话等半接触形式）来讲，第Ⅰ类交互（一站式服务大厅等全接触形式）为第二层前台；相对于第Ⅲ类交互（政府网站、信息亭等无接触形式）来讲，政务基础数据中心（数据仓库）为第二层前台；相对于第Ⅱ类交互（呼叫中心、固定电话等半接触形式）来讲，政务基础数据中心（数据仓库）为第三层前台，即一站式服务大厅工作人员仍然需要基于政务基础数据中心来开展服务。这样便构建起了一个全面信息化的多元化前台服务形式。

前台服务形式的多元化直接带来的问题便是多个前台形式的统一协调问题。针对这一问题，艾玻斯等给出了一个解决方案，他们认为，澄清模糊问题时，服务前台和电话是优选的交流途径，而处理复杂问题时，网络和服务前台是优选的交流途径；通过咨询方式（单方的途径模式）来处理复杂问题，而通过会话方式（双方的交互途径模式）来处理模糊问题；服务前台和电话支持会话方式，而网络和服务前台支持咨询方式。

2）后台管理形式一体化

相对于逐渐扩大化、多元化的前台，一站式政府的后台在逐渐缩小、一体化，趋于“大前台，小后台”的服务模式。后台是处理具体服务事项的位置，这个位置可能是实体的也可能是虚拟的，可能是人的操作也可能是系统自动作业，可能被集中在一个物理位置（一站式政府前台），也可能被逻辑集中在各政府部门。后台是与公民隔离的，是对公民屏蔽的，然而，公民却也能通过电子手段监视后台的一举一动，如此看来，后台又是向公民公开的，是对公民透明的。如果希望很好地将信息和服务进行集成、综合并统一在后台办理，就需要改变传统的以职能为中心的、分散化的管理模式进而创设一体化的后台管理模式（图 5-4）。

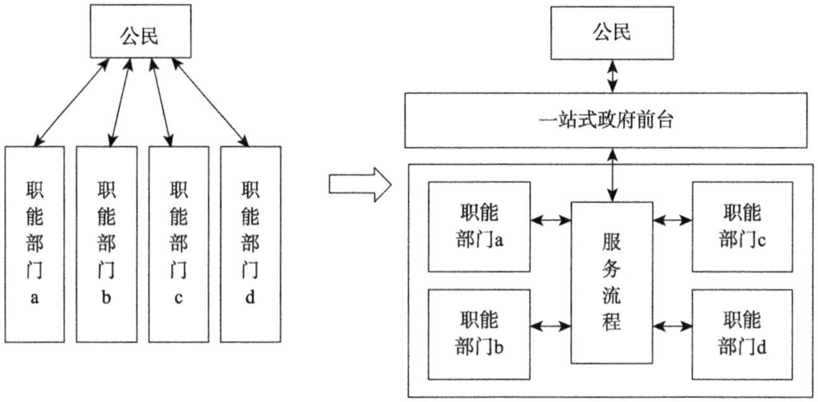

图 5-4　从分散化管理模式到一体化后台管理模式

传统政府服务模式下，整个服务流程是分散的、凌乱的，需要公民将这些流程链条加以梳理，并按照链条上的各个环节逐个遍访责任部门来获取服务。因此，在此种模式下，职能部门是“静”的，固定在某一处等候公民来访，而公民是“动”的，奔波在各职能部门之间。这种管理模式是基于“官本位”理念而设置的。在一体化后台管理模式下，服务流程不再由公民梳理和规整，而由一站式政府的后台进行梳理和整合。在此过程中，后台最大限度地将各服务要素整合起来，使之成为一条流程线。这种服务要素的整合，是一种“化合”，而不是简单的汇合和集合。化合是一个由“多”到“一”的过程，由“散”到“整”的过程，其发生的是质的转变而非量的积累。为了让服务流程更加顺畅，职能部门将自己的服务任务按照服务流程的自然顺序进行组装，服务流程的各个环节模块是标准的、固定的、定制的，各职能部门只需要处理自己所负责的那部分模块即可，这个过程可以是同时进行的，最后在数字化平台上对这些模块进行统一组装，从而形成一个完整的服务，一体化地提供给公民。

2. 一站式政府的两种运行模式

一站式政府的运行模式包括基于实体的运行模式（简称实体模式）和基于网络的运行模式（简称网络模式）两种。事实上，这两种运行模式是依据关键要素偏重来划分的，并非实体模式就不需要网络设施和信息技术的支撑，也不是所有的网络模式都仅需虚拟政府提供支持。当然，相比较而言，实体模式更强调在现有政府结构体系之上增设特定的实体服务机构，以此作为开展一站式服务的中心节点；而网络模式则更强调在网络系统支持下完成现实政府的组织结构调整和政务流程再造的工作。这两种模式在实践中都存在，不好断定某一个是不是另一个的高级阶段，因为政府可以根据不同的行政环境选取更适合自己的运行模式进行建设。不可否认的是，如果运行模式实施有序，两种路径应该都可以实现一站式政府的建设目标。

1）实体模式

一站式政府的最初实践便主要是建立集中提供服务的实体一站式服务机构，但由于没有信息技术的支撑，其发展前景曾一度黯淡。直到 20 世纪 90 年代，随着网络技术的产生发展，得到技术支持的实体一站式服务机构再一次焕发生机，并成为当今各国提供一站式服务的主要模式。然而，实体一站式服务机构还远没有达到一站式政府的服务要求，理想情况下，它应在信息技术的支持下形成实体模式（图 5-5）。

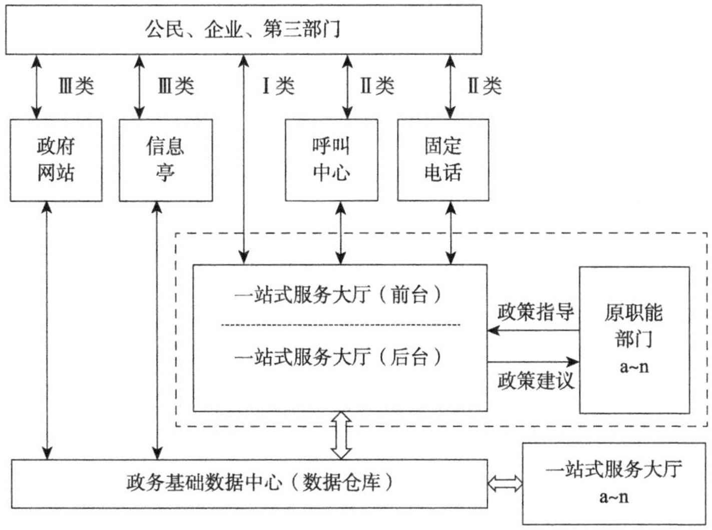

图 5-5　基于实体的运行模式

A. 实体模式的关键特征

实体模式的关键特征主要包括以下方面：①存在多个集中提供信息和处理服务事项的物理场所——一站式服务大厅。一站式服务大厅具有独立的执行权力来办理服务事项。这是一种将后台前移的设置，原来的服务后台在各职能部门，现在将服务职能集中并前移到一个前台办理。②就服务职能而言，尽管一站式服务大厅有很多优点，但因为一站式服务大厅不可能集中所有的服务职能，所以其他的服务职能还应该选择通过网络模式来提供。③就组织结构而言，一站式服务大厅具有扁平化的组织结构。领导者可以直接与大厅工作人员进行互动。④政务流程的梳理和再造在一站式服务大厅的后台进行。

B. 实体模式的要素关系

首先是一站式服务大厅同原职能部门的关系。一站式服务大厅是在既有政府机构体系之外，单独设立的政府部门，同原职能部门是同一层级关系。两者的主要区别是所承担的职能不同，其中原职能部门主要负责政策的制定和对政策执行情况的监督，而一站式服务大厅则主要是政策执行，同时，原职能部门为一站式服务大厅提供政策指导。另外，原职能部门将服务窗口移植到一站式服务大厅内，这种移植并不是直接的平移，而是基于职能总体规划和组织结构调整的植入。凡是进入一站式服务大厅的服务事项，原职能部门不再进行相关服务的办理。

此种一站式政府体系强调将政策制定与政策执行分开运行，并不提倡两者的彻底隔离。唐斯（2006）认为，在所有的社会中，制订行动方案的官员越远离执行这些行动方案的责任，他们越有可能制订出宏大的计划。计划与执行之间的距离越大，获得的反馈越少。所以，政策制定需要有执行者的参与，这种参与仅限于提供政策建议。由此来看，一站式服务大厅的工作人员有向决策部门提供政策建议的义务。

其次是一站式服务大厅同其他前台的关系。公民可以通过多元化的前台服务形式与政府进行交互。其中，第Ⅰ类交互（面对面）和第Ⅱ类交互（语音或视频）中的信息或服务可以直接通过一站式服务中心前台的窗口工作人员获得。第Ⅲ类交互（政府网站、信息亭等）中的信息或服务可以通过直接接触政务基础数据中心（数据仓库）获得，如果需要人员参与提供，则可由政务基础数据中心将相关数据转移给一站式服务中心前台的窗口工作人员。另外，一站式服务大厅是其他前台服务形式的基础和后台；其他前台服务形式又是一站式服务大厅功能的延伸和拓展。它们之间互相补充，相互依存，共同构筑起为公民提供服务的载体。

最后是一站式服务大厅的前台与后台的关系。作为一站式政府前台之一的一站式服务大厅又可以分为前台和后台，并且两者同在一个物理场所内办公。其中，前台除了负责接待到中心办事的公民外，还负责处理来自通信电话、视频和网络等一些公民的服务请求，后台则负责复杂事项的办理。后台的管理形式是一体化的，而此处的“一体化”有两层含义：第一，后台的信息和服务的办事流程是一体化的；第二，后台存在于同一个实体服务大厅之中，在这个意义上也可认为其是一体化的。尽管前台与后台距离很近（在一个建筑物内），但他们同样要以网络作为中介来进行沟通，因为服务事项没有纸质文件的办理，完全通过电子文档在网络中运行。

C. 实体模式的优缺点

实体模式主要存在以下优点：首先，一站式服务大厅是单独设立的一个具有独立执行权的政府机构，其中人事权、财政权等全部纳入大厅内行使，便于统一协调和管理；其次，一站式服务大厅的工作人员由大厅自主选拔和调配，具有组织归属感，同时能够比较容易地塑造组织文化；最后，工作人员经过严格的培训，具有多种业务能力（“通才”），能够接待每一位前来访问的公民，因此在不同窗口相互分担工作量方面具有较大的灵活性。

实体模式主要存在以下缺点：首先，一站式服务大厅不能够将所有的业务全部涵盖在内并办理。其次，因为需要人事权、财政权等方面的重新配置，将职能部门的既有行政权力进行剥离并纳入大厅进行管理，所以一站式服务大厅建设涉及多方面的改革，面临着更多的困难。Sader 认为，如若希望从根本上实现政府服务一体化提供，就应赋予实体一站式服务机构无所不包的权限（all-embracing authority）。更为重要的是，其他政府部门和机构担心一站式服务的创新可能会削减他们的权力和管理权限，最终带来政府官僚制内的管理权限之争。由此来看，一站式政府建设困难重重，其中那些分管不同行政程序的职能部门便是最大的阻力之一。最后，需要对一站式服务大厅的工作人员进行额外的教育和培训。

2）网络模式

网络模式是在不改变政府的实体形态的情况下通过网络技术对政府部门之间的运行关系进行改变（图 5-6）。

A. 网络模式的关键特征

网络模式的关键特征主要包括以下方面。①不改变现实政府的实体形态，依靠网络将各职能部门进行互联，打破部门与部门之间的壁垒，实现各部门之间的信息资源共享和整合。网络的触角可以延伸到任何一个计算机节点，这使一站式政府服务体系中的后台是否在一个物理场所内集中变得不再重要，重要的是后台的权力在前台的集中或者投射。②就服务职能而言，因为不涉及人员调配和组织规模等问题，网络模式能够在网络系统平台上提供比一站式服务大厅更全面的服务职能。当信息技术继续发展到一定程度，一站式服务大厅仍然存在，但是其职

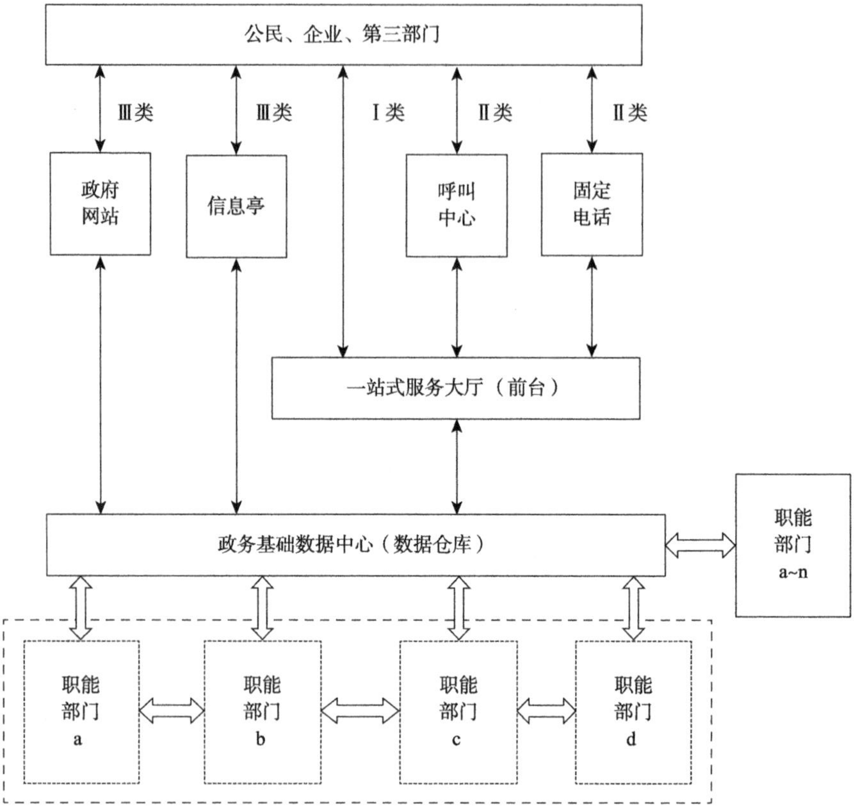

图 5-6　基于网络的运行模式

能发生了变化，它不再是后台，而成为前台或者准前台，在现场可以办理一切事情，只不过和后台是用网络相连的。③就组织结构而言，通过网络技术塑造扁平化的组织结构。④政务流程依靠信息技术和网络技术而在各职能部门之间进行梳理和整合。

B. 网络模式的要素关系

首先是政府职能部门之间的关系。政府职能部门之间是一种“逻辑集中”的关系。所谓“逻辑集中”，即没有经过物理实体的变动而仅在虚拟的环境下的互联和集中。政府职能部门在物理位置上是分散的，然而它们被网络连接到了一起，信息资源实现了共享和整合。各职能部门向政务基础数据中心更新数据信息，政务基础数据中心再将相关的信息分配给需要的部门，于是形成了互联互通的局面。

其次是政府职能部门与前台的关系。政府职能部门是网络模式的后台，它们同前台之间并没有直接的业务联系，而是通过政务基础数据中心与前台互联。政务基础数据中心将任务在各部门间统一调配，因此政务基础数据中心是有着强大的协调能力的数据站点。公民直接访问的是政府基础数据中心所链接的各政府网站、信息亭及一站式服务大厅的工作人员等，通过政府基础数据中心来调用各职能部门的服务信息。

C. 网络模式的优缺点

网络模式主要存在以下优点：首先，不需要对人事权、财政权进行重新分配，减少了向一站式服务大厅进行权力剥离的冲突，相对比较容易实现；其次，在办理服务项目的数量方面比以实体为载体的一站式政府体系更具有优势；最后，原职能部门工作人员不需要进行额外的教育和培训，但需要对一站式服务大厅的前台工作人员进行培训。

网络模式主要存在以下缺点：首先，需要更先进的技术支持，如果政务基础数据中心的协调能力欠缺的话，将导致整个服务流程的混乱和无序；其次，因为各职能部门中的组织传统、管理习惯及思想意识都互不相同，所以很难建设起协调一致的组织文化；最后，各职能部门前期独立的信息系统建设会带来沉没成本和路径依赖。某些情况下，“无”比“有”更具有优势。“有”的并不一定是“好”的和“对”的。有些政府部门建立起了信息系统，然而系统是支离破碎的，这整合起来十分困难，可能会缺乏资金、技术等，更重要的是缺乏改造的信心和决心。人们常常被已投入的物质和资金拖住了改革进程，形成路径依赖和沉没成本。相对而言，在另一些区域，政府可以为新的信息技术尝试规划蓝图，在此基础上进行建设能够更好地反映各方面的意愿，较快地实现目标。

D. 网络模式实施实例

自 2018 年以来广东省人民政府接连发布《广东省“数字政府”建设总体规划（2018—2020 年）》《广东省政务数据资源共享管理办法（试行）》《广东省数字政府改革建设 2020 年工作要点》等一系列文件推进建设广东省的“数字政府”体系。通过实现跨部门、跨地区、跨层级数据共享，建设省市县一体化政务大数据中心，为政务数据共享提供技术和平台保障，解决政务数据资源条块分割、标准不一、“信息孤岛”突出、开发利用水平低、“互联网+政务服务”便民要求差距大等问题，进一步规范政务数据资源编目、采集、共享、应用和安全管理，促进政务数据资源深度开发利用，为优化营商环境、便利企业和群众办事、激发市场活力和社会创造力、建设人民满意的服务型政府提供有力支撑。

“数字政府”总体架构分为管理、业务与技术架构，其中管理架构以省政务服务数据管理部门统筹管理和“数字政府”建设运营中心统一服务，体现“管运分离”的模式（图 5-7）。

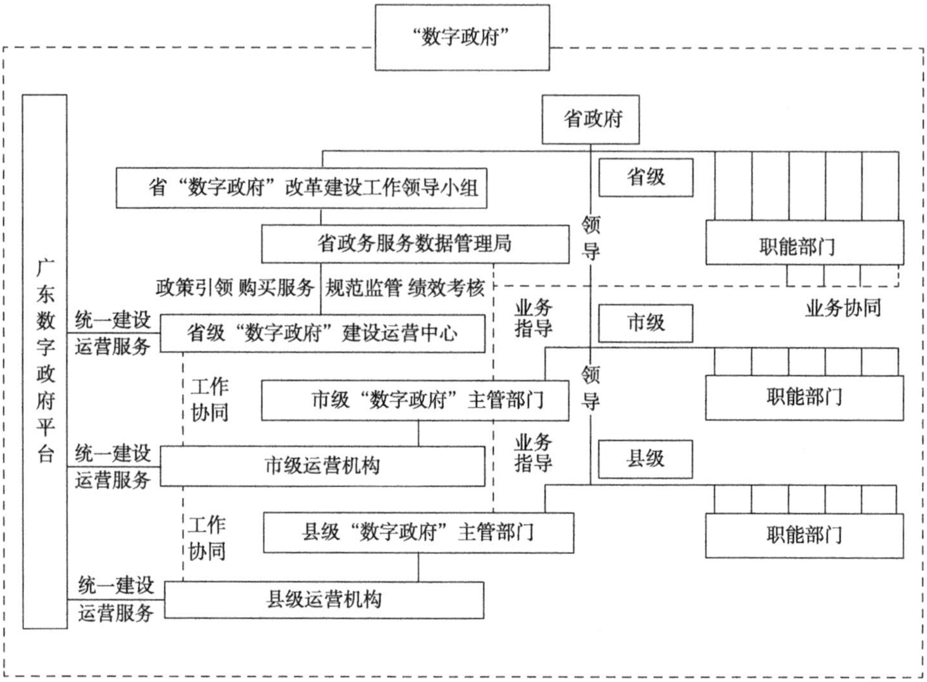

图 5-7 广东省“数字政府”管理架构

业务架构对接国家和省深化机构改革及“放管服”的改革要求，建立协同办公、政府服务、经济调节、市场监管、社会治理、公共服务、环境保护、决策保障、跨域协作九大创新政务应用，统一构建覆盖全省的公共支撑体系，包括基础支持平台（政府服务网、统一身份认证平台、非税支付平台等）、政务大数据（人口、法人单位、自然资源和空间地理等）、全省通用基础应用等，体现“整体协同”的运营模式，提升全省政务应用的公共支撑能力（图 5-8）。

技术架构采用分层设计，以大数据、政务云、政务网三大信息基础设施为底层设计构建社会信用公共平台、数据共享平台、智能客服平台等八大应用支撑平台，实现全省“数字政府”应用支撑、数据服务、基础设施、安全、标准、运行管理等的集约化、一体化建设和运行（图 5-9）。

自着力加快构建“数字政府”以来，广东已经成为领先全国的排头兵，腾讯研究院《数字中国指数报告（2019）》中显示，不论在数字中国还是在数字政务排名中，广东都位于全国首位，在全国百强数字政务指数排名中，前十的城市中有广州（第 1 位）、深圳（第 2 位）、佛山（第 7 位）、东莞（第 9 位）四个城市属于广东。因此，广东对于数字政务的建设可以称是全国各省区市的示范与典例。

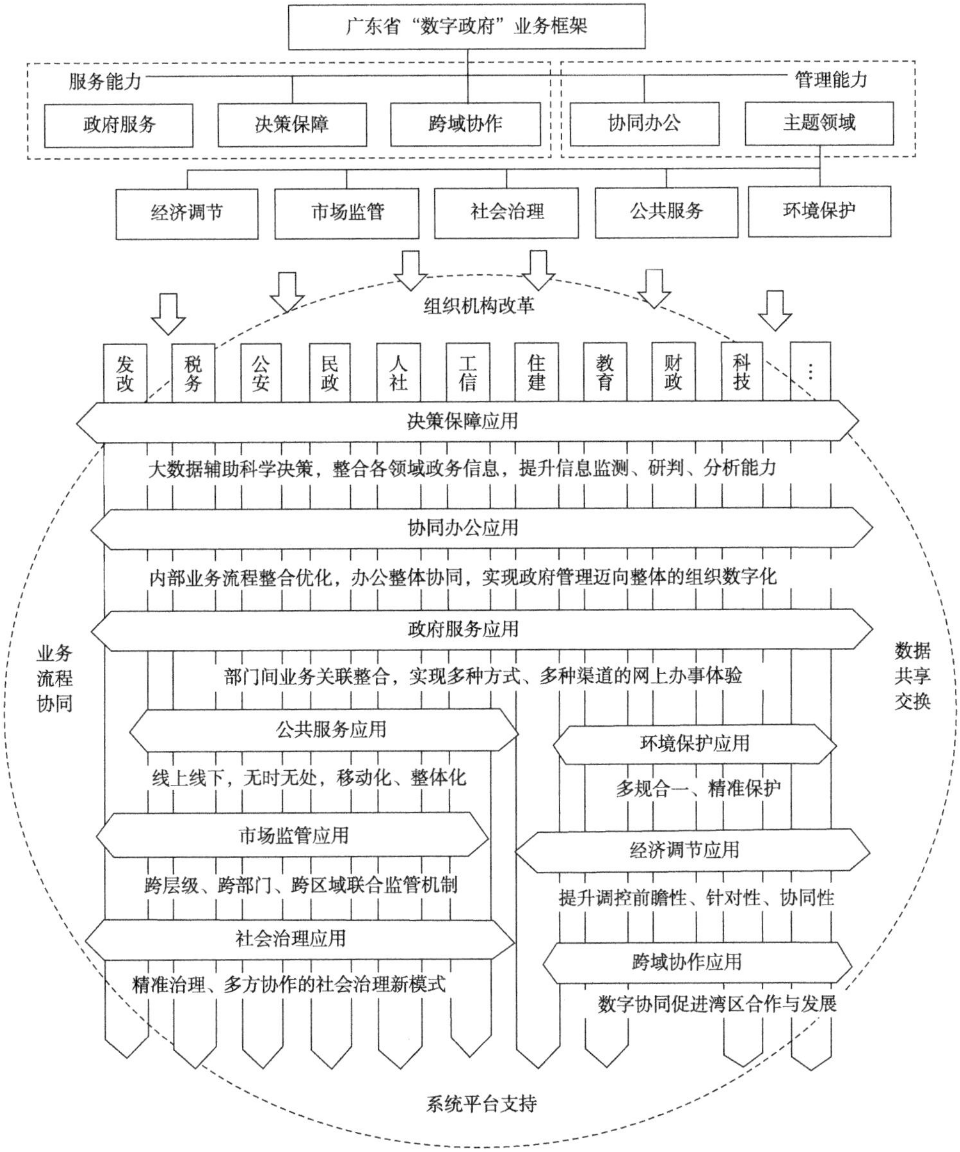

图 5-8　广东省“数字政府”业务架构

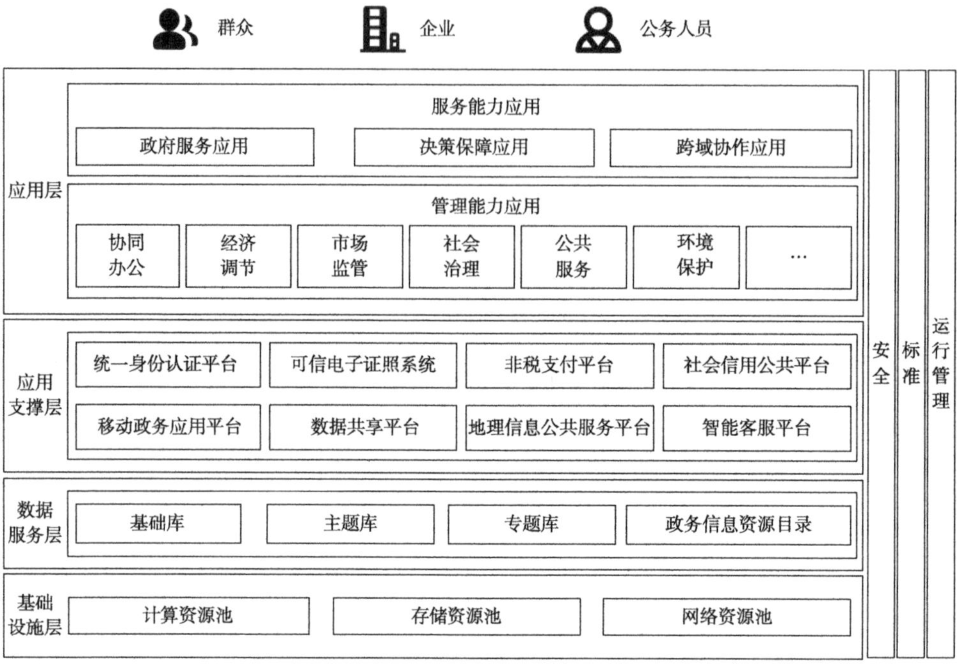

图 5-9　广东省“数字政府”技术架构

5.2.3　一站式服务需要做好供给侧改革[①]

一站式服务自 2000 年前后建设以来，行政服务中心和政府网站数量增长迅速。据原监察部网站统计，截至 2011 年底，综合性行政服务中心数量达到了 2912 个，已经接近区（县）级以上行政区划的总量（3223 个），30 377 个乡镇（街道）建立了便民服务中心。政府网站发展更快。2015 年《国务院办公厅关于第一次全国政府网站普查情况的通报》显示，我国开设政府网站达到 84 094 个。据智研数据研究中心统计，2018 年我国电子政务市场规模超过 3000 亿元，数字政务整体水平持续提升，用户使用数字化政务服务习惯已经形成，“入口上移、服务下沉”成为数字政务发展的重要趋势。在高投入的背景下，一站式服务成效已有所显现，无论在办事效率、办事流程整合及服务态度方面都有了较大的提高。但是考虑到公众的需求和政府服务供给方面的均衡性，一站式服务仍问题重重，这些政务服务的“难点”、“堵点”和“痛点”随着政府治理水平的不断提升也在被逐步破解。

① 本节内容源于课题组成员的相关成果：刘红波. 2016-03-28. 一站式服务需做好供给侧改革[N]. 学习时报，(5)。

基层政府网站合格率和使用率不高。政府网站普查显示，网站总体合格率为90.8%，其中政府门户网站的合格率远高于其他单一职能部门网站。除此之外，基层网站的问题较大。政府网站本应是政府网络问政、政民沟通的渠道，但是政府迫于网络舆论的开放环境压力，往往谨言慎行，甚至无所表达。整体来看，无论是政府端还是公众端，在线办事和在线参与的活跃度都不强。

行政服务中心信息化未完成。因办公场地有限，行政服务中心不能够将所有的业务全部集中在内办理，另涉及权力结构重新配置，它和政府网站之间未能有效整合，进而导致了公共服务供给两张皮的状态，而这一问题恰恰需要“互联网+实体大厅服务”的新理念来解决。另外，网络一站式并非完全优于实体一站式，网络一站式发展也不是为了取代实体一站式，而是两者相互支撑，互为补充。

面对当前行政服务中心和政府网站数量庞大、质量不精的发展状态，亟须政府公共服务供给更精细、质量更高，以满足公众的服务需求。以前，公众并不熟悉在线服务这样一个新的事物，所以政府提供了大量的基础设施来引领和刺激公众认同在线服务方式，现在公众普遍接受了网络，但是政府在线公共服务供给种类和质量却满足不了公众的需求。所以须从提高服务供给质量出发，对一站式服务做好供给侧改革。改变传统政务服务所采用的粗放式、模式化和批量化的生产模式，迎来一站式服务倡导的集约式、个性化和多样化生产模式。

一站式服务的供给侧改革，需要从优化前台服务和改进后台管理两个方面入手。

1. 前台服务功能集成化与多元化

政府网站内容最大化集成，适当减少网站数量。政府网站不宜过多，过多的网站会加重公众查询和获取信息的负担。网站应该强调服务的集成性，这是一站式服务的精髓所在。美国就将在线项目集中在联邦网站上，英国也早在 2007 年就已经对政府网站进行了瘦身，削减了 90%以上的网站。我国可借鉴两国政府网站管理经验，控制网站数量，优化网站功能，以方便公众获取一站式服务。

优化政府门户网站的服务功能。目前，政府门户网站依然是最重要的服务供给渠道。首先，网页内容应体现对用户群体的包容性。针对不同的用户群体应该开发不同的网页类型，如语言的分类网页、特殊人群网页等。其次，以生活事件为服务主题对服务项目进行科学分类。一站式政府门户网站应最大化地集成针对特定客户、特定时间的生活活动的公共服务。最后，重视个人网页的开发利用，开发个人专属网页，提供个性化服务，并尽可能将服务集成整合在个人网页上。

开辟更为灵活的移动政务渠道。移动互联网正改变着信息获取途径和服务供给的内容及方式。我国网民数量庞大且在移动端使用活跃，政府应注重选择移动互联入口作为服务终端。例如，当前政务微信公众号增长迅速，移动的服务型政府正在微信平台上构建。

加快公共信息亭的安置和投放。具有自助服务功能的公共信息亭可直接向客户提供互动服务，其中包括货币支付、公共信息获取、打印扫描、事项办理等功能。因为自助服务机具有安置容易、便于寻找（主要设置在人群聚集的公共场所）、使用方便（尽量采用简单方便的操作控制界面）等特点，所以，此类服务模式也将拥有更大的发展空间。

面对不同问题，选取不同服务前台。目前，服务前台呈现多元化状态，既包括实体的政务大厅、有线电话、广播、电视等传统平台，还包括有网络的公共信息亭、政府网站、移动电话等新媒体，还有微博、微信、QQ 等自媒体办事平台。前台服务形式的多元化直接带来了如何对前台统一协调的困扰。面对既明确又简单的事情，应优选网站、公共信息亭及自媒体等自助办事方式；面对明确但复杂的事情，政府网站和行政服务中心是优选的交流途径；面对模糊但简单的事情，采用电话、视频等方式沟通较好；面对既模糊又复杂的事情，面对面交流的行政服务中心是较好的选择。

2. 增进制度与技术创新的协同性

在一站式服务打造过程中，制度创新先于技术创新或技术创新先于制度创新是比较常见的做法，但两种做法均存在一定的弊端。

如果制度创新先于技术创新，即先推进行政组织重塑和政务流程再造，在此基础上进行信息化建设，易使政府在前期开展组织重塑或流程再造过程中因得不到技术创新的支持而进展缓慢甚至彻底失败，往往成为一种将各职能部门窗口在一个物理场所集中办理的集中式政府。我国有一些行政服务中心建设存在信息化程度不足的问题，只有逐步加快行政服务中心的信息化建设才能够真正提供一站式服务。

而如果技术创新先于制度创新，即先在单一部门进行信息化建设，然后在制度创新的推动下，实现纵向层级之间和横向部门之间的信息共享及服务集成，则在信息化建设中，政府部门容易顾及不到技术服务的标准化问题，无法与其他部门互联互通，于是形成了一个个信息孤岛。这就需要制度创新进一步跟进，通过组织与流程的再造变革，实现层级之间和部门之间的互联互动，从而实现一体化协同办理，然而，因为技术标准不能统一，后续制度创新的尝试在技术的阻碍下变得更加困难。

因此，技术创新与制度创新应同步进行，在两者协力推动下实现一站式服务。如若要达到一站式服务的一次性办理和一体化服务等目标，仅仅依靠前台窗口的集中是不够的，更重要的是实现服务事项在后台的整合与集成。以一站式服务对时间的节省为例，数字信息技术能够缩短业务流程节点之间的传输时间，唯有理顺了内部的管理才能使节点间的快捷传输真正发挥作用。

5.3　智慧公共服务[①]

5.3.1　智慧公共服务的内容与特点

1. 发展智慧公共服务的必要性与迫切性

公共服务内容主要包括医疗、就业、消费、社保、教育、旅游和社区服务等几个方面。完善的公共服务是现代社会的重要标志之一，为应对城市社会来临的一系列问题，公共服务供给模式创新被提上日程。党的十九大报告指出，“完善公共服务体系，保障群众基本生活，不断满足人民日益增长的美好生活需要”，并提出到 2035 年基本公共服务均等化基本实现的目标[②]。本书认为，促进城乡一体的基本公共服务体系建设和公共服务供应水平的均等化，不仅需要公共服务供应制度和政策的创新与公共财政资金的投入，更需要公共服务供应方式的创新以保证公共服务品质和效能的不断提升。公共服务供应“智慧化”是公共服务供应方式创新的一个重要方向，也是提高有限公共财政资金使用效能和公共服务品质的一条有效途径。

智慧城市建设作为未来城市社会发展的方向，在公共服务供给创新中发挥着重要作用。智慧化的公共服务建设包括构建公共服务云平台，整合信息资源，搭建数据中心，建立集中化、统一化、标准化的公共服务信息系统。实现多部门、多领域、多维度、多系统的互联互通，推进公共服务部门之间的协调与统一管理，其理念契合了城市社会发展的背景与特征，即充分运用信息技术和通信技术手段感测、分析、整合城市运行核心系统的各项关键信息，对于包括民生、环保、公共安全、城市服务、工商业活动在内的各种需求做出智能的响应，为人类创造更美好的城市生活。公共服务的智慧化供给是在掌握公共服务历史供给规律的情况下，通过数字平台“智慧化”地分析供给事件，辨析供给价值，处理不同价值问题的公共服务供给方式。它主要表现为信息通信技术应用于政府提供公共服务的过程，政府部门依托网络信息平台了解公民公共服务需求，通过建立大数据公共服务网上平台为公民提供最新资讯、商品等公共服务产品。作为智慧城市建设研究的一个重要维度，智慧的公共服务体系与智慧的基础设施建设应树牢以人为本、

---

① 本节内容源于课题组成员的相关成果：吴克昌，杨修文. 2014. 公共服务智慧化供给：创新要素与模式构建[J]. 湘潭大学学报（哲学社会科学版），38（1）：89-94。

② 《习近平：决胜全面建成小康社会 夺取新时代中国特色社会主义伟大胜利——在中国共产党第十九次全国代表大会上的报告》，http://www.gov.cn/zhuanti/2017-10/27/content_5234876.htm[2021-05-28]。

民生先行的核心理念，将综合考虑用户需求度、满意度贯穿智慧公共服务设施规划、建设、运用、评价全过程，协同推进智慧产业的发展，促进智慧城市管理，打造智慧创新的公共服务数字化平台。

本部分在研究公共服务供给模式的基础上，结合智慧城市发展的现状，为我国公共服务供给提供更加智能化、网络化、多元化的供给模式，多元供给主体，多条供给渠道，畅通供给环节，提升供给水平，以此来促进我国整体公共服务水平的提升。

2. 国内外研究分散，对发展智慧公共服务的支撑有待提升

国外学者对于公共服务智慧化供给模式创新研究主要集中在以下几个方面：①政府流程再造与网络技术创新对于政府职能转变的重要影响。Saxena 和 Aly（1995）认为，经济社会的发展带来社会管理难度的增加，政府社会管理及服务的过程中难免出现困境，政府流程再造和网络技术的创新能够帮助政府走出这些困境。Ho（2002）认为政府流程再造与网络技术创新在政府提供公共服务的过程中具有主动性。②网络技术对于公共服务供给作用的研究。Schelin 认为，区别于信息技术仅仅被用来提高事务处理的效率，网络技术为政府提供公共服务提供了新的方式与契机。

我国学者关于作用于公共服务供给领域的电子政务及网络技术的研究文献逐渐丰富，研究内容主要包括以下几个方面：①电子政务作用于公共服务供给的意义研究。张成福（2000）认为，电子化政府的建立就是为了给公民提供方便快捷、高质量的公共服务。周宏仁（2003）认为信息技术的梳理与协调有助于推进政府部门职能的转变和机构的调整。②电子政务作用于公共服务供给的模式研究。孙柏瑛和李卓青（2008）认为政策网络治理是公共治理的新途径，在多元化的社会活动中，政府必然需要寻求新的治理理念、服务观念，与企业、公民形成良性互动关系，以求得“政府失灵”“市场失灵”背景下的新发展。任志宏和赵细康（2006）从公共管理方式变革和治理的角度讨论环境治理的方式。他们认为随着环境管理水平的上升，政府提供公共服务的手段也从命令与控制市场逐步变为沟通，为政府实现其职能提供了新的机会和选择，还根据公共治理新模式的特点，将环境治理的新工具分为三大类。张锐昕和刘红波（2011）认为一站式政府的逻辑框架应该基于“前台—后台”的功能来设置。③电子政务作用于公共服务的问题研究。刘家真（2007）指出，电子政务工程存在高投入、低回报的特点，并提出了新一轮的电子政务发展战略。刘桂珍和孙国徽（2008）认为我国电子政务作用下的公共服务存在服务对象不均等化、整合度不高、资源重置、公共服务电子化完备性不够等问题。

总结国内外学者针对电子政务等相关信息网络化技术作用于公共服务上的研

究成果，多角度的研究为智慧城市与城市公共服务供给创新提供了理论及技术性指导，但是研究比较分散，没能为智慧城市理念作用于促进政府迅速转变职能，提高公共服务供给水平提供可行性方案。

3. 智慧公共服务"以人为本"的内涵及三大特点

发展智慧公共服务是一个更新服务理念的过程，它秉承"以人为本"的价值理念。信息社会的来临和知识经济的发展都对人的价值及地位进行了重新定义，更加突出强调人的核心价值及人在经济社会发展中的能动作用，从根本上决定了智慧城市时代的公共服务必须树立"以人为本"的价值理念。在农业社会时代，人被束缚在土地上，在工业社会时代，人与机器紧密结合，信息社会将从根本上改变人的从属地位。在信息社会，信息化和数字化使人们能够将散布于各个角落的零散现象进行综合、比较和分析，获得充分的知识和信息，使人更加有"智慧"。同样，人们也可以利用信息技术手段来表达自己的利益和要求，积极参与公共事务。尤其在经济社会中处于弱势地位的人，基础性、广泛性、渗透性、影响性极强的信息技术的运用为他们表达自身利益和诉求提供了前所未有的便利条件。由此可见，信息社会中的人将在社会进步和经济发展中处于主导地位。与此同时，知识经济又从另外一个角度对人的地位提出了要求。知识经济的发展动力是知识，而人是知识创造的主体，适应知识经济的人不是狭义的"人才"，而是"全面发展的人"。具有开阔的视野和开明的思想，能够理解新思想、新事物，具有独立的判断能力的人，可推进知识的创造和更新。因此，信息社会和知识经济要求充分尊重人，维护人格的完整，在提供公共服务时将人作为一个大写的人，具有多种面目、个人历史、个人个性、多种需求的人，而不仅仅是一个服务的对象。例如，在医疗卫生服务中，智慧医疗转变了过去"碎片化""非连续"的服务方式，通过建立健康档案和电子病历，医生对病人有更为长期全面的了解，并通过不同医疗卫生机构之间的互联互通，实现各种医疗卫生信息在不同医疗部门之间的"无缝"连接，从而使医疗卫生服务向整体化、连续化发展，使病人的服务需求能够得到更充分的满足。

智慧公共服务的设计主要通过建立"以需求为导向"的服务模式，更好地满足社会公众多样化的服务需求。为了更好地提升公共服务的品质，我国应突出公共服务的公共性和公用性，充分发掘信息技术的价值，树立以需求为导向的服务精神，即利用物联网、云计算、大数据等技术感知，分析公众的服务需求，并充分吸纳公众意见，由简单地满足公众需求向深入调查和真正理解公众需求转变，促进公共服务从以供给方主导，向需求导向、供给方与需求方充分合作的公共服务模式转变，即由原来的"政府→公众"式的单向输送模式转变为"政府↔公众"式的双向互动模式（图 5-10）。

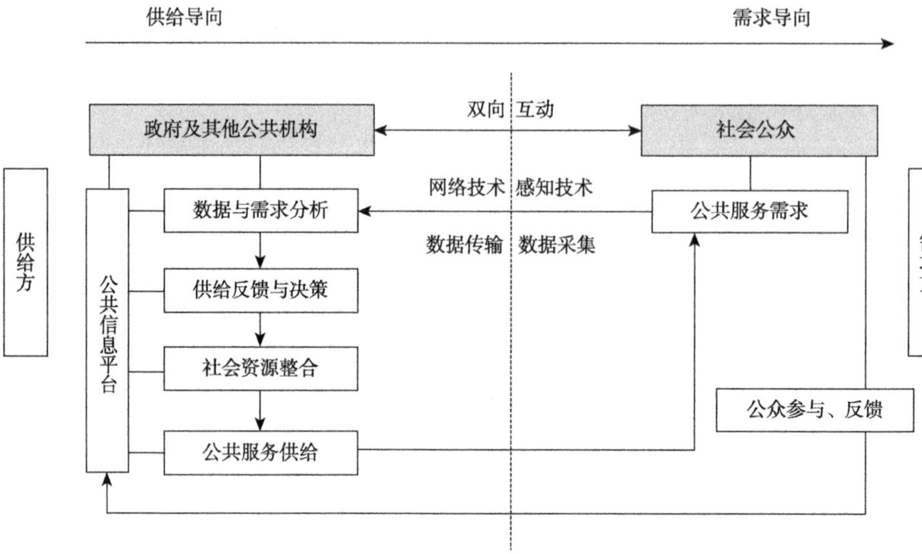

图 5-10　智慧公共服务供给模式由供给导向向需求导向的转变

与传统的公共服务相比，智慧公共服务的服务方式有以下几个方面的特点和优点：第一，感知化、智能化。利用感知技术、网络技术使城市中的人与物、物与物之间具备透彻的感知能力，从而使公共服务供给部门能够更加敏锐地获取和分析公众的服务需求，通过对实时数据的采集、处理、决策及反馈来完善和优化公共服务的供给，满足市民个性化的服务需求。同时，社会公众也可以利用相关网络平台更好地获取便捷、人性化的公共服务，如定位、个人导航、移动地图，以及酒店、旅游、车位等位置服务。第二，网络化、体系化。智慧城市最大的特点是利用互联网、物联网、大数据、人工智能等信息技术实现城市中各类要素的互联互通，体现在公共服务领域，则是一方面加快公共服务的数字化、网络化进程，实现各种城市公共服务的网上办理，发挥网络化服务方式高效、便捷、成本低的优点，另一方面要打破公共服务部门的界限，实现公共服务信息的共享，从而形成体系化、一站式的服务方式，真正达到惠民、便民的目的。第三，政民的互动合作。智慧型公共服务的供给鼓励社会和市场广泛参与，以真正实现数字惠民。在智慧公共服务的建设中，应积极鼓励公众参与公共事务，通过搭建信息平台，促进政府与社会主体之间，以及各类社会主体之间的交流互动，促进政府、企业、公民与非政府组织多方联手、互动合作，共同制订计划，推进实施。在实施过程中，要充分吸纳公众意愿，吸引公众与企事业单位等各类主体积极参与，设计面向社会、能够为公众方便应用的开放式的项目，并通过整合各部门的公共资源及提供多种信息化服务渠道，使大多数人能够承担、选择和使用。以上几个方面的优点使智慧公共服务能够更好地整合社会资源，提供更充裕、更高品质的公共服务，以满足城市居民不断增长的物质文化需要（张小娟，2015）。

4. 公共服务智慧化供给的基本内容

公共服务智慧化供给，是将智慧城市理念与公共服务供给模式创新相结合，以信息化和现代化推动政府职能的转变，为政府公共服务供给能力的提升及供给方式的创新提供技术化平台的现代化公共服务供给模式。公共服务智慧化供给应从以下几个方面理解。

第一，供给主体的多元性。公共服务智慧化供给由多个主体相互独立完成，各主体之间利用信息化手段进行沟通调节，在社会供给规则中选择彼此适应、有利于发展的归属关系。

第二，供给决策的科学性。公共服务智慧化供给决策是在充分积累与认识历史经验的基础上，通过对外围环境的智能化分析而形成的。它是与公民需求相匹配的，使公民真正参与到公共服务供给决策的制定过程中，让他们不再拘泥于低层次的静态浏览网页或动态信息发布，转向业务处理和定制个性化服务。改变传统自上而下的决策方式，将公共服务供给决策置身于透明的决策平台上与科学的决策流程中。

第三，供给保障的平衡性。传统的公共服务供给模式中，政府与市场之间存在着公平与效率的博弈关系。如何保障效率与公平之间的平衡，是创新智慧城市公共服务供给模式的又一关键问题。智慧城市的信息化供给方式提供公共服务供给的透明性程序和规则、确保市场供给竞争的公平、对供给过程进行科学的监管，同时对政府、市场或第三方组织的供给进行调节互补，从而为公共服务供给提供良好的保障机制。

第四，供给评估的制度性。公共服务智慧化供给评估机制以强大的信息系统为依托，以严格标准的制度为基础，目的在于对公共服务的供给现状进行描述，促进未来的公共服务供给发展。

5.3.2　两大方面影响智慧公共服务的供给模式

西方国家对于公共服务供给的研究起步较早，大致经历了“严格管制型—自由放任型—整体协调型”三个阶段，“整体协调型”供给模式阶段是结合前两个阶段公共服务供给现状，以协同理论和无缝隙政府理论为基础发展而成，它提倡公共服务供给模式旨在整合社会资源解决与人民生活相关的问题，着眼于不同利益主体对于公共服务的不同需求，为调和西方国家经济社会矛盾起到了不可磨灭的作用。总结西方国家公共服务供给的成功经验并结合我国智慧城市发展的特点，本书认为，区别于传统的公共服务供给模式，智慧化的公共服务供给模式受到供给主体、供给理念、供给制度、资金来源及信息技术等多方面因素的影响，各影响因素之间相互作用，共同决定了智慧城市的公共服务供给模式（图 5-11）。

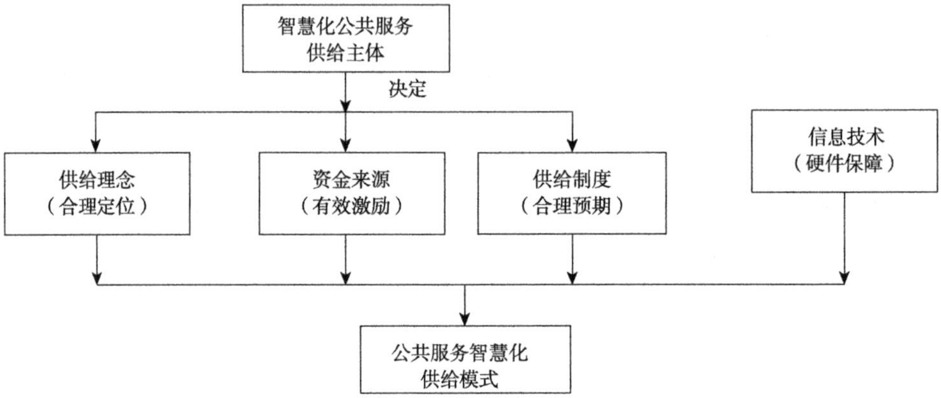

图 5-11　智慧城市的公共服务供给模式

1. 供给主体对智慧化公共服务供给模式的影响

“多中心理论”从经济理性人的角度说明了在公共服务的供给中，多元化的供给主体对于“秩序”与“效率”的重要性。智慧化的公共服务供给主体的多元化包括两个方面的含义：从横向上来说，是指在公共服务供给过程中，政府、市场和社会三重要素共同制约，协同供给；从纵向上来说，是指区域经济一体化背景下的多行政区域合作供给。智慧化的公共服务供给主体的多元化决定了智慧化的公共服务供给理念、供给制度及资金来源，从而从根本上决定了公共服务的智慧化供给模式。

首先，多元主体的平衡制约促进着政府职能的转变，使政府在意识到自身公共服务供给总量与供给能力不足的同时，能够从主客观原因出发，合理界定自身职能。政府应该在充分了解各主体利弊的基础上，从整体的角度权衡自身能力及职权界限，从自己不该做、做不好的领域退出，充分发挥市场与社会团体的作用以弥补其自身不足。同时，政府应该在对其自身职能进行合理定位后，给予智慧化的公共服务供给模式政策上的支持，以提高公共服务供给水平和效率。

其次，多头资金来源能够强化公共服务各供给主体的责任意识。公共服务供给的资金来源决定着公共服务由谁提供、由谁生产、是否需要融资等方面的问题。单一由中央政府拨付、地方政府执行的公共服务财政供给方式对于地方政府公共服务供给行为缺乏激励作用。因而，在智慧化的“多元”公共服务供给主体的背景下，从公共服务供给执行者的角度出发，地方政府如何平衡调节公共服务供给各主体与公共服务供给资金来源之间的关系，对于智慧城市公共服务供给模式有重要影响。

最后，健全的公共服务供给制度是公共服务智慧化供给模式的保障因素。制度经济学研究表明：制度是经济增长的核心要素。制度的不明晰与缺失会导致公共服务供给过程中供给主体职责不明晰、供给范围重叠等多重问题。健全的公共服务供给制度能够为智慧化的公共服务供给提供确定性预期，从而提升政府公共服务供给能力、降低公共服务供给成本。

2. 信息技术对智慧化公共服务供给模式的影响

公共服务的智慧化供给模式是在信息技术发展的大背景下形成的。信息技术对于智慧化的公共服务供给模式的影响体现在以下方面。首先，它改变了传统的直线型公共服务供给方式，扁平化原有的公共服务供给组织，公共服务供给决策者与执行者甚至是需求者之间的严格界限被模糊。韦伯在他所设计的科层制组织中强调了“金字塔顶端”的人所掌握的“足够信息”对于合理决策的重要性。信息技术的发展改变了科层制“层层上报”的信息传递模式，在节约公共服务供给行政成本的同时使决策变得更加理性。其次，信息技术发展带来的透明化的公共服务供给平台解决了公共服务供给过程中信息不对称的问题，使得多元主体供给与公众参与“逆向选择”供给变为可能，将公众利益偏好注入公共服务供给决策中去，有助于加快政府职能的转变。最后，信息技术的应用将大幅提高公共服务供给的效率和质量。信息技术使得公共服务响应的速度提高，管理和服务的自动化和智能化使传统的“人工”服务转变为自动化的“职能”服务，管理和服务更加精细化、个性化、高效和优质化。

5.3.3　智慧公共服务的三种供给方式

20 世纪 70 年代爆发的经济危机使得以萨缪尔森为代表的凯恩斯主义政府主导理论受到严厉批判，因而引发的公共服务供给模式创新浪潮影响着世界各国政府公共服务供给模式的演变。目前各国政府的公共服务供给模式虽不尽相同，但总体上可以分为三种：以美国和英国为代表的市场导向模式、以欧洲为代表的社会福利模式和以东亚为代表的政府干预模式。不论哪种公共服务供给模式，政府、市场和社会都在其中发挥着各自独特而重要的作用。

另外，随着城市化进程的加快与公民民主化诉求的增强，政府越来越深刻地意识到，电子政务作为我国信息化建设的重要部分，其所含有的“技术权力”特质决定着未来社会的发展方向。“智慧城市”正是在这样新的信息技术的推动下，将全球物联网、5G、互联网、人工智能等结合应用的社会形态。近年来，随着城市经济的不断发展、智慧城市建设的不断深入，我国呈现出以下几种公共服务智慧化供给趋势。

1. 区域一体化供给

传统的公共服务供给方式以单一行政区域为单位，由各地方政府独立供给。这种垄断性的公共服务供给方式以政府对公共事务的行政权力为后盾，通过行政手段提供公共服务。由于公共服务供给内容一般都是由各地方政府分别决定，因此，更确切地说，传统的公共服务供给方式属于地方政府主导型供给，这种供给方式对于针对性地解决行政区域内部公共服务供给问题、促进本地区经济发展有着一定的意义，但同时也造成了区域间公共服务资源重叠、公共服务外部性特征凸显等问题。因而我们认为，政府基于单一行政区域以强制力保障供给的公共服务供给模式不利于整体区域的可持续发展及利益最大化的实现。

20 世纪 50 年代至 20 世纪 60 年代，世界各国经济学家以经济分析为基础建立了一体化系统理论，从关税同盟、自由贸易、共同市场、协议发展及综合发展等方面说明了区域一体化发展的重要性。将区域一体化发展引入社会公共服务上来，本书认为，智慧城市的公共服务区域化供给方式，从区域公共治理的角度，跨越单个行政辖区管理实体的管辖范围，用更智能、更快捷的方式解决各种跨行政区域或经济区域等区域公共服务问题。其实质就是利用信息化手段对区域公共服务问题谋求解决之道，通过协商合作提供区域公共服务获取区域公共服务的最佳效益。智慧城市的公共服务区域化供给方式中（图 5-12），A、B 行政区域抛弃了传统的各自为政的公共服务供给方式，转向寻求彼此的共通与协同之处，解决了公共服务供给中的体制障碍，节约了公共服务资源，避免了“信息孤岛”和“数字鸿沟”的出现。

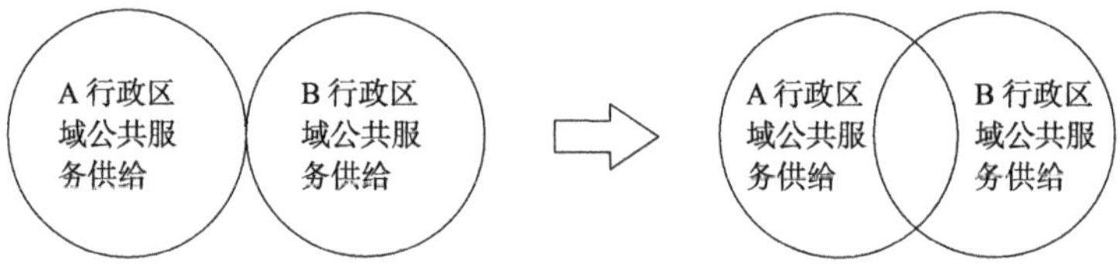

图 5-12　智慧城市的公共服务区域化供给方式

公共服务供给的区域一体化方式以实现区域整体化可持续发展为目标，追求发展中的“合作”和“共赢”，现已被广泛应用到长三角、珠三角等区域的一体化发展中来。区域一体化供给模式发展的最大困境在于如何打破原有的行政壁垒，达到区域内部利益一体化。

2. 全触式供给

在智慧城市背景下，公共服务的供给趋向于市场化、法治化、透明化，有利于均等化的实现。基本公共服务均等化同时意味着政府应该加强责任意识，要求政府在了解市场供需关系的前提下提供公共服务，强化政府的服务能力。政府门户网站的建立与应用就是良好的公共服务价值的体现，政府与顾客通过一站式平台的沟通和信息互换来建立良好的关系。

1992 年德国学者的研究表明，公民对于公共服务的需求是多元的。公民需要多种途径来获得更多、更优质的公共服务。从这一方面来说，虚拟的前台对于公共服务的多元化供给存在优势。与此同时，美国学者卡尔·阿尔布瑞奇特从人性化服务的角度强调了实体前台的必要性。因而，笔者认为，智慧化的公共服务供给平台，应该是“多元前台，单一接触；多层前台，一体服务”的服务形式。“一站式服务大厅”作为智慧化的公共服务供给平台中至关重要的一层前台，及时与其余前台进行数据交换，公共服务需求者可以通过“一站式服务大厅”直接享受公共服务资源，节约了获取成本（图 5-13）；同时，他们也可以直接通过第一层前台多元化地获取公共服务供给信息。这种透明化的公共服务供给操作方式为公共服务需求者拓宽了公共服务获取渠道，有利于形成决策、执行、监督相对明晰的公共服务机制。

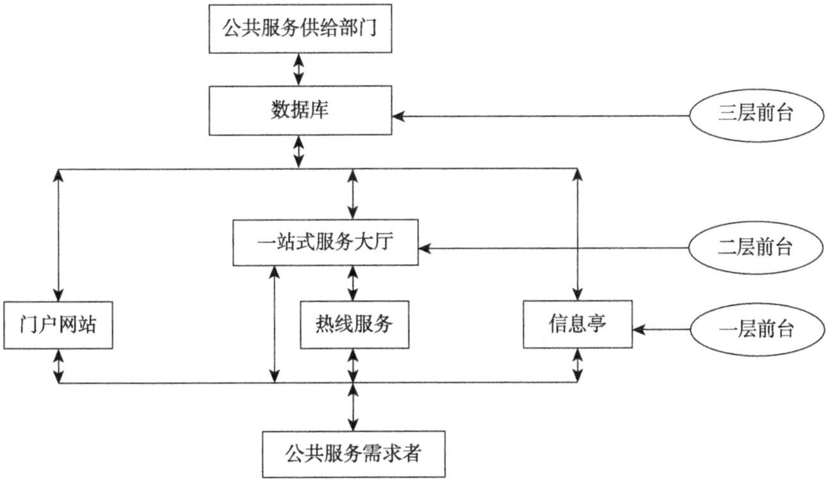

图 5-13　全触式公共服务智慧化供给模式

3. 合作式供给

20 世纪 80 年代末，来自兰德公司的报告从政府和非政府两个角度说明了无论是完全的政府还是完全的市场都是不完美的，严格的规制导致效率低下，完全的市场化不能解决公平问题，必须对其进行权衡。政府、市场、社会三方中任何一方都不可能在智慧化的公共服务供给模式中占绝对的主导地位，因而智慧城市的公共服务实行合作式供给方式，均衡化供给意义彰显。

从效率的角度出发，智慧化的公共服务供给引入了市场机制，市场化改变了传统的政府直线式主导供应的方式，大多转为由国有企业或私人部门承担。值得注意的是，这种改变并不意味着这些企业或部门拥有公共服务提供机构的所有权，事实上，政府部门只是与私人部门共享这些所有权。在公共服务的生产上，智慧化的公共服务供给抛开了之前完全由政府及国有企业包揽的方式，转为公共服务生产外包，政府通过政府门户网站以更透明的方式进行项目招投标，以更科学的手段对投标者进行审计监察，或是在互联网平台上与公民进行互动，将选择权交回公共服务受用者（图 5-14）。

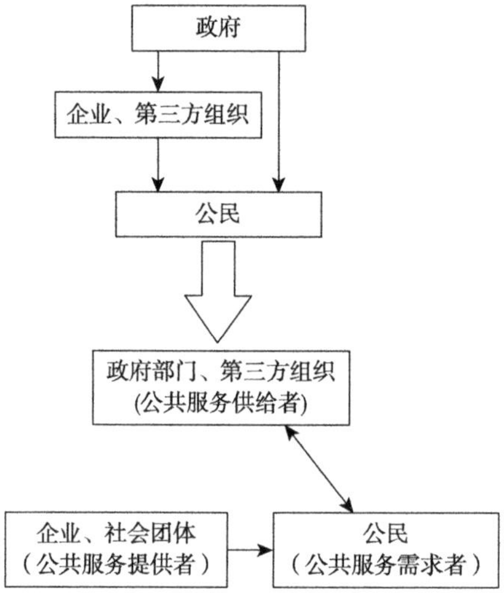

图 5-14　智慧城市的合作式公共服务供给

综上，在公共服务的智慧化供给方式中，多元主体的相互协调解决了单一垂直化供给造成的效率低下问题，区域一体化供给避免了公共服务资源的浪费。在智慧城市的公共服务供给过程中，政府完成了其自身职能的转变。同时，信息网络化管理方式的植入为公民参与公共服务供给决策与实现有效监督提供了可靠的硬件平台。因而，智慧城市的公共服务供给方式是协调、高效的综合型方式。

5.3.4　智慧公共服务实证

深圳市在智慧城市建设方面已处在全国前列，在 2018 年由深圳市政府颁布与实施的《深圳市新型智慧城市建设总体方案》中强调“以人为本、服务导向”作为智慧公共服务提升工程实施的原则，以市民和企业的全生命周期服务需求为主线，优化整合各级各部门服务内容，建成国内领先的“互联网+政务服务”体系和基于移动互联网的民生服务体系。

1. 构建“互联网+政务服务”体系

建立前台统一受理、后台分类审批的“一门集中、一窗受理、一网通办”政务服务模式，涵盖多渠道、多层级的公共服务终端体系，统一市、区、街道三级政务服务，统一全市网上办事大厅、手机 App（application，应用程序）、微信公众号、自助终端等服务渠道。整合政府门户网站、12345 公开电话、政务公开等功能，建设统一的电子门户，实现市民一站办事、一号咨询。

2. 实现新型卫生管理和医疗服务模式

构建区域卫生计生信息平台和数据中心，完善公共卫生、计划生育、医疗服务、医疗保障、药品管理及综合管理等系统，实现医疗机构和公共卫生机构之间业务互通互联及信息共享；建立全市统一的市民健康服务门户，提供在线健康咨询、预约、诊疗、办理入院等全流程服务；推进智慧医院与社康中心建设，实现医疗行为全流程标准化管理，提高医疗保健安全和质量。

3. 打造智慧教育服务体系

建设教育云服务平台，面向学校和社会提供全方位教育云分享服务；建成“一师一优课”“一课一名师”示范课程资源库，探索建立优质数字教育资源云超市，满足个性化教育需求；推进智慧校园建设与应用；升级改造教育基础设施，实现 95%中小学多媒体教室全覆盖，实现 90%中小学开通网络学习空间。

4. 建设智慧社区公共服务平台

搭建居民意见反馈与在线交流渠道，鼓励居民参与社区治理，提升社区服务水平。建立社区养老助残服务平台与医养一体化系统，有效解决老年人与残疾人的就医及养老问题。打造智慧司法服务平台，开展法律服务大数据应用。鼓励社区微创业，为创业者提供咨询服务等。

5. 提升智慧住房保障服务水平

建立住房租赁交易服务平台，实现智慧租房；全面升级公共住房基础信息平台和住房公积金管理信息系统；开展“智慧物业”建设，建立物业监管与公共服务平台。

6. 打造智慧气象服务新模式

推进“智慧气象”与相关行业融合发展，建立基于天气影响的气象灾害智能预报和风险预警业务，构建气象灾害四级防御联动协同体系，建立气象灾害预防决策辅助一张图，完善突发事件预警信息发布系统，升级“深圳天气”App 和微信等移动互联网应用，向公众提供更实时的气象服务产品。

5.4　智慧城市社会治理

5.4.1　智慧城市社会治理的内容与特点①

城市社会治理是保证城市体系安全、高效、有序运行的基础，同时是促进公众参与社会事务的有效机制。社会治理是国家在开发经济和社会资源过程中实施管理与决策的方式，是社会和谐稳定、人民安居乐业、实现公共利益最大化的前提和保障。城市社会治理②的范围一般包括市政、应急、城建、环卫、公共安全、消防、交通、环保、基础设施及卫生、防疫、水、电、气、暖等。随着新一代信息通信技术在城市社会管理领域的广泛和深入应用，城市社会治理也进入了智慧城市社会治理的阶段。

狭义来说，智慧城市的社会治理主要以信息化、网络化、数字化、自动化、智能化技术为支撑，集成 GIS 框架数据、单元网格数据、管理部件数据、地理编码数据等多种数据资源，通过多部门的协作，来实现对城市市政工程设施、市政公共设施、市容环境和环境秩序的监督与管理。

在具体应用中（图 5-15），智慧城市社会治理主要通过新一代信息技术在城市管理中的广泛应用，实现感知、监控、预警、控制、调度等重要管理环节的智能化，并通过建立相应的公共信息平台，推动城市管理资源的整合和管理部门的信息共享与业务协同，使管理的方式更加多样、管理的手段更加先进高端、管理的过程更加精准，同时也为公众参与管理创造良好条件。

① 本节内容源于课题组成员的相关成果：张小娟. 2015. 智慧城市系统的要素、结构及模型研究[D]. 广州：华南理工大学。

② 城市社会治理有广义和狭义之分，广义的城市社会治理包括了对城市政治、经济、社会、市政等一切活动的管理，狭义的城市社会治理一般是市政管理，即对与城市的规划、建设、运行相关联的城市基础设施、公共服务设施和社会公共事务的管理。本书研究对象偏重狭义的城市治理。

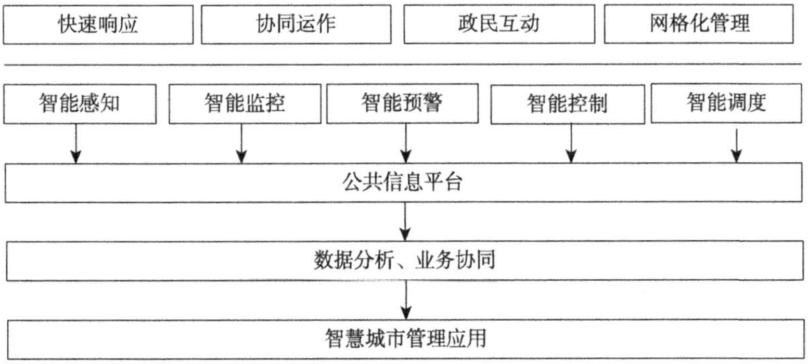

图 5-15　智慧城市社会治理的业务结构图

与传统的城市社会治理方式相比，智慧城市社会治理的主要特点和优点体现在以下几个方面。

第一，快速响应。将智能传感设备安置于政府部门、企业/团体、公众的信息采集点和发布点，然后将这些信息点连接起来，形成物联网，对城市环境和公众需求进行侦听和监测，进行基础数据的采集。相关政府部门能够通过对实时数据的分析，第一时间处理城市中存在的管理问题，并且能够把事后响应变成事中响应和事前预测，有效提升政府部门的管理能力和提高公众满意度。例如，对于许多群体性事件，政府可以通过大数据的网络舆情监测服务，及时抓取海量数据监控社会舆情和公众情绪，帮助政府了解基层民众情绪和意愿，将有可能酿成重大舆情危机的不稳定舆情苗头化解在萌芽状态中。

第二，协同运作。实现连接和协同是智慧城市管理的基本特征，它通过将城市管理中同一管理部门不同地区的业务体系，以及通过将与该项管理业务存在重要联系的其他不同部门的业务体系连接起来，建立跨越不同地区、不同部门的协同管理体系，在实际管理中实现不同级别、不同地区、不同部门之间的组织协调和统一调度。例如，应急管理是涉及多个级别、多个部门联动运作的重大工程。智慧应急管理通过建立跨越多个部门的、多个专业的统一指挥中心，保持信息的通畅，一旦发生突发事件，它能够快速联合多个相关部门实现组织协调和资源、人力的统一调度。

第三，政民互动。加强政民互动是现代公共行政的重要特征和基本要求。智慧城市管理能够利用新一代信息技术，建立管理部门与公众互动的网络平台，充分挖掘社会民众的智慧，调动广大人民群众的力量，形成共建共治的社会治理格局。例如，美国一位程序员发明了一款名为 SeeClickFix 的应用程序，人们可以通过手机将乱涂乱画、交通灯损坏、排水管堵塞、安全井盖缺失等各种问题进行拍照，并通过该程序进行上传和举报，这些投诉将会被发送到公共事业部门，由此相关问题得以快速解决。

第四，网格化管理。网格化管理是一种富有中国特色的精细化的社会治理方式，是我国进行社会治理创新的重要尝试，这种治理方式是将城市范围进行网格化细分，将政府部门过去传统、被动、定性和分散的管理转变为现代、主动、定量和体系的治理，力争每个社会管理的范围和细节都定位在网格中，从而加强基层力量配置，从源头上消除众多社会冲突的隐患。北京市东城区作为全国和北京市社会管理创新综合试点区，构建了具有东城特色的网格化服务管理新模式，将3个街道共25.38平方公里辖区划分成了1593个网格单元，由350名专门的网格工作人员进行管理。在试行的几个月内，东城区通过网格搜集社情民意信息达8400多条，化解矛盾纷争达630多件，排除案件隐患800多起，消除各类安全隐患达300多处，为民服务做实事达6700多件，全区火警、火灾数量同比分别下降61%和81%，打破了原来社会管理工作中条块分割的顽疾，提高了社会治理工作的效能，真正实现了精细化的管理。

现阶段我国智慧城市的社会治理，重点包括智慧公共安全管理、智慧城乡融合、网络社会的智慧公众参与等三个议题。

5.4.2 智慧公共安全管理①

城市公共安全管理问题已成为影响中国经济社会改革、发展与稳定的全局问题。随着我国城市化进程不断加快，城市社会转型逐步深入，旧有利益格局被打破的同时，新型利益矛盾日渐凸显，由此引发的群体性事件、安全生产事故、社会治安等公共安全事件频发。而传统的公共安全管理过度依赖人员和制度的安排，忽视了技术在监测和预警中的作用。如何探求科学、高效、合理的城市公共安全管理模式已成为我国提升城市管理品质，实现城市可持续发展的重要课题。

2008年以来，“智慧城市”概念的提出从“技术治理”的视域上提升了城市公共安全管理的操作空间，为有效控制公共安全事件注入新的理念和能量。智慧安全管理则通过新一代的物联网、云计算、决策最优化等信息技术的应用，通过智能化、网络化、层次化的方式，将城市管理中的各个子体系联系起来，相互促进，使城市中的安全基础设施形成网络，成为新一代的智慧化基础设施，使城市中各领域、各子体系之间的关系凸显出来，使之成为可以指挥决策、实

① 本节内容源于课题组成员的相关成果：刘红波，赵晔炜. 2015. 智慧安全：城市公共安全管理的新趋势[J]. 华南理工大学学报（社会科学版），17（3）：62-68；以及2015年广东省政治协商会议重点提案《关于加强公共安全应急管理，构建智慧城市的建议》（提案人：吴克昌、刘红波）。

时反应、协调运作的“神经体系”。区别于传统城市管理中孤立零散的结构，智慧城市管理理念是把城市本身作为一个生态体系，城市中的市民、交通、能源、商业、通信、水资源等构成一个个子体系，从而为城市发展提供完整的信息支撑。

智慧的公共安全管理应具有自感知、自预防、自应对危机的特性。在信息技术的支持下，通过对城市事物的整体感知，增强物与物、人与物之间的联系，全面、准确、及时地掌握特殊、危险源事物的动态发展情况，提前预防控制突发公共事件，为城市中的人群的生命、健康、重大公私财产、社会生产及工作生活提供保障和智慧化的安全服务。

智慧城市是具有良好公共安全的城市，良好的公共安全是指城市具有自感知、自预防、自应对危机的特性。无论是抵御自然灾害，如地震、洪水、暴雨、瘟疫，或是防御和处理人为灾害，如突发公共卫生事件等，智慧安全管理具有零距离感知、事先性预防预警、智能回馈信息、科学分析决策、果断采取救援、无缝隙沟通协作、妥善实现灾后恢复等方面的能力，从而确保城市居民生命和财产安全。智慧安全管理与传统的公共安全管理的特征比较见表 5-3。

表 5-3　智慧安全管理与传统公共安全管理的特征比较

比较内容	传统公共安全管理	智慧安全管理
安全信息的获取	分散的、不完整的、不系统的信息收集	全面、系统的信息数据搜集和数据库系统建设
安全信息的共享	较为封闭的、不对称的、不畅通的信息渠道	共享式、交互式、参与性较强的信息公布
安全技术的应用	经验式的决策较多，缺乏科学依据和技术的支撑	指物联网、云计算和互联网综合技术的应用，打造准确性、智慧性、联动性更高的技术平台
安全系统的运作	主体的行动能力较分散，缺乏整体的联动性	指主体协同运作的整合，无缝隙连接，实现主体行动的一致性和协同性

城市公共安全管理的“智慧模式”构建，需要从以下几个方面入手。

1. 网络体系构建

1）城市公共安全管理的触角

城市规模不断扩张而人力物力资源相对有限，在此情形下，如何实现对城市的全方位、多层次、宽领域的监测是一个难题。物联网技术则可很好地实现城市安全眼的功能。正是因为物联网具有全面感知、可靠传递、智能处理的特点，才可在不需要人工干预的情况下，实现对所需观察事物的精细化、智能化监测，实现“全方位、全天候、全因素、全过程”的无死角监测，弥补传统公共安全管理中的不足和缺陷。

2）城市公共安全管理的神经系统

智慧城市网络架构的形成，在于将物联网与互联网连接与融合，形成系统内彼此要素间的联系与互动。目前的城市公共安全管理缺乏整体的系统构建意识，停留在孤立的、单一的、封闭的联系圈内，不仅不利于彼此间公共安全信息的交流与共享，也不利于信息的扩散和传递。互联网、信息技术的应用在于将人和数据与各种事物以不同方式连入网络，将数据整合为城市核心系统的运行全图。通过信息网络，彼此间的联系增强，传播速度加快，可在第一时间做到零距离感知和接触，无论是危机的预防还是灾难的救援都能实现在最短时间内的反应和救助。

3）城市公共安全管理的决策中枢

城市公共安全管理离不开数据的支撑。目前对城市公共安全管理数据的整理局限在事故统计数据、伤亡人数数据、救援参与数据等层面上，缺乏从海量数据中找出有价值信息和知识的方法，更缺乏从数据中分析安全管理的漏洞和有效预防预警风险的能力。智慧城市的云计算管理平台可以充分利用技术优势解决这样的难题，通过物联网技术传递回的有效信息，将公共安全管理信息汇总成数据库的形式。云计算则通过智能的手段对数据进行有效的挖掘、分析和整理，使数据不仅仅是字母的含义，更具有了预测预警的功能，帮助人们在庞大繁杂的数据中整合有用信息，分析事物发展特征和规律。日常管理中，相关部门应对危险源和潜在冲突进行事先排查、调节和控制；当危机发生时可以形成行之有效的应对策略和方案；危机过后有完整的评估体系，为城市公共安全管理做出及时、精确、有效的决策奠定基础。

2. 运作模型搭建

危机管理专家罗伯特·希斯（Robert Heath）提出的危机管理理论，即“4R”模型，主要包括缩减（reduction）、预备（readiness）、反应（respond）和恢复（recovery）等四个环节。危机管理理论强调在危机事件的处理中要重视各环节间的衔接运转，但更关注提前预防在公共安全管理中的作用。“防大于治”理念要求努力防患于未然，做好有效的预防预警工作，使危机影响减少到最低。现代行政学学者 Stoker（2006）指出，“治理理论认识到公共行政的主体已经超出了多层级的政府机构，而延伸至社区、支援部门和私人部门，这些部门在公共事务的管理及项目实施中所扮演的角色是治理视角关注的重要领域” 。“治理”是多元化公共管理主体基于伙伴关系进行合作的一种自主治理的网络管理，城市公共安全管理强调企业、公民和非政府组织的主观能动性，在城市政府的主导下，多元主体充分融入共同治理城市的公共事务，发挥自身在城市公共安全管理中的作用，以实现城市发展的良性运转。智慧安全管理是在危机管理理论和治理理论的指导下，结合智慧系统综合运用的结果（图 5-16）。它通过建立统一完善的智慧安全管理综合系统、城市政府公共安全信息管理系统、城市公共安全信息分析处理系统、重大事故应急救援智能化决策支持系统、重大危险源实时监控监测预警系统、事故模型定量风险分析系统等，在智能化的管理手段的配合下充分发挥人的智慧和能动性，实现人与技术的有效融合和联结。

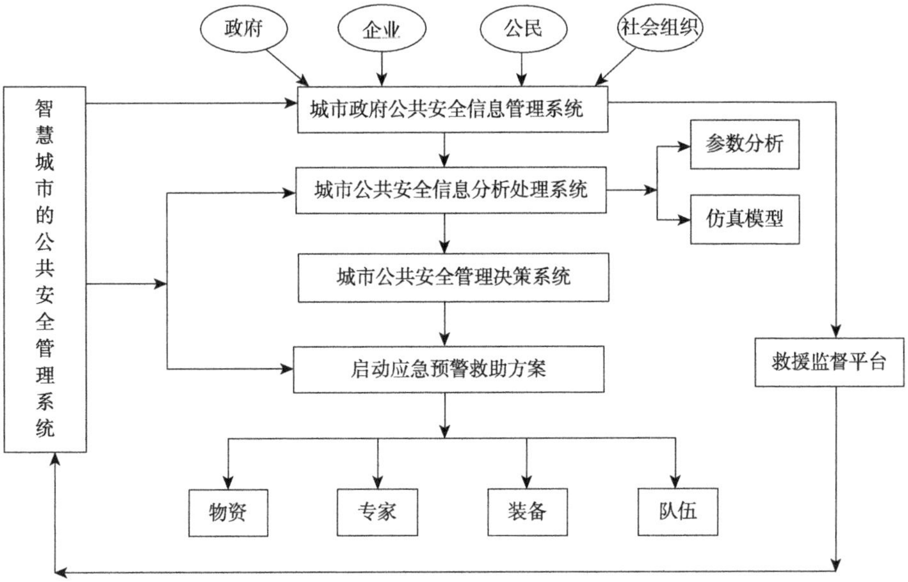

图 5-16　智慧安全管理的运作模型

1）城市公共安全信息的输入

智慧安全管理是具有系统整体性的。城市中的每一个个体、每一件物品都有其特定编号，在全面连接的网络和传感器的辅助下，它们成为安全系统中的众多关联要素。在对各要素实时监测过程中，将人与物的动态信息及时进行搜集，并汇总整合到公共安全管理系统之中，政府、企业、公民和社会组织等都可以通过互联网及时感知城市安全的运作状况。城市公共安全信息的透明公开和无缝隙链接，使公众可以及时感知危险、排除危险，为安全救援做好基础工作。

2）智慧安全管理综合系统的运转

通过海量数据的搜集，公共安全信息被汇聚于一个庞大的数据库管理系统之中，并利用云计算技术对数据信息进行系统的分析整合及科学的危机预测，最终形成决策的模拟方案。如此，危机的预防预警更具科学性和准确性，可提前排除潜在危机。在智慧安全管理过程中，还应建立起现代化的城市公共安全事故、事件和危机的模型定量风险分析系统，一旦发生灾害，可立即根据事发现场传感器传回的气象条件、事发装置、人员活动及物质特性等数据，利用事故模拟仿真数学模型，对重大火灾、爆炸及毒气泄漏事故进行模拟计算分析，对事态发展和可能事故后果进行三维模拟展示，并基于 GIS 计算出人员疏散范围；同时根据事故基本信息，自动启动相应应急救援预案，生成物资、专家、装备、队伍等决策参考数据。以上智能系统的应用可以大大提高事故现场处置救援的可靠性和科学性，真正意义上实现对重大事件的应急救援指挥和集群调度，从而最大限度地减少财产损失和人员伤亡。

3）智慧公共安全主体的参与

智慧城市的公共安全管理是以政府为主体，全员参与的整体性治理。政府因为全面掌握安全信息，所以在规划部署城市公共安全管理全局中占据着主体地位。在全城网络化的覆盖下，企业、公民和社会组织都是公共安全的重要因素，是城市公共安全事件预防控制、救援救助和事后恢复不可或缺的组成部分。智慧安全管理，不仅要发挥智慧系统的智能性作用，更要发挥人的智慧和主观能动性，做好城市安全的志愿者。通过人对安全信息的获取，日常做好安全宣传工作和科学规范的培训，在发生危机时可以做好及时的自救和他救，有组织、有计划地进行逃生；同时保持对社会、对他人的良好社会责任感，勇于救助和善于救助。只有社会成员将城市安全时时刻刻放在警戒线的第一位，才能实现智慧安全的整体运作。

城市中良好公共安全环境的实现不仅有赖于智慧安全管理理念及运作模式的有效推行，还应强化组织体制、评估机制等制度保障。只有在制度和技术合力推动下，城市公共安全管理才可以更加协调、有序和可持续地发展。对此我们提出如下对策建议。

第一，完善城市公共安全应急管理组织体系。

建立智慧安全管理体系，首先要明确城市公共安全应急管理的部门机构和工作职责。公共安全管理的智慧化实质上是打破不同管理主体在处理危机事件中的碎片化状态，做到资源在主体间的统一整合和配置，加强联系与互动，提升整体的行动能力。为了明确各方职责，要加快建章立制的进程，制定统一的跨部门、跨行业的公共安全管理制度，为公共安全应急管理提供保障。

日常管理委员会与突发事件的应急管理委员会要紧密结合起来。在省级层面，建立常设的安全管理委员会，全面负责省内公共安全事务。与省级组织结构相对，地市级应该成立相同性质的、隶属于上级公共安全管理机构和本级政府的公共安全管理部门。上下形成“纵向到底、横向到边”的安全管理机构，使安全信息共享能力、上下级沟通能力、协调运作能力和应急组织能力得到切实的加强。

第二，实现公共安全监测网络全覆盖。

首先，依托互联网和物联网的技术优势，在城市中恶劣、危险、复杂及人所不能及的特定环境中布置传感器，可以实现无人看守情况下的实时监控。这种可视化的管理方式，能够让管理人员通过搜集的数据和信息定时、定点地对安全隐患进行排查和预测。对于已被发现的安全隐患可以马上予以排除，对于可能发生的突发危机可以在事前制订应急预案，一旦危机发生则可立即启动预案。在物联网技术的帮助下，城市公共安全管理的死角大幅减少，对隐患的感知更加灵敏，对危险的排查更加精准，对危机的预测更加及时，对事故的救助更加快捷。

其次，通过不断强化的技术运用能力和数据分析能力，提高安全预警监测的效率和品质。例如，利用计算机技术建立人—机智能互动的城市环境安全监测预警体系、利用红外光学远距离探测器监测火灾、基于3S[①]技术的自然灾害监测体系与交通事故监测体系，通过自动在线监测、遥感监测、全球定位系统动态跟踪监测等监测手段获取各类城市安全相关信息，通过传感器将信息及时、快速、精准地上传到计算机云上，对数据进行储存和分析。再如，对城市的就业形势、收入和消费状况、社会保障到位情况、区域及行业发展差别等情况密切关注，掌握详细具体的公共安全监测指标，包括失业率、通货膨胀率等客观指标，以及满意度、心理压力等主观指标，建立体系的预警机制。

第三，落实公共安全应急救援的“快速精准”。

当不可抗力、自然灾害等安全事故发生时，应当立即启用良好的组织动员机制和完备的智慧体系。首先，迅速成立多方参与的应急管理委员会，形成统一指挥、分级负责、资源整合、协调有序、运转高效的应急联动体系。其次，通过智慧体系反馈现场信息，对事态发展和可能事故后果进行三维模拟展示，并基于GIS计算出人员疏散范围，同时根据事故基本信息，自动启动相应应急救援预案，生成物资、专家、装备、队伍等决策参考数据，大大提高公共安全救援的可靠性和科学性。在现场救援的过程中，感知生命、精准操作、及时救助是智慧安全的最大优势所在，其可在最短的时间内救助较多的人群，提高应急救援的效率，从而最大限度地减少财产损失和人员伤亡。

另外，智慧安全管理离不开全社会的动员和参与，“智慧”不仅是体系的良好运转，更是政府、企业、公民和社会组织的良好沟通互动。在危机发生时，应充分发挥人的主观能动性，多方积极参与并有力担负起应有的社会责任，做到分工明确，协调有序。政府负责组织救援，企业负责后勤保障和物资支持，公民做好自救和他救，社会组织协调专业救援队的同时进行慈善募捐活动。行动中的各主体并不是孤立的，而是相互紧密联系、无缝协作的，任何一环的脱节，都可能给公共安全管理造成新的障碍。只有不同主体间在每个流程节点上环环相扣，才能

---

① 3S包含RS（remote sensing，遥感）、GIS和GPS（global positioning system，全球定位系统）。

最大限度减少灾难的发生，即使灾难发生也能得到及时的救援和有效的控制。

第四，建立健全智慧化的公共安全评估机制。

智慧安全管理是链条式的管理过程，在事前预防和事中救援有效落实的基础上，事后评估也是必不可少的环节。智慧安全的事后评估，是根据已经预测到的或者已经发生的公共安全危机进行体系的分析，包括危机的成因、危机的要素、危机的发生过程和危机的影响等，总结危机发生发展的规律。例如，可以根据现场情况的收集和整理，通过智慧现场模拟体系进行最佳救援方案的设计，再与现场的救援方案进行比对，发现救援过程中的优势与不足，为以后同种类型的突发救援工作提供可借鉴的经验。同时，通过对各种不同性质公共安全事件的分析研究，汇总成分门别类的公共安全案例评估报告，评估报告包括危机的预警情况、危机的现场状况、救援的实际情况和危机过后的恢复过程等，在公共安全信息体系上公开评估内容和结果。评估信息的公开与共享，一方面，可以使公民对公共安全有全面的认识，进行安全知识的普及，积累自救和他救的常识及经验，避免对安全事件处理的猜疑和恐惧；另一方面，可以为各级政府的公共安全管理部门积累危机处理经验，更科学合理地制订预警方案和部署救援措施，做好预防救援工作。公共安全危机评估报告制度的建立有助于形成完整的公共安全管理体系。

5.4.3 智慧城乡融合

1. 乡村振兴上升为国家战略

“三农”问题一直是我国的重点关注问题。新中国成立以来，农村社会为我国现代化建设做出了巨大贡献。然而随着现代城市化进程的不断加快，农村人口结构失衡、农村产业发展滞后、农村文化教育及社会治理体系缺失等问题出现，农村“空心化”问题较为严重。党的十九大报告提出了实施乡村振兴战略。此后于 2017 年 12 月召开的中央农村工作会议指出：中国特色社会主义乡村振兴道路应走好七条“路”，其中“必须重塑城乡关系，走城乡融合发展之路”位于七条“路”之首。可见城乡融合、统筹发展作为乡村振兴战略的关键一步，是实现我国农村经济社会可持续发展的重要举措。

2. 国内外差异化的乡村振兴实践

1）国外实践

在加速推进工业化及城镇化的过程中，西方发达国家也不同程度上面临过乡村衰败的问题。为此发达国家进行了有益的探索（表 5-4），通过加大政府的支持投入、积极调动农民参与积极性、因地制宜发展特色产业和维护传统历史风貌等措施，有效加快了农村现代化进程。

表 5-4　不同发达国家的乡村发展策略

国家	主要策略	主要内容
英国	集镇扶植	以《城乡规划法》作为主要依据，统一规划城镇与乡村；同时注重鼓励各地有潜力的村庄发展成“集镇”，以增加居民就业机会；居民参与乡村规划设计，规划师需要与居民进行充分的沟通
德国	村庄更新	通过相关法律法规引导农村改革，并将“村庄更新”写入《土地整理法》；趋向于存量更新，在尽可能保护生态环境的前提下通过局部改良辅以适当扩张；重视公众参与，也重视维护传统历史风貌和生活方式
荷兰	农地整理	在解决粮食短缺问题的基础上，允许部分土地进行改造、休闲和娱乐；明确乡村景观规划必须作为土地整理的组成部分，推进乡村旅游和服务业发展；实现农地经营的规模化和完整化，注重协调农民、政府、社会团体等多方利益的均衡
美国	生态村	符合四个原则：满足民众基本需求，美化乡村环境，尊重并发扬生活传统，恰当突出乡村特色。分工明确：联邦政府投资建设乡村公路等区域性交通设施，地方政府筹建垃圾处理厂、污水处理厂等基础设施，开发商负责乡镇社区的交通、水电、通信等配套生活设施的建设
韩国	新农村建设	以农村开发为核心的全国发展战略，可分为三个阶段：首先改善农村基础设施和农村生活环境；其次实行分类指导的方针，重点协助农村产业发展；最后由“政府主导”转向“公众参与”的民间社会运动，致力于民主道德建设和集体意识教育等多方面发展
日本	一村一品	依托自然条件和物产基础，并结合区域化布局、专业化生产和规模化经营的要求，因地制宜发展具有鲜明地域特色的主导产品和产业，进而形成产业集群，最大限度实现农村劳动力的就地转移

资料来源：海若（2018）

2）国内实践

中国现代化发展道路与西方发达国家存在明显差别，其乡村发展之路也独具中国特色。近百年来的中国乡村发展在历史与现实的交织碰撞中不断演进，据相关学者研究，大体可分为三个阶段：乡村建设阶段、新农村建设阶段和乡村振兴阶段（表 5-5）。

表 5-5　近百年来中国乡村发展实践的三个阶段

时间	阶段	特点	具体措施	影响
20 世纪初至 2005 年	乡村建设	受限于内忧外患的发展环境，主要由民间自发组织	尝试以兴办学校、地权改革、农业合作、统分结合、深化农业市场化改革等方式发展乡村产业，促进农民就业，提高农业生产水平	有效确保国家粮食安全和社会稳定，农业和农村为国家发展做出直接且不可替代的贡献

续表

时间	阶段	特点	具体措施	影响
2006~2017 年	新农村建设	由国家主导，建设美丽乡村，助推精准扶贫	大力发展农村基础设施建设，促进农民增收，深化农村体制机制改革，尝试以工哺农和以城带乡，推进城乡一体化发展，积极应对全球化对农业农村带来的影响	极大提高了农业、农村的生产生活水平，为社会的综合发展，尤其是经济的创新和环境的可持续发展提供了重要支撑
2018~2050 年	乡村振兴	与中国“两个一百年”奋斗目标相对接，走中国特色的乡村振兴之路	产业振兴、城乡融合、四化同步	2035 年，农业农村现代化基本实现；2050 年，乡村全面振兴，农业强、农村美、农民富

资料来源：根据历次党代会报告及中央一号文件整理

3. 城乡共建智慧乡村的三个要点

1）不可照搬城市模式

近年来我国不断推进智慧城市建设，并存在向广大乡村地区辐射的趋势。然而，由于各地区实际情况不同，智慧乡村建设效果与智慧城市发展成效有着明显差异。经有关学者调查发现，当前智慧乡村建设绝非智慧城市的简单延伸，主要存在如下建设误区。

（1）城乡信息基础设施一体化：在“打造城乡一体的信息基础设施”理念的指导下，多地倾向于仿造城市网络在广大农村地区甚至偏远山村地区开展信息基础设施建设工作。然而由于落后偏远地区的村民技术和知识水平不过关，普遍对其有抵触，不仅造成资源浪费，而且城乡信息化水平差距扩大的情况依然存在。

（2）智能化与精细化农业生产：精准农业中的智能化、精细化特点明显套用了智慧城市中的产业发展特点，在西方发达国家受到明显推崇。然而，在我国除一些科研院所、高端农业及集团作业以外的广大农村地区，其应用情况并不理想。这主要受成本高昂、人才短缺和土地稀缺等问题限制，并不对农民产生巨大吸引力。

（3）尝试引民间资本投资建设：如 PPP（public-private partnership，政府与社会资本合作）投资模式在智慧城市建设中发挥新优势，然而在智慧乡村建设中却屡屡受挫。农村地区相比城市而言发展滞后，更注重即时效益。正因为存在成本高、投入大、收益小等问题，企业往往对智慧乡村建设望而却步。因此目前仍需以政府为主要力量培育农村市场体系，再逐步引入民间资本进行投资建设。

2）重点引入“互联网+”

智慧乡村需要以信息通信技术作为依托，来满足广大农民对美好生活的需要。马化腾等（2015）曾提出，互联网将“连接一切”，并在《互联网+：国家战略行动路线图》中以贵州省黎平县铜关村的“筑梦新乡村”为例，介绍了国内 “互联网+

乡村”的实践案例；规划工作者曾晔等则将“互联网+”纳入村庄规划，认为应当打造“产”“网”“村”共同发展的产村融合模式；学者欧阳鹏等重点关注世界互联网大会的举办地——乌镇智慧规划，主张“去中心化”的“互联网+传统空间”组织模式；此外还有民间资本与各大县域合作推出的“互联网+农产品上行”策略，如丰信农业服务模式及乡村振兴社员网等模式，前者提供个性化全面农业“线上+线下”服务，后者依托农产品大数据为农民提供交易平台和决策支持，皆有效促进了农民的增收。以上“互联网+农村”的案例实践皆表明智慧乡村建设在“智慧化”的同时，也更“人本化”。通过明确农民需求，结合互联网信息技术来以较少投入实现最大收益。在保护农村传统生活方式和生态环境的同时，既提高了农民的生活水平又方便了农民的生活。

3）统筹共建智慧城乡

智慧城市建设实践理论与经验尚有待观望，智慧乡村建设也应与之同步进行。两者皆可立足于智慧社会大背景进行有益探索，来共同为提升我国人民的幸福生活水平做出应有贡献。且同智慧城市相比，智慧乡村具有更为广阔的发展空间。当前亟须立足城乡实际情况，探索新型建设路径，走中国特色的智慧城乡建设之路。主要有如下举措。

（1）创新智慧城乡治理：应推广智慧治理新模式，鉴于城市与乡村的规模、定位及发展目标皆存在显著差别，应搭建分属于城市与乡村的政务云平台，以解决城乡发展过程中不同性质的实际问题，并做到有效信息的互通与共享，贯彻落实共建、共享、共治的社会治理新格局。

（2）激发智慧城乡活力：广大农村地区一直作为城市的腹地而存在，一定程度上城市应回馈乡村以人才、技术，同时尊重并维护乡村的历史文化风貌与传统生活方式。在有条件的乡村地区运行现代化高端农业，在欠发达村庄进行特色化产业的培育。

（3）体现智慧城乡特色：城市作为资源高度集中的发达地区，应体现丰富的城市生活人文气息，借助现代信息通信技术维护城市的安全、稳定和高效运行；乡村作为城市外围区域，应在保护生态环境和粮食安全的前提下，进行因地制宜的有机渐进式更新，展现乡村独有的历史文化和景观优势。

5.4.4　网络社会的智慧公众参与

网络社会，是指信息时代的社会。在新时代的背景下，网络技术已然成为经济与社会的全新动力，网络化与信息化成为社会的重要表现。网络社会是智慧城市的基本特征，智慧城市通过把新一代网络与信息技术充分运用在城市中的各行各业中，实现信息化与城市的深度融合，实现精细化和动态管理，并提升城市管理成效和改善市民生活质量。网络信息的发展带来更高的便捷性，弱化了空间与地域的限制，创新了人们的生活方式。

公众参与一直以来都是社会治理的重要组成部分与重要目标。党的十九大报告中指出，要“加强社会治理制度建设，完善党委领导、政府负责、社会协同、公众参与、法治保障的社会治理体制，提高社会治理社会化、法治化、智能化、专业化水平”[①]。新时代下的公众参与将不再仅限于政府的引导途径，借助网络自发形成的途径为公众带来透明的信息与简便的参与方式，同时也引导公众参与向积极与公平的方向发展。

1. 网络社会公众参与的两个模式

1）政府引导参与

20 世纪 90 年代后，西方城市政府试图通过新媒介及通信技术在地方城市中的应用来推动城市公共事务的信息实践，并因此受到城市发展机构、通信机构和媒体机构等多方支持。随着新兴媒体在中国的广泛运用，政府正积极利用互联网推行政民互动与网络问政等事项，使公众参与的条件与渠道得以不断拓宽，公众参与城市管理的平台已初具雏形。

然而值得说明的是，这一系列政府自上而下的正式途径关注的重点仅仅是将互联网和通信技术视作辅助工具，除此以外，政府引导参与模式的本质并未发生根本改变，尤其忽视了信息化背景下城市公共事务决策过程的复杂性，导致参与的形式意义大于实质作用等。

2）公民主动参与

网络社会下的公民主动参与模式更强调的是一种自下而上的非正式模式，主要通过媒体、网络等社会舆论工具得以实现。

面对信息技术发展的浪潮，卡斯特于 1996 年提出了网络社会崛起的观点，并将其引入城市区域发展和产业空间组织等社会科学范畴。国内外社会学、城市地理学等领域对网络社会下的“流动空间”进行了大量的研究，其中公共事务决策在内的社会组织方式也是重要的内容，探讨互联网情境中的公众参与亦应成为网络社会中的重要研究议题。Albrechts 和 Mandelbaum（2005）重点审视了网络社会中城市公共事务的过程与方法，对互联网背景下的公共参与过程进行了理论总结：网络社会的首要特征即在于社会结构的开放性与去中心化，在这一过程中层级与行政的色彩得以最大限度地降低，由此参与式的民主得以发

① 《习近平：决胜全面建成小康社会 夺取新时代中国特色社会主义伟大胜利——在中国共产党第十九次全国代表大会上的报告》，http://www.gov.cn/zhuanti/2017-10/27/content_5234876.htm[2021-05-28]。

展起来。

实践中，在社交网站发展的促进下，网络社会在中国也逐步显现。基于互联网的社交网站在交互平台方面具有多种共同方式，包括公共、半公共论坛及信息共享等，这些平台在社会性方面的重要的功能在于大规模的网络可以用于执行强大的集体行动。在互联网的世界中，由于媒介的相对开放性，每一个参与的个体可以观察到其他人的意见，并结合自己的初始想法做出最终的意见表达，这一点也是传播学中重要的一种特征，即参与者的意见不但与其初始想法有关，还与其紧密联系的舆论环境有关（传播的复杂理论）。一定程度上，这种具有相互关系的众多行动者构成了公共事务的决策网络模式。

2. 网络社会公众参与的三个特征

在信息技术支撑下，社会的活动呈现出越来越明显的自下而上的组织形式，信息通信技术的发展使得面对面接触的交流需求大幅降低，导致了空间约束门槛的降低，网络社会的发展与交流也就更少受到行政边界和行政单元的制约，同时城市的社会空间形态与物理结构更多地取决于具有自身时间—空间维度特征的多重网络关系。由此，政府决策的转变与公众参与呈现相辅相成的关系：决策转变需要广泛的公众支持，而公众参与推动决策转变的产生。

1）参与网络的复杂性

随着互联网的深入发展，新媒体的传播促进了决策过程中自下而上的公众参与。社交网络不仅使用户联系便捷，而且创建了大型和混合的网络关系。微博和城市论坛已经广泛应用在我国的公众参与中，这为公司、组织机构及政府部门提供了新的机会和渠道，中国各级政府陆续开设了自己的官方微博，政府官方微博已经成为连接公共部门和公众的通信及对话平台，同样地，互联网和微博也促进了专家和民间组织的参与。这意味着，在网络社会下的公众参与过程中，利益相关的社会群体不但直接关注公共事务的进展，而且由于社会群体之间具有紧密的互动联系，部分群体的主张和倾向会受到其他人的影响，而不同群体的利益攸关程度、网络中的实际影响力都会左右互动参与的真实效果。

2）参与群体的非理性

网络社会的决策过程不一定是平等的参与过程，相反，网络结构的另一面也有着负面的影响，即这种参与的结果完全有可能依赖于“拥有麦克风”的意见领袖，而非取决于真正意义上的普罗大众。这是因为，互联网形成的社会格局中形塑了不同的网络权力，网络社会存在着“流动空间”社会精英现象，这一特征在公共参与的分析中往往被人忽视，因为这涉及利益攸关方的界定。

3）参与途径的非对等性

不仅如此，数字鸿沟也是新媒体时代的重要挑战之一：不同社会群体在访问、应用信息通信时存在不对等现象。这也需要政府在社会活动体系中予以重视。

目前国内对公众参与开始有不同程度的实践，如南京市民通过微博和城市论坛强烈反对为了新的地铁项目而移动树木，最终使得方案进行修改，树木得以保护。

赵渺希和徐高峰在 2015 年选取上海 55 路公交车线路调整事件，考察整个网络参与过程：随着轨道交通的发展，地铁线路及地铁站点的增多，上海公交行业每年都要调整百余条公交线路，在这个过程中，有很多承载着城市历史和故事的老公交线路面临消失，其中就包括 55 路。公交 55 路已经运营几十年，为几代老上海人留下了宝贵的回忆。2012 年 3 月 16 日 14 时，“上海发布”发表图文微博，宣布将撤销具有几十年历史的 55 路公交，当日 16 时，“上海轨道交通俱乐部”发布的“撤销 55 路公交车”的微博被大量转发，在沪上媒体“上海 X 报”进行微博转发的同时，其他相关认证微博也转发或直接发布该信息。仅数天时间便在微博中遭遇一片反对，互联网转发的各种感言勾起了不少民众的回忆，甚至引起了远在千里之外的人们的关注。2012 年 3 月 17 日，(“先生”通过深圳“Z 先生”转自“上海 X 报”的微博直接参与)，并呼吁相关人士积极讨论，同时将部分结果直接反映到有关部门。2012 年 3 月 18 日，Y 先生于“上海 X 报”的微博中发布了“保留 55 路”的意见。2012 年 3 月 20 日，上海正式向外界公布“910 路将更名为 55 路”的信息，又引起了新一轮讨论。

3. 积极引导公众参与的三个方向

随着信息技术的不断进步，互联网生活模式深入公众的日常生活，同时公众也日益关注与自身息息相关的城市规划与管理决策，在此背景下，网络社会中的规划参与现象越来越凸显。政府应当支持各种形式的网络规划参与，并且要尽快建立健全科学合理的网络规划参与平台，制定切实可行的监管规范。基于网络社会与现实社会的差异，智慧的公众参与需要从以下三个方面进行引导。

1）提高互联网公众参与的程度

网络社会的信息传播方式使人与人的交流脱离了时空的限制，参与者身份的虚拟性减弱了现实社会面对面交流中可能对性别、年龄、贫富、种族等所产生的歧视。通过电子邮件进行交流也减少了个人信息曝光与面对面接触中可能产生的问题的风险。虽然这算是网络参与优势中较为次要的部分，却可能使那些通常回避参与公众交流的人群开始加入到对城市问题的讨论中来，从而提高了社会公众的公共参与程度。

一方面，提高互联网公众参与的程度有赖于互联网平台建设的创新与完善，建立更加公平开放的利益表达载体；另一方面，公众自身的理性、有序参与则反过来提高互联公众网参与的程度。

2）避免公众参与的代表性不足

网络社会隐含着一部分的负面因素。这是因为网络社会存在团体性思维（指群体基于从众的压力而对不寻常的、少数人的或不受欢迎的观点得不出客观的评价）集中、对有能力的领导者和有效的合作方式的依靠等问题。网络社会的虚拟性和高效性，使得人们可以随心所欲地寻找自身所感兴趣的内容，而不会受到现实社会中各方面因素的影响，如社会中的传统观念的阻碍。但也使得在网络社会中更容易形成一种“以相同类型区分的”群体，形成“自恋群体狂欢”等行为现象。在这种群体当中，人们同时有着作为成员的进行一致行为的愉快感和可能被排除出群体的恐惧感，在两个方面的共同作用下，最终形成一种狭隘的团体性思维。

由此，面对所谓的“精英决策”，政府部门要敢于顶住压力，在广泛听取民意的基础之上，多方实地调研考察，慎重做出符合实际情况、满足大多数公众利益、可持续发展的决策。

3）重视网络参与中的社会资本

一般地，社会资本包括了关系、信任、规范三大要素。它代表了人所在的社会结构中的位置所提供的资源。在网络参与中，社会资本的三大要素也同样有所体现：首先，由于社会资本是蕴含于社会团体、社会网络之中的，个人不能直接占有和运用它，只有通过成为该网络的成员或建立起社会网络，才能接近与使用该资本。只有通过互联网建立起以某种议题为核心的探讨关系，才能发挥出社会资本的整体效用。其次，网络参与中的信任建立在共同的热议话题形成的探讨关系之上，关系结构中的群体对共同话题有着强烈的探讨欲望，自然相信他人同样对此秉持认真负责的态度，为群体呼声的壮大提供了强大的意识后盾。最后，约定俗成的规范是一种强有力的，同时又很脆弱的社会资本，它可以促进特定的行动，但是也限制了他人的行动，它对一个集体来说是非常重要的，它促成个人表现出利于集体的行为，限制个人谋取私利的行为。所以在网络参与中同样需要规范的存在，只有建立有效可行的规范才可以保证网络参与的公平公正及科学有效。

5.4.5　智慧城市社会治理实证

深圳市智慧城市体系中智慧城市治理优化被列为十大工程之一（图 5-17）。在城市社会治理中重点推动智慧交通、水务、环保、城管等建设，提高交通运行效率，显著提升环境治理能力，使得城市更加宜居。

图 5-17　深圳市智慧城市体系

1. 建立综合管控与绿色低碳的交通运行体系

开展交通信息基础设施提升工程，加强自适应交通信号灯、路边停车感知、电子屏等在交通领域的应用，打造综合交通一体化管控中心，推动交通、公安、气象等数据汇聚融合和共享应用，提升交通综合指挥调度能力（周汝剑，2019）；在非限行区域大力推广互联网共享单车；整合全市停车场信息，普及全市智慧停车，增加停车位综合利用率；开展无人驾驶试点建设，加快人工智能在无人驾驶领域中的应用。

2. 深化智慧水务建设

推进城市水务网络化、流域化、综合化管理，推进涉水管网与水量水质地理信息和视频监控共享；建设覆盖全市的智慧海绵平台，提高海绵城市建设和管理水平；加强污水排放监控和体系建设，实现重要污水排放点实时监控。

3. 推进智慧环保建设

建立一体化生态环境监测网络，实现对重点污染源、空气质量、噪声、重点餐饮企业油烟排放等的全面监测；加强水、气、声等环境资源数据汇聚；完善环境保护决策支撑平台和应急指挥平台。

4. 深化智慧城管建设

依托智慧城管指挥平台，推动城管执法下沉社区和城中村，提升城中村市容市貌水平；建立城市垃圾的智能分类和监管，建立城市垃圾的智能分类和监管，引导居民前端分类，监测垃圾流通信息，实现垃圾专业处理。

5. 推进政府建筑工程大数据监管

运用建筑信息模型、智能感知、物联网、大数据、5G、遥感等先进技术，采集政府工程建设期、使用期完整数据，并集中管理、分析、应用，实现政府建筑工程全方位大数据智慧监管和廉政风险智慧防控，同时形成政府工程建造和使用期的数据资产，为深圳智慧城市建设提供基础数据（邓涌等，2019）。

本章参考文献

邓涌，凌健，金泓帆. 2019. “BIM+建筑招标投标”的应用探究[J]. 住宅与房地产，(29)：38-44.
顾民. 1999. 论社会体系的稳定与涨落[J]. 西安电子科技大学学报（社会科学版），9（1）：29-32.
海若. 2018. 乡村振兴看国外特色发展之路[J]. 资源导刊，（3）：50-51.
李榕榕. 2017. 网络社会下规划事件的公众参与研究：基于上海、广州两条公交线路调整事件的比较[D]. 广州：华南理工大学.
李学栋，李习彬. 1999. 社会系统功能设计与改革[J]. 价值工程，（2）：16-17.
刘桂珍，孙国徽. 2008. 公共服务视角下的电子政务建设[J]. 滨州职业学院学报，（2）：47-51.
刘红波. 2011. 一站式政府研究：以公共服务为视角[D]. 长春：吉林大学.
刘红波. 2016-03-28. 一站式服务需做好供给侧改革[N]. 学习时报，（5）.
刘红波，赵晔炜. 2015. 智慧安全：城市公共安全管理的新趋势[J]. 华南理工大学学报（社会科学版），17（3）：62-68.
刘家真. 2007. 新一轮的电子政务战略——统一指导、协同工作[J]. 电子政务，（7）：53-56.
马化腾，等. 2015. 互联网+：国家战略行动路线图[M]. 北京：中信出版社.
任志宏， 赵细康. 2006. 公共治理新模式与环境治理方式的创新[J]. 学术研究，（9）：92-98.
孙柏瑛，李卓青. 2008. 政策网络治理：公共治理的新途径[J]. 中国行政管理，（5）：106-109.
唐斯 A. 2006. 官僚制内幕[M]. 郭小聪，等译. 北京：中国人民大学出版社.
吴克昌，杨修文. 2014. 公共服务智慧化供给：创新要素与模式构建[J]. 湘潭大学学报（哲学社会科学版），38（1）：89-94.
张成福. 2000. 电子化政府：发展及其前景[J]. 中国人民大学学报，14（3）：4-12.
张劲松. 1994. 社会系统的稳定、改革和发展[J]. 理论导刊，（4）：21-22.
张锐昕，刘红波. 2011. 一站式政府的逻辑框架与运行模式[J]. 电子政务，（5）：2-11.
张小娟. 2015. 智慧城市系统的要素、结构及模型研究[D]. 广州：华南理工大学.

周宏仁. 2003. 电子政务全球透视与我国电子政务的发展[J]. 教育信息化，（2）：5-8.
周汝剑. 2019. 新动能时代如何建设新型智慧城市[J]. 浙江经济，（7）：50-51.
Albrechts L，Mandelbaum S. 2005. The Network Society：A New Context for Planning[M]. London：Routledge.
Ho A T K. 2002. Reinventing local governments and the e-government initiative[J]. Public Administration Review，62（4）：434-444.
Parsons T. 1951. The Social System[M]. New York：The Free Press.
Saxena K B C，Aly A M M. 1995. Information technology support for reengineering public administration：a conceptual framework[J]. International Journal of Information Management，15（4）：271-293.
Stoker G. 2006. Public value management a new narrative for networked governance?[J]. The American Review of Public Administration，36（1）：41-57.

第6章 新技术支撑的经济活动体系创新[①]

本章从智慧城市的经济活动体系的含义与要素出发，从智慧城市的经济制度系统、创新系统及产业体系等三个方面阐述信息时代下智慧城市的经济活动体系内涵，指导未来智慧城市的紧急活动体系建设。

6.1 含义与要素

6.1.1 新技术支撑的经济活动体系含义

经济活动体系一般是指由相互作用、相互联系的经济要素所组成的具有一定经济结构和功能的有机整体（刘洪，2003）。它与社会活动体系高度耦合，两个系统之间相互联系、相互作用，共同构成一个有机整体。作为同一巨型复杂系统的两个维度，经济活动体系与社会活动体系通过动态平衡来维持系统整体的相对稳定，并在实践中逐步形成相互制衡、相互促进的关系。其中，经济活动在强调效率的基础上兼顾社会公平正义，促进社会的健康良好发展，与此同时，社会的充分发育为经济的长效发展提供高水平的人才支持和稳定的环境保障。

然而，我国目前的经济成就与社会建设已形成一定反差，经济对社会的反哺力度不足，发展的可持续性有待增强。

另外，随着我国经济发展进入新常态，城市经济面临战略转型的新阶段，如何转变经济发展方式、提高发展的可持续性，逐渐成为新一轮经济建设的焦点。新常态强调机遇与挑战并存，但我国仍然保持可观的经济增速，并迎来了产业结

① 初稿执笔人：丁焕峰、张振刚。

构和动力机制的升级。“建设现代化经济体系”是我国在新时代下做出的重大战略部署，强调提升经济发展质量、深化供给侧改革和落实创新驱动等发展目标，为我国经济活动体系的发展提供了重要指引。

在新技术加持的新时代，继农业经济、工业经济、信息经济、知识经济之后，智慧经济进入人们的视线。智慧经济从学理上来说，是指集科技、信息、知识、环境、文化、伦理、道德于一体的战略性经济、创新型经济。它更加追求经济发展对环境保护、人类福祉的深切关怀和人类自由发展的核心目标（程扬，2010）。借助新技术的支撑，以效率为导向，由创新型知识主导，智慧经济是一种可持续发展的经济，催生智慧城市及智慧社会的发展。智慧经济表现在数字产业的发展、知识创新力量的进步、自动化智能化及区块链等新兴技术的应用等方面，不仅依靠能源资本、信息、技术等生产要素，更依靠人才管理上的优化，以实现经济协调发展。新技术支撑的经济活动体系是智慧城市建设的基本内容，通过将“智慧”的理念与手段借助新技术充分融入城市经济活动的各个环节，从而构建高效、健康和可持续的经济活动体系。该体系不仅致力于培育城市经济的新增长点，提高经济效益，优化城市经济发展环境，而且关注社会公平、绿色生态等议题，使经济建设更加“智慧”。

6.1.2 新技术支撑的经济活动体系要素

城市的“智慧化”催生带动智慧经济与智慧产业的迅速发展，产业的“智慧化”反作用于智慧城市的建设发展。以产业创新为核心，以新技术为支撑，构建智慧城市的经济活动体系，将推动智慧城市的高效前进。智慧城市必须是经济可持续发展的城市，合理高效且充满创新能力的产业体系是智慧城市建设的关键。

智慧城市的经济活动体系是一个多层次的复杂系统，其主要通过三个要素构建智慧城市的经济活动体系。一是智慧城市的经济制度系统，即以制度改良和创新，推动经济运行环境的智慧化；二是智慧城市的创新系统，即通过创新驱动，重点加速生产环节的智慧化；三是智慧城市的产业体系，即通过结构升级和布局优化，实现城市产业体系的智慧化。

6.2 智慧城市的经济制度系统

6.2.1 智慧城市经济制度的内涵与四个特征

经济制度一般包括两个方面的内涵。一方面是关于各种经济成分的地位及其相互关系的制度，如我国是以公有制为主体，多种所有制经济共同发展的基本经济制度，它适应和促进我国当前的生产力发展水平，遵循经济发展规律，需要长期予以坚持；另一方面是关于经济活动的制度，如我国以按劳分配为主、多种分配方式并存的分配制度，以及其他经济管理制度、经济责任制度和现代企业制度等，它们发展于基本经济制度，为经济社会的高效有序运转提供制度保障。从国家层面来看，经济制度具有多元化的建设方向，如党的十九大报告进一步强调“创新、协调、绿色、开放、共享”的五大发展理念，并提出“使市场在资源配置中起决定性作用”“发展更高层次的开放型经济”①等工作目标；2019 年的中国政府工作报告提出：“创新和完善宏观调控”“激发市场主体活力”“坚持创新引领发展”等。

智慧的经济制度是指借助制度的创新与改良，构建符合当前发展环境的经济制度条件，促进城市经济“更智慧”的运作。它是智慧城市经济活动体系的基础，是引导和规范智慧城市经济活动的重要依据，主要具有以下特征：①经济活力持续释放，发挥市场经济和政府调节的双重优势，实现经济的健康持续增长；②切实维护社会公平，强调经济与社会的均衡发展，在服务于经济效益提升的同时，兼顾社会建设和公共服务水平的提高，缩小贫富差距和地区发展差异；③经济运转协调有序，协调各类经济发展路径，形成有序竞争、良性互动的发展格局；④鼓励开放合作创新，顺应时代的发展趋势，重视创新对经济的驱动作用，同时主动参与和推动经济全球化进程，积极谋取经济贸易合作，发展更高层次的开放型经济。

6.2.2 智慧城市经济制度系统的应用前瞻

智慧城市经济制度系统的建立，有利于促进新时代下智慧经济的发展。制度系统为经济发展提供了有力的保障与坚实的基础，以杭州为例，通过对智慧经济立法，以及在经济技术开发区建立智慧城市综合管理平台，对智慧经济发展予以强力支持。杭州深刻认识到以云计算、大数据、物联网、移动互联网等为代表的新一代信息技术迅速发展对生产方式和生活方式带来的深刻变革，认识到以新一代信息技术为重要支撑、以信息化与工业化深度融合为主要表现形式的智慧经济，已成为抢占未来发展制高点的战略选择。在 2015 年的时候，杭州就已经出台《杭州市智慧经济促进条例》，通过对智慧经济立法，实现规划引领，精准定位大数据管理机构，强化智慧经济发展保障，为发展智慧城市的经济活动体系保驾护航。

以《杭州市智慧经济促进条例》的出台为契机，杭州加大开展建设智慧城市

① 《习近平：决胜全面建成小康社会 夺取新时代中国特色社会主义伟大胜利——在中国共产党第十九次全国代表大会上的报告》，http://www.gov.cn/zhuanti/2017-10/27/content_5234876.htm[2021-05-28]。

经济体系的步伐，同时提出建设杭州经济技术开发区智慧城市综合管理平台。作为杭州发展信息经济智慧经济的“一号工程”，这一管理平台形成了“跨部门、多领域、智能化”的城市综合管理体制。产业是经济技术开发区的核心动能和根本支撑，管理平台对经济技术开发区管理者的决策支撑，最直观地体现在其对产业和经济运行状态的监测及服务方面，平台中的经管平台模块无疑是重中之重。通过该板块，经济技术开发区地区生产总值（季度）、工业增加值、社会消费品零售额、财政收支、新增企业数量等数据信息及智能分析一览无遗，成为经济技术开发区实现良性决策和经济持续健康发展的“神经中枢”。管理平台不仅在产业领域发挥有效作用，更是通过物网相连采集数据，实现跨领域、多部门协同办公和问题处置，强化城市体征监测和数据库建设，实现对辖区内数据资源的统一管理和有效调控，实现管理智慧化、决策科学化、服务精细化、民生品质化，不断优化城市居民的生态与生活环境，有效提升了市民的安全感和城市服务水平。

除了从创新立法与基础平台方面为经济系统提供保障，随着新技术发展，必将有更多新概念进入经济制度系统的视野，成为辅助智慧城市经济活动体系发展的新手段。智慧城市的经济制度系统，追求让经济活动体系更为健康开放地运转，追求以人为本与公平平等正义的实现，追求在更为智慧的运作中创造城市财富。借助新兴技术与新概念，未来经济制度系统或将逐步变革，向所追求的目标与更为智慧的方向迈进。

以区块链、比特币为基础衍生出的一系列新概念，或可在未来成为经济制度系统创新的基础。区块链是分布式数据存储、点对点传输、共识机制、加密算法等计算机技术的新型应用模式，它本质上是一个去中心化的数据库。区块链是比特币的底层技术，比特币是一种虚拟加密数字货币，是对区块链的应用与体现，比特币可以说是一群不信任全球政府和现存金融体系的互联网极客的产物：用先进的技术和自由人的自发结合，对抗全球的现行体制。这样一种出于不信任某种中心体系而做出的行为，最终却推动了机器信任时代的开启（唐文剑等，2016）。

区块链有望带领社会从个人信任、制度信任进入机器信任的时代，同时使“智能合约”得以实现与推广。机器信任的上层是原生数字资产，大家称之为“代币”，如比特币和以太币；底层则是具备去中心化特性的网络结构体系，如比特币采用了基于互联网的 P2P 网络借贷平台（peer to peer lending platform）架构，P2P 网络的节点之间交互运作、协同处理，每个节点在对外提供服务的同时也使用网络中其他节点所提供的服务，因此具有可靠性、去中心化，以及开放性。基于此，将可以构建前所未有的大型合作网络。“智能合约”的定义是“以数字形式定义的承诺，包括合约参与方可以在上面执行这些承诺的协议”。数字形式意味着合约不得不写入计算机可读的代码中，这也意味着智能合约是优于传统合约的安全方法。将智能合约以数字化的形式写入区块链中，由区块链技术的特性保障存储、读取、执行，整个过程透明可跟踪、不可篡改，同时使得智能合约能够高效地运行。基于区块链，物理世界与虚拟世界得到连接，智能合约能够替代所有的纸质契约。比如，要真正地实现所有权与使用权分离的共享经济社会，区块链技术就是最优的解决方案：把租车人的身份和汽车的身份都登记在区块链总账上，那么租车就像下楼开自己的车一样方便，车辆的出租方也能在区块链上以秒级时间确认租车人的身份，如果再加上智能合约，一切都自动完成，拥有它与使用它也就完全没有区别了。区块链智能合约是智慧经济的基础，同时也使智慧城市成为可能。

信息网络最大的贡献即提供了及时性的信息收集反馈与交互平台，而区块链及一系列新概念的开发与应用，或将带来一种新的商业文明，从传统的基于熟人之间信任关系的合作网络，变成了基于透明规则的开放式的合作。所对应地，经济制度系统必将有所变革，以适应全新的商业文明。基于智慧技术构建的平台有利于监控市场与政府的宏观调控；基于机器信任的技术有利于切实维护社会公平；基于智能合约和企业发展有利于经济运转协调有序；基于新兴概念的应用有利于鼓励开放合作创新。未来智慧经济制度的建设，必将降低人为因素干扰、提高经济体系自我运作、自我发展的保障水平，使智慧经济活动体系能够及时自我修复和调节，运转更加开放，更加健康。

6.2.3　构建智慧城市经济制度系统的四个策略

根据智慧城市经济制度系统的特征，构建智慧的经济制度系统应从以下四个方面入手。

1. 激发非公有制经济的活力与创造力

非公有制经济是我国经济社会发展的重要基础，是释放城市经济活力的重要途径，智慧城市经济制度需要有效激发非公有制经济的潜力。据统计，目前我国非公有制经济占 GDP 的比例达 60%以上，对税收、就业和发明专利的贡献率分别达 50%、80%和 65%左右，是支撑我国经济快速增长、扩大就业、增加财政税收和技术创新的重要力量，也符合我国现阶段的生产力条件。如何进一步调动市场力量、挖掘非公有制经济发展的长效机制，重点需要做好以下三个方面的工作。

（1）支持非公有制经济健康发展。公平的市场竞争机制是非公有制经济发展的前提，需要坚持“权利平等、机会平等、规则平等”的基本原则，保障市场主体拥有平等的法律地位、发展权利和竞争环境，公平享有生产要素，共同承担社会责任。同时，消除多种形式的制度壁垒，如准入门槛和税费要求等，拓展和优化非公有制经济的发展空间；支持有条件的私营企业建立现代企业制度，适应市场化、国际化和智慧化潮流，提高企业的活力与效率。

（2）积极发展混合所有制经济。混合所有制经济兼具公有制经济和非公有制经济的双重特征，多种形式的经济融合发展有利于达到优势互补、规模整合的效果，是提高经济活力的有效方式。制度上应支持国有资本、集体资本和非公有资本等采取多种形式进行融合发展；鼓励非公有资本参与国有企业改革，发展非公有资本控股的混合所有制企业；鼓励国有资本以多种方式入股非国有企业等。

（3）发挥非公有制企业在推动新技术、新经济发展方面的积极作用。非公有制企业在新技术、新经济上表现出极强的创造力，如中国互联网三巨头（百度公司、阿里巴巴集团和腾讯公司）、比亚迪公司等，都是中国经济发展的龙头。智慧的经济制度应有利于激发市场主体的创造力，一是鼓励非公有制经济进入更多的经济领域，并制订相应的实施方案，借助市场的力量缓解部分行业经济效率低下、成本上升的困境；二是鼓励数据信息开放和构建多元化的数据感知途径，辅助企业进行决策分析；三是健全激励与孵化制度，引导非公有制企业走向更加广阔的市场。

2. 建立开放有序的现代市场经济体系

智慧城市的经济活动体系需要具备统一开放、竞争有序的市场经济体系，它不仅是提高城市经济效率的前提、促进企业创新的基本条件，还是市场高效发挥资源配置作用的基础。该体系强调市场构成统一完整、市场要素自由流动、市场竞争公平公正及市场活动规范有序，具体把握以下三点内容。

（1）完善现代产权保护制度。产权制度是市场经济发展的基石，健全归属清晰、权责明确、保护严格、流转顺畅的现代产权制度（胡万庆，2018），依法保护各种所有制经济的合法产权与收益，是实现平等竞争的重要方式。同时，由于知识与技术在智慧城市建设中具有关键性作用，加强知识产权保护应成为产权制度建设的重点，并具备激励创新、规范交易和升级服务等功能。

（2）建立公平开放透明的市场规则。市场的有效运作离不开规则的约束，它界定了市场经济行为的底线标准，是市场经济体系的法律保障。首先，需要建设法治化的营商环境，实现统一的市场监管，消除地域分割和行业垄断下的市场障碍，加强社会化监督；其次，健全要素市场体系和相关保障制度，促进商品和要素的自由有序流动和平等交换；最后，完善市场化的价格形成机制，减少政府对竞争性领域的价格干预，建立公共领域的投入与价格协调机制，提高价格制定透明度。

（3）提高市场体系的开放性。经济全球化是不可逆转的发展潮流，开放型的市场体系是中国深度参与国际贸易与合作的必然要求，也是提高经济发展质量的必要条件。智慧的经济制度应推动内外开放的相互结合与相互促进，实现国内外市场的深度融合、资源的高效流动，着力培育国际经济合作与竞争的新优势。

3. 适应智慧城市政府的职能转变

构建智慧的经济制度系统要求理顺政府与市场的职能分工，充分尊重市场发展规律，以便更好发挥政府的监管与调控职能。伴随着计划经济体制到社会主义市场经济体制的过渡，中国政府正经历着从“全能型”到“服务型”的职能转变。不同于过去以计划指令和行政管制为主要手段的经济管理，服务型政府强调政府职能的有限性，它作为一种现代政府治理模式，要求将微观主体的经济活动交由市场调节，政府则关注公共服务质量与效率的提升，重点在宏观调控和市场监管等方面发挥自身作用。然而，中国政府目前的职能设置仍有一些与市场经济的发展需求不适应的地方。未来，应加强以下三个方面的制度改革，在“放”和“管”之间取得新的平衡。

（1）深化体制改革。加快政府的简政放权，降低市场经济活动的运行成本和制度成本，更大范围、更高程度地发挥市场在资源配置中的作用。

（2）完善监管与调控职能。加强市场监管、规范市场秩序和及时调节市场行为，营造良好的市场竞争环境。同时，鼓励各地各级政府部门间的数据开放，通过多元的数据感知和“城市大脑”的信息处理，对城市经济运行做出更加实时高效的应答。

（3）规范政府行为。顺应市场发展需求，及时推进制度调整，合理界定各级政府的职权范围，减少行政干预的随意性，并确保各项职能转变与各类法律法规、规章制度相互衔接，实现管理到治理的过渡。

4. 促进经济发展成果的公平共享

公平正义始终是智慧城市经济制度建设的价值诉求。人作为城市社会的主体，是城市中最重要、最活跃的组成部分，城市经济的发展归根结底还是人的发展，关键在于实现社会全面、健康、可持续的进步。它不仅强调经济发展权利、过程和机会的公平，还强调发展结果的公平共享，但并非平均主义。因此，在制度设计上需关注以下三个方面内容。

（1）制定合理的分配制度。收入分配强调公平与效率的统一，既要促进经济增长，又要维护社会稳定；既要充分调动社会成员的积极性，又要避免收入差距悬殊。因此，初次分配应重视劳动者的权益保障，刺激经济动力与效益的同步提高；再次分配是政府对初次分配结果的再调节，侧重社会公平性的提高。

（2）构建更平衡的区域和城乡发展格局。发达有序、良性互动的区域发展格局和城乡关系有利于智慧城市经济社会的健康发展。在区域层面建立有效的跨区域城市发展协调机制，可形成优势互补、分工有序的区域发展体系。城乡层面应着力破解城乡二元的结构障碍，从制度上保障城乡要素平等交换和公共资源均衡配置，加强城市对乡村的反哺。

（3）智慧成果优先应用于公共服务领域。鼓励将智慧的理念与措施优先应用于公共服务领域，推动公共产品和公共服务的品质化提升。

6.3 智慧城市的创新系统

6.3.1 智慧城市的创新发展

1. 国家创新体系是智慧城市创新经济发展的基础

国家创新体系（national innovation systems）是国家创新系统，是指一个国家内部各有关部门和机构间相互作用而形成的推动创新的网络，是由经济和科技的组织机构组成的创新推动网络。它最早由 Freeman 提出，认为“国家创新体系是由公共部门和私营部门中各种机构组成的网络，这些机构的活动和相互影响促进了新技术的创造、引入、改进和扩散”。Lundvall（2016）以此进行深化，认为“国家创新网络体系是指在有利于经济发展的知识生产与扩散中，相互作用的要素及其关系组成的网络系统”。Nelson（1993）强调了创新网络的体制特征，提出以制度设计促进公有和私有技术的平衡。Patel 和 Pavitt（1994）认为国家创新体系体现了知识流动的效率与方向，是国家制度设计、组织能力和竞争力的综合反映。OECD 的定义被多数学者采纳：“国家创新体系是公共和私人部门中的组织结构网络，这些部门的活动和相互作用决定着一个国家扩散知识和技术的能力，并影响着国家的创新业绩。”（赵秀丽，2013）

我国早在 1992 年就引入了国家创新体系的概念。其中，冯之浚（1999）、路甬祥（1998）等，多以网络系统的视角对国家创新体系的内涵进行诠释；国家在《国家中长期科学和技术发展规划纲要（2006—2020 年）》中明确界定了国家创新体系的概念：“以政府为主导、充分发挥市场配置资源的基础性作用、各类科技创新主体紧密联系和有效互动的社会系统”；王春法和游光荣（2007）认为国家创新体系是科学技术植入经济增长过程中的制度安排，创新主体之间的相互作用使知识与技术在经济社会中形成良性循环和应用机制，并在实践中表现为创新主体为推动科技创新所形成的相互影响的网络机制及与之相关的活动（赵秀丽，2013）。

综合国内外研究，国家创新体系的概念虽未统一明确，但一般由创新主体、创新环境和创新要素三个部分组成（表 6-1），并呈现出以下特征。一是国家创新体系是一个复杂网络系统，它以政府、企业、科研院所及高校、技术创新支撑服务体系四大创新主体为核心，围绕国家创新活动形成相互作用、相互联系的社会网络和行动框架，各类创新要素在网络系统中进行流动与配置，从而推动知识与技术的生产扩散，对国家的创新能力和综合实力的提升具有关键性作用。二是国家创新体系依赖社会经济上的制度设计与体制建设，其关键是通过优化创新环境，协调各创新主体间的功能定位与资源配置，提升创新要素在系统中的集聚规模与流动效率，从而促进国家创新能力的提升。此外，知识与技术的创新最终将服务于生产环节，高效的制度安排有利于提高创新成果的转化效率，从而推动经济的发展。三是国家创新体系应具有动态开放的特征，系统的组成成分和边界将随着社会经济发展、国际环境形势的变化而改变，因此，在发展策略的制定过程要把握内、外部环境发展趋势，做出适应、有效的选择。

表 6-1　国家创新体系的构成

组成成分	主要内容
创新主体	政府、企业、科研院所及高校、技术创新支撑服务体系
创新环境	与创新活动相关的各类制度安排、社会经济环境、国际关系等
创新要素	与创新活动相关的基础设施、知识与技术、资金、信息等

创新系统是城市经济的“发动机”与“助推器”。创新本身是“智慧”的直接体现，在经济层面指“在生产体系中引入一种新组合”（Schumpeter，1911），包括引入新产品或提升产品质量、采用新技术或新的生产方式、开辟新市场、获取新的原料供给、实行新的企业组织，由此使创新成为智慧城市经济活动体系中最活跃的组成部分。在社会学等领域，创新有更广义的内涵：“创新是在质的方面所出现的不同于现存形式的任何新思想、行为或事物的总称”（Barnett，1953）。我国将“创新驱动发展战略”作为一项系统工程上升到国家战略层面，突出知识与技术创新是转变经济发展方式的中心环节；2017 年，党的十九大报告要求：“加快建设创新型国家。创新是引领发展的第一动力，是建设现代化经济体系的战略支撑。”[①]可见，创新对智慧城市经济活动体系具有战略支撑的意义。

创新活动的持续开展离不开创新系统的高效运作，而国家创新体系的理论研究为智慧城市创新系统的建设提供了框架与指引。前者偏重理论建构，后者强调实践策略，但都具有相同的核心目标，即以知识与技术创新，提高生产环节的智慧化水平，培育经济的新增长点。创新是经济发展的本质，是经济发展的活力源泉，在国家创新体系的框架指导下，构建系统化、动态化、多样化和开放型的创新系统正日益成为驱动智慧城市经济发展的基础。

① 《习近平：决胜全面建成小康社会 夺取新时代中国特色社会主义伟大胜利——在中国共产党第十九次全国代表大会上的报告》，http://www.gov.cn/zhuanti/2017-10/27/content_5234876.htm[2021-05-28]。

2. Web2.0 与创新 2.0 是智慧城市创新经济发展的契机

Web2.0 的概念诞生于奥莱利媒体（O'Reilly Media）与国际媒体直播（MediaLive International）两家企业的一次国际研讨会议。O'Reilly（2007）首次对 Web2.0 的内涵进行解析，简单而言，它认为 Web2.0 是以互联网为平台（the web as platform）的应用软件，通过允许用户随时随地进行数据资源共享，充分激发集体智慧，提供比 Web1.0[①]更多元的交互模式和服务形式。2006 年中国互联网协会交流与发展中心的《中国 Web2.0 发展现状与趋势调查报告》中提出，Web2.0 是新一类互联网应用的统称，以个性化和大众参与为主要特征，由过去自上而下的主导资源的形式，转变成自下而上的形式，是一次理念和思想体系的升级换代。区别于 Web1.0 模式下单一的 html 网页浏览，Web2.0 以其高度的开放性、联接性和工具性提供更丰富的用户体验，其代表性应用包括维基百科、博客、Facebook、播客和众包平台等，当前已成为主流的互联网商业模式。

创新 2.0 的概念在 Web2.0 的基础上产生，为智慧城市创新提供新的途径与动力。Web2.0 作为一种新媒介，提供了多样化的知识共享渠道和即时自由的知识发布方式，能有效促进公众参与到知识创造、传播与管理中，转变过去的精英主导模式，加速城市的知识积累。创新 1.0 以工业时代为背景，核心是技术发展，并以科研人员为主体、科研院所为空间载体。信息时代和知识经济的来临重塑了传统的创新形态，形成了创新 2.0 的概念。该概念对创新活动的内涵进行延伸，提出以需求为导向，以共同创新、开放创新为特征的参与式创新模式。一方面需求导向主张"以人为本"，让技术进步回馈到社会之中，加强创新成果的转化；另一方面，公众不再是创新模式的被动接受者，而将更广泛、更活跃地参与到城市创新活动中。创新 2.0 的概念为智慧城市的创新系统培育了新动力。社会化创新的力量在世界范围内受到广泛关注，中国于 2014 年明确提出"大众创业、万众创新"，全面激发城市社会的创造力，营造良好的社会创新氛围，释放经济活力。以应用创新园区（application innovation park，AIP）为代表的"众创空间"在全球兴起，国外有欧盟的智能家居（如 Living Labs）、麻省理工学院的微观装配实验室（fabrication laboratory，Fab Lab），国内有深圳柴火创客空间和北京"三验"应用创新园区等。它们面向不同的应用领域，通过多元创新主体和创新要素的交互，共同推动技术的孵化与转化，提高技术产品的转化率和适用性。其中，北京"三验"应用创新园区致力于城市管理的科技创新，形成了"多部门支持、协会组织、企业主导和多方参与"的组织模式，在相关技术的应用研发与试验方面取得良好的成效，获得多项国际级专利。在信息技术的

① Web 1.0 是指网站都是由静态页面构成，信息只是单纯发布到网络上供网民浏览的时代。

支持下，创新活动的组织形式将进一步呈现网络化和扁平化特征，创新服务的供给模式将更为灵活，为创新主体的发展提供更多可能。

3. 基于区块链与人工智能的 Web3.0[①]是智慧城市创新经济发展的导向

Web1.0 的本质是联合，网络作为信息提供者，仅可以单向性提供和单一性理解；Web2.0 的本质是互动，网络作为平台，在用户提供信息时为用户获取信息提供路径；Web3.0 是在 Web2.0 基础上发展起来的能够更好体现人民劳动价值并实现价值均衡分配的物联网方式，网络成为用户需求理解者和提供者，借助人工智能、关联数据和语义网络建构，实现网络与网格及网络与人的沟通，网络对用户了如指掌，能够有效进行资源筛选与智能匹配（图 6-1）。Web3.0 以区块链和人工智能为重要基础，其中区块链结合虚拟加密货币引导互联网走向个人控制数据所有权，并实现个人隐私的保护，而人工智能结合语义网络增强数据之间的连接与机器学习，实现互联网自身的智能判断。

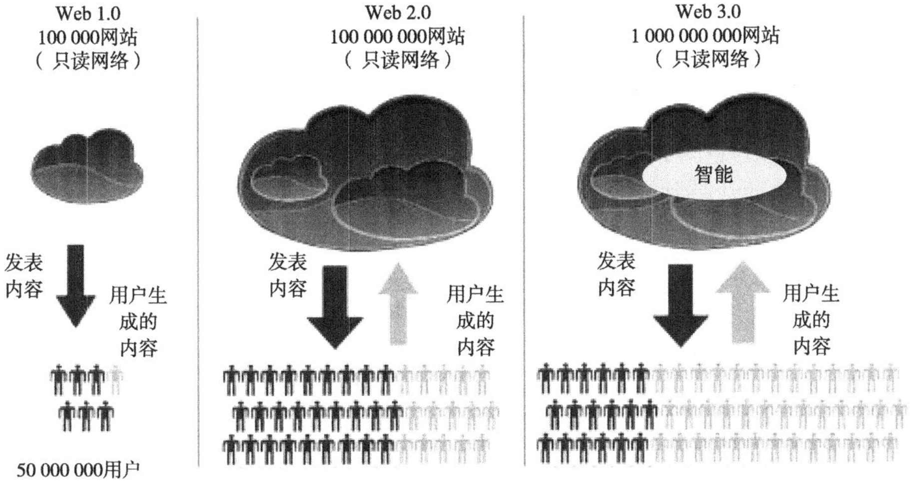

图 6-1　Web1.0、Web2.0、Web3.0 模式图

Web3.0 引入去中心化互联网，使寻租第三方对用户交互行为和价值转移的控制力减弱，为 P2P 通信、支付、服务和市场提供了基础，将区块链技术和加密货币带入人们的视野中。2015 年，以太坊作为 Web3.0 的引领者正式发布，作为一

① Web3.0 只是由业内人员制造出来的概念词语，最常见的解释是，网站内的信息可以直接和其他网站相关信息进行交互，能通过第三方信息平台同时对多家网站的信息进行整合使用；用户在互联网上拥有自己的数据，并能在不同网站上使用；完全基于 Web，用浏览器即可实现复杂系统程序才能实现的系统功能；用户数据审计后，同步于网络数据。

个开源的有智能合约功能的公共区块链平台，通过其专用加密货币以太币提供去中心化的以太虚拟机来处理点对点合约，当前能有效提高终端用户体验感的技术仍在开发当中。2016年，国内对区块链的研究热度也出现了爆发式增长，中国人民银行、商业银行、金融机构均展开了相关研究，国际上，关于区块链的研究与应用表现出联盟化、金融级、全盘布局等特点，主要参与对象既有大型商业银行、银行卡组织，也有科技公司、咨询公司，意在对金融基础设施进行优化和重构。在我国国务院印发《"十三五"国家信息化规划》中，区块链和人工智能、虚拟现实、大数据认知分析、无人驾驶交通工具、基因编辑等多项高新技术创新被作为新技术进行战略性前沿技术超前布局，在政府大方向认同的情况下，无论是在科技圈还是金融圈，区块链都成为当下最热的技术宠儿。基于区块链，资产数字化、智能合约、透明可信的互联网经济模式等得以应用，Web3.0 应运而生。Web3.0 更多的不仅仅是一种技术上的革新，更是以统一的通信协议，通过更加简洁的方式为用户提供更为个性化的互联网信息资讯定制的一种技术整合（陈涛，2012）。

Web3.0 具有以下特点：①人文主义的回归，每个人的数据不再毫无回报地源源流向中心化机构，而是掌握在自己手中，通过授权及可信计算，有选择地提供给某些机构；②信息与价值流通的闭环，Web3.0 将价值与信息绑定，在传递信息的同时，将完成价值的传输，与此同时，基于区块链的智能合约技术让"信息与价值"在互动过程中可以程序化自动控制；③去中心化的服务，因为去掉了中心化服务器，从而让端到端的数据直连成为可能，包括分布式存储、分布式数字身份系统等，都需要在无中心化服务器的场景下使用；④基于密码学信任机制和隐私保护的新型的协作关系，密码学的最新发展已经给了我们一些新的解决方案，如在没有第三方信任背书的情况下，基于密码学的信任机制可以无摩擦地完成交易，在这种信任机制基础上，可以构建全新的协作关系。毫无疑问，基于新技术而得以成长的 Web3.0，其种种特点将反馈到城市经济活动体系中，促进智慧城市的经济系统更为开放与健康地运行。

6.3.2　构建智慧城市创新系统的四个策略

科技创新是智慧城市创新系统的主要内容。改革开放以来，我国高速的经济增长主要依赖劳动力和资源能源等低成本优势，然而，这一比较优势正随着社会经济的发展和国际经济环境的恶化日渐式微，新的比较优势还未明朗。科技创新本身具有模仿难度高和附加值高等特点，在激烈的国际市场中表现出竞争力强、持续周期长的优点，能够持续地为经济发展提供强大的动力支持。科学技术是第一生产力，科技创新已然成为支撑现代化经济体系建设的关键力量，也是创新驱动战略的核心。Web2.0 背景下的创新 2.0 强调科技创新的社会化，是对国家创新体系的有益延展，鼓励创新模式的多样化。值得注意的是，制度创新、知识创新和服务创新等多元创新活动不仅直接影响经济活动，还作用于科技创新，也是智慧城市创新活动的重要维度。本书将立足于智慧城市科技创新的现实需求，依据四大创新主体的特点，提出相应的发展策略，同时重视其他创新因素的促进作用，引领智慧城市创新系统的建构。

1. 发挥企业在科技创新中的主导作用

市场竞争是科技创新的动力源泉，科技创新是企业竞争力提升的根本途径。随着我国市场经济的深入发展，企业在科技创新中发挥着日益重要的作用。企业作为连接科技与市场的主体，拥有较高的市场敏感度，天然具备开展科技创新的有利条件。同时企业还是科创成果的主要应用者，参与了从研发到成果转化的全过程。因此，未来应强化企业在技术创新中的主体地位，进一步发挥大型企业和创新骨干的自主创新能力，激发中小企业创新活力，强化企业在创新链各个环节中的主导作用。

通过智慧城市企业创新系统的建构，为企业的创新发展提供理论指导和方法论支持。企业创新系统的概念框架包括“三个世界、三大系统、三类创新、五条路线”四大方面（图 6-2）（张振刚和陈志明，2016）。该框架是企业开展技术创新活动的战略规划及实施方案，旨在通过制定企业创新战略，构建各类研发平台，建设高水平的研发队伍，完善科学的运行机制，系统整合企业内外部的创新资源，保障企业技术创新活动与产品开发活动的顺利进行，进而提升企业创新能力。

“五条路线”是该系统的核心。思想路线本质上是一系列思想、创意、概念、知识的构造集合，组织路线本质上是一系列功能、机制的构造集合，两者分别是引领和支撑企业创新发展而精心设计的抽象系统和支撑系统，是科学与文化创新的来源，表现为企业的“核创新”。技术路线、产品路线及市场路线本质上是一系列关联活动的构造集合，是企业表达自我创新行为的活动系统，其中技术路线和产品路线是改善企业现有价值链的活动，表现为企业的“流创新”，市场路线是企业创新的商业化过程，表现为企业的“源创新”。

该系统框架科学地界定了如何有效实施并管理创新的研究问题，立足于中国国情，根植于中国企业的创新实践，从系统理论视角来探讨中国企业的创新管理实践，借助丰富的案例和系统的理论为中国企业的创新发展提供了一套非常完整的、具有中国本土特色的企业创新管理理论分析方法。对于企业技术创新管理，既着重于多元性、直接性、现实性和跨学科的设问，也注重建设性、科学性、系统性和操作性的应答；既重视企业创新实践经验的总结，也着力加强企业创新管理理论和方法论的系统构建。在结合前人大量理论研究的基础上，以一种新的创新理论形态呈现，

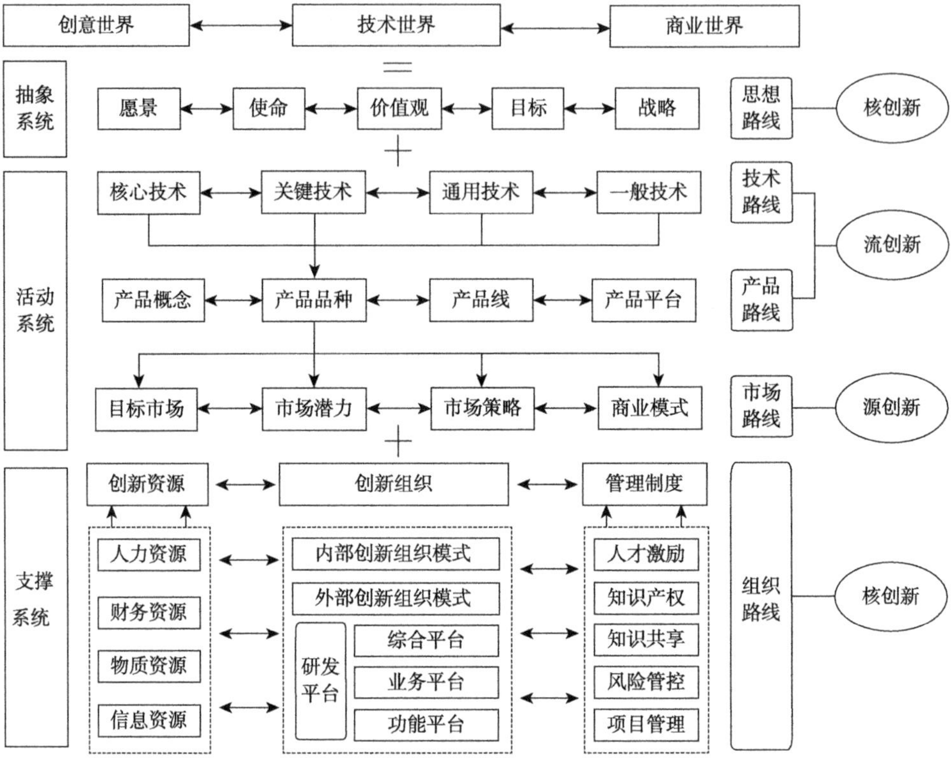

图 6-2　智慧城市的企业创新系统框架

并致力于使其在方法论和理论方面与可读性、实用性、操作性方面得到有机的平衡统一（张振刚和余传鹏，2013）。

2. 完善政府的引导与监管职能，促进制度创新

在智慧城市的创新系统中，政府既是科技制度的设计者和实行者，也是重要的创新资源的投入者和分配者，其主要职责在于通过行政手段克服市场本身的局限性，明确科技发展的战略方向，引导和协调各类创新活动，优化创新环境及促进创新要素的高效配置与综合集成，从而推动科技创新活动的健康快速发展。因此，引导与监管应成为政府在科技创新活动中履行的主要职能，重点可从以下几个方面入手。

（1）完善智慧城市科技体制建设，建立健全创新激励机制。体制建设是智慧城市创新系统的基础，直接关系创新驱动战略的成败，但我国当前的科技体制与市场经济、科技发展的需求还未匹配，影响着科技创新活动开展，主要有以下原因：一是企业的主导地位未形成，各种科技力量自成体系、分散重复，影响运行效率；二是科技管理体制不成熟，科技资源的配置方式不理想；三是国家对人才、创新活动的激励机制还不完善。针对这些问题，智慧城市的科技体制建设应重点

把握以下几个方面：一是，加强经济和政策引导，推动企业成为科创活动的主要力量，构建原始创新、集成创新、消化吸收再创新的市场导向机制；二是加快科技管理体制改革，建立有效的协调机制，以制度创新或借助信息通信技术整合各地、各部门间的创新要素，实现资源配置的全面优化；三是建立健全创新激励机制，加大激励政策的广度和力度，实施促进创新活动的优惠政策。

（2）加大科创投入，加强科技基础服务平台建设。科创投入和科技基础服务平台的建设是科技创新的前提与物质保障，直接关系国家核心竞争力的提高。中国当前的科创投入强度有明显提升，但仍然不足。联合国教育、科学及文化组织统计研究所的数据显示，中国 2016 年的 R&D 支出规模达世界第二，占 GDP 比例为 2.11%，高于欧盟（2.03%）和中等收入国家（1.78%）水平，但低于世界平均水平（2.31%），与美国（2.74%）、日本（3.15%）和德国（2.94%）等发达国家还有明显差距，并存在投入结构不够合理和科技基础条件不高等问题。因此，政府应将“创新驱动”作为重要的经济发展战略，充分发挥在科创投入中的引导作用，通过财政投入、税收优化等多种手段，提高自身配置科技资源的能力，重点关注市场机制难以解决的研究领域，并积极引导企业和社会的科创投入。加快科创投入结构的调整与优化，合理安排各类科创活动的经费分配比例，完善相应的经费管理和反馈制度，提高科技支出的使用效益。此外，还要明确科技基础服务平台的建设重点，并在相关政策法规和信息通信技术的支持下，实现高效配置与共享。

（3）促进国内外科技合作，建立开放的创新网络体系。交流与合作是科技创新的驱动器，它不局限于简单的技术转移，更强调对知识技术、经验信息的吸收借鉴，并以此为基础进行改进、研发与再创新，从而实现区域科创能力的整体提升，缩小与发达国家之间的差距。一方面，政府应加强全国性研究网络的构建，推动国内先进城市、全国科研机构和先进企业进行广泛联系，提升城市的科创能力和成果转化能力；另一方面，积极谋取对外合作，鼓励科研院所及高校与国外发达地区的研发机构和跨国企业建立战略合作关系，但要遵循有利于自主创新、有助于降低成本等基本原则，还要注重知识产权保护。最终，借助科技合作的机会和后发优势的发挥，带动我国科技和经济的全面进步。

（4）健全科技创新人才培养机制，营造社会创新文化。当今世界的竞争归根结底就是人才的竞争，人作为知识与技术创造的核心，无疑是提高自主创新能力的关键所在。近年来，在城市间敲响的“人才战争”更直接地反映了人才资源的稀缺性和重要性，而人才强国等战略的实施，凸显了人才培养的战略意义。就我国而言，培育创新型人才的核心在于构建促进人才成长的长效机制，包括推进教育体制改革，开展创新素质教育和制订有针对性的培养方案；建立积极的用人机制，吸引、调动国内外高层次人才为国服务；完善分配、奖励等多种激励机制，充分调动人才的积极性和创造性。此外，倡导创新 2.0 的发展理念，在全社会营造创新创业氛围，激发民众的创新精神与创新基因，充分调动社会创新要素，共同建设创新型城市、智慧经济。

（5）完善科技创新活动的相关法律法规体系，强化知识与技术保障。科创活动的有序开展和持续进行离不开法律法规的保驾护航，法治化和规范化的制度环境成为科创事业发展的前提。在研发过程中，智慧城市应根据不同科创主体的特点，制定相关的运行管理基本规定；在科创成果中，完善知识产权保护制度，规范技术市场，健全技术交易和转移制度，保护科创主体的切身利益；在成果使用中，完善科技成果转化机制和制度保障，改善科技型中小企业融资条件，完善风险投资机制，创新商业模式，促进科技成果资本化、产业化。

3. 加强科研院所及高校的人才与知识技术供给

科研院所及高校主要承担智慧城市的知识与技术创新、人才培养职责，是支持科技持续发展的必要保障，重点从以下四个方面入手。

（1）强化基础科学研究在科技创新中的地位。科研院所及高校作为智慧城市的创新源和知识库，拥有众多高素质的科创人员、丰富的科研资料和优越的科研条件等，具有开展基础性研究的突出优势。而基础科学研究是知识产生、发明创造和人才培养的活力源泉，由科研院所及高校承担基础性研究一直是国际成功的经验与做法，也是提高智慧城市自主创新能力的重要途径。当前，基础科学研究主要依赖政府资助，科研院所及高校需加强对科学研究的重视程度和投入力度，助力基础科学研究的健康发展。

（2）深化科研院所的管理体制改革。现代化的科研院所制度是建设高水平研究队伍的关键，该制度强调三大原则：一是“责权明确”，各类科研院所应按照计划所确定的责权与定位进行建设，形成协同有序、力量集中的发展格局；二是“管理规范”，既要加强科研院所在经费使用、人事管理等方面的自主决策权，提高机构内部的协调运作能力，又要以制度建设提高相关活动的规范性，从而实现高效管理；三是“评价科学”，通过对创新成果、人才队伍、管理运作等内容进行综合评价，掌握科研院所的发展状况，形成有效的反馈机制。

（3）积极发展创新教育。作为知识与技术传播的重要载体，科研院所及高校在创新文化建设中具有重要作用。鼓励通过教育、培训和成果转化等多种方式为社会补充人才资源，包括建立公私合作的教育机构、开展职业教育培训、开展全民科普教育和建立定期开放制度等，不断适应知识积累、技术升级和市场经济发展的需要，为智慧城市的创新系统建设提供多样化的人力资源储备。

（4）鼓励形成开放多元的合作模式。一方面，促进科研院所及高校之间构建多种形式的创新联合组织，在关键领域形成共同参与的有效机制，增强科技创新能力；另一方面，加强科研院所及高校与政企之间的全面合作，加快构建企业需求服务、产学研协同等多元形式结合的新机制，通过扩大科技资源的开放程度，促进相关的知识流动与技术转移，提高科研成果的转化效率。此外，积极推进应用型技术研发机构市场化、企业化改革，助力智慧城市产业经济升级。

4. 提高基于新技术的创新支撑服务体系的服务水平

技术创新支撑服务体系致力于提供高品质、多样化的专业科技服务，是智慧城市创新系统的参与者与支持者。创新支撑服务体系应当基于新技术建立，在互联网时代，新技术的快速发展促进机器智能水平的逐步提升，为科技创新与经济发展提供了机遇与引导。技术创新支撑服务体系在利用其新兴技术为创新系统提供基础支撑的同时，发挥其科技评估、管理咨询和辅助决策等功能，该系统旨在提高科技创新活动的实效性。同时，该系统作为市场机制的重要载体，以及政府、市场和社会的信息与要素的传递中介，它协助进行技术转移和创新成果转化，通过对生产要素、创新资源进行优化整合，如借助技术市场、风险资本市场和技术产权交易市场等，为企业提供高效的实施方案和解决策略等，完成知识与技术供需信息的快速匹配，发挥桥梁作用。

“服务创新”应成为技术创新支撑服务体系长期追寻的目标。通过专业技术水平的提高，深化和细化技术创新支撑服务体系在创新链各个环节中的技术支持和信息供给，提供品质化、精细化和定制化的科技服务，进而促进智慧城市创新系统的高效运作。

6.4　智慧城市的产业体系①

6.4.1　智慧产业体系的内容与特征

1. 智慧产业的内涵

智慧产业是指数字化、网络化、信息化、自动化、智能化程度较高的产业，是智力密集型产业、技术密集型产业，而不是劳动密集型产业。与传统产业项目相比，其更强调智能化，包括研发设计、生产制造、经营管理、市场营销等各方面的智能化（金江军，2012），主要包括“城市智慧经营、智慧服务百姓、企业智慧文化、智慧生产制造、开发智慧产品”五大方面的内涵，具体表现为智能装备、信息服务业、服务外包、物联网、云计算等新一代信息技术在产业领域的广泛应用。按照我国《国民经济行业

① 本节内容源于课题组成员的相关成果：丁焕峰，王璎卉. 2016. 中国城市经济智慧指数的评价与分析[J]. 统计与决策，(13)：16-20；王璎卉. 2015. 我国大城市的经济智慧指数研究[D]. 广州：华南理工大学。

分类》（2017年版），可认为智慧产业包含以下门类：服务业内的电信业、计算机服务业、软件业、科学研究和专业技术服务业、科技交流和推广服务业，以及互联网信息服务、咨询和调查服务、知识产权服务、会议及展览服务业；制造业内的通信设备、计算机及其他电子设备制造业等（邓贤峰，2010）。冯茂岩和蒋兰芝（2011）指出智慧产业的一个典型特征是物联网、云计算、移动互联网等新一代信息技术在产业领域的广泛应用。大力发展智慧产业，是推动信息化与工业化深度融合的重要举措，是推进中国产业结构优化升级的重要途径，也是建设智慧城市的重要内容。

2. 智慧城市产业体系的内涵

本书认为智慧城市的产业体系是指智慧产业比重高、产业创新能力强、结构优化、协同发展的产业体系。从具体内容来说主要包括智能装备、信息服务业、服务外包、物联网、云计算等智慧产业；以智能制造为代表的智慧工业；以设施农业和精准农业为代表的智慧农业等。

智慧城市产业体系包含以下方面内容（图6-3）：一是分析智慧产业体系的内容与主要特征，建立概念模型——智慧城市产业体系的理论基础与主体框架；二是构建城市经济智慧指数及其评价体系，并对中国城市的经济智慧指数进行评价与分析；三是提出智慧城市产业体系的构建路径与对策。

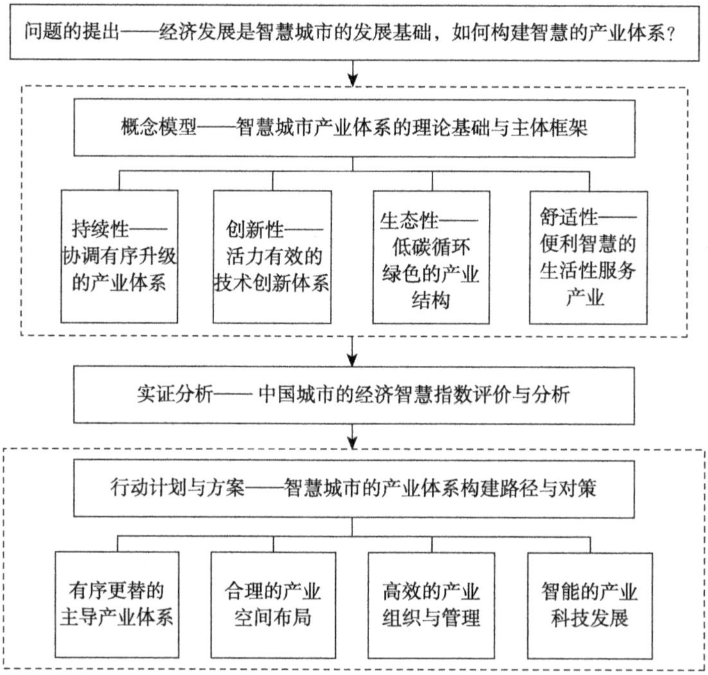

图6-3　智慧城市产业体系与研究框架

3. 智慧城市产业体系的四个特征

结合智慧产业内涵与智慧城市建设实践，本书认为智慧城市的产业体系具有以下四个基本特征。

1）持续性——协调有序升级的产业体系

智慧城市的产业体系必须具备产业与产业之间、信息与产业之间不断融合，不断向产业结构合理化和高级化发展的能力。智慧城市的产业体系要求各产业之间在生产规模上的比例关系合理、关联作用度高，充分合理利用自然资源、各产业发展协调、不存在瓶颈产业、能及时提供社会所需要的产品和服务，同时各产业能取得最佳的经济效益、城市与区域间能有效分工与合作、生态环境得到有效保护、产业结构具有弹性。城市产业结构根据经济发展的历史和逻辑序列顺序演进并不断达到更新的阶段或更高的层次、由合理的城市产业结构向最优的城市产业结构转化，使得城市产业发展高加工度化、高附加值化、技术集约化、工业结构软化。

2）创新性——活力有效的技术创新体系

智慧城市的产业体系必须以智慧产业为主体，是以城市战略性主导产业发展为特征的、以带动性强的核心技术突破及市场需求为导向的技术创新体系，主要包括获取与促进关键生产要素的优化与长远发展、促进核心技术系统的创新与开发路径探索、充分利用信息通信技术提升产业活力、促进人流物流商流的有效交易平台和商业模式创新，最终目的是提升城市综合竞争力。对于智慧城市建设来说，必须有效占领产业和科技的制高点，充分开发利用国内外成熟技术，具体来说，即能有效解决城市经济社会科学发展面临的技术经济约束问题，满足经济社会发展和城市间博弈的技术需要，实现科技自主创新和突破城市发展关键技术瓶颈；注重引领性、带动性强的基础科学技术研究与核心技术突破，如信息技术、生物技术、纳米技术、超导材料及交叉学科的前沿，基础研究作为科学之本、技术之源，是科技进步的先导，是自主创新的源泉；以体现市场需求导向、注重社会效益为重要内涵，科技创新必须兼顾社会效益与经济效益，以提高发展质量和效率、节约资源为目标。各种创新能不断拓展生产前沿，拉动对新产品、商业模式、生产模式的持续投资，成为城市持续增长的基础动力。

3）生态性——低碳循环绿色的产业结构

智慧城市的产业体系一定是资源节约和环境友好型的产业体系，是建设绿色城市的根本保证。一方面，在持续增长的能源压力和资源短缺背景下，需要利用产业技术和信息通信技术改进能源和资源利用体系，提高城市经济的潜在生产率；另一方面，需要最大限度减少城市无序蔓延、土地滥用、城市设计不完善、城市低效服务及小汽车无限增长带来的基础设施和交通体系的负外部性，保持经济绿色发展的活力，采用能源资源节约型技术，如智能电网、高效节能的房屋和消费类产品，引导消费者形成绿色消费习惯，引导循环经济技术有效利用等。

4）舒适性——便利智慧的生活性服务业

智慧城市建设的根本目的是使城市居民拥有幸福生活，所以日常生活性服务业的智慧化就理应成为智慧城市产业体系的构成部分。智慧城市是以人为本的城市，城市建设的根本目的是城市居民拥有的幸福安康生活，便利智慧的生活性服务业主要包含以下内容：①安全和谐发展的人性化城市服务和智慧化的城市服务手段，可大大提升公共服务部门的行政效率和决策水平，有助于推动城市就业、医疗卫生、交通运输、社会安全监管等城市居民最关心、最直接、最现实利益问题的解决，使全体居民更好地分享信息化和城市化成果，构建民主法治、公平正义、诚信友爱、充满活力、安定有序的社会主义和谐社会，有效提高城市居民的满意度，真正将城市发展的成果惠及大众（沈明欢，2010）；②优化城市人群的生存环境，通过合理调配和使用水、电力、石油等资源，达到资源供给均衡，减少浪费，实现资源节约型和环境友好型社会及可持续发展的目标，建立更加宜居的生态城市；③城市居民日常生活服务的智慧便捷化，通过智慧社区建设和智慧基础设施的投入，方便城市居民吃喝等日常生活。

6.4.2 中国城市的经济智慧指数及现状评价

“智慧城市”的建设与发展离不开城市经济智慧指数的不断提高，下文通过构建城市经济智慧指数评价指标体系，对中国主要城市的经济智慧指数进行评价，分析中国智慧城市发展的现状。

1. 城市经济智慧指数评价指标体系

建立合理的城市经济智慧指数评价指标体系，可以对相关城市经济体系进行智慧指数评价，集中体现智慧城市整体经济的内涵特色和结构特征，是智慧城市建设过程中实现整体经济优化升级的重要观察指标。建立城市经济智慧指数评价指标体系可以使决策层及相关机构更好地把握智慧城市的经济发展水平，从而进行科学合理的决策；对于具体实施机构来说，也可以通过对智慧城市建设项目进行客观的评估，找出不足之处予以纠正，从而确保“智慧城市”建设快速健康发展（殷令姣，2012）。

城市经济智慧指数指标体系构建必须满足客观性、可操作性、发展性、系统性、代表性及简单性等原则，能够全面统一地对各地区城市进行衡量与比较，数据的采集简单可行。本书参考 2011 年中国统计学会发布的《综合发展指数研究》报告中综合发展评价体系的构建原理，结合本章节的研究命题，根据智慧城市经济活动体系的主要内涵，基于智慧城市经济活动体系的持续性、创新性、生态性及舒适性等四大基本特征，建立具体的城市经济智慧指数评价指标体系（表 6-2）。

表 6-2　城市经济智慧指数评价指标体系

一级指标	二级指标	三级指标	指标单位
城市经济智慧度	创新性	科学支出（$X1$）	万元
		每万人专利授权量（$X2$）	件
	持续性	第三产业产值占地区生产总值的比重（$X3$）	百分比
		人均地区生产总值（$X4$）	元
		城镇登记失业率（$X5$）	百分比
		劳动生产率（$X6$）	元/人
	生态性	单位地区生产总值电耗（市辖区）（$X7$）	万千瓦·时/亿元
		工业废水达标率（$X8$）	百分比
		工业固体废物综合利用率（$X9$）	百分比
	舒适性	每万人医院、卫生院床位数（$X10$）	张
		人均园林绿地面积（市辖区）（$X11$）	米^2
		人均城市道路面积（市辖区）（$X12$）	米^2
		公共图书馆总藏量（$X13$）	千册
		人均社会消费品零售额（$X14$）	元

资料来源：《中国城市统计年鉴》《国民经济与社会发展统计公报》、中国经济网

该指标体系由三级指标构成。一级指标为城市经济智慧度，是反映一定时期城市经济智慧化发展状况的综合指标，下设四个二级指标，即智慧城市经济活动体系的创新性、持续性、生态性和舒适性，并且从智慧城市经济活动体系的四个特性出发选取了 14 个具有代表性的三级指标体系。①衡量城市经济创新性的指标有很多，本书简单地选取科学支出和每万人专利授权量两个指标，体现了技术创新是城市经济发展的最基本动力，也是智慧城市建设的本质含义；②持续性体现城市经济发展水平、产业结构、生产效率和资源利用情况，所以选取第三产业产值占地区生产总值的比重、人均地区生产总值、劳动生产率及城镇登记失业率等四方面，这些数据容易收集，并具备代表性；③生态性主要体现经济体系中能源、资源利用和环境保护情况，本书选取了单位地区生产总值电耗（市辖区）、工业废水达标率和工业固体废物综合利用率三个指标；④舒适性主要体现在城市居民的社会生活方面，本书选取了每万人医院、卫生院床位数，人均园林绿地面积（市辖区）、人均城市道路面积（市辖区）、公共图书馆总藏量、人均社会消费品零

售额等五个指标。

2. 评价方法：动态因子分析法

本书的研究对象是 2001~2012 年我国 34 个大城市的经济智慧指数发展情况，核心是对面板数据进行评价和分析。评价方法采用动态因子分析法，即将主成分分析得到的截面分析结果和线性回归模型得到的时间序列分析结果进行综合的方法。目前，利用这一评价方法的应用较为罕见，其主要应用于环境、生物药学和经济学等研究领域，它是针对样本、变量和时间三大维度进行分析的方法，通过这一方法的运用得到的结果不仅可以横向对比分析我国大城市经济智慧指数，还能反映各个城市时间维度的变化特征。动态因子分析法克服了客观赋权法在进行动态评价时不具有纵向可比性的弊端，在多主体跨期变化趋势的分析和评价中得到了很好的运用；在实证分析应用方面，基于动态因子分析法，以 1992~2000 年 13 个 OECD 国家为对象，分析和评价了其创新能力和欧盟的一致性指数。

动态因子分析法实质是将主成分分析得到的截面分析结果和线性回归模型得到的时间序列分析结果进行综合的多元统计分析方法，它的具体实施过程如下。

假设给定数据组：$X(I,J,T)=\{X_{ijt}\}$，$i=1,\cdots,I$，$j=1,\cdots,J$，$t=1,\cdots,T$。其中，i 是第 i 个研究对象；j 是第 j 个指标；t 不是不同的时期，它是 I 个观察主体的 $J\times T$ 个观测值。

动态因子分析方法的最终目标是将 $X(I,J,T)$ 的方差或协方差矩阵 S 分解成三个独立的方差或协方差矩阵之和，即：

$$S={}^*S_I+{}^*S_T+S_{IT} \tag{6-1}$$

其中，$^*S_I$ 是研究主体的静态结构矩阵，表示跨时期主体的方差或协方差矩阵，反映了各主体独立于时间维度的结构变化情况；$^*S_T$ 是该数据体系的平均动态矩阵，是基于时间维度的方差或协方差矩阵，在消除了个体动态变化影响的基础上，它反映了基于时间维度个体的平均变化状况；S_{IT} 是单个主体的动态差异矩阵，是个体和时间交互作用下的方差或协方差矩阵，反映了所有主体总体平均水平变化和单个主体变化所导致的动态差异。

基于分解式（6-1），X_{ijt} 进一步分解成由四个独立组成部分构成的指标：

$$X_{ijt}=X_{\cdot j\cdot}+\left(X_{ij\cdot}-X_{\cdot j\cdot}\right)+\left(X_{\cdot jt}-X_{\cdot j\cdot}\right)+\left(X_{ijt}-X_{\cdot jt}-X_{ij\cdot}+X_{\cdot j\cdot}\right) \tag{6-2}$$

其中，$X_{\cdot j\cdot}$ 是单个变量的总体均值；$\left(X_{ij\cdot}-X_{\cdot j\cdot}\right)$ 反映了主体静态结构的影响；$\left(X_{\cdot jt}-X_{\cdot j\cdot}\right)$ 反映了平均动态效应；$\left(X_{ijt}-X_{\cdot jt}-X_{ij\cdot}+X_{\cdot j\cdot}\right)$ 反映了主体和时间交互

作用下的动态差异。

式（6-2）是一个双因素方差分析模型，称为动态因子分子模型 1，将被用于完成实证分析部分。动态因子分析模型 1 基于以下总体差异分解公式进而分为两个组成部分：

$$S = \left(*S_I + S_{IT}\right) + *S_T = S_T + *S_T \tag{6-3}$$

其中，S_T 是通过主成分分析得到的各个时期平均离差矩阵；$*S_T$ 是通过线性回归模型式（6-4）得到的不同时期的变异程度：

$$X_{\cdot jt} = a_j + b_j t + e_{jt},\quad j = 1,\cdots,J;\quad t = 1,\cdots,T \tag{6-4}$$

其中，误差项必须满足以下条件：

$$\operatorname{cov}\left(e_{jt}, e_{j't'}\right) = \begin{cases} w_j,\ j = j';\ t = t' \\ 0,\ 其他 \end{cases} \tag{6-5}$$

系统总体的动态变化与单个变量的动态变化是不同的，所以上述条件必须满足，上述模型解释了在主成分影响下变量之间的关系。

基于上述基本原理的介绍，动态因子分析的具体实施步骤如下。

（1）消除指标量纲的影响，对数据进行标准化处理。

（2）基于各年份的方差或协方差矩阵 $S_{(t)}$ 计算总体平均离差矩阵 S_T，它同时反映了数据的动态结构效应和单个主体的动态差异。计算公式如下：

$$S_T = \frac{1}{T}\sum_{t=1}^{T} S_{(t)} \tag{6-6}$$

（3）求解 S_T 的特征值和特征向量，以及各公因子的方差贡献率和累计方差贡献率。

（4）计算各主体的静态得分矩阵：

$$c_{ih} = \left(z_i - z_{\cdot}\right)' \cdot a_h \tag{6-7}$$

其中，$z_i = \frac{1}{T}\sum_{t=1}^{T} z_{it}$ 是单个主体的平均向量；$z_{\cdot} = \frac{1}{I}\sum_{i=1}^{I} z_i (i = 1,\cdots,I,\ t = 1,\cdots,T)$，是总体平均向量。

（5）计算各主体的动态得分矩阵：

$$c_{iht} = \left(z_{it} - z_{\cdot t}\right)' \times a_h,\ \ h = 1,\cdots,k; t = 1,\cdots,T \tag{6-8}$$

其中，$z_{\cdot t} = \frac{1}{I}\sum_{i=1}^{I} z_{it}$，$z_{\cdot t}$ 是第 t 年各指标的平均值。

（6）计算各主体的平均综合得分值 E：

$$E = \frac{1}{T}\sum_{t=1}^{T} c_{iht} \tag{6-9}$$

其中，c_{iht} 是各主体的动态得分值。

3. 中国城市经济智慧指数实证分析

本书通过动态因子法对中国 34 个大城市（含直辖市、计划单列市和省会城市，由于数据原因剔除拉萨和西宁两市）在 2001~2012 年的经济智慧指数进行实证分析。

首先，通过计量软件 Stata 对选取的数据进行基本特征的探索和描述，得到样本的数据统计描述（表 6-3）。从整体来看，中国大城市革新发展成绩斐然，各项指标变化明显；同时，不同城市之间的经济发展阶段、发展进程不一，部分城市的发展速度快于其他城市，具体表现为各项指标的最大值与最小值之间差异显著，各项指标的组间标准差波动明显；此外，绝大多数指标的组间标准差明显大于其组内标准差，表明城市之间的城市化进程差距远大于城市本身历年发展之间的差距。

表 6-3　样本的数据统计描述

变量名称		均值	标准差	最小值	最大值	观测值
科学支出	整体	96 683.98	261 974.10	131.00	1 926 100.00	N=408
	组间		184 454.50	4 085.44	840 143.80	n=34
	组内		188 484.80	−658 759.80	1 182 640.00	T=12
每万人专利授权量	整体	8.61	18.06	0.13	169.19	N=408
	组间		13.73	0.84	78.94	n=34
	组内		11.95	−43.77	108.50	T=12
第三产业产值占地区生产总值的比重	整体	47.99	7.56	36.20	76.46	N=408
	组间		6.90	39.18	69.40	n=34
	组内		3.29	32.05	55.52	T=12
人均地区生产总值	整体	42 592.98	49 129.07	5 157.44	421 710.90	N=408
	组间		45 154.46	11 513.40	278 975.50	n=34
	组内		20 732.74	−88 384.19	185 328.40	T=12
城镇登记失业率	整体	4.87	2.19	0.75	14.73	N=408
	组间		1.73	1.52	9.36	n=34
	组内		1.37	−1.05	10.24	T=12
劳动生产率	整体	65 919.84	35 885.57	11 649.15	206 627.00	N=408
	组间		24 431.89	25 083.23		n=34
	组内		26 589.28	−2 030.66	154 838.60	T=12
单位地区生产总值电耗（市辖区）	整体	1 261.58	605.28	352.01	3 852.14	N=408
	组间		552.85	576.79	2 705.65	n=34
	组内		262.64	193.22	2 408.06	T=12

续表

变量名称		均值	标准差	最小值	最大值	观测值
工业废水达标率	整体	94.39	11.44	17.00	100.00	N=408
	组间		4.91	82.35	109.82	n=34
	组内		10.36	25.55	248.58	T=12
工业固体废物综合利用率	整体	84.46	16.29	18.00	100.00	N=408
	组间		14.68	41.23	98.03	n=34
	组内		7.45	42.19	133.57	T=12
每万人医院、卫生院床位数	整体	48.35	16.27	19.17	126.94	N=408
	组间		14.56	24.12	91.54	n=34
	组内		7.65	17.94	83.75	T=12
人均园林绿地面积（市辖区）	整体	53.10	76.48	8.01	655.97	N=408
	组间		71.10	15.76	406.87	n=34
	组内		30.50	−219.10	302.19	T=12
人均城市道路面积（市辖区）	整体	11.03	6.48	2.35	64.00	N=408
	组间		5.67	5.05	38.61	n=34
	组内		3.28	−3.16	36.42	T=12
公共图书馆总藏量	整体	8 618.34	12 060.56	295.00	72 024.00	N=408
	组间		11 810.09	383.67	62 989.75	n=34
	组内		3 122.26	−1 369.99	39 916.76	T=12
人均社会消费品零售额	整体	16 168.37	14 501.58	2 257.42	106 559.30	N=408
	组间		12 142.93	4 437.05	75 465.13	n=34
	组内		8 174.97	−13 151.64	66 112.86	T=12

资料来源：《中国城市统计年鉴》《国民经济与社会发展统计公报》、中国经济网等

其次，应用 Stata12 计量软件，对我国 34 个大城市 2001~2012 年的面板数据进行动态因子分析，得到表 6-4 中各公因子的特征值、方差贡献率及累计方差贡献率等分析运行结果。其中，7 个公因子的累计方差贡献率达到 88.48%，本书将以其代表原始指标对我国城市整体的经济智慧发展水平进行评价和对比分析。

表 6-4　动态因子分析运行结果

公因子	特征值	方差贡献率	累计方差贡献率
F1	54.57	35.53%	35.53%
F2	23.96	15.60%	51.13%
F3	20.68	13.46%	64.59%
F4	12.13	7.90%	72.49%
F5	9.84	6.41%	78.90%

续表

公因子	特征值	方差贡献率	累计方差贡献率
F6	8.27	5.38%	84.28%
F7	6.45	4.20%	88.48%
F8	4.80	3.13%	91.61%
F9	4.27	2.78%	94.39%
F10	2.83	1.84%	96.23%
F11	2.50	1.63%	97.86%
F12	1.77	1.15%	99.01%
F13	1.16	0.76%	99.77%
F14	0.36	0.23%	100.00%

再次，基于上述分析，根据研究步骤（4）至（6）计算各个城市经济智慧水平的动态得分和平均综合得分，并依据平均综合得分进行排序得到城市经济智慧指数（表 6-5）。

表 6-5　城市经济智慧指数

城市	2001 年	2002 年	2003 年	2004 年	2005 年	2006 年	2007 年	2008 年	2009 年	2010 年	2011 年	2012 年	平均综合得分	排名
深圳	1.44	1.65	2.12	2.24	2.48	2.75	2.92	3.01	3.35	3.68	3.54	3.84	2.75	1
上海	1.25	1.34	1.31	1.48	1.38	1.40	1.87	1.89	2.52	2.38	2.79	2.55	1.85	2
北京	1.22	1.35	1.35	1.44	1.41	1.49	1.87	1.91	2.04	2.27	2.43	2.57	1.78	3
广州	0.66	0.79	0.82	1.02	1.06	1.58	1.18	1.18	1.27	1.29	1.55	1.17	1.13	4
厦门	0.27	0.28	0.28	0.29	0.24	0.30	0.39	0.34	0.41	0.48	0.49	0.53	0.36	5
南京	0.08	0.10	0.03	0.04	0.06	0.09	0.09	0.18	0.24	0.23	0.37	0.50	0.17	6
天津	0.18	0.26	0.23	0.25	0.07	0.03	0.06	0.03	0.08	0.10	0.30	0.05	0.14	7
杭州	−0.26	−0.17	−0.23	−0.23	−0.01	−0.11	0.04	0.22	0.38	0.51	0.55	0.84	0.13	8
海口	0.76	0.31	0.08	0.05	0.00	0.27	0.00	−0.03	0.16	0.10	−0.06	−0.15	0.12	9
成都	0.05	0.08	0.07	0.13	0.07	0.02	−0.01	0.01	0.02	0.11	0.07	0.04	0.06	10
济南	0.05	−0.05	−0.01	−0.01	−0.03	−0.01	0.08	0.12	0.06	0.07	0.06	0.18	0.04	11
乌鲁木齐	0.28	0.17	0.35	0.06	0.20	0.13	−0.05	−0.13	−0.09	−0.36	−0.34	−0.23	0.00	12
昆明	0.23	0.21	0.12	0.11	0.01	−0.14	−0.14	−0.11	−0.25	−0.29	−0.35	−0.52	−0.09	13
青岛	−0.23	−0.18	−0.23	0.08	−0.08	−0.09	−0.05	−0.07	−0.14	−0.17	−0.17	−0.18	−0.13	14
武汉	−0.38	−0.24	−0.14	−0.16	−0.19	−0.16	−0.13	−0.07	−0.10	−0.05	−0.09	−0.06	−0.15	15
福州	−0.02	−0.01	−0.02	−0.02	−0.15	−0.15	−0.18	−0.22	−0.25	−0.24	−0.30	−0.24	−0.15	16
大连	−0.34	−0.37	−0.47	−0.37	−0.21	−0.12	−0.03	0.03	−0.06	−0.05	−0.04	−0.02	−0.17	17
宁波	−0.30	−0.33	−0.35	−0.30	−0.29	−0.23	−0.24	−0.26	−0.29	−0.10	−0.04	0.12	−0.22	18

续表

城市	2001 年	2002 年	2003 年	2004 年	2005 年	2006 年	2007 年	2008 年	2009 年	2010 年	2011 年	2012 年	平均综合得分	排名
长沙	−0.31	−0.16	−0.25	−0.28	−0.21	−0.22	−0.15	−0.32	−0.28	−0.21	−0.36	−0.41	−0.26	19
南宁	0.04	0.19	−0.15	−0.09	−0.31	−0.27	−0.45	−0.43	−0.53	−0.53	−0.62	−0.62	−0.31	20
哈尔滨	−0.16	−0.05	−0.11	−0.12	−0.29	−0.51	−0.50	−0.48	−0.42	−0.48	−0.52	−0.56	−0.35	21
沈阳	−0.41	−0.32	−0.69	−0.73	−0.55	−0.42	−0.21	−0.18	−0.23	−0.15	−0.18	−0.12	−0.35	22
兰州	−0.15	−0.78	−0.35	−0.19	−0.19	−0.27	−0.26	−0.29	−0.48	−0.56	−0.56	−0.48	−0.38	23
西安	−0.07	−0.04	−0.36	−0.27	−0.31	−0.38	−0.41	−0.45	−0.58	−0.66	−0.61	−0.54	−0.39	24
郑州	−0.09	−0.11	−0.18	−0.34	−0.35	−0.45	−0.37	−0.47	−0.43	−0.55	−0.56	−0.80	−0.39	25
太原	−0.43	−0.31	−0.39	−0.35	−0.23	−0.30	−0.43	−0.40	−0.43	−0.47	−0.56	−0.44	−0.40	26
长春	0.05	−0.22	−0.25	−0.34	−0.20	−0.56	−0.65	−0.64	−0.78	−0.72	−0.78	−0.80	−0.49	27
石家庄	−0.45	−0.17	−0.19	−0.19	−0.34	−0.29	−0.42	−0.51	−0.72	−0.77	−0.85	−1.09	−0.50	28
银川	−0.22	−0.19	0.12	−0.26	−0.32	−0.40	−0.56	−0.64	−0.70	−0.89	−0.99	−1.08	−0.51	29
呼和浩特	−0.56	−0.43	−0.58	−0.75	−0.44	−0.45	−0.51	−0.23	−0.32	−0.70	−0.85	−0.99	−0.57	30
合肥	−0.18	−0.85	−0.46	−0.67	−0.60	−0.62	−0.67	−0.75	−0.77	−0.67	−0.59	−0.43	−0.61	31
重庆	−0.48	−0.38	−0.43	−0.51	−0.53	−0.60	−0.65	−0.67	−0.84	−0.93	−0.96	−0.91	−0.66	32
南昌	−0.55	−0.51	−0.32	−0.33	−0.48	−0.58	−0.71	−0.85	−1.21	−0.95	−0.97	−0.91	−0.70	33
贵阳	−0.95	−0.86	−0.74	−0.68	−0.66	−0.73	−0.71	−0.74	−0.67	−0.71	−0.83	−0.79	−0.76	34

最后，将我国各大城市的经济智慧指数进行分类，形成三大组别（表 6-6）。第一组为 $E \geqslant 0.5$，代表城市经济发展的智慧指数处于较高水平，包括北京、上海、广州、深圳 4 个城市；第二组为 $0 \leqslant E < 0.5$，代表城市经济智慧发展处于一般水准，包括厦门、南京、天津等 8 个城市；第三组为 $E < 0$，代表该组城市的经济智慧化水平较差并有待提高，包括贵阳、重庆、南昌等 22 个城市。

表 6-6　城市经济智慧度分组

组别	得分范围	组内城市个数	城市
第一组	$E \geqslant 0.5$	4	北京、上海、广州、深圳
第二组	$0 \leqslant E < 0.5$	8	厦门、南京、天津等
第三组	$E < 0$	22	贵阳、重庆、南昌等

资料来源：本书编写组根据表 6-5 整理

2001~2012 年我国 34 个大城市的经济智慧指数呈现出以下时空演变特征。

（1）从截面维度来看，城市的经济智慧指数与其整体的经济发展实力呈现正向相关关系。第一组均为我国综合实力雄厚的一线城市，按平均综合得分由高到低依次排序为深圳、上海、北京和广州。前 3 个城市的得分达到 1.5 以上，智慧发展效果最为显著，广州以 1.13 分紧随其后。从经济智慧化的发展轨迹来看，2001~2012 年 4 个城市的经济智慧指数呈现波动上升的状态。可见，这类城市在实现经济实力和整体竞争力飞跃的同时，不断将其经济活动体系合理化，朝更加高效、绿色、和谐和智慧的方向演进。第二组 8 个城市的经济智慧指数具有多样化变动的特征，这些城市的智慧经济发展处于中等水平，其经济发展实力也处于 34 个大城市的中段。在第三组中，绝大部分城市的历年经济智慧指数动态得分为负值，这些城市的总体发展水平明显低于其他两组城市，处于相对落后阶段。

（2）从时间维度来看，根据 2001~2012 年经济智慧指数的演变特征，我国大城市的发展趋势也具有三种类型。第一类是深圳、上海、北京等城市，自 2001 年以来，此类城市的经济智慧指数呈现波动升高的趋势，即经济活动体系随城市化进程的推进而不断提升，朝着更加智慧、和谐、生态、高效的方向演进；第二类为重庆、石家庄等城市，该类城市的经济智慧指数呈现波动下滑的状态，说明这些城市虽然在不断地实现经济实力扩张和综合能力积累，但其经济活动体系并未朝着智慧化的方向完善；第三类以天津、青岛等城市为代表，其经济智慧指数的变化特征不明显。

4. 中国城市产业发展现状与问题

中国 34 个大中城市是中国经济发展的重要支撑。改革开放以来，市场化和合作竞争成为中国产业转型的关键力量，改革所带来的经济增长促进了中国城市产业产能、工资和产出技术含量的提升；中小城镇在 20 世纪 80 年代开始，伴随着乡镇企业的兴起，实行了早期工业化，制造业现代进程加快发展；与此同时大城市里一些制造业远离城市中心向郊区转移使得大城市服务业迅速增长，大城市向服务业中心转变。目前我国大小城市之间的差距较大，以北上广深为代表的大城市经济智慧指数远远高于其他城市，而部分城市经济智慧指数的下滑说明城市在探索智慧经济发展的道路上并不顺畅。

当前随着经济的整体发展，我国在制造业、工业等领域的发展取得了重大进步。科学技术的进一步应用带动了如生产制造业、服务业、电子科技行业等领域的技术发展与革新，工业产业也完成了从传统工业模式向新兴产业模式的转变，日渐发展壮大的技术产业已然成为工业领域中的主导型产业。在产品产量方面，中国在世界市场上都是首屈一指，中国的制造业增加值也超过了日本、德国等国家。

计算机和互联网的普及让人类进入了信息社会，物联网和人工智能等的深化发展将会把人类带入智慧社会，产业发展进入了动能转换的新阶段，数字产业成为城市经济活动体系的新兴力量。腾讯研究院发布的《数字中国指数报告 2019》显示，2018 年我国用云量增长迅猛，全年用云量为 464.78 点，较去年的 146.04

点上升 318.74 点，增幅达 218.26%。目前，用云量整体集中在一、二线城市，而后线城市正在快速追赶，其中五线城市增速迅猛，增幅最高。同时，用云量同 GDP 呈现正相关性，成为数字经济发展的重要衡量指标，用云量每增长 1 点，GDP 大致增加 230.9 亿元，可见物联网、互联网等信息与科技的应用发展与 GDP、数字经济发展强关联。在构建智慧城市的阶段，得益于新兴技术与数字数据的发展而兴起的数字经济已然成为智慧城市经济活动体系发展的主要推动力，数字经济的扩张将创造许多新的经济机会，然而，中国城市产业尚未达到智慧化的水平，并不符合智慧城市产业体系的要求，当前依然存在以下问题。

1）尚未形成智慧的主导产业链与产业体系

当前中国制造业的产业链的分工定位造成了中国制造业与全球顶尖制造业创造价值能力之间的巨大差距。在制造业产品设计、加工制造、原料采购、物流运输、订单处理、批发经营、终端零售七个大的环节中，中国的制造业大多处于附加值最低的、浪费资源的、破坏环境的、剥削劳动的制造环节，而其他有价值的环节基本上全部掌控在欧美各国的手中（仲子午，2012）。由于受资金、技术、人才、资源的限制和外部环境的制约，中小企业存在产业结构不合理、产业集中度低、产业链和集群协作能力低等问题。这导致我国大部分城市的主导产业体系依然停留在科技含量少、以劳动力为主的低端环节，尚未形成智慧的、完整高效的主导产业链与产业体系。

2）缺乏系统的产业规划与空间布局

对产业进行系统规划并在空间布局上予以合理建议，有利于形成高效发展的产业集聚区。企业不应是简单的相加，而应是有效的联合，通过企业在产业集聚区的合理布局，可以实现企业的集约化生产和合理化经营，有利于提高资源的利用效率和产业集聚区内企业的综合竞争力，从而形成一个完整的产业链体系（杨远，2015）。但是，目前我国的城市产业布局普遍缺乏系统的规划，导致我国产业集聚区的建设较为混杂，未能充分发挥产业集聚的作用并引领区域经济发展，导致我国现有资源的浪费，不利于我国社会经济的长远发展。

3）缺乏高效的产业组织与保障机制

产业组织化程度低。虽然研究人员个体与国外水平差距不大，但是我们的企业尚未成为创新主体，由于管理体制的原因，在创新项目研究方面，企业和高校间低水平重复投入多，研究人员水平差距不大、装备条件差距不大、研究内容和重点差别不大，不同省区市之间的政策扶持差别不大（仲子午，2012）。

保障机制不够完善。当前我国在智慧城市区域经济发展的过程中依然处于初级阶段，没有完善的保障体系，在发展的过程中出现了重大缺陷，没有将管理的效果充分发挥出来，另外政府没有健全的扶持政策，这就造成城市在经济发展的过程中，无法全面地落实一些先进的技术和理念（曹正荣，2018）。

4）工业化与信息化融合不充分

目前，无论是国家层面、企业层面还是专家层面，都已经意识到制造业信息化是我国实现新型工业化道路的重要组成部分。“十一五”期间，科技部联合国家发改委、工业和信息化部等单位共同组织、推进、实施了制造业信息化科技工程，组织开展了以数字化设计制造一体化为标志的“甩图纸”工程和以经营管理信息化为标志的“甩账表”工程，用数字化综合集成技术开发与应用示范推进制造业信息化公共服务平台开发及应用、行业应用软件开发、制造业信息化技术保障体系与发展环境建设等工作。但是，信息化与工业化尚未发生深度融合、贯通，未融入企业价值链的各个环节、各个层次、各个业务之中，信息化还没成为大部分企业战略、能力、业务活动的一部分（仲子午，2012）。

5）协同发展意识不足

发达国家善于整合产业资源，构建共同对话的服务平台，合作创新，协同发展。反之我国的制造业，在产业竞争力方面表现为无品牌优势，在科技界竞争力表现为重大技术突破和自主知识产权缺乏，问题的根源在于不同学科之间的协同缺乏、不同地区和部门之间的协作缺乏，研究人员缺乏工程化能力，企业人员缺乏创新能力，利于成果转化和产业化的机制没有到位（仲子午，2012），未能形成真正将科技、人才、产业咨询融为一体的服务平台。

6）小结

总结上述实证研究与问题分析，可以发现中国尚未构建智慧的城市产业体系，在智慧产业发展方面有待努力。产业互联网开启了数字经济和实体经济高度融合的新时代，其中的机遇将为我国智慧产业的发展带来动力。智慧产业的发展影响智慧城市的建设，城市的经济发展智慧度与其综合实力相互支撑，若一个城市的综合实力较强，那么将由人力、物力、财力创造良好的智慧经济发展环境，促进经济朝着更加智慧的方向迈进，高度智慧的经济体系推动整体城市综合实力的增强。处于经济智慧化发展落后水平的城市应当进一步采取有效措施夯实自身实力，提高整体地位，但更为重要的是，如果要摆脱经济发展低效率、无智慧的路径，更需要整个城市提高对智慧经济的高度认识和高度认同，在总结智慧经济发展较快国家、地区和城市的成功经验的基础上，结合自身特点，制定切实可行的政策，通过政府、企业和个人等多方面的协同运作，最终实现目标。

5. 智慧城市产业的应用前瞻

智慧城市是利用新一代信息技术，以整合、系统的方式管理城市运行的体系，让城市中各个功能彼此协调运作。围绕智慧城市的建设需求，带动一系列相关的产业供给，因为智慧城市涉及方面广、概念大，所以智慧城市的产业便捷也是模糊的，其包括的内容随着技术的创新与迭代，不断发生变化，但毫无疑问的是，智慧城市的产业体系拥有完整、科学的产业链，能够为城市中的企业提供优质的发展空间，从而促进市民生活品质的提高，让城市适合人的全面发展（图 6-4）。产业链上游主要是所需的硬件制造和软件设计，其中硬件制造部分包括广泛用于安防、交通等领域的视频采集硬件设施，应用于各行各业的信息传输硬件设施与存储平台设施，以及被称为现代信息技术发展核心的芯片制造。产业链中游主要是针对智慧城市建设运营的项目，包括对整个智慧城市进行顶层设计的政府机构和各个设计院，进行系统集成的各家企业，提供运营服务的运营商等，以及提供行业解决方案的厂商（如华为技术有限公司（简称华为）、中兴通讯股份有限公司（简称中兴）等）。产业链下游主要是将智能化的信息技术应用到城市运行发展的各个场景中去，涵盖了智慧政务、智慧交通、智慧医疗、智慧物流、智慧安防、智慧教育、智慧企业等数十个场景。

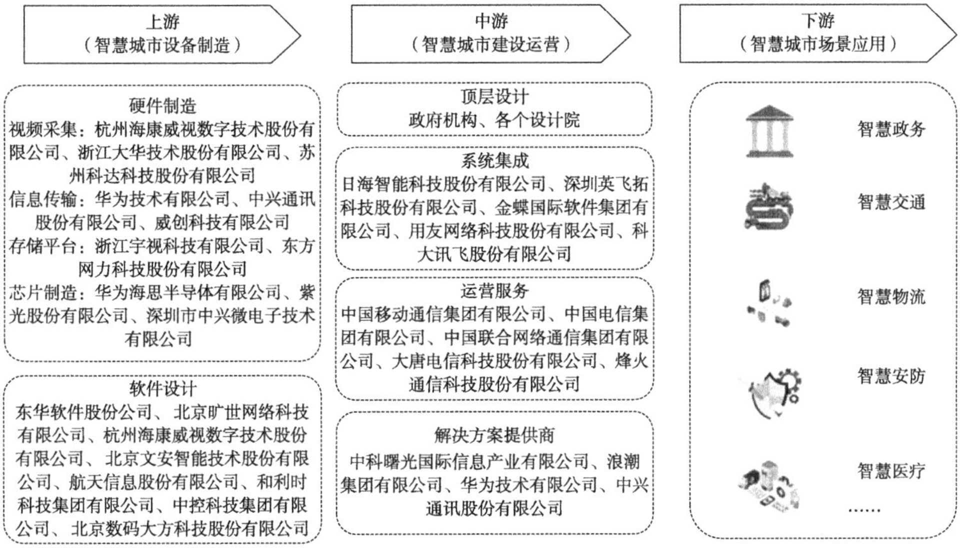

图 6-4　智慧城市建设产业链全景图

资料来源：前瞻产业研究院

虽然目前我国尚未形成完善的智慧城市产业体系，但在部分城市，智慧产业体系已经在建设中。以深圳为例，深圳政府与企业进行合作，通过对新兴技术的应用，加快智慧城市的建设。例如，与华为合作的智慧城市建设已深入到了电子政务、医疗、教育、交通等场景，创造了很多行业第一。在技术支撑上，龙岗区政府与华为公司全面展开战略合作，由华为任“总设计师”，将信息网络系统、信息资源系统和信息应用系统的设计、建设、运行维护等纳入管理范围，力推龙岗区成为智慧城市建设全球样板点。另外，华为在各个领域做深做透，通过技术创新、前沿算法不断为应用场景赋能。同时，龙岗区还聘请智库“总监”，与深圳航天科技创新研究院、深圳大数据研究院等科研院所牵手，构建智慧龙岗建设技术和工程总体体系，优化顶层设计，科学管控项目进度和质量，推进智慧城区建设由业务需求向技术需求转化，以及项目过程管理和系统集成及系统运营维护。

同时，深圳市政府与平安城市建设科技（深圳）有限公司（简称平安城科）合作，平安城科通过输出产业能力、科技能力和金融能力实现赋能，打造智慧城建生态的协同网络，帮助深圳市政府部门与上下游企业实现端到端、多场景、全流程的连接。平安城科在智慧城市建设中依托先进科技，打造产业协同网络，基于“GIS+建筑信息模型+城市信息模型（city information modeling，CIM）”构建智慧城市可视化数字底板，定义数据规范、接口标准，打通政府及企业相关数据，并通过“一网、一图、一报表、一平台”的四大产品输出，为政府在城市建设、城市服务、城市管理、城市生活等各个方面全面赋能。平安城科在 2018 年第四届中国智慧城市国际博览会上展出基于城市数字底板的可视化决策系统，该系统以城市科技八大能力和平安城科对行业的理解为基础，以 GIS 技术为核心，打通并整合房源展示、预约、签约、支付等各业务关键节点数据，以数字化手段驱动城市建设科学规划与决策，能够大大提升政府管理效率和用户体验。

除此之外，平安城科将区块链、光学字符识别（optical character recognition，OCR）、人工智能客服机器人、虚拟现实看房、增强现实、生物识别等技术灵活应用于智慧城市方案之中，为多个城市打造特色智慧城建产品。平安城科与泰州市住房和城乡建设局联手打造的“泰州市房地产市场预判监测系统”，利用大数据人工智能等先进技术打通泰州住房领域“信息孤岛”，建立预警预判机制，使房地产市场调控更加科学严谨。平安城科为四川乐山打造的“乐山市租赁服务平台”已上线运行，有效解决了当地房产租赁市场原有的虚假房源、“黑中介”等问题，切实解决了广大群众租房难的问题，同时也帮助当地政府加强了房产信息监管，提高了决策的科学性和时效性。这些智慧城市与产业体系的建设经验值得我们借鉴，为之后中国智慧城市产业体系的建设探寻方向。

6.4.3　构建智慧城市产业体系的五个策略

智慧城市的产业体系是产业结构、产业组织、产业业态相互制约、相互推动的有机体系。智慧城市建设有一定风险，智慧城市的核心经济活动必须要有高效智慧的经济支撑体系，借鉴发达经济体城市的成功经验，必须以更大的政治勇气和智慧，深化城市发展重要领域改革，坚决破除一切妨碍城市科学发展的观念和体制机制弊端，构建系统完备、科学规范、运行有效的城市经济支撑体系。着眼于国内外发展趋势，突出城市特色和城市比较优势，以市场需求为导向，技术创新为依托，智慧产业发展为突破口，智慧整合，统筹规划，努力实现城市经济健康可持续发展。

1. 建立更替有序的主导产业体系

智慧城市的产业体系构建需要结合城市的比较优势，选择有序更替的主导产业体系。主导产业是指在城市或区域经济发展中起主导作用的产业，是指那些产值占有一定比重、采用了先进技术、增长率高、产业关联度强，对其他产业和整个城市或区域经济发展有较强带动作用的产业（唐拥军和刘文芳，2008）。一般来说，主导产业应当选择有较高专业化水平、产业规模大、占 GDP 比重大、动态比较优势高的产业，且应当有较高的产业关联度、影响力系数与感应度系数，生产率上升空间大，技术进步快。可以说，主导产业应当具备四个最基本的特征：多层次性和综合性、联系效应性、持续增长性、序列更替性。

智慧城市的产业体系必须要以服务业为主，先进制造业要同步发展。信息化已彻底改变了制造业传统的业务流程和工作方式：开发应用体现在数字化、虚拟化的设计制造平台上；生产过程充分体现世界自动化控制水准上；高性能的电子商务使营销全球化更加简捷与快速。从发展状态和趋势看，制造业还体现智能化、服务化、环保化的“三化”特征（王国平，2011）。

2. 引导产业空间合理布局

智慧城市的产业空间布局必须合理，才能最高效率地进行资源利用与整合。产业空间布局是指产业各部门、各要素、各环节在城市地域上的组合与空间分布，即城市范围内各产业部门的空间投影。合理智慧地对城市产业进行布局，形成产业集聚区，能够极大地提高城市经济效率，方便产业之间的联系协调，大大降低产业间交易成本与运输成本，使各产业成为一个沟通有效的整体。合理的产业空间布局也有利于产业发展与城市其他经济活动和社会活动的联系，有利于人流物流等运输量的减少，降低碳排放，为城市生态环境质量提升提供基本保障。在智慧城市中应当对产业进行系统的空间布局规划，形成“聚集区规划引导——智慧产业集聚——智慧产业发展”的路径，构建产业集聚区，通过园区的管理方式对智慧产业发展进行引导，以推进智慧产业建设为目标，推动智慧产业链集聚，形成智慧产业园区发展模式。同时对产业园区而言，重点是引进国内外大型的智慧产业相关企业，对小微企业进行孵化，形成较为完善的智慧产业链与生态圈。在园区内重点发展新一代信息技术产业，建设新一代信息技术发展环境，培育和吸引一批新技术的高端企业，打造新技术产业集群（刘永霞和于佳，2017）。

3. 加快生产模式与产业管理的革新

伴随着新一代信息技术的深入发展，城市生产模式正发生着颠覆性的转变，推动着生产制造的转型升级，助力经济增长。“工业 4.0”的概念预示着第四次工业革命的发展方向，它起源于 2011 年德国汉诺威工业博览会，是指在物联网等技术的支持下，以生产过程的高度数字化与网络化为基础，通过机器的自组织实现智能化生产。传统的生产制造环节在该模式下呈现出新特点，包括生产组织由集中控制式向分散式转变；大规模、标准化生产向个性化、定制化生产转变；数据信息的快速整合实现各类生产要素的高效配置等。我国适时提出了“中国制造2025”战略，围绕智能制造促进制造业的转型升级。因此，智慧城市的产业发展需加快技术进步，推动生产模式的变革，实现生产力的提升。

生产模式的升级离不开产业管理的支持与引导。产业组织管理是为实现产业发展和国家宏观调控的目标，设计并保持一种良好的环境，对城市产业进行规划、组织、协调、沟通和控制的一种管理过程。智慧城市的产业组织与管理必须高效智慧，建立良好的产业管理体制，在保证城市经济健康发展的前提下，从生产力发展的客观要求出发，按产业规划、产业组织加以管理，发挥中介组织的桥梁作用，促进和加强企业在产业经济活动中的横向联系和联合，加强宏观经济和微观经济的协调，从而建立具有城市特色与城市企业充满活力的产业管理体制（钟敏婧，2017）。

发展智慧产业需要设立相关的产业经济管理部门，落实统筹协调、责任界定等相关工作，并构建相应的信息管理平台，使之可以稳定高效地服务。通过现代化的通信技术和科学技术手段，配合各单位部门创新人才管理理念，确保管理机制处于稳定发展状态。着力完善相应的扶持政策，设立专门的管理基金为城市建设和区域产业经济发展提供充足的资金帮助，并推进跨部门、跨地区、跨层级政务信息共享和业务联动（曹正荣，2018）。

4. 促进产业科技的智能化发展

产业科技与创新发展是智慧城市产业有效持续增长与有序更替的基本动力。智慧产业既包括利用智慧和创意对传统产业的智能化改造、提升与融合，也包括以信息通信、互联网、物联网等为代表的新兴产业。

产业智慧化是指传统行业借助信息、知识、智力等因素进一步转型升级，如智慧物流、智能家电、智能装备等，使原有的传统产业焕发新的活力。智慧城市促进传统信息服务业的发展和提升，推动以服务金融、电信、企业、政府、教育、卫生等行业为目标客户的传统信息服务业的发展和提升，还推动传统意义上的信息技术企业与电商运营商、电网系统、有线电视系统等多方的紧密合作，在无线宽带、三网融合、城市云计算中心、第 6 版互联网协议（Internet protocol version 6，IPv6）等技术领域，共同为城市通信与信息基础设施建设提供服务，形成相互融合的产业链和生态圈。

智慧产业化是指将以信息、知识、智力等要素组合形成的无形与有形智慧产品的过程产业化，包括物联网、云计算、服务外包、软件设计、咨询、工业设计等，特别是智慧城市催生以融合为特征的新型战略产业。

传统产业转型升级驱动下产生的“传统产业升级改造——智慧技术的应用——智慧产业发展”路径，存在于产业智慧化下对传统产业升级改造过程中，通过利用新型智慧技术或智慧解决方案在产业内推行，推动传统产业的智慧化改造，提高产业的竞争力。特别是产业集群内企业大力发展智能化装备，推动工业研发设计智能化，推动生产过程智能化，推进管理、营销和服务智能化，推动节能环保智能化，使产业整体向更高层次发展。

市场需求导向下的“智慧城市建设带来的市场需求——智慧新产品、新服务的提供——智慧产业发展”路径，不仅可存在于智慧产业化中，也适用于产业智慧化过程，是智慧技术发展及与传统行业不断融合的结果。智慧城市建设对智慧产业具有关联效应和催化效应，建设智慧城市需要海量的智慧基础设施、智慧产品、智慧技术和智慧设备。由此将形成市场大、范围广、关联多、链条长的智慧产业链和产业群。企业以这些具体的市场与产业需求为准，积极研发相关的智慧技术与产品，并培育新兴业态，加强信息技术与文化创意产业的融合，运用信息技术创新文化生产方式、消费形式和服务方式，大力发展生产性服务业。

5. 发挥平台经济的促进作用

服务平台的构建有利于支撑产业转型升级，促进产业智慧发展。在传统产业向智慧型产业转型和两化融合打造智慧产业的过程中，积极探索建设服务平台将起到促进作用。服务平台包含以下两方面的含义。

一是政府主导的公共服务平台，通过政府部门的引导与服务，充分发挥平台作用，为各行业与部门之间构建联系，通过推动改革和创新，在平台上进行整合，实现各领域的协同发展。平台的构建要求政府协同企业积极探索公共技术服务平台、公共人才服务平台、公共融资服务平台和公共管理服务平台等多种公共服务平台运行机制建设，为其转型升级做好支撑；确定运行机制和对新兴产业的资助方式，采取多种方式支持公共服务平台的发展，将政府支持与市场化运营结合在一起；创新投融资对接机制，针对当前中小企业普遍存在的融资困难，建立健全金融支持中小企业发展的体制机制，培育发展有利于中小企业直接融资的资本市场，创造性地组合运用不同融资模式，逐步构建多样化、多层次，功能互补、协调发展的融资格局，实现富余民间资金与中小企业融资需求的有效对接，在有效转嫁风险的同时支持新兴产业的发展；加强对公共服务平台的绩效考核，从经济效果、制度创新、人才培养、共享服务等方面对公共服务平台的建设运行实绩进行考核，以确保政府投入资金的高效使用（钱斌华，2012）。

二是市场主导的平台经济，现代服务业的发展水平及平台经济的集聚辐射能力是智慧城市建设的一个重要动力。随着现代服务业的蓬勃发展，平台经济应运而生。平台经济可以理解为某区域/城市通过创造各种有利条件，吸引平台型企业、发展平台型产业，通过双边市场效应和产业集群效应，形成合理的产业分工的经济活动。平台经济集中的区域一般具有区位优势，能够吸引更多的人才、资本、信息等创新要素向该区域流动，在产业分工中占据“主导”地位并能够获得更高的利润回报，不但能够补偿其较高的费用成本，而且能够提升本区域/城市的服务经济发展水平，提高城市竞争力。平台经济是产业经济发展的重大变化，也是互联网经济和知识经济的产物。而平台型企业是现代服务业的一种新业态，以“平台”为载体。平台可以是以网络、电子信息技术为基础形成的虚拟空间，也可以是一个实体空间；平台型企业，也可以理解为载体型企业，它通常能够成为龙头型企业，是平台的组织方和构建方，它以平台为载体，通过沟通上下游产业链或者厂商和消费者，使关联方增值，并实现自身增值。平台经济基于虚拟或现实空间，以平台型企业为主导，通过整合力量，与关联方一起组成一个新的经济生态系统，形成核心竞争力，实现彼此增值。随着平台型企业的快速发展，平台型产业应运而生，并集聚发展成平台经济，而这种新的经济形态可以有效地促进各类公共资源的开放和共享，降低交易成本与风险，提升产业发展能级和水平，在现代经济系统中显现出越来越重要的作用。平台经济作为新经济时代最重要的产业组织形式，是现代服务业中十分重要的新业态，是创新驱动、转型发展的切入点和驱动力（周伟民，2013）。

本章参考文献

曹正荣. 2018. 经济转型下智慧城市建设与区域产业经济融合发展实证研究[J]. 当代经济，（22）：88-89.

陈涛. 2012. 浅谈 Web3.0 及其在高校图书馆的应用[J]. 科技视界，（19）：243，260.

程扬. 2010. 经济发展的新趋势： 智慧经济[J]. 岭南学刊，（3）：64-67.

邓贤峰. 2010. “智慧城市”评价指标体系研究[J]. 发展研究，（12）：111-116.

丁焕峰，王瓔卉. 2016. 中国城市经济智慧指数的评价与分析[J]. 统计与决策，（13）：16-20.

冯茂岩，蒋兰芝. 2011. 浅谈“智慧城市”与“智慧产业”发展——以南京为例[J]. 改革与战略，27（9）：127-128，155.

冯之浚. 1999. 完善和发展中国国家创新系统[J]. 中国软科学，(1)：55-58.
胡万庆. 2018. 新中国成立初期中共领导人新民主主义经济形态思想研究[D]. 长春：东北师范大学.
金江军. 2012. 智慧产业发展对策研究[J]. 技术经济与管理研究，(11)：40-44.
刘洪. 2003. 经济系统预测的混沌理论原理与方法[M]. 北京：科学出版社.
刘永霞，于佳. 2017. 开拓沈阳和平区智慧产业发展新思路[J]. 中国建设信息化，(6)：58-61.
路甬祥. 1998. 建设面向知识经济时代的国家创新体系[J]. 世界科技研究与发展，20 (3)：70-72.
钱斌华. 2012. 智慧城市视角下的产业转型路径选择[J]. 宁波通讯，(1)：38-39.
沈明欢. 2010. "智慧城市"助力我国城市发展模式转型[J]. 城市观察，(3)：140-146.
唐文剑，吕雯，等. 2016. 区块链将如何重新定义世界[M]. 北京：机械工业出版社.
唐拥军，刘文芳. 2008. 区域经济发展阶段判别和主导产业选择[J]. 市场周刊(理论研究)，(10)：43-45.
王春法，游光荣. 2007. 国家创新体系理论的基本内涵[J]. 国防科技，28 (4)：47-49.
王国平. 2011. 上海构建现代产业体系的关键环节与根本路径[J]. 科学发展，(8)：52-61.
王璎卉. 2015. 我国大城市的经济智慧指数研究[D]. 广州：华南理工大学.
杨远. 2015. 中国产业集聚区发展的现状、问题与对策研究[J]. 中国乡镇企业会计，(9)：6-9.
殷令姣. 2012. 智能城市建设水平的综合评价[D]. 北京：华北电力大学.
张振刚，陈志明. 2016. 创新管理：企业创新路线图[M]. 北京：机械工业出版社.
张振刚，余传鹏. 2013. 创新平台——企业研究开发院[J]. 广东科技，22 (21)：36-40.
赵秀丽. 2013. 国家创新体系视角下的国有企业自主创新研究[D]. 济南：山东大学.
钟敏婧. 2017. 惠州市文化产业竞争力与政府提升对策研究[D]. 深圳：深圳大学.
仲子午. 2012. 基于智慧城市与智慧产业策略的服务创新型国家建设研究[J]. 金卡工程，(11)：14-17.
周伟民. 2013. 协同发展平台经济共建长三角智慧服务业新高地[J]. 江南论坛，(4)：19-21.
Barnett H G. 1953. Innovation：The Basis of Cultural Change[M]. New York：McGraw-Hill Book Company.
Lundvall B A. 2016. National Systems of Innovation：Towards a Theory of Innovation and Interactive Learning[M]//In Lundvall B A .The Learning Economy and the Economics of Hope.New York：Anthem Press,85-107.
Nelson R R. 1993. National Innovation Systems：a Comparative Analysis[M]. Oxford ：Oxford University Press .
O'reilly T. 2007.What is Web 2.0：design patterns and business models for the next generation of software[J]. Communications & Strategies，(1)：17.
Patel P，Pavitt K. 1994. The continuing，widespread (and neglected) importance of improvements in mechanical technologies[J]. Research Policy，23 (5)：533-545.
Schumpeter J A. 1911. Theory of Economic Development[M]. Cambridge: Harvard University Press.

第 7 章　持续迭代更新的知识与技术体系[①]

智慧城市的知识与技术体系分为知识支撑体系与信息技术支撑体系，本章从这两方面分别进行研究，阐述知识支撑体系的含义、要素、框架及信息技术支撑体系的含义、要素、关键技术及产业、关键应用等内容，对智慧城市的知识与技术体系进行解读。

7.1　知识支撑体系含义、要素与特征

7.1.1　智慧城市知识支撑体系含义

在知识经济环境下，智慧城市建设与发展离不开知识支撑体系的驱动机制。智慧城市知识支撑体系是指为了完成智慧城市建设与发展，运用多种知识组合而成的知识网络结构系统。智慧城市建设包括城市基础设施建设，政治、经济和文化建设，社会公共安全保障建设，以及城市可持续发展建设等一系列议题，因而智慧城市知识支撑体系是一个极其复杂的知识网络结构，包括多种学科知识的融合与运用。其目的在于运用系统知识的思想和方法，开展顶层规划研究、制度建设、产业布局、营运模式、技术创新、人才培养等方面的工作，实现城市科学管理、智能生活和可持续发展的预期目标。

① 初稿执笔人：樊霞、徐向民、朱桂龙、晋建秀。

7.1.2　智慧城市知识支撑体系要素

智慧城市建设是一项庞大的系统工程，总体而言，智慧城市知识支撑体系要素可划分为两大类，即技术性知识要素和非技术性知识要素。

1. 技术性知识要素

技术性知识要素主要来源于信息科学相关领域的知识运用。它的实现是以信息科学为基础的，主要涉及感知技术知识、信息通信技术知识和应用技术知识三大类。各项信息技术的交互、整合、创新与应用，构成了智慧城市知识支撑体系的重要组成部分。

感知技术知识在智慧城市中的应用主要包含以下四种类型。身份识别：通过在城市公共区域内设立一个覆盖面广、标准统一的 RFID 感知网络，对目标物的身份进行全方位的有效识别。位置感应：在全城范围内实施卫星定位技术，以定位技术精确锁定各目标物的位置，同时为用户提供相应的第三方位置应用服务。图像感应：在全城主要区域内布置图像监控设备，感知物体的活动状态，实时掌握城市地表事物的运行情况。状态感应：其核心是通过各种传感器设备和传感网络对目标物体的运行状态进行动态感知，为城市物联网建设提供重要支撑。

建设智慧城市离不开一个全面覆盖的信息通信网络。随着信息时代来临，信息通信技术知识不断取得突破与发展。特别是在过去的十几年中，除了传统计算机、信息通信和互联网领域持续高速发展外，下一代全新网络技术、移动互联网通信技术、网格技术、家庭和语义网络等概念与研究正迅速崛起，使智慧城市建设的通信网络体系不断得到充实。

应用技术知识主要体现在“云计算”和“多媒体仿真”两个方面。云计算是信息技术领域的概念术语，它采用按需求使用和按使用支付费用的模式，支持网上信息资源与服务的无限获取与延伸。多媒体仿真技术则是一种感受技术知识，通过这种技术知识的应用能够将仿真产生的信息转变为一系列能够被感知的场景、图像或过程，从而提高用户对仿真原型的理解。

2. 非技术性知识要素

与技术性知识要素不同，非技术性知识要素主要涉及科学管理相关知识的运用，主要从智慧城市建设的思想基础、组织基础和制度建设三个管理维度对非技术性知识要素展开分析。

管理的基本观念反映了人们对管理活动的一般规律及其原理的认识与提炼，

它是管理活动的指导方针、思想核心和行为准则。一切管理活动都受管理基本观念的影响，只是在影响程度上有所差异。智慧城市建设是一项复杂的管理活动，必然会受到各种管理观念的深刻影响，城市社会的价值观念、道德行为准则和思维模式等多种因素也隐匿于智慧城市建设与管理过程当中。

智慧城市的建设与发展应将管理作为重要着力点，促使城市管理部门构建一套与信息化发展进程相匹配的管理结构体系。首先要改变传统的管理模式，由部门间条块分割逐渐向综合协调的管理模式转变。提升信息化管理水平，优化部门间的组织结构体系，协调内部组织关系，从而形成科学化、一体化和规范化的智慧城市管理机制。其次，智慧城市建设要求充分发挥相关机关的领导能力与完善城市宏观调控决策机制，强化智慧城市建设与管理的整体规划、部门协调、信息管理和建设监督等职能。最后，要切实处理好建设过程中政企边界模糊、板块分割和资源垄断等一系列问题，保证智慧城市建设顺利进行。

在加强智慧城市一般化管理的同时，必须逐步建立起一套完善的法律法规体系，坚持有规可守和有法可依，实现智慧城市建设的制度化管理。其中，制定完善的规范标准与评价体系是智慧城市制度管理的关键环节，统一的规范和标准是智慧城市方案设计、系统开发及服务应用等多个项目领域的建设基础，各级主管部门和建设单位必须严格执行国际或国内规范标准。此外，政府相关部门还需要加快智慧技术知识和智慧产品的相关政策制定，强化政府相关配套扶持政策实施，制定智慧城市人才政策、产业发展政策及资金资助政策，为智慧城市的建设与发展营造稳定、高效的政策环境。

7.1.3 智慧城市知识支撑体系特征

1. 系统性

智慧城市知识支撑体系作为一个复杂的知识网络结构系统，必须运用系统性的观点和方法才能保证其有序进行。智慧城市知识支撑体系的系统性是指其本身并非若干功能的简单叠加，而是每个子系统的功能和属性相互关联与联系后构成的统一系统。新一代知识与技术以感知化、互联化、智能化的方式，将城市中的各类设施与要素连接起来（谭骁，2017），凸显城市中各领域、各子系统之间的整体性，使智慧城市知识支撑体系成为建立在一系列相关要素与设施之上的有机整体，让其系统的整体功能大于各要素的功能之和。

2. 动态性

智慧城市知识支撑体系必须与时俱进，适时做出结构调整和知识更新以应对智慧城市建设中的多元困境。作为一个动态发展过程，智慧城市知识支撑体系需要对城市环境变化时刻保持高度的敏感性和警惕性，坚持内部知识积累和外部知识学习双管齐下，提高应对智慧城市挑战的能力和未来智慧城市发展预见能力。在动态发展环境中进行知识升级与更新，营造有利于城市发展的创新生态系统，实现全面透彻的感知、宽带泛在的互联、智能融合的应用及以用户创新、开放创新、大众创新、协同创新为特征的可持续创新智慧城市生态系统。

3. 创新性

智慧城市源于信息科技创新与知识经济的综合发展，智慧城市的知识支撑体系必须具备创新性，为城市的发展提供重要动力。当前信息产业、服务业和高端制造产业构成了智慧城市的主导产业，这些产业在智慧城市建设中极大地促进了城市知识厚度、广度的增加和价值的提升，也催生了创新因子的孕育与发展。智慧城市通过提供优越的创新支撑平台，推动企业、个人进行科技和服务创新，形成开放创新、用户创新和大众创新的多维度创新城市。新一代信息通信技术知识重新定义了用户的内涵，也改变了创新形态和城市的创新结构体系，新型创新结构体系为城市经济的发展和社会文明的进步提供了持续的推动力，使智慧城市的创新性在传统城市创新性基础上出现质的飞跃。

7.2　智慧城市知识支撑体系框架

7.2.1　机构主体：四大部门构成一个有机整体

智慧城市知识支撑体系的机构主体主要包含政府部门、大学及科研机构、企业和其他非营利性组织（图 7-1）。这些机构主体相互融合形成一个有机整体，共同承载着知识促进、知识创造、知识整合、知识传播和知识管理的功能。

首先，政府部门是智慧城市知识支撑体系中最重要的机构主体。一方面，城市社会面临的多元挑战使公众对智慧化的城市发展管理寄予了更高的期望。作为“保稳定、保民生、保增长”的重要手段，数字城管、智能交通、智慧医疗、电子政务和城市公共安全等一系列管理活动使政府部门在智慧城市的发展管理中发挥着重要作用。政府部门必须具备成熟的管理知识和管理实践经验，才能确保城市向着智慧化的方向演进。另一方面，政府部门在智慧城市知识支撑体系中还扮演着知识促进、知识整合和知识管理的角色，如为高校等科研机构或企业提供资金资助和举办知识交流活动等。

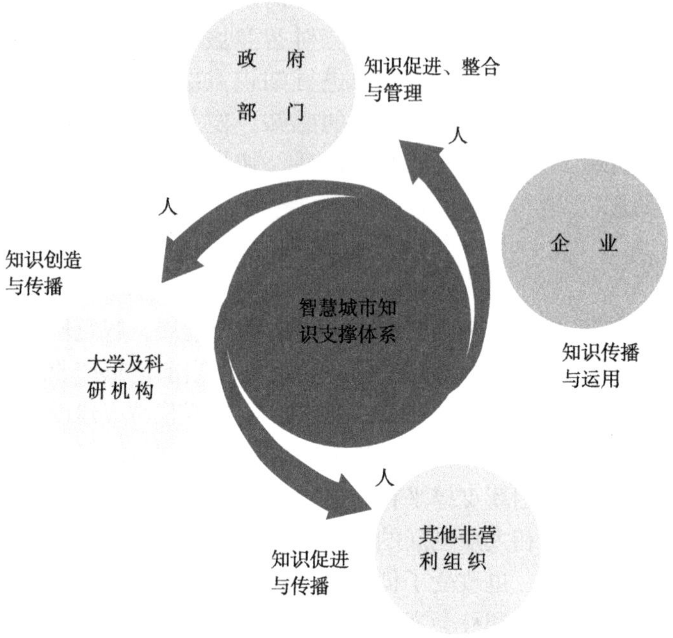

图 7-1 智慧城市知识支撑体系机构主体示意图

其次，高水平的大学及科研机构是催生智慧城市的重要因子，而高度发达的智慧化城市亦将孕育更高水平的大学及科研机构。智慧城市建设需要运用各种数字城市相关技术，如天空地一体化空间信息快速获取技术、海量空间数据调度与管理技术、空间信息可视化技术、空间信息分析与挖掘技术和网络服务技术，以及物联网技术和云计算技术等。大学及科研机构往往拥有完备的科研基础设施和众多的精英人才资源，具有强烈的科研动机和创造灵感，是智慧城市建设的知识孵化器。在创造知识的同时，大学及科研机构还承担着知识传播的功能，主要通过与政府或企业进行技术合作或者以毕业生就业招聘等方式实现知识转移和知识流动。

再次，企业在智慧城市知识支撑体系中扮演着知识创造者、使用者和传播者的角色。它们将虚拟化的知识和技术转变为可视化、网络化和智能化的产品与服务，极大地便利了城市公共管理和市民生活。一系列的市场营销活动将网络化和智能化的产品与服务推广到千家万户，改变了人们的思维和价值观念，最终实现城市生产、生活和消费模式的转型升级。

最后，其他非营利性组织主要包括民间社会团体、基金会等其他组织，在智慧城市知识支撑体系中发挥知识促进和知识传播作用。

7.2.2　结构关系：技术性与非技术性知识互为先导与渗透

技术性知识与非技术性知识构成了智慧城市知识支撑体系的总体结构框架。技术性知识主要涉及物联网、信息感应技术及基于计算机网络的云计算等核心技术，而非技术性知识强调对技术性知识的应用管理，是智慧城市运行管理的相关知识。尽管两种知识形态存在巨大差异，却是相互渗透、相互制约的，共同构成了智慧城市知识支撑体系。

技术性知识与非技术性知识互为先导。各类城市问题的相继涌现加大了政府部门的管理难度，导致传统的城市管理模式难以适应当前全方位、高速的城市发展变化。政府决策部门和城市战略规划研究机构逐步将城市智能化管理、智能化服务等议题提升到新的高度，在城市发展战略上，强调将网络信息技术、感应技术、射频技术、音像监控技术等综合运用，实现城市建设的智能化。与此同时，新兴信息技术知识的发展也推动了管理等非技术知识的进步。建设智慧城市离不开多种复杂的智能技术知识在互联网上的应用,其促进了城市管理工作的多元化、系统化和智能化发展，如高效整合的区域或城市呼叫服务中心、调度中心、监控管理中心等。

技术性知识与非技术性知识相互渗透。新一代信息技术的发展极大地解放了劳动力，实现了社会生活服务的便捷化和智能化，并通过规范整合城市各类因素形成了一个有机高效的生态系统。然而，智慧城市本质上是人类智慧的外在表现，城市智能亦是人的智能，技术发明源于人及其管理过程的创新，最终又反馈服务于人的管理与创新。因此，建设智慧城市需要将技术知识与非技术知识镶嵌式综合运用。

7.2.3　工作原理：管理中心与技术应用协同互动

智慧城市知识支撑体系是一个应用广泛、跨学科和复杂的创新生态网络结构，目前在国土资源规划、社会生活综合管理与服务、城管、交通、物流、家居、个人、安防、应急、户外流媒体、养老和旅游等多个领域得到广泛应用。

知识支撑体系（图 7-2）可简化为两大知识主体，即管理中心和技术应用。其中，管理中心主要由管理人员和主监控管理设备构成，主要是进行智慧城市智能战略规划、流程设计及进行系统性的信息收集、整理、分析等监管工作。管理中心是一个高度集成的知识储备库，人是管理中心的核心，包括一般性制度管理人员和高层次技术管理人员及其知识应用。一般性管理人员主要从事普通的人员调度、人事管理和制度安排等人事工作，而高层次技术管理人员主要负责技术相关工作，包括技术改革与创新，技术监控、分析与管理及设备维护等。技术应用包含一系列的终端设备及其使用情况，是技术性知识的外在表现形式，并根据具体的应用领域差异而有所不同。通常情况下，技术应用承担着便利性服务、智能性服务、安全管理服务和应急管理服务等。与此同时，技术应用终端还具备信息收集与反馈功能，即将收集或监控到的有用信息通过计算机网络源源不断地传输到管理中心，从而实现管理中心与技术应用终端实时、高效互动。下面将以智慧城市交通和智慧城市应急两个具体应用场景说明知识支撑体系的工作原理。

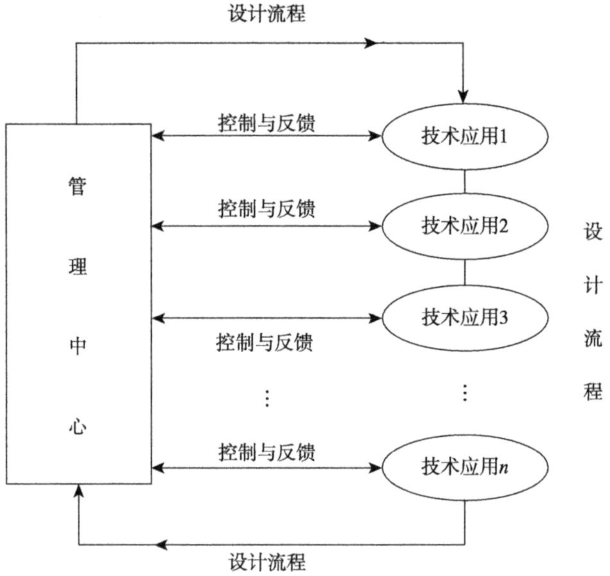

图 7-2　知识支撑体系简化图

在智慧城市交通系统中（图 7-3），交管中心发挥着管理中心的职能。它通过在城市各个重点区域安装相应的技术设备，进行信息获取和监控。在发生交通故障、车辆违章或案犯驾车逃逸等紧急事件时，交管监控中心借助相关技术和应用终端，提供停车信息、车辆到达信息、交通路口信息及监控交通量等，然后通过全城监控，联合交通部门和公安部门实现违规车辆追踪，确保城市交通安全、有序运行。

智慧城市应急系统（图 7-4）是一个基于计算机网络技术知识和无线通信知识的城市应急网络体系，并在大型活动中得到广泛应用。其指挥中心通过卫星、车载卫星地面站等中介设备，以及 IP 监视器、便携式电脑、可视电话、手持设备等终端设备，对活动现场的天气状况和治安情况进行实时跟踪与监控管理。当现场发生突发状况时，终端设备能及时进行有效信息捕捉，将信息反馈给指挥中心和现场安保人员并发出报警，使突发状况得到有效控制。

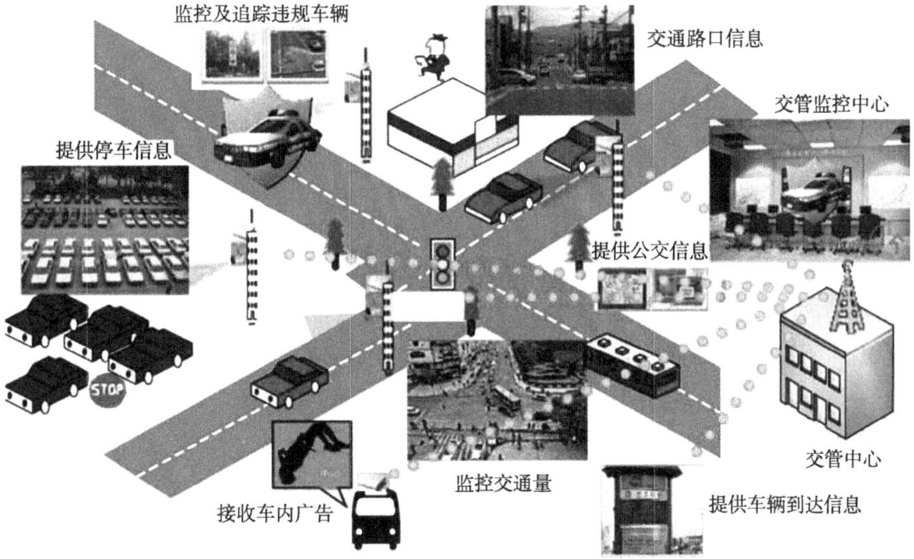

图 7-3　智慧城市交通系统

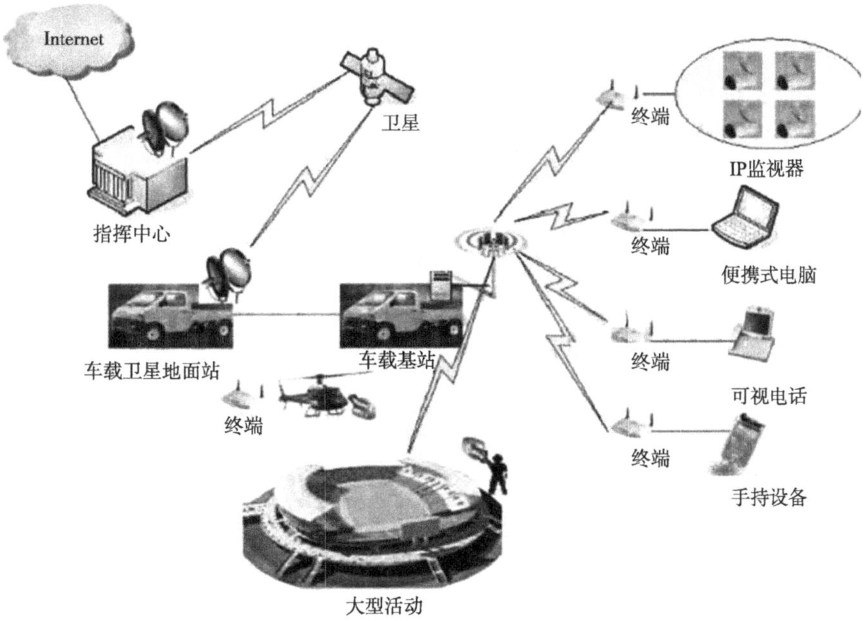

图 7-4　智慧城市应急系统

7.2.4 保障机制：四大措施支撑智慧城市发展

知识支撑体系是智慧城市建设的核心动力，为了确保智慧城市建设向着高效有序、智能环保、节能便利和安全可持续的方向发展，必须建立一套完善的保障机制。从管理理念、政府政策制度和科研机构知识联合创新等多个维度入手，为智慧城市的建设与发展保驾护航。

一是建立跨区域、跨部门的知识共享与协同合作机制，打破因管理体制条块分割而造成的知识信息孤立现象。鼓励通过系统性的思维方式与合作战略，制定基于沟通交流机制与联合行动计划的数据采集、知识库建立和社会网络构建等具体措施，从总体上提高智慧城市的知识共享与协同合作的执行能力和合作创新服务能力。

二是加强制度机制建设，制定和完善知识技术标准体系。智慧城市的知识支撑体系不应局限于单纯的基础设施建设，还应制定智慧城市经济与价值创新活动的概念框架与实施计划，同时，它还应关注城市职能的转型升级路径，重视新一代信息技术发展对社会行为的变革作用等。因此，政府部门需要及时出台与智慧城市建设相关的行政法规，建立相应的规范标准体系；针对物联网、云计算和网络通信等领域，加快相关技术、应用和管理知识标准的完善与实施，建立智慧城市知识评价指标体系和资格认证体系；加强智慧城市建设管理，实现城市资源优化配置与共建共享（刘叶婷和曾轶，2012）。

三是强化自主创新，掌握智慧城市建设的核心知识。首先，政府部门可以在区域内选择一批具有技术优势和综合实力雄厚的企业作为重点支持、鼓励和引导对象，使其在智慧城市规划和建设中承担起重要任务。其次，加大智慧城市知识创新技术与资金投入，突破主要高端硬件和软件的核心技术知识，占领科技制高点，减少外部技术和产品依赖性。最后，要做好信息安全基础建设与维护，确保智慧城市知识管理的可控性。

四是成立专家咨询机构，完善城市人才培养体系。成立智慧城市知识专家咨询委员会，为智慧城市建设与发展提供决策咨询和技术知识支持服务。同时建设一批智慧城市规划设计研究院、扶持一批高水平大学并建立相应的重点学科，形成系统性的智慧城市专业人才培养体系。

7.3 信息技术支撑体系的含义与要素

信息技术是实现智慧城市的关键。早期城市发展旨在在一定时间内促进社会、政治、经济的协调统一，实现人们的安居乐业。国家统治者根据相应的发展要求，落实土地划分、良田配置等措施。智慧城市则是在此基础上利用现代科技技术对城市进行统一布局与管理，实现城市的智慧化治理，对城市建设提出更高的要求。智慧城市的终极目标是实现技术与城市的融合，城市是智慧的城市，技术是城市的技术，两者之间互通互用，不分彼此，实现真正意义上的智慧城市。

7.3.1　信息技术概述

1. 信息技术的定义

如今广为流传及使用的“信息技术”概念，多指其狭义的定义。狭义的信息技术，主要是指信息管理和信息处理中所采用的各种技术的总称。它主要应用通信技术和计算机科学来设计、开发、安装和实施各种各样的信息系统及应用软件。它也常被称为信息通信技术，主要包括传感技术、计算机技术和通信技术（翟铁华，2015）。

为了深入了解信息技术的发展历程及其核心特点，我们首先应研究信息技术与人类其他技术的区别及联系，从而给出信息技术的广义界定。

1）“物质”与“信息”的二分法

技术哲学家莱文森（2004）将技术分为两个序列。第一序列的技术指的是人的一般技术，旨在改造外在的物质的世界；第二序列的技术指的是认知的技术，旨在改造我们内在的心灵世界（肖峰，2012）。概括而言，可称前者为“改变物质的技术”，后者为“改变心智的技术”，简称“物质生产技术”与“信息认知技术”。物质生产技术与信息认知技术实质上是由人工的器具构成，它们之间的区别在于技术使用者的意向性，即技术目的有所不同。物质生产技术的使用者的意向性是物质对象，而信息认知技术的使用者的意向性是物质所承载的信息。

2）“物质”“能量”“信息”的三分法

控制论创始人维纳认为世界由物质、能量和信息三者组成。基于这种三分法，可以对这三种基本的不同类型的技术加以区分：转换物质的技术（如工厂生产线、锤子）、产生和转换能量的技术（如发动机、发电厂）及转换信息的技术（如计算机、交换机）（肖峰，2012）。

3）信息技术与物质技术的关联性

如果将物质转换技术和能量转换技术统称为“质能技术”，那么“三分法”在本质上仍然是“两分法”，而技术的“二分法”其实是基于哲学对世界的“二分法”

而产生：物质世界与信息世界（精神世界隶属于信息世界）。由于两个世界的关联性，两种技术也具有关联性（肖峰，2012）。这种关联性表现为以下方面。

第一，信息技术在基础上依赖于物质技术。一方面，物质技术是信息技术的“上游原材料”。对于传统信息技术，纸、笔、颜料是人们在文化创作中必不可少的工具。对于现代信息技术而言，由微电子技术生产的电子元器件，光纤、微波技术搭建的通信线路等，则是电子和电磁波所承载着的比特流得以高速、无差错传播的物质基础。目前，微电子与电子器件及集成结构功能将向着高集成度、高速度、低功耗、低成本的方向发展（张勤，2010）。另一方面，物质技术还是信息技术的“下游产品”。文字、印刷等传统信息技术的直接产品是竹简、书本等人们可阅读的物质产品。现代信息技术中，比特流的传播最终需要依赖信息的硬件载体才得以为人们所见所用，如电视、手机等终端均是这一类载体的物质装置。而信息本身及信息所提供的服务与体验，则需要人类本身以信宿的身份去识别及解读。

第二，信息技术与物质技术间的区分具有相对性。有些技术具有物质技术和信息技术之间的“接口”特征，即“亦此亦彼”的性质（肖峰，2012）。例如，造纸术从其产品的直接形态上来看，无疑应该归类为物质生产技术的一种。然而从其最终的目的及功能上来看，用于书写及印刷的纸张满足的是人类精神，即信息方面的需求。因此，我们可以说造纸术位于信息技术与物质技术两个集合的交集部分，是这两类技术的“接口地带”。

第三，信息技术与物质技术在技术的发展步调上具有“同一性”或“整合性”。鉴于上述两种技术间的关联，即信息技术对物质技术多方面的依赖及信息技术与物质技术间区分的相对性，信息技术的发展与物质技术的进步在步调上也具有“同一性”，具体表现为信息技术的发展依赖于物质技术进步，同时信息技术的技术目的也将随着物质技术的发展而变化。

2. 信息技术的发展历程

1）依据信息技术革命的划分

以每一次信息技术革命为时间节点，可以将信息技术的发展历程划分为六个阶段（表 7-1）。

表 7-1 我国城市化发展阶段划分不同

阶段	时间	标志	意义
第一次信息技术革命	距今约 35 000 年～50 000 年前	语言的使用	人类从猿进化到人的重要标志
第二次信息技术革命	公元前 3500 年	文字的创造	信息的存储和信息的传递首次超越了时间和地域的局限

续表

阶段	时间		标志	意义
第三次信息技术革命	公元105年~15世纪	105 年（东汉）蔡伦改进造纸术	印刷术和造纸术的发明	促进了思想解放、社会进步、文化交流和教育普及，为知识的积累和传播提供了更为可靠的保证
		1040 年左右我国开始使用活字印刷技术		
		1451 年欧洲开始使用印刷技术		
第四次信息技术革命	19世纪	1837 年美国莫尔斯研制第一台有线电报机	电报、电话、广播和电视的发明与普及应用	进一步突破了时间和空间的限制
		1844 年美国发出人类历史上第一份电报		
		1876 年美国贝尔发明电话		
		1894 年电影问世		
		1895 年俄国波波夫和意大利马可尼分别成功地进行了无线电通信实验		
		1925 年英国首次播映电视		
第五次信息技术革命	20 世纪 60 年代		电子计算机的普及应用和计算机与现代通信技术的有机结合	将人类社会推进到了数字化的信息时代，构建起高级信息通信网，采用数字技术使现代通信技术与电子计算机结合
第六次信息技术革命	2010 年前后		智能手机、移动互联网的普及	个人也可以拥有网络通信能力，进而随时随地高速获取信息及服务，是一次深刻的社会进步

2）依据信息形态的划分

从上文六次信息技术革命的描述中可以看出，随着信息技术的发展，信息至今经历了三种形态的演变。根据这三种不同形态，信息技术的发展历程可划分为三个主要阶段。

A. 口传阶段

语言随着劳动而产生，其出现及使用大大地提高了人们沟通的效率，从而提高了生产力。显然以语言为媒介的信息传播存在缺陷，即受限于时空，而且无法保存。

B. 固化阶段

文字与印刷术的出现使固体介质具备了承载信息的功能。信息的“符号化”极大地拓展了信息传播的时空范围，对信息的凝练、存储、传播和重构具有重要的支撑作用。但与此同时，因为视觉信息与听觉信息被割裂开来，口传阶段的面对面交流优势被显著弱化，包括信息传播的即时性和在场性等。

C. 比特流阶段

“比特流态信息”同时保留了前两种信息形态的优点并将其发展到更高的水平。当代信息技术在电子媒介和设备上展现、保存和传播的信息，负载于“活力”无限的运动着的电子与电磁波之上（肖峰，2012），使得信息同时具备即时性、可保存性、快速传播等特征，还获得了多向的交互性、信息获取的便捷性、信息存储容量的巨大性、信息显现的多媒体性及图文并茂的超文本性，调动了人的多种信息器官参与到信息活动之中，极大提高了信息的效用。

3. 信息技术的三个特点

现代人所处的世界可以分为两个部分，一个是现实的物质世界，另一个是虚拟的信息世界。各类信息与事物在这两个世界间传递与共存，如我们的身份信息不仅存在于现实社会中，还存在于各种信息技术网络系统里，包括聊天软件或者社交网络服务、公安部的身份证信息认证系统等。我们既生活在原子构成的物质世界中，也生活在由信息构成的世界之中。在现实的物质世界中，事物由原子构成，存在质量，我们要传递任何事物必须考虑其质量。而在虚拟的信息世界，并非每一种东西都有质量，由比特构成的信息可以同时或分别地被重复使用，因此信息也具有了能量、时间和空间不受限制的特性。现代信息技术在完成现实世界到虚拟世界的映射的同时，实现了能量、时间、空间的不受限。

1）能量不受限

由于信息具有比特质量不受限制的特性，我们可以利用信息量对应的物理世界的质量，以信息世界的信息流，替代现实世界任何级别的质量流或能量流。信息量越大，能模拟物理世界的内容规模就越大。信息技术的应用，可以减少现实世界的物质流动的必要，节省能量。

2）时间不受限

现代信息技术的时间不受限主要表现在信息的可保存性和传递及时性上。现代存储技术使得文字、声音、图形、图像、视频等信息数据得以在本地存储器或云端永久地保存，而高速的宽带网络则使人们要获取或传递的信息，能以比风还迅速的速度无形无碍地到达目的地。

3）空间不受限

现代信息技术的空间不受限主要表现在信息的储存形式和分享性上。在信息技术发展的固化阶段，信息皆附着于固体介质存在，这种形式的保存需要占用大量的空间，且在自然外力作用下显得极为脆弱。而现代存储技术则将信息以比特形式压缩于半导体中，大大降低了信息存储的空间消耗。据统计，若要看完 Youtube 上的全部视频，你需要一刻不停地看 1700 年。这个例子生动地展现了现代信息技术如何通过压缩存储空间，而使得当今的信息大爆炸成为可能。

而信息的分享性在当今社会的高速网络支撑下，更是已经被人们所熟知和广泛使用。

4. 信息技术支撑下的智慧城市

我国城市信息化发展经历了数字城市、信息城市和智慧城市三个阶段。其中，数字城市是指以地理空间坐标为框架，以空间信息技术为主要手段，对信息资源进行整合的支撑平台或环境（俞黎文，2010）。信息城市则是信息时代下一种新的城市形式，其内涵比数字城市广，包括城市各个领域的信息化，将空间信息技术融入主流信息通信技术（张传波等，2018）。随着物联网、云计算等新一代信息技术的快速发展，智慧城市概念被提出，且被认为是继数字城市、信息城市之后城市信息化的高级阶段。智慧城市主要是指通过广泛采用物联网、云计算、移动互联网、大数据等新一代信息技术，提高城市规划、建设、管理、服务、生产、生活的自动化、智能化水平，使城市运转更高效、更敏捷、更低碳（王诚，2017）。

张永民（2010）提出：从技术层面来看，“智慧城市”指的是以网络信息为基础的城市信息体系，即综合运用 GIS、GPS、虚拟仿真、遥感系统、宽带网络、多媒体及物联网和云计算等技术，对城市的基础设施，功能机制进行信息自动采集，动态监管和辅助决策服务。为保证城市的可持续化发展，智慧城市的建设还需要不断完善面向城市智慧化经营的服务体系架构，使得整个技术与服务体系互相促进，实现城市的物联化、互联化和智能化发展（图 7-5）。

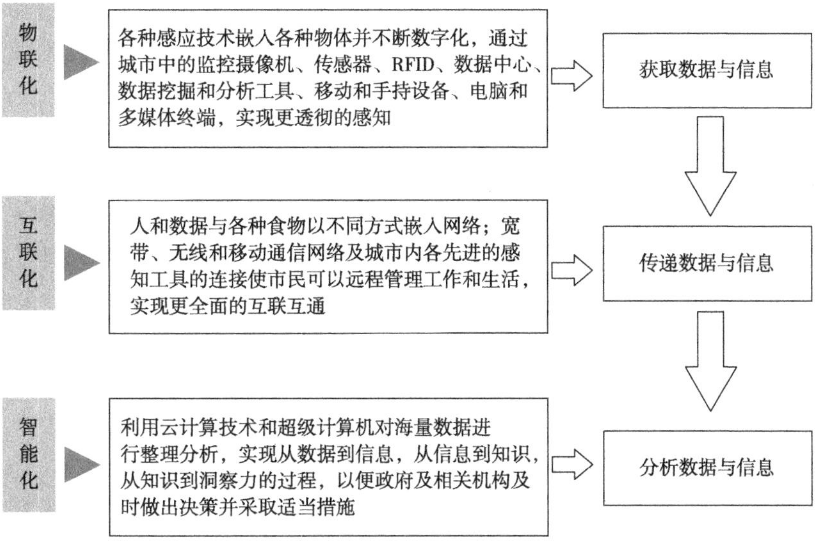

图 7-5　智慧城市信息技术体系数据

7.3.2　信息技术支撑体系的五大技术组成

本书所指的信息技术支撑体系是为智慧城市提供技术支持的系统，是使得智慧城市从理念走向现实的所有的技术总和。信息技术不断发展，更新换代速度快。从目前来看，智慧城市系统运行所依托的信息技术主要包括五个大类：感知技术、通信技术、网络技术、应用技术、信息安全技术（图 7-6），每一类信息技术中又包含了不同的信息技术（张小娟，2015）。

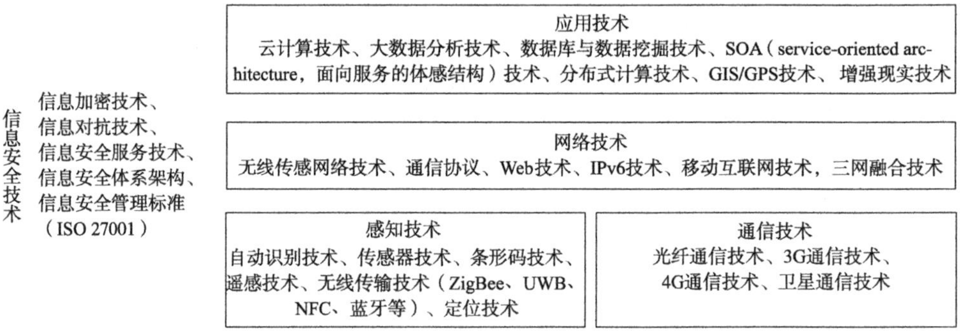

图 7-6　信息技术支撑体系

ZigBee 即紫峰协议；UWB 即 ultrawideband，超宽带；NFC 即 near field communication，近场通信

目前，城市各类信息系统如政务、医疗、社保等，基本处于独立而自成体系的阶段，城市信息的感知只在关键的几点部署上起关键作用，不具备泛在化的感知能力，数据的利用主要依赖关系数据库的方法，数据利用效率和手段都有很大的提升空间（袁远明，2012）。以下将对信息支撑体系中提到的简单技术做简要的介绍（张小娟，2015）。

1. 感知技术

感知技术是指对客观事物进行识别、辨别、定位，以及对客观事物的状态与环境变化等动态信息进行捕捉和获取的科学技术，它帮助人们及时了解和掌握事物的状态、位置、所处环境等。在智慧城市中，感知技术通过它的信息感知和获取功能实现了对城市中原有的客观存在的分散、封闭、孤立的物质要素的动态感知，并以数字化信息的形式对其存在的状态和运动特征进行刻画，从而完成智慧城市实现互联互通的第一步。对应的作为感知对象的物质要素主要涉及了城市居民的个体及各种相关群体，以及各种有形或无形的城市组成部件，可以从城市基础设施、基础城市实体、基础服务体系、城市资源与环境四大类型来划分（表 7-2）。

表 7-2　智慧城市中作为感知对象的物质要素

类型	主要内容
城市基础设施	道路、桥梁、轨道、水网、电网、管线、堤坝等
基础城市实体	厂房、住宅、学校、街区、广场、公园等
基础服务体系	交通、物流、警务、城管、供电、医疗、教育等
城市资源与环境	地表、地质、河流、湖泊、森林、山丘、空域、天气等

为了实现对以上多种感知对象相关信息的采集，智慧城市中需要用到的感知技术主要有自动识别技术、传感器技术、条形码技术、遥感技术、无线传输技术、定位技术等，不同的感知技术分别适用于不同的场所、物品和使用情境（表 7-3）。

表 7-3　目前智慧城市中涉及的主要感知技术及其主要内容

类型	主要内容
自动识别技术	使用特殊的识别装置，自动获取被识别物体的位置等信息，传输到后台计算机处理系统来完成相关处理与控制的一种高度自动的信息采集技术，可实现信息数据自动识读、自动输入计算等功能，主要包括 RFID、智能卡等
传感器技术	是一种物理装置或生物器官，能够感受外界的信号、物理条件或化学组成，并将获取的信息传递给其他的装置或者器官，按照一定的规律变换为电信号或者根据需要以规定的形式的信号输出，以满足信息的传输、处理、存储、显示、记录或控制等要求
条形码技术	条形码是由宽度不同、反射率不同的条和空，按照一定的编码规则编制而成，用以表达一组数字或字母符号信息的图形标识符，条形码技术则是以条形码为载体，是集条码理论、光电技术、计算机技术、通信技术、条码印制技术于一体的一种自动识别技术
遥感技术	对被测对象的参数进行远距离测量的一种技术，主要由遥感器、遥感平台、信息传输设备、接收装置及图像处理设备等组成
无线传输技术	包括各种短距离无线通信技术，如 ZigBee、UWB、NFC、蓝牙等
定位技术	是测量目标的位置参数、时间参数、运动参数等时空信息的技术，主要包括雷达定位技术、电子侦察定位技术、卫星定位技术等

信息感知技术主要是指对客观事物的信息直接获取并进行认知和理解的过程。信息感知技术包括信息的识别、定位等，感知信息的获取需要技术的支撑，人们不同功能的需求对应不同的技术支持。例如，识别技术是通过感知技术所感知到的目标外特征，判断目标的本质的技术，有条形码技术、磁卡识别技术、生物识别技术等，还有根据定位需要的定位技术，在定位技术中，我们只需要获取他的位置信息、时间信息等即可。

信息采集层实现信息获取的功能，通过各种方法收集现实世界甚至是互联网世界广泛而全面的信息并将其转化为信息世界可处理的数据。这些信息可以是图像、声音、视频、温度、湿度等。根据信息性质不同，信息获取的途径可以是通过智能设备自动采集的，也可以是人工方式获得的。常见的感知设备包括 RFID、二维码、视频、GPS、微机电系统（micro-electro-mechanical system，MEMS）传感器等信息采集设备和系统。

信息采集可以从三个方向来实现：基于 RFID 技术自动识别物品物件的标签，读写物体上有关的数据；使各信息采集设备形成互联互通的网络；标识并聚合互联网的大数据海洋。这些来源采集到的大量各种感知数据，也就是大数据，若能得到充分利用，将会使城市展现出它的独有的智慧。

2. 通信技术

通信技术是实现数据传输的技术。数据传输相当于人的神经系统，要实现大量数据的无障碍对接，需要通过网络能力的拓展和多元异构网络系统间的协同，使得有线与无线、宽带等网络畅通无阻，实现各节点的接入无碍。数据传输由通信网络完成，包含移动通信、电话、卫星通信等，然后通过传输介质如无线电等进行传播。

随着越来越多的人加入网络服务，并通过网络进行数据的存储和运算、收看高清视频等，人们对网络的带宽提出了更高的要求，光纤通信技术成为近几年发展最快的信息技术之一。与此同时，进入手机网络时代后，传统的以电缆或光缆为主的互联网数据传输，逐步向以无线移动传输为主的无线数据传输过渡，无线数据传输的发展对无线传输技术也提出了更高的要求，具有更高的速率、能够高质量传输多媒体数据的第三代移动通信技术（third-generation mobile system，3G）、第四代移动通信技术（fourth-generation mobile system，4G）快速发展起来。在智慧城市中涉及的主要信息通信技术有光纤通信技术、3G、4G、卫星通信技术等（表 7-4）（张小娟，2015）。

表 7-4　目前智慧城市中涉及的主要通信技术及其主要内容

类型	主要内容
光纤通信技术	利用光纤电缆传输数据或信号所需采用的技术，包括光复用技术、光交换技术、自动交换光网络（automatically switched optical network，ASON）等相关技术
3G	是支持高速数据传输的蜂窝移动通信技术，能够同时传送声音及数据信息，其关键技术是码分多址（code division multiple access，CDMA）技术，可提供高速数据业务
4G	集 3G 与无线局域网（wireless local area network，WLAN）于一体，其关键技术是正交频分复用（orthogonal frequency division multiplexing，OFDM）技术，能够传输高质量视频图像
卫星通信技术	卫星通信利用人造地球卫星作为中继站来转发无线电波，进行两个或多个地球站自检的通信，卫星通信技术是建立和维持卫星通信系统运行所需采用的技术

3. 网络技术

网络技术是一种新型技术，它把互联网上分散的资源融为有机整体，实现资源的全面共享和有机协作，使人们能够透明地使用资源并按需获取信息；它的核心任务是将分散在网络上的信息资源融合为有机整体，实现信息资源的全面共享和有机协作。目前智慧城市的主要网络技术有通信协议、Web 技术、IPv6、移动互联网技术等（表 7-5）（张小娟，2015）。

表 7-5　目前智慧城市中涉及的主要网络技术及其主要内容

类型	主要内容
通信协议	在计算机网络中用于规定信息的格式及如何发送和接收信息的一套规则，主要有开放系统互连（open system interconnection，OSI）模型、传输控制协议/互联网协议（transmission control protocol/Internet protocol，TCP/IP）等
Web 技术	Web 是一种典型的分布式应用结构，因为 Web 应用中的每一次信息交换都要涉及客户端和服务端，因此 Web 开发技术主要有客户端技术和服务端技术两大类
IPv6	是 IPv4 技术的升级版，与 IPv4 相比，IPv6 的 IP 地址容量、安全性、服务质量、移动性方面更有优势，采用 IPv6 的网络将比现有网络更具扩展性、更安全，且更容易为用户提供高质量服务
移动互联网技术	将移动通信和互联网结合起来使用所利用的相关技术，包括宽带无线通信、移动通信和互联网技术等

4. 应用技术

支持智慧城市体系高效运转的核心技术是应用技术，应用技术直接连接各种类型的智能应用设备，通过对数据的处理、信息的集成、服务的呈现及发现等为智慧城市体系中智能应用设备的运行提供技术支持（张小娟，2015）。应用技术可以依照每个城市的个性需求向用户提供各种各样的城市功能，是智慧城市以人为本的界面。随着城市的人口、环境、资源、经济、政治等的变化，应用技术也在不断调整升级，以达到需求和应用的最佳协调。根据不同应用技术发挥的不同作用，可以将应用技术做以下分类（图 7-7），本书将智慧城市中主要的应用技术概括为大数据技术、云计算技术、空间信息网络技术三大类（张小娟，2015）。大数据技术完成对数据的存储运算，包括对所有由感知网络所获取的信息的存储运算等，实现了基础信息的复用，减少了重复建设与重复计算的经济成本和时间成本。云计算技术基于云完成对数据的处理，对不同来源的数据通过相应的模型进行强大的综合计算，获得初步结果，针对应用进行数据挖掘与加工来达成最终目的。空间信息网络技术完成对信息的定位，借助 GIS 和 GPS 实现信息的具体落点，可为各种空间任务如气象、环境与灾害监测、资源勘察、地形测绘、侦察、通信广播和科学探测等提供服务。

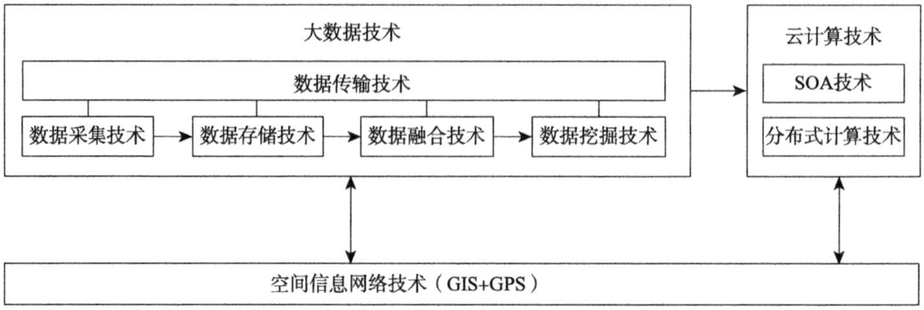

图 7-7　智慧城市中主要涉及的应用型技术

5. 信息安全技术

信息安全计算主要用于防止系统漏洞产生、防止外部黑客入侵、防御病毒破坏和对可疑问题进行有效的控制等。数据安全问题在智慧城市中也尤为重要，能够保障智慧城市各系统安全稳定运行，可以提高信息的安全性与可靠性。常用的信息安全技术有信息加密技术、信息对抗技术、信息安全服务技术及信息安全体系（图 7-8）（张小娟，2015）。

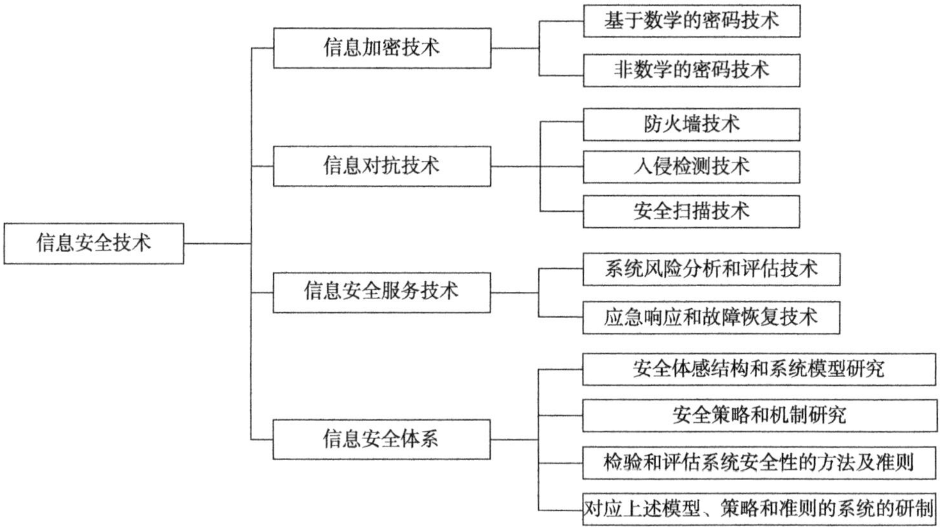

图 7-8　目前智慧城市中主要涉及的信息安全技术

7.3.3　信息技术支撑体系的三板块产业链

从现有智慧城市解决方案来看，智慧城市的产业链长，包括芯片制造商、设备提供者、服务提供者与网络提供商、运营及服务提供商等，实现了信息的支撑共享服务。

设备提供者包含的模块有设计、生产、安装，执行的任务有设计传感器、组件、规划、安装等，与服务提供者、网络提供商、运营及服务提供商共同成为智慧城市的基础（图 7-9）。

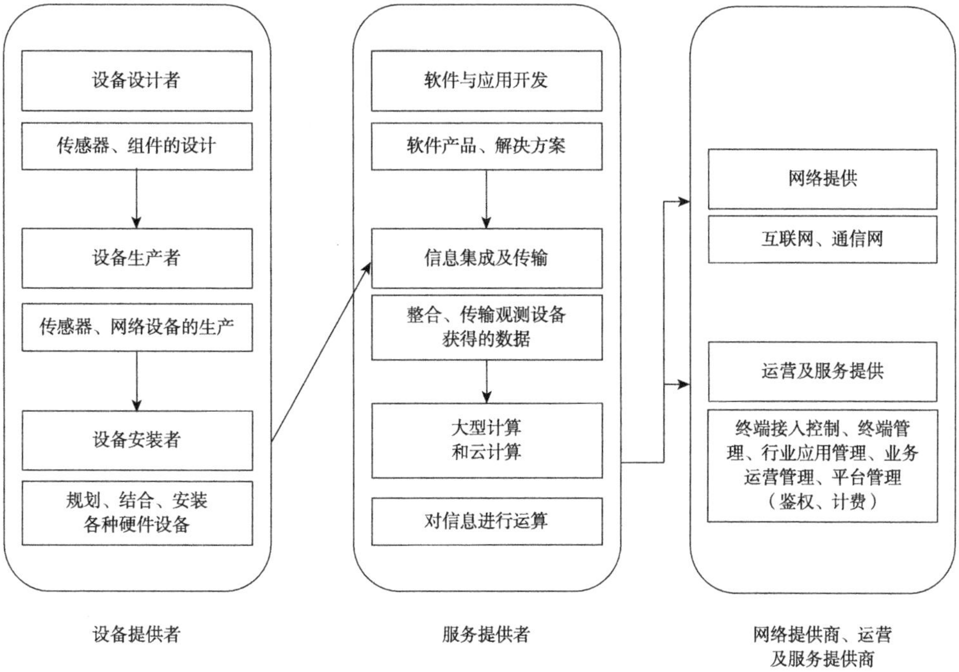

图 7-9　智慧城市产业链构成

服务提供者通常指在电信业务中提供服务的主体。例如，平台提供者给各种软件应用服务提供一个托管的平台，给服务需求者一个选择服务的窗口；当软件和应用开发者设计出满足特定需求的软件或应用时，把对应的程序放到应用平台供需求者选择使用；信息服务提供者通过向各种终端软件提供对应的信息服务以达到它的价值目的。相关的企业有微软、Google 和苹果等。

网络运营包含网站策划、产品开发、网络营销、客户服务等多个环节，通过手机各种源信息进行计算和处理，传给服务者，为客户提供必要的服务信息。我国最早的网络提供商有中国网络通信集团公司、中国电信集团有限公司，目前主要是由三大运营商（中国移动通信集团有限公司、中国联合网络通信集团有限公司、中国电信集团有限公司）来负责这一环节。

7.4 智慧城市信息技术支撑体系的关键技术及产业

至今，智慧城市信息技术支撑体系的关键技术包括：物联网、通信网络、云计算、大数据等。这些关键技术衍生了众多产业，共同成为城市运营的重要支撑体系。

7.4.1 物联网：支撑智慧城市的理论建构

物联网被运用于信息支撑体系的信息采集层，被植入城市物体的智能化传感器通过互联网把彼此连接起来，形成物联网，从而实现对物理城市的全面感知。物联网的提出为国家智慧城市的理论建设奠定了基础，实现了智慧城市的互联互通。对于智慧城市的建设而言，物联网将信息交换延伸到物与物的范畴，价值信息极大丰富和无处不在的智能处理将成为城市管理者解决问题的重要手段（刘冬梅，2013）。

物联网构造了一个覆盖世界上万事万物的“Internet of things”。在这个网络中，物品（商品）能够彼此进行“交流”，而无须人的干预。其实质是一种通过信息传感设备（RFID、红外感应器、激光扫描器、GPS 等），按约定的协议，把所有物品互联并与互联网连接，从而进行信息交换和通信，以实现对物体智能化识别、定位、跟踪、监控和管理的网络（张文坚，2011）。

1. 物联网的四大核心技术

信息感知主要是通过传感技术、RFID 技术、微机电系统、GPS 等技术实现对整个现实世界的信息采集。以下技术对应信息支撑体系中的信息采集层。

1）传感技术

传感技术是一门多学科交叉的现代科学与工程技术，其功能是从自然信源获取各种物理量、化学量或生物量信息，并对其进行处理和识别，涉及传感器、信息处理和识别的规划设计、开发、制造、测试、应用及评价改进等活动。

2）RFID 技术

RFID 是通过无线电信号识别特定对象并读写相关数据的无线通信技术。目前在国内，身份证件、物流管理和电子收费系统上已广泛应用该技术。

3）微机电系统

微机电系统是通过大规模集成电路制造与微细加工工艺实现的集微型传感

器、执行器及信号处理和控制电路、接口电路、通信和电源于一体的微型机电系统。微机电系统的多功能、微型化、高集成度等特点，是实现传感节点智能化、小型化、低功耗的重要因素。目前微机电系统正向集成度更高的纳米机电系统（nano-electromechanical system，NEMS）发展。

4）GPS 技术

GPS 由空间卫星、地面控制和用户设备等三部分组成，是能够实现海、陆、空全方位实时定位与三维导航的卫星定位与导航系统。GPS 能够提供点、线、面精确的三维坐标信息，目前已在军事、地形测量等方面广泛得到应用。

2. 物联网的产业链与智能应用

全球物联网市场规模正持续扩张，行业应用率显著提升。《2017—2018 年中国物联网发展年度报告》显示，2017 年全球物联网市场规模达 0.9 万亿美元，预计到 2022 年达 2.3 万亿美元。从整体来看，2017 年物联网行业的应用率达 29%，其中，消费电子产品行业、汽车行业和制造业，分别为 40%、34%和 30%。

当前物联网产业链涵盖信息感知、信息汇总、信息处理、运营与应用五个功能层次，对应上、中、下游三个部分（图 7-10）。

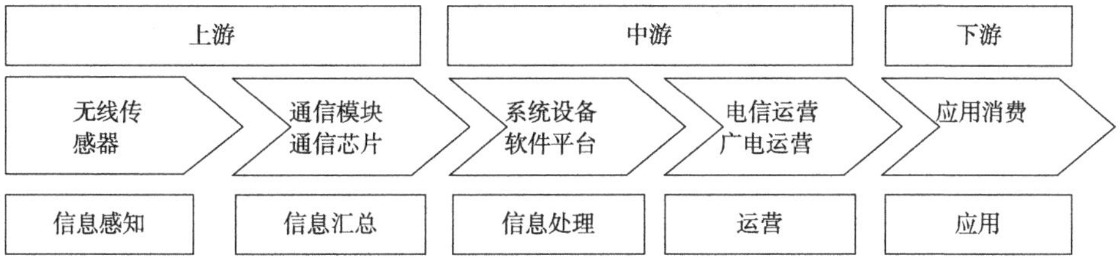

图 7-10　物联网产业链示意图

目前，全球物联网产业链以运营、系统集成、软件平台几个环节为主。全球物联网产业链中各环节的主要参与者规模，具有以下特征：运营商规模较大，主要集中在服务层面；系统集成商规模较大；国际领先的软件及平台厂商重点关注全球市场；各国国内的软硬件及产品厂商区域规模较小（李妃养，2012）。

物联网的基本功能特征是提供“无处不在的连接和在线服务”，以下技术对应信息支撑体系中的智能应用层。

1）无线传感器网络

无线传感器网络（wireless sensor network，WSN）的作用是将一系列空间上分散的传感单元通过自组织的无线网络进行连接，从而将各自采集的数据通过无线网络进行传输汇总。无线传感器网络技术的作用是将一系列空间上分散的传感单元通过自组织的无线网络进行连接，从而将各自采集的数据通过无线网络进行传输汇总，以实现对分散的物理或环境状况协作监控，并根据这些信息进行相应的分析和处理。无线传感器网络技术贯穿了物联网的信息感知、汇总、处理三个层面，同时也对物联网其他产业具有显著的带动作用。

2）通用分组无线服务

通用分组无线服务（general packet radio service，GPRS）是一种基于全球移动通信系统（global system for mobile communications，GSM）的数据服务技术。GPRS 技术能够充分利用已有的 GSM 网络，在物联网领域得到一定应用。

3）Wi-Fi 技术

Wi-Fi 是一种基于接入点（access point）的无线网络结构。该技术已经有一定规模的应用，并在 4G 中得到大规模应用。

3. 物联网产业未来走向系统化与智能化

物联网被认为是“下一个工业革命”，它改变了人们的生活、工作、娱乐和旅行方式，甚至改变了全球企业之间的交互。未来物联网的发展将更为系统化与智能化，为人们提供更为便捷的服务与应用。

1）物联网标准体系渐进发展成熟

物联网标准体系是一个渐进发展成熟的过程，将呈现从成熟应用方案提炼形成行业标准，以行业标准带动关键技术标准，逐步演进形成标准体系的趋势。物联网概念涵盖众多技术、众多行业、众多领域，制定一套普适性的统一标准几乎是不可能的。物联网产业的标准将是一个涵盖面很广的标准体系，将随着市场的逐渐发展而发展和成熟。

2）物联网技术平台建立

随着行业应用的逐渐成熟，新的通用性强的物联网技术平台将出现。物联网的创新是应用集成性的创新，一个单独的企业是无法完全独立完成一个完整的解决方案的，一个技术成熟、服务完善、产品类型众多、应用界面友好的应用，将是设备提供商、技术方案商、运营商、服务商协同合作的结果。随着产业的成熟，支持不同设备接口、不同互联协议、可集成多种服务的共性技术平台将是物联网产业发展成熟的结果。物联网时代，移动设备、嵌入式设备、互联网服务平台将成为主流。随着行业应用的逐渐成熟，将会有大的公共平台、共性技术平台出现。终端生产商、网络运营商、软件制造商、系统集成商、应用服务商，都需要在新的一轮竞争中寻找各自的重新定位（赵玉章和郭文强，2011）。

3）人工智能受到关注

随着数据处理能力的提升，可以实现更高效的操作和更快捷的响应的边缘计算将成为物联网的重要力量。随着越来越多的企业使用物联网设备与技术，收集到的数据量呈现指数级增长，传统的计算方式已经无法满足数据处理需求。而人工智能则能填补数据收集和数据分析之间的空白，还可以实现更好地图像处理、视频分析，创造更多的应用场景和商机。

4）移动访问更加轻松

智能手机的普及直接影响着物联网的普及。物联网已然成为当今数据驱动型经济的基础和支柱。随着 5G 的到来，移动设备对物联网网络的访问将大幅增加，越来越多的物联网数据将掌握在更多人的手中。以智能手机为代表的移动设备将让每个人成为物联网社会中的连接点，从而共享物联网社会的便利性。当每个人、每个设备都连接到一个大型网络中，人与人、人与设备、设备与设备之间将会产生更多的联系，而这也意味着将出现无尽的新的机会与可能性。

7.4.2　通信网络：建设智慧城市的基础

网络好比人的神经系统的延伸与拓展，承担传递信息的功能。通信网络技术主要应用于智慧城市信息支撑体系的数据传输。智慧城市通过泛在网络、移动技术来实现无所不在的互联和随时随地随身的智能融合服务，因此网络建设是智慧城市的基础。

1. 通信网络的两大重要分支

1）互联网：虚拟媒介，信息互动

互联网即因特网，是以 TCP/IP 通信协议作为标准，采用存储转发、交换和路由等技术，由一些使用公用语言互相通信的计算机连接而成的网络，即广域网、局域网及单机按照一定的通信协议组成国际计算机网络。互联网的出现是人类通信技术的一次革命，代表着一个新的虚拟的传媒的诞生。足不出户，便可知天下事，它是人类信息沟通和交流的重要基础平台。随着互联网技术的普及，随时随地都可把人与人、人与信息联系起来，城市的普通民众也能借助互联网很方便地获取和传播各种信息，让智慧城市的各项应用贴近普通民众。因此，互联网技术的普及是智慧城市的基础之一。

互联网的技术架构由三个层次构成。第一层是硬件，主要指数据存储、处理和传输的主机及网络通信设备；第二层是软件，包括可用来搜集、存储、检索、分析、应用、评估信息的各种软件；第三层是应用，指搜集、存储、检索、分析、应用、评估使用各种信息，包括应用各种技术手段来进一步提高分析的质量，辅助决策者做决策。互联网通过第一、二层次构建应用基础，通过第三层次对信息进行有效利用，使信息技术的价值得到充分发挥，满足了信息化的目标。

2）移动通信网络：移动互联，实时传输

移动通信网络是实现用户之间的介质，是通信网络的一个重要分支，具有移动性、自由性，以及不受时间地点限制等特性。从技术层面来看，智慧城市是以网络信息为基础的城市信息体系，城市的各种信息首先要能够随时传送。对于智慧城市来说，移动通信网络就像是人类的神经系统，用于及时传递信息，这也是构建智慧城市的前提条件。支撑智慧城市的移动通信网络不是一个单一的网络，而是在现有网络基础上通过协同工作，来支撑智慧城市的各种应用。

移动通信网络的关键技术集中于产业链的中上游，即通信网络设备与通信终端设备部分。在当前的 4G 及 5G 技术中，主要涉及如下系统关键技术。

A. 正交频分复用技术

正交频分复用技术是多载波调制的一种，它通过将信道分成若干正交子信道，将高速数据信号转换成并行的低速子数据流，然后调制到每个子信道进行传输。正交信号在接收端采用相关技术分开，从而减少子信道的信道干扰。每个子信道上的信号带宽小于信道的相关带宽（杨国荣和马荣，2010），可以消除符号间干扰，而且每个子信道的带宽缩小，信道均衡变得相对容易。目前 OFDM 技术在 4G 技术的 LTE 技术中已得到广泛使用，是 LTE 三大关键技术之一，在 5G 中仍然是主要的调制方式。

B. SDN

软件定义网络（software defined network，SDN）是一种新型先进的网络创新架构，其核心特点是开放性、灵活性和可编程性。SDN 将网络设备的控制平面从设备中分离出来，放到具有网络控制功能的控制器上进行集中控制，上层应用程序可以通过开放的应用程序接口（application programming interface，API）进行调用。这样可以消除大量手动配置的过程，简化管理员对全网的管理，提高业务部署的效率。SDN 实现了 5G 移动网络的虚拟化，实现了网络设备的控制面与数据面分离，灵活控制 5G 移动网络的流量，将 5G 网络升级为一个更加智能的管道，为 5G 核心网络与应用创新提供良好的控制平台。

C. SA 技术

智能天线（smart antenna，SA）是一种安装在基站现场的双向天线，它通过一组带有可编程电子相位关系的固定天线单元获取方向性，并可以同时获取基站和移动台之间各个链路的方向特性。智能天线具有抑制信号干扰、自动跟踪及数字波束调节等智能功能，被认为是未来移动通信的关键技术。

D. 多输入多输出技术

多输入多输出（multiple-input multiple-output，MIMO）技术是指利用多发射和多接收天线进行空间分集的技术，它采用的是分立式多天线，有效地将通信链路分解成许多并行的子信道，从而大大提高系统容量（姚继先等，2012）。它将多径无线信道与发射、接收作为一个整体进行优化，从而实现高的通信容量和频谱利用率。这是一种近于最优的空域时域联合的分集和干扰对消处理。大规模多输入多输出技术的使用可以增加 5G 通信网络的网络容量，提高 5G 通信的抗干扰能力，使移动设备具有更好的信号质量。

E. 自组织网络技术

自组织网络技术（self-organizing network，SON）可以实现 5G 网络部署和运营的自动化，如可以实现网络的自动化优化、自动愈合，自我调整 5G 网络参数，提高网络性能和质量，大大地提高网络的运行效率。同时，在 5G 移动通信里面，存在比较多的异构网络，这样就会提升节点的复杂程度，通过把自组织网络技术当做基础，能够显著提升 5G 移动通信系统的自配效率和优化程度。

F. 同时同频全双工技术

同时同频全双工技术（co-frequency co-time full duplex，CCFD）可以有效提升频率资源利用效率，并且可以同时接收在一条物理信道上两个不同方向的信号。同时同频全双工技术可以同时发射信号和接收同频数据信息，既能提升高频谱的利用效率，又能够使移动通信网络快速可用。以传统基站模式为主的组网方式不足以满足通信用户及流量使用迅速增加的 5G 时代对移动通信技术的要求，同时同频全双工技术在 5G 通信上的应用，可以提高移动网络的效率和质量，能够实现双向的高速率、高质量的通信服务。

2. 通信网络技术不断进步

1）我国互联网呈现快速发展的趋势

我国互联网正处在快速发展的阶段，中国网民规模持续扩大。据中国互联网络信息中心发布的第 43 次《中国互联网络发展状况统计报告》，截至 2018 年 12 月，我国网民规模达 8.29 亿，普及率达 59.6%，较 2017 年底提升 3.8 个百分点，全年新增网民 5653 万人。我国手机网民规模达 8.17 亿人，网民通过手机接入互联网的比例高达 98.6%。

2018 年，互联网覆盖范围进一步扩大，贫困地区网络基础设施“最后一公里”逐步打通，“数字鸿沟”加快弥合，地区发展不均衡在一定程度上得到改善，新兴科技的加速落地正在拉齐后发地区的政务数字化水平。

云平台成为建设数字中国的关键基础设施。2018 年，我国用云量增长迅猛，全年用云量较去年增幅达 218.26%。目前用云量整体集中在一、二线城市，而后线城市正在快速追赶，其中五线城市增速迅猛，增幅最高，云能力在向中小城市加速渗透。同时，云计算效应越来越显性，用云量与数字产业、数字政务、GDP 显著正相关，用云量的增长一定程度上加速了数字产业、数字政务发展，成为数字经济发展重要指标。

政务服务数字化迈入更广、更深、更高、更显性的发展新阶段。由普适的便民服务拓展到专业性更强、流程更复杂的法人服务领域，在线办事功能更多，服务节点数字化向全流程闭环服务整体迈进。移动流量资费大幅下降，跨省“漫游”成为过去，居民进入互联网门槛进一步降低，信息交流效率得到提升。我国互联网的广泛使用不仅推动了其技术的快速发展，同时其海量的数据也为智慧城市的信息采集提供了重要来源。

2）移动通信技术正处于第六次技术更替中

第一代移动通信技术，主要包括高级移动电话系统（advanced mobile phone system，AMPS）、北欧移动电话系统（nordic mobile telephone，nMT）、HiCap、蜂窝数字分组数据（cellular digital packet data，CDPD）、Mobitex、Data-Tac、全接入通信系统（total access communications system，TACS）和扩展式全接入通信系统（extended total access communications system，ETACS）等多类蜂窝系统，由于面临着容易被窃听、不能长途漫游、系统基站复杂庞大、相对带宽较窄等问题，很快受到局限。

为解决上述问题 2G 应运而生，无线通信正式步入数字时代。2G 移动通信以语音数字通信为核心，包括 GSM、个人手持式电话系统（personal handy-phone system，PHS）、GPRS、高速电路交换数据业务（high-speed circuit-switched Data，HSCSD）等多个标准。相比之下，2G 移动通信具有通信容量大、频谱利用率高、TDMA 基站复杂性小等优点。

无线网与国际互联网等多媒体通信相结合的 3G 能够处理图像、音乐及视频等多种媒体形式，还可以提供带宽信息业务。3G 系统仍存在宽带码多分路访问（wideband code division multiple access，WCDMA），码分多路访问 2020（code division multiple access 2000，CDMA20000）和时分同步码分多路访问（time division-synchronous code division multiple access，TD-SCDMA）三大技术标准共同组成的国际移动电话系统-2000（international mobile telecom system-2000，IMT2000）家庭的成员之间的相互兼容问题和频谱利用率低的问题。

4G 的最大特点就是高速通信。其通信系统具有超过 2Mbps 的非对称数据传输能力，数据率超过通用移动通信系统（universal mobile telecommunications system，UMTS），是支持高速数据率 2～20Mb/s 连接的理想模式，对全速移动用户能提供 150Mbps 的高质量影像服务，上网速度从 2Mb/s 提高到 100Mb/s，首次实现三维图像的高质量传输，可称为广带接入和分布网络。同时，4G 系统采用的技术是 OFDM 技术、智能天线、软件无线电等先进技术。

5G 与前几代通信技术不同，它并不是一个单一的无线接入技术，而是多种新型无线接入技术和现有无线接入技术演进集成后的解决方案统称。5G 网络峰值理论传输速度可达每秒数 10Gb，比 4G 网络的传输速度快数百倍。拥有高速率、低时延、低功耗、海量设备连接等特征的 5G 不仅是更高速率、更大带宽、更强能力的技术，而且是一个多业务多技术融合的网络，它将使信息突破时空限制，便捷地实现人与万物的智能互联，渗透到社会的各个领域应用中。

2018 年 3 月，工业和信息化部部长在被访中表示，中国已经着手研究第六代移动通信技术，第六代移动通信技术网络是一个概念性无线网络移动通信技术，或将采用人工智能和软件定义无线电技术来重新定义无线频谱管理。未来的第六代移动通信技术时代将超出 5G 时代“物联网”，实现“万物互联”，甚至实现利用 Wi-Fi、基站进行无线充电等概念设计。

3. 通信网络未来走向便捷与互通

1）新一代互联网发展趋势

随着移动互联网、云计算和物联网技术的发展，越来越多的终端需要新 IP 地址。而 IPv6 能解决这一问题，IPv6 根据 IPv4 多年来运行的经验进行了大幅修改和功能扩充。因此，IPv6 是下一代互联网的起点和重要标志。

以 IPv6 为核心的体系结构涉及终端、承载网络、业务平台几个有机组成部分（图 7-11），同时延展至软件系统、设备制造、集成电路等多个环节，并且影响物联网、移动互联网、三网融合、传统互联网、云计算平台等多个领域。

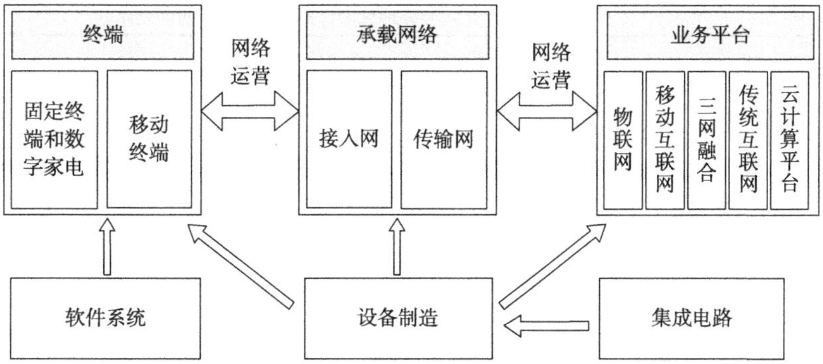

图 7-11　下一代互联网体系结构

IPv6 是下一代互联网的核心技术，目前已经从实验阶段走向实用阶段，如下是 IPv6 的关键技术特征介绍（表 7-6）。

表 7-6　IPv6 关键技术特征介绍

技术特征	特征分析
地址空间	地址长度为 128 位 地址容量是 IPv4 的约 8×10^{28} 倍

续表

技术特征	特征分析
新的协议头格式	协议头的长度固定 将一些非根本性的和可选择的字段移到 IPv6 协议头之后的扩展协议头 取消 IP 头的校验 中间路由器处理这种简化的协议头速度提高
自动地址配置	支持无状态和有状态两种地址自动配置的方式 使用邻居发现机制获得一个局部连接地址 使用即插即用机制自动获得一个全球唯一的路由地址
路由结构	使用有效的、分层次的并且可以概括的路由结构 路由快速查找地址格式更具层次性 有利于路由聚合，缩减 IPv6 路由表大小，降低网络地址规划的难度
内置的安全性	支持由两种不同类型的扩展头和一个用于处理安全设置的协议组成的互联网络层安全协议（Internet protocol security，IPsec） 验证头为数据包提供数据完整性、数据验证和从犯攻击保护 封装安全负载（encapsulating security payload，ESP）的头和尾为 ESP 提供数据完整性、数据验证、数据机密性和重放保护
更好的服务质量	数据包的格式包含一个 8 位的业务流类别和一个新的 20 位的流标签 通信流通过业务级别分类字段区分优先级 路由器通过流标签对数据包进行识别和提供特殊处理
灵活的可扩展性	通过在协议头之后添加新的扩展协议头来实现扩展 按照不同的协议要求增加扩展报头种类 按照处理顺序合理安排扩展报头的顺序

2）新一代移动通信产业

新一代移动通信产业涵盖了通信、集成电路、高频技术、软件等多个学科与技术领域，跨越了移动通信设备制造、移动通信网络运营、手机应用、软件开发等行业，通过技术、产品和服务广泛地渗透到其他产业的相关产品与服务中，直接影响其他产业的发展，对整个当前电子信息产业发展有显著的带头作用和倍增效应。

传统的移动通信的单链移动通信产业模式反映了最初的简单语音业务需求与移动通信业市场（图 7-12）。而新一代移动通信产业链是以移动通信运营商为主，由其组织、联合移动通信产业链上的各个生产与销售企业，整合各个中间服务商进行分工合作，共同生产和销售移动通信产品，共同完成移动通信产品价值的创造和实现过程（图 7-13）。

图 7-12　传统的移动通信产业链模型

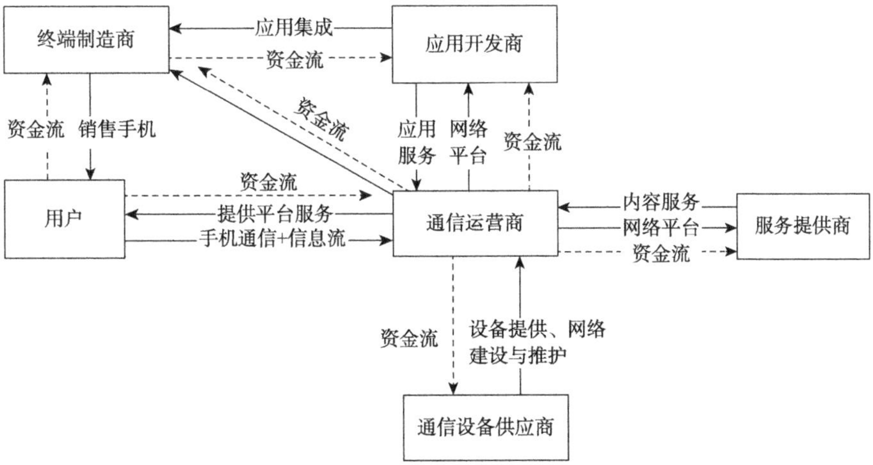

图 7-13　新一代移动通信产业链模型

在移动通信标准上，基于对 TD-LTE 技术标准的主导，中国在 4G 移动通信产业中占据先机。在 5G 标准建设中，2018 年华为获得的专利占比达到 22.93%，中国移动通信集团有限公司、中兴也获得了一些 5G 专利，中国 5G 专利总数超过了美国高通。在美国权威协会发布的 5G 报告中称，中国排名已上升到第一位。但中国不可能独占 5G 市场，建立利益共同体才能使 5G 尽快进入实际应用，形成利益共享的机制。

在移动通信设备商上，市场调查研究机构 Dell'Oro Group 公布了 2018 年前三季度的通信公司排行榜单前五名分别是：华为、诺基亚、爱立信、思科、中兴，这五家公司在全球通信设备领域共有 75%的市场占有率。华为、中兴等移动通信设备商，经过改革开放以来的资金和技术积累，已经成为全国乃至世界的电子信息产业的领头羊，表明中国的移动通信设备商已具有强大的国际市场竞争力。

在移动互联网上，截至 2018 年底，我国光缆总长度达 4358 万公里，4G 网络覆盖持续扩大，4G 用户总数达到 11.7 亿户，全年净增 1.69 亿户，5G 核心技术研发和标准制定取得突破。

在移动通信手机终端制造商方面，随着全球 4G 快速发展，终端产业链正坚持不懈地通过借助高速连接、图形处理器、GPS、摄像头和其他传感器技术不断提升移动终端的性能。工业和信息化部发布的《2018 年 7 月份通信业经济运行情况》显示，截至 2018 年 7 月末，移动电话用户总数达 15.2 亿户，同比增长 11.1%。在智能手机普及率方面，美国皮尤研究中心在 2018 年 6 月发布的报告显示，在统计的 37 个国家中，智能手机普及率只有 59%，还有很大的市场提升空间。韩国的普及率在全球排名第一，高达 94%，而中国的普及率为 68%，处于中上游水平。

3）四网融合

四网融合是在现有的电信网、计算机网（互联网）和广播电视网（有线电视网）的三网融合基础上加入电网，成为四网融合，当前已有试点。我国已明确提出重点发展智能电网的规划，且智能电网概念提出的初期，国家电网便提出四网融合的概念，即广播电视网、互联网、电信网和智能电网四网融合。国家电网已经和包括中国移动通信有限公司、中国电信集团有限公司等在内的运营商合作，推出各项服务，包括无线电力抄表、路灯控制、设备监控、负荷管理、智能巡检、移动信息化管理，避免电能、人力、物力的无谓浪费。在新兴通信技术的不断推动之下，当今社会发展迫切需要四网融合，在打造互联网“智慧生活”同时，也构筑能源与互联网发展新格局。四网融合将推动传统电力行业向现代服务业的转型升级。

四网融合具体而言，主要是指高层业务应用的融合，其表现为技术上趋向一致，网络层上可以实现互联互通，形成无缝覆盖，业务层上互相渗透和交叉，应用层上趋向使用统一的 IP 协议（王洋，2010），为提供多样化、多媒体化、个性化服务的同一目标逐渐交汇在一起，通过不同的安全协议，最终形成一套网络中兼容多种业务的运维模式。从技术领域上来看，虽然各网都有自己的技术特点，但是发展方向正逐渐趋向一致。四网融合的技术目标可以简单归纳为：网络层互联互通，业务层互相渗透和交叉，应用层趋向使用统一标准的协议与应用软件（图 7-14）。

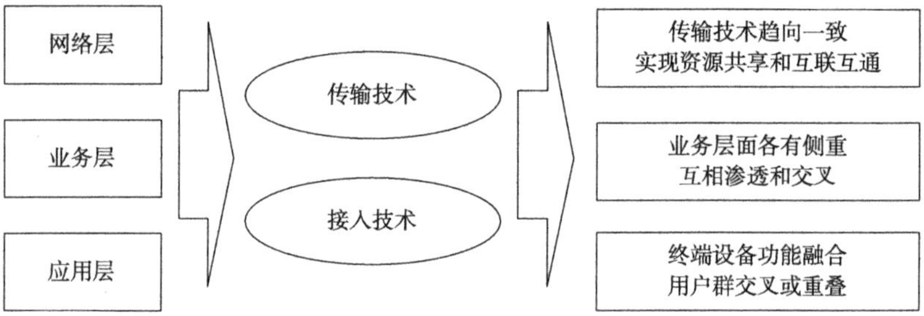

图 7-14　四网融合技术目标

7.4.3　云计算：以强大的信息处理能力实现多系统的信息交互

智慧城市的各个不同的应用系统需要共同抽取数据进行信息交互，并通过综合计算呈现综合结果。如此众多繁复的系统需要多个强大的信息处理中心进行各种信息的处理。而云计算数据中心从根本上支撑庞大系统的安全运行，能对感知信息进行智能处理和分析，具备传统数据中心、单应用系统建设无法比拟的优势：随需应变的动态伸缩能力及极高的性能投资比（吴吉朋，2011）。

1. 云计算技术体系架构与三大关键技术

云计算是分布式处理、并行计算和网格计算等概念的发展和商业实现，能够把信息技术基础设施资源、应用系统作为服务，通过互联网提供给用户。同时它也是一种新的基础架构管理方法，能够把大量高度虚拟化的资源管理起来，组成一个庞大的资源池，以服务方式进行管理，其技术实质是计算、存储、服务器、应用软件等信息技术软硬件资源的虚拟化。

云计算的技术系统可以看作一组服务的集合。云计算的云基础架构层、云平台层和云应用层分别对应于信息支撑体系中的存储运算、数据处理平台和智能应用。根据云计算服务模式的不同，可将云计算技术系统结构划分为图 7-15。

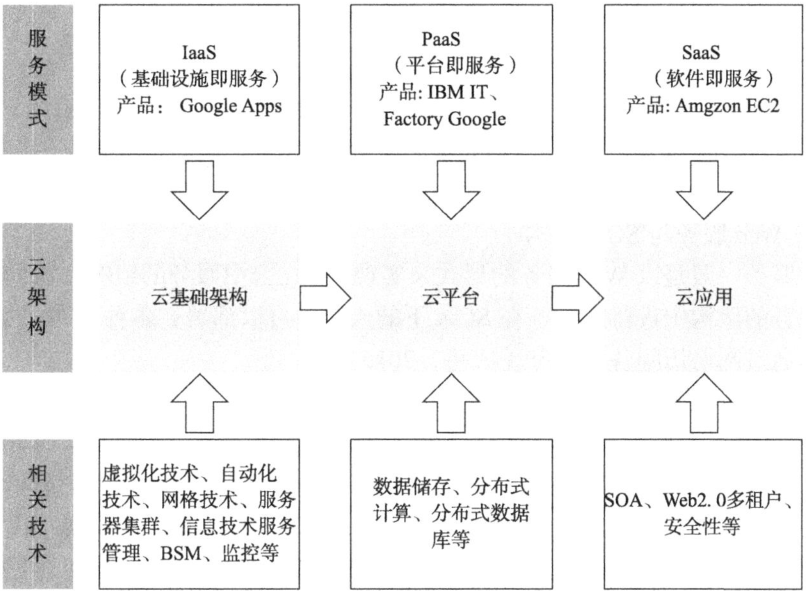

图 7-15　云计算技术系统体系架构及相关技术

IaaS 即 infrastructure as a service，中文含义为基础设施即服务；PaaS 即 platform as a service，中文含义为平台即服务；SaaS 即 software as a service，中文含义为软件即服务；BSM 即 business service management，中文含义为商业服务管理

云基础架构曾主要由服务器、存储和网络设备组成，提供计算资源和存储资源。整个基础设施层也可以作为一种服务向用户提供，包括虚拟化的计算资源、存储，同时还要保证用户访问时的网络带宽等（于正水，2011）。

云平台层是整个云计算系统的核心层，主要有并行程序设计和开发环境、结构化海量数据的分布式存储管理系统、海量数据分布式文件系统、实现云计算的其他系统管理工具，如云计算系统资源的部署、分配、监控管理、安全管理等（于正水，2011），它们主要为应用程序开发者提供程序运行及维护所需要的一切平台资源。云平台层起到了承担调用底层基础资源、为上层业务系统提供支持的任务，而中间件本身也是连接底层操作系统与上层应用的工具，与中间件技术相结合，为用户提供良好的应用开发、测试和运行环境。

云应用层是面向用户提供简单的软件应用服务及用户交互接口等。这一层称为软件即服务，用户不用再一次性购买软件，而改向服务提供商租用软件，且无须对软件进行维护，服务提供商会全权管理和维护软件。这一方式具有投入小、见效快、易于控制成本、无须后期维护等优点，逐渐被广大用户所认可。

云计算是随着处理器技术、虚拟化技术、分布式存储技术、宽带互联网技术和自动化管理技术的发展而产生的。从技术层面上讲，云计算基本功能的实现取决于两个关键的因素，一个是数据的存储能力，另一个是分布式的计算能力（刁兆坤等，2012）。云计算具有以下三大关键技术。

1）虚拟化计算

通过虚拟化计算，单个服务器可以支持多个虚拟机运行多个操作系统，从而大大提高服务器的利用率，并为应用提供了灵活多变、可扩展的平台服务（张建勋等，2010）。

2）Web 服务与 SOA 架构

云服务一般是以 Web 服务的形式来实现的。在云中服务的组织和协同可以在面向服务的架构中进行管理。在 SOA 下的云服务可以部署在各种分布式平台上，也可以通过网络访问各种服务（成荣，2015）。

3）并行编程模型

随着 Web2.0 的出现，互联网信息呈指数增长，如搜索引擎、在线事务处理等应用系统处理数据的规模越来越大。云计算系统必须给用户提供一个简单易用的编程模型来并行处理用户的数据，从而更好地利用云计算系统的资源。因此，研究者提出了一些分布式系统和并行编程模型来支持大规模数据处理（张建勋等，2010）。

2. 云计算产业市场规模快速增长

目前，云计算产业主要包括设备供应商、基础设施、软件与解决方案提供商、平台、软件及相应的服务几个部分。

1）市场状况

近年来，云计算发展迅速。据中国信息通信研究院发布的《云计算发展白皮书（2018 年）》统计，2017 年我国云计算整体市场规模达到 691.6 亿元，增速为 34.32%。其中，公有云市场规模达到 264.8 亿元，相比 2016 年增长 55.7%，私有云市场规模达到 426.8 亿元，较 2016 年增长 23.8%，预计未来几年仍将保持快速增长的态势。IaaS 成为公有云中增速最快的服务类型，2017 年公有云 IaaS 市场规模达到 148.7 亿元，相比 2016 年增长 70.1%；PaaS 市场整体规模偏小，2017 年仅为 11.6 亿元，较 2016 年增加 52.6%；SaaS 市场规模达到 104.5 亿元，与 2016 年相比增长 39.1%。

2）产业链及发展现状

云计算技术及应用始于 20 世纪 90 年代的网格计算，目前全球云计算产业链已经逐步成型（图 7-16）。

（1）软硬件平台提供商。为了实现资源配置功能，软硬件平台提供商为云计算提供虚拟化计算、随需应变、自动负载的软硬件平台，主要提供商是传统的软硬件 IT 巨头，如易安信下的 VMware，以及 Oracle、Sun、IBM、Redhat 等。

（2）系统集成商。系统集成商帮助用户搭建云计算的软硬件平台，尤其是企业私有云。代表厂商包括 IBM、Hewlett-Packard Development Company（简称 HP）、Google、亚马逊（Amazon）及电信运营商 American Telephone and Telegraph Company（简称 AT&T）和 Verizon 等。

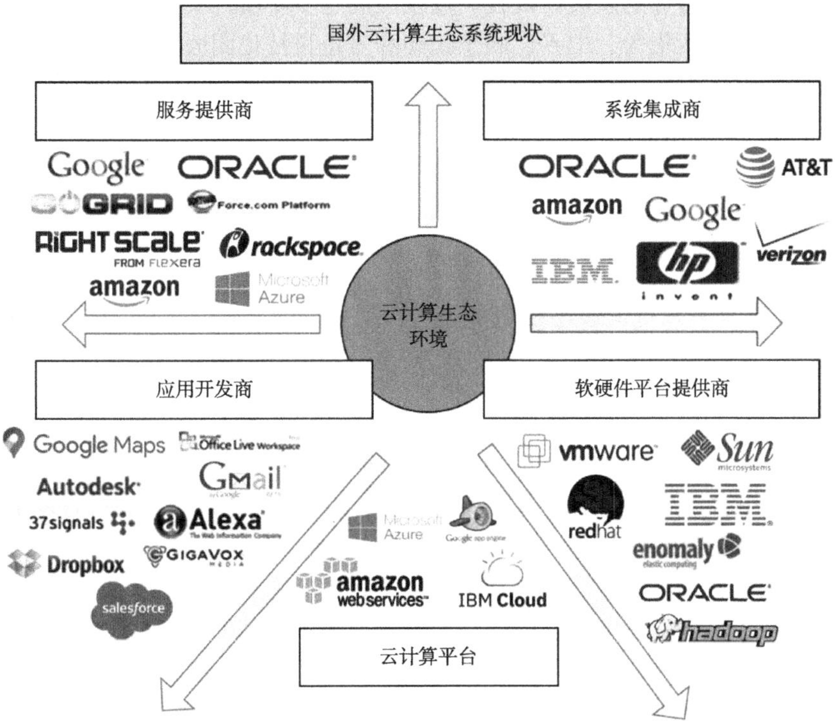

图 7-16　全球云计算产业生态图

（3）服务提供商。服务提供商主要包括为企业和个人用户提供计算及存储资源的 IaaS 公司，如提供数据中心服务的亚马逊、Rackspace，提供应用开发平台的

PaaS 公司——微软 Azure、Google 等（张宏铭，2011）。

（4）应用开发商。应用开发商即 SaaS 服务提供商，主要厂家有微软的 Office Live Workspace、Google 的 Gmail 及在线客户联系管理（customer relationship management，CRM）解决方案提供商 Salesforce。

（5）云计算平台。云计算平台即云计算的核心，目前世界上主要的商用云计算平台集中在美国，如微软的 Azure、亚马逊的 Web Services 及 Google 的 App Engine 等平台。

在云计算领域先行一步的不是电信运营商，而是互联网企业，云计算的一个发展趋势是运营商和制造商的边界模糊。欧美市场上，产业链各环节中的全球大鳄们都在进行横纵向整合，努力抓住新一轮机遇来提升市场占有率，并通过提高技术解决方案能力及服务能力展开横纵向并购及合作。

当前，欧美国家的云计算市场已经进入成熟应用阶段；国内虽然各种类型的“公有云”和“私有云”应用在市场上层出不穷，但云计算技术离成熟还有一定的差距，云计算行业的发展尚处在高速发展的起步阶段。我国云计算产业链正逐渐形成，主要包括华为、中兴、联想集团和方正科技集团股份有限公司等软硬件平台提供商，北京华胜天成科技股份有限公司、鹏博士电信传媒集团股份有限公司、北京神州泰岳软件股份有限公司等服务提供商，以及用友网络科技股份有限公司、金蝶国际软件集团有限公司等应用开发商。在地域分布方面，云计算基础设施已初步形成以环渤海、长三角、珠三角为核心，成渝、东北等重点区域快速发展的产业空间格局。

3. 云计算未来走向多功能服务

云计算是信息技术发展和服务模式创新的集中体现，是信息化发展的重大变革和必然趋势，是信息时代国际竞争的制高点和经济发展新动能的助燃剂。随着云计算的不断演变及与新兴技术的深度结合，云计算在未来将不再是早期的简易平台，而是融合多种功能于一体的服务平台。未来云计算的发展，将有以下趋势。

1）重新定义服务模式

随着云计算的发展，云服务和解决方案将随之增长。现阶段云计算是一种业务模式，服务提供商在定制的环境中处理客户的完整基础架构和软件需求。随着企业云服务的采用，云文件共享服务将会增加，而消费者云服务也将会随之增长。在云计算领域，亚马逊领先于微软、IBM、Google 及其他技术巨头企业。2022 年，亚马逊云服务（Amazon Web Services，AWS）营收将达到 430 亿美元。

2）云市场集中趋势更加显著

目前云计算基本上被 AWS、微软、阿里巴巴、Salesforce 等少数巨头所把持，且其市场地位稳固。各大云服务商在不断进行技术创新的同时，还积极寻求合作，以整合各自服务与客户资源，优势互补。例如，SaaS 巨头 Salesforce 与 IaaS 巨头 AWS 达成战略合作，将自身云服务搬迁到 AWS 平台上运营；AWS 联手 Advanced Micro Devices 联手构建大型图像云平台；Google 与思科合作打造混合云解决方案；微软与腾讯微信合作推出 Office365 微助理。各巨头企业通过合作实现资源共享从而为客户提供更加全面优质的服务，实现共赢，市场集中度加速提升。

3）混合云快速发展

2018 年，云到云连接不断增长。当前，多个云提供商都开放了平台上的 APIs，以连接多个解决方案，有助于同步多学科和跨功能的流程。通过允许数据和应用程序共享，从而实现公有云和私有云融合的云计算环境被称为混合云。混合云采用多云混合部署，在保证核心业务系统安全性的同时又可利用公有云低成本和可扩展性的优势。未来为满足企业业务需求，混合云将成为优选并快速发展。

4）云计算厂商将逐渐人工智能化

一方面云计算平台积累了大量的数据，拥有庞大的 IT 计算资源，适合发展人工智能；另一方面，人工智能需要消耗大量计算、存储等 IT 基础资源，推动人工智能有助于云计算厂商 IaaS 业务的发展。2017 年，谷歌、微软、亚马逊、阿里巴巴、腾讯等云计算厂商纷纷推出人工智能平台。人工智能有望成为云计算厂商新的变现方式，提高云计算的行业天花板。云计算厂商本身有利用人工智能实现智能化运维、智能化主动安全防护等功能降低成本的需求。

5）云端结合逐渐成为趋势

2017 年云计算厂商纷纷推出边缘计算服务，边缘计算与云计算结合将帮助云向更靠近用户的方向延伸，便于满足低延时、高带宽等新兴业务的需求。云计算与物联网的结合也越来越紧密，物联网需要云来运行和执行，又为云提供了完整的管理和集成的服务，云计算的使用将和物联网一起不断发展。伴随着物联网、人工智能、虚拟现实等对实效和带宽要求较高业务的发展，云端结合互相配合、各负其责将逐渐成为趋势。

7.4.4　大数据：挖掘海量数据的潜在价值，辅助智慧城市决策

智慧城市的建设会带来数据的大量增长，而大数据遍布在智慧城市建设的方方面面。这些海量数据，通过一些检测元件的收集、整合，对其进行分类、重组分析，智慧化处理后，可从中挖掘出它们的价值，其结果将为智慧城市建设的决策者提供参考，可以应用到智慧城市的建设中去。大数据技术主要被用于信息支撑体系的存储运算层、数据处理层和智能应用层。

1. 大数据的特点与核心技术

1）大数据的五个特点

对于大数据的特点基本是用IBM公司的5V定义，即volume（大批）、velocity（高速）、variety（多样）、value（价钱）、veracity（真实性），大数据之“大”不仅仅包括数据量的巨大，还包括数据结构的复杂多样性、数据的处理速度及数据的价值密度等。

2）大数据是云计算技术的延伸

大数据技术与云计算的发展密切相关，大数据技术可以说是云计算技术的延伸。云计算关键技术中的海量数据存储技术、MapReduce编程模型、海量数据管理技术，都是大数据技术的基础。李君鹏认为，云计算技术是目前解决大数据问题集最重要且最有效的手段。

大数据和云计算的着眼点不同。云计算着眼于计算能力，即数据处理能力，关注IT解决方案，向首席信息官提供IT基础架构。大数据着眼于信息积淀，即数据存储能力，必须有云作为基础架构，才能得以顺畅运营（表7-7）。

表7-7　大数据技术与云计算的异同

两者关系		大数据	云计算
总体关系		云计算为大数据提供了有力的工具和途径，大数据为云计算提供了很有价值的用武之地	
相同点		都是为数据存储和处理服务； 都需要占用大量的存储和计算资源，因而都要用到海量数据存储技术、海量数据管理技术、MapReduce等并行处理技术	
差异点	背景	现有的数据处理技术不能胜任社交网络和物联网产生的大量异构数据，但这些数据存在很大价值	基于互联网的相关服务日益丰富和频繁
	目的	充分挖掘海量数据中的信息	通过互联网更好地调用、扩展和管理计算及存储方面的资源与能力
	对象	数据	IT资源、能力与应用
	推动力量	从事数据存储与处理的软件厂商和拥有大量数据的企业	生产计算及存储设备的厂商、拥有计算及存储资源的企业
	带来的价值	发现数据的价值	节省IT部署成本

3）大数据的核心技术Hadoop

大数据需要特殊的技术，以有效地处理大量的容忍经过时间内的数据。这些技术涵盖数据的海量存储、处理、应用等多方面，包括海量分布式文件系统、并行计算框架、实时流数据处理及智能分析技术如模式识别、自然语言理解、应用知识库等（于艳华和宋美娜，2013）。

大数据的核心技术Hadoop是一个能够以一种可靠、高效、可伸缩的方式对大量数据进行分布式处理的软件框架。从技术上看，Hadoop 主要由分布式文件系统、MapReduce 和向这一平台增加功能的子项目组成。采用 Hadoop 的可靠数据存储服务，以及利用 MapReduce 技术的高性能并行数据处理服务的共同目标是，使对结构化和复杂数据的快速、可靠分析变为现实。很多企业将 Hadoop 与老的 IT 系统部署在一起，从而能够以有力的新方式组合新旧数据集合。Hadoop 让企业可以根据自有信息和问题定制，更容易地分析和研究复杂数据。它具有可靠性、高效性、可伸缩性、高扩展性、高容错性等优点。用户可以在不了解分布式底层细节的情况下开发分布式程序，它被认为是应对大数据难题的利器。

2. 大数据应用市场逐步扩大

1）三个层次的大数据产业链

在数据组织与管理层，涉及虚拟化、数据安全、分布式文件系统、数据库、数据仓库、数据转换工具等软件的销售和租赁；支撑数据组织与管理的存储设备、服务器、一体机等信息技术基础设施硬件的生产、销售和租赁；支撑数据组织与管理的平台规划咨询、系统集成、云存储等服务。

在数据分析与发现层，涉及并行运算、数据统计、内容/知识管理、数据挖掘、商务智能、人工智能、语义分析、数据可视化等软件的销售与租赁；支撑数据分析与发现的服务器、高性能计算设备、一体机等信息技术基础设施硬件的生产、销售与租赁；支撑数据分析与发现的计算平台规划咨询、系统集成、云存储等服务。

在数据应用与服务层，涉及通过数据租售业务、分析预测服务、决策支持服务、数据分享平台、数据分析平台等商业模式为最终用户提供原始数据、数据价值、数据能力的服务集合，同时包括了支撑数据分析与共享平台的信息技术基础设施等硬件的销售与租赁、系统集成、运营管理服务。

2）发展现状

近年来，在国家政策的推动下，大数据市场发展迅速。中国电子信息产业发展研究院发布的《中国大数据发展指数报告（2018 年）》指出，全国大数据发展逐步形成了以八个国家大数据综合试验区为引领，京津冀区域、长三角地区、珠三角地区、中西部地区四个集聚区域发展的格局，其中东部地区大数据发展水平最高，是大数据发展的前沿地带。从大数据产业发展态势看，随着大数据战略上升为国家战略，各省区市纷纷抢抓大数据产业发展机遇，北京、广东、上海、江苏、浙江、山东、重庆等省市产业发展水平处于全国领先水平，有较为突出的引领示范作用，其中北京以 26.50 的指数位居榜首；从大数据应用发展态势看，不同梯队省区市大数据应用各有侧重，第一梯队包含广东、北京、浙江、上海、江苏等省市，工业、政务、民生、重点行业大数据应用指数占比中以政务应用为发展重点，第二梯队工业应用较第一梯队比重有所增加，政务应用比重有所减少，第三梯队工业应用成为发展重点，较第一二梯队都有所增加。

另外，近年来我国涌现出一批在大数据方面有所作为的核心企业，如华为、阿里巴巴、腾讯、中兴、百度等，为中国的大数据应用打开了市场。

在智慧城市决策辅助应用中，上海市静安区目前正在建设一个全联接、全场景、全智能的“静安政务大脑”，通过与物理世界的政务实现深度融合，创新和重塑传统的管理模式、业务模式和运作规则。

传统的城市管理，因为没有数字化建设的基础，很难做到全局优化。今天，当我们的衣食住行、办公生活娱乐，尤其是整个城市的基础设施都数字化之后，城市的运营管理就是用数据驱动的。

“静安政务大脑”围绕城市的三大基础要素：人口、法人和土地，将政府丰富的治理经验与庞大的政务数据、社会数据相结合，创新运用大数据、云计算和人工智能等前沿技术构建平台型人工智能中枢。目前可提供智能人口预测、智能规划、智能营商、智能监管和智能区情等五大基础能力输出，涉及规划、教育、招商、产业、文旅、市场监管等领域，已为 11 个政府部门提供了 23 个应用场景的支持。

例如，依托各类人口数据及智能算法，“静安政务大脑”可对城区未来每年度人口及人口结构进行动态预测。以教育资源为例，超大型城市常遇到“入学难”问题，其关键点在于教育资源的规划供给和市民的动态需求无法有效匹配。而“静安政务大脑”利用全区 785 个小区和 35 万间房屋详细数据，实有人口、户籍人口、日间人口及出生率、死亡率等人口数据，叠合了用地规划、动迁情况，以及“十四五”规划等影响人口迁移的政策数据，利用智能算法，对城区未来每年度人口及人口结构进行动态预测。区教育部门可以利用这些数据推算出入学人口和各类学校学位之间的差值，做好动态的规划决策。

另外，“静安政务大脑”可以凭借其强大的数据采集和分析能力，预测静安区每平方公里区域未来一周的日间人流量，同时还能根据历史趋势分析每平方公里区域的日间人群规模分布和通勤流向特征。该功能已用于城区安全和应急工作；同时，园区、文旅、投资办等相关部门也正在根据日间人口的特征和需求，进一步优化配套设施布局，营造良好的营商环境。

3. 大数据产业未来走向深度融合与智能应用

未来大数据的发展势必加快步伐，将从以下几方面体现：一是加快基础设施建设，我国“宽带中国”战略将加快下一代互联网、5G 通信网络、公共无线网络、电子政务网和物联网等网络基础设施的建设；二是推进大数据开放共享进度，大数据时代，国家拥有的数据量与运用数据的能力将成为国力的象征之一，体现国家竞争力，因此大数据时代数据主权成为另一个大国博弈的空间；三是完善大数据相关法律制度，目前我国有关数据信息保护方面的法律匮乏，大数据产业行业力量较为薄弱，企业自律难以实现，政府的调控和保护能力不够强，未来应当通过建立与个人隐私保护有关的法律制度，为公众创造一个安全的信息环境；四是深入应用政府大数据，各级政府机关在日常管理中积累了众多的信息数据，但目前对这些数据的价值并未深入挖掘，多源数据在进一步融合的大趋势下，政府对数据的应用处理场景将更加丰富，数据挖掘和分析对政府部门管理决策的辅助作用将得到有效提升。

未来大数据产业的发展趋势，一是与云计算、人工智能等前沿科技创新技术进行深度融合，通过相互利用实现超大规模的计算与数据分析，在短时间内完成复杂度高、精密度高的信息处理；二是利用大数据对传统制造业进行改造提升，助力智能制造，通过对制造业产品在全周期的数据的分析，实现传统制造业的智能转型。

7.5　智慧城市信息技术支撑体系的关键应用

7.5.1　信息技术正向城市全面渗透

信息技术在城市中的应用广泛，受益面庞大，涵盖公共和生活各个领域。现有城市中存在各种基础设施及各种功能系统，如果按社会作用划分，城市的基础设施包括工程性基础设施和社会性基础设施两大类。工程性基础设施是指直接参与并支持城市物质生产过程的基础设施，也称为经济性基础设施或生产性基础设施，包括 GIS 系统、智慧交通、智慧能源、智能环保；社会性基础设施是指为城市社会发展和提高人的素质及生活质量服务，从而间接影响城市物质生产过程的基础设施，包括公共服务网络和智力机构，如智慧图书馆、智慧医疗、智慧校园等。智慧城市信息技术支撑体系的相关应用一般包括信息采集、数据传输、存储运算、数据处理和智能应用五个技术环节，并在不同的应用中侧重不同的技术重点。

7.5.2　关键应用的概况与发展现状

1. 智慧能源：信息技术助力能源革命，提高能源利用效率，减少对环境的影响

能源是地球一切生物赖以生存的物质基础。近年来，对资源的过度消耗

已带来了几次能源危机，人类开始倡导能源节约、研发可替代能源、制造清洁能源等，并探索如何充分、有效、合理地规划地球资源，实现能源的可持续发展。

随着信息科技不断给世界带来巨变，人类看到了能源与科技结合的可能性，提出了“智慧能源”的概念。智慧能源，是指利用计算机、电子和先进材料等信息化工具，对各种能源进行智能化开发、开采、输送及使用，致力于提高能源利用效率，并尽量减少对环境的影响。智慧能源要求综合考虑城市能源的生产、分配、转换和消耗等各个环节，充分利用信息通信、新材料和储能等技术，构建一个低成本、高效率和少污染的能源管理框架。其根本性突破在于将信息化技术运用到能源革命中，利用信息通信技术提高能源使用效率，智慧地创能、储能与节能。

智慧能源的关键是促进信息技术与能源技术的深度融合。然而，这两种技术还属于新兴技术，更新换代的速度快，未来的发展方向具有不确定性，而且技术发展水平的差异性较大，不同的国家或地区具有不同的技术特点，因此难以在短期内进行特定技术的大范围推广。目前，IBM 已提出部分智慧能源的解决方案，包括智能能源供应链管理、智能公用事业网络、能源效率技术和服务、高级水管理等，还有其他的智慧能源系统如集中分层式能源生产和输送系统、智能储能系统、终端能源管理系统等。作为新兴事物，智慧能源有助于解决能源短缺、气候变暖等全球问题，具有广阔的发展前景。

国内已涌现一批从不同维度提供智慧能源管理服务的企业，如百度所提供的“度能”服务产品，通过将人工智能，大数据，云计算，物联网技术及应用与城市、园区和企业的能源业务深度融合，提供电力交易、能效优化、配电运维、节能储能等 30 余种数字能源应用，可为园区构建能源数字平台（图 7-17），用数据实现智能化决策和综合管控，同时为大中型高耗能企业提供安全、高效的智慧能源综合服务，涵盖了电力交易、能效优化、风险预警和负荷预测等多种功能，极大地提高了企业用能的安全性，同时提升了能源使用效率，以信息化管理取代粗放的管理模式，指导企业高效生产、精准用能，从而降低用能成本。

2. 智慧环保：以智能监测、精准预警和科学决策为核心，构建环境保护新模式

智慧环保是数字环保的延伸。它是指借助物联网、云计算等信息通信技术，在环境保护领域建立全面系统、互联感知、动态智能的业务框架，实现环境监测、数据处理、应急预警和快速响应等多个环节的信息共享与协同运作，最终形成精细化、高效化、科学化的“智慧环境保护”。在技术层面，智慧环保强调数据获取与处理的智能化，通过海量环境监测数据的分析整合，为管理部门和公众提供更

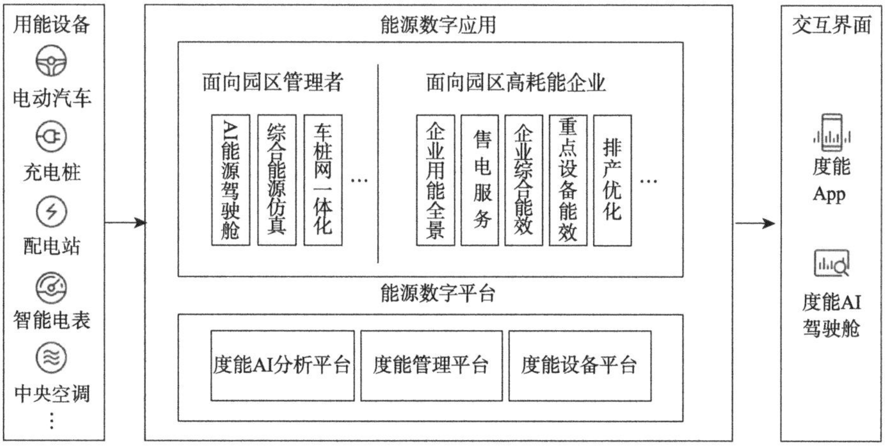

图 7-17　能源数字平台

AI 即 artificial intelligence，含义为人工智能

加科学有效的环境信息；在决策层面侧重对模拟仿真和智能决策等手段的应用，促进环境管理决策的科学有效。智慧环保是解决城市生态环境问题的重要途径，它致力于促进经济社会与自然环境的协调可持续发展，对我国生态文明建设具有重要意义。

其中，“物联网+”和“城市大脑”是智慧环保的发展引擎，是从数字环保到智慧环保的关键。“物联网+”是全面感知环境信息的基础，它利用各种可随时随地捕获和传递数据的设备或系统，如传感器、测量仪表和视频智能监控等，完成各类环境信息资源的采集与整合。然后借助“城市大脑”的智能分析和云服务功能，深度挖掘环境数据，并为目标对象提供业务应用系统和信息服务门户。最终实现环境质量和污染排放等信息透明化，信息互通全面化，为环境治理提供更智慧有效的解决方案。

目前，我国智慧环保领域的创新应用不断涌现，但整体发展水平仍难满足社会需要。2013 年，无锡率先开展了多项国际级环保物联网的示范性项目；2016 年，宜兴环境科学研究院提出智慧环保的发展理念与思路，促进环保产业的转型升级，目前建有全国最大的环保互联网。2018 年全国环境互联网会议展示了中国多项智慧环保的创新实践案例，包括北京运用热点网格技术开展大气污染精准执法、江苏利用卫星遥感技术加强生态保护红线区环境监管、山东污染源自动监测动态管控系统等，逐步打开智慧城市建设下生态环境综合治理的新思路。

目前，无人机巡河、无人船水质监测、“5G+环保监测平台”等已经应用。在过去，水质监测面临水域面积大、治理难度高等问题，随着物联网技术的应用，这类难题得到了一定改善。然而，由于网速受限，许多应用依然存在局限性。随着5G时代的到来，通过智能操控平台和高清全景实时回传视频，能够实现对河流的立体化监控、智能化分析和全联动治理，打破了此前的网速局限，使监管更高效。2019年5月，合肥市首例“5G+环保监测平台”在蜀山区部分路口试点应用。据介绍，5G智能尾气排放检测管理系统可以对尾气超标车辆车牌进行实时记录上传。后期可以与相关执法部门合作，有效监控“黑油车”尾气超标等问题。依托5G高速网络，还可以对汽车尾气、工厂排放气体等实现实时环境监控，实时传回后端监控平台，实现智慧监测实时监控快速响应的功能（李孝林，2019）。

然而，我国的智慧环保发展仍处于起步阶段，相关基础设施建设缓慢导致环境数据的采集与感知环节滞后，数据中心对科学化、智能化的决策支撑尚待提升。

3. 智慧交通：促进交通管理的智能化，提高出行的效率与品质

交通作为城市形成和发展的基础，与城市生活紧密联系。随着城市化进程的深入和市民生活水平的提高，与日俱增的城市交通需求与有限的地理空间形成了巨大反差。交通通行效率低、交通事故频发和交通污染加剧等问题日益突出，制约了城市社会的发展。与此同时，信息化正不断向现代交通运输管理与服务的各个环节渗透，以智能收费、智能物流、交通管理为代表的系列应用，在一定程度上提高了交通运输系统的通行效率、运行质量、安全性能和服务水平，但难以彻底解决城市交通发展的困境。如何进一步发挥信息技术在城市交通中的应用成为许多城市优化交通状况的重要思路，并催生了“智慧交通”的概念。

智慧交通是智慧城市的重要组成部分。它以建设全面实时的交通信息网络和智能化的运输装备为核心，通过信息通信、电子传感和机械控制等关键技术的综合集成与应用，提供及时、灵活的解决方案，促进城市交通运输效率和服务品质的同步提升（图7-18）。智慧交通系统围绕城市交通信息实现交通调度与控制功能，包括数据采集与传输系统、运输装备控制系统、交通信息综合服务系统等主要板块。其中，数据采集与传输系统通过各类检测器、GPS导航系统、电子信息卡等手段获取车辆通行、市民出行规律和停车位等信息。交通信息综合服务系统支持海量交通信息的存储、处理与综合控制，提高城市交通信息的实效性和提供多元化的服务，常见的功能有交通指挥、交通信号灯控制、交通事故应急管理、共享交通、车位管理、智能公交等。运输装备控制系统将车辆运行信息反馈到相应的综合管理平台，现阶段主要关注车辆安全管理，未来将进一步应用于无人驾驶等领域。

图 7-18　智慧交通模拟场景

我国智慧交通的发展初具成果，应用的深度与广度不断提升。2016 年，高德地图入驻广州交警智能交通指挥中心，促进交通信息的精准对接，属全国首例。通过拥堵预警和大型活动联合治堵等措施，广州交警在处理拥堵警情方面节省了约 30%的时间。2017 年，阿里巴巴在杭州发布“城市大脑 1.0 智能治理城市系统”，通过对 128 个交通信号灯的控制，使试点区域内的通行时间缩短了约 15%，高架道路的出行时间缩短了 4.6 分钟。

以深圳为例，深圳交警联合多家顶尖科技企业开展深圳智慧交通建设顶层设计项目，汇集全市交通全系感知和物联感知等数据源，实现交通态势的“一图全面感知”、停车管理“一键可知全局”、交通治理的“一体运行联动”、市民出行的“一屏智享生活”，按照“智能+”的新构想，全面开展“智能+治堵”“智能+执法”“智能+智慧调度”等一系列实战应用。随着乘车码、智能信号灯、车路协同等一系列智慧交通创新技术方案落地，智慧交通也将从单点体验的创新向融合应用发展。可以预测，智慧交通在未来将更进一步改变我们的出行习惯，更大范围地影响我们的生活。

然而智慧交通具有业务系统多、数据流程繁杂及对象分散等特征，对系统整体的稳定性、协调性和可靠性，以及海量数据资源的深度价值挖掘提出了较高要求。此外，高成本的设备运营维护、信息安全的忽视、行业标准的缺失及部分中小城市的信息基础设施建设滞后等也是智慧交通发展难以回避的问题。

4. 智慧旅游：实时共享与快速整合旅游信息，提升旅游服务水平

随着城市生活水平的日益提升，旅游正成为人们的日常。传统旅游行业的业务供给与管理手段落后，导致旅游产品分散、缺乏资源整合，旅游信息的获取与发布渠道少，难以满足公众个性化、品质化的旅游需求，还缺乏对旅游突发事件的应变能力。旅游业是典型的信息密集型产业，并具有服务性、不可移动性和易波动性等特征，天然具备信息化建设的优越性与必要性。

智慧旅游是指利用先进的信息技术，为旅游行业提供实时的信息共享与策略分析，从而实现旅游服务专业化、多元化和品质化的发展模式。具体而言，智慧旅游具有以下功能：一是旅游业务信息化，包括在线的旅游信息发布与查询、旅游计划制订和旅游产品管理等；二是旅游数据的实时监测，对旅游目的地及周边地区的环境容量进行分析与预测，通过及时有效的信息发布与紧急预警，提高旅游活动的规范性与安全性；三是“旅游大数据”的深度挖掘，企业可以旅游满意度评价、旅游出行变化等指标为依据，优化旅游产品供给，更好地匹配市场需求，而相关部门可通过宏观数据分析，加强对旅游产业的监管与引导。

随着我国智慧旅游的建设步伐加快，近年来不少地方开启了新的智慧旅游模式。例如，云南旅游发展委员会、腾讯公司联合打造的全域旅游智慧平台——“一部手机游云南”于 2018 年正式面向大众开放（图 7-19），来自 QQ、微信、优图实验室、腾讯地图、腾讯云、腾讯旅游、AI-Lab、QQ 浏览器、大数据平台、云鼎实验室的多个团队加入其中。该产品利用互联网最先进的技术和理念，打造一个线上和线下，公共服务，商业服务应有尽有，更权威、全面、方便的云南旅游平台。智能协作使精准分析，全面动态的、实时性的关联成为可能。同时，该平台还鼓励政府、旅游企业和旅游者，在智慧的旅游服务基础上进行科技、业务和商业模式的创新应用，为数字化旅游产业提供源源不断的发展动力。

（a）　　（b）　　（c）

图 7-19　“一部手机游云南”界面

5. 智慧医疗：加快健康信息的共享和医疗资源的整合，优化医疗服务

抓住智慧城市建设契机，业界提出将信息技术应用于医疗服务领域，构造高水平的智慧医疗体系。近年来，我国的医疗水平得到了显著的提高，我国的医疗条件也有了长足的改善，但现有的医疗卫生设施仍难满足人们对于健康的追求。医疗卫生状况与人们的身心健康及社会的和谐发展息息相关，是大众关注的焦点，而新一代信息技术的出现促进了医疗智能化产业的发展。

智慧医疗是指在一定区域内，以全民电子健康档案（即区域医疗信息平台）的建设为核心，利用物联网等信息技术实现患者、医务人员、医疗机构和医疗设备的信息互动，从而支持医疗卫生服务质量和市民健康水平的提高。智慧医疗系统的核心是健康信息的共享和医疗资源的整合，针对不同的业务需求，智慧医疗有不同的信息反馈模式。在医院服务中，全民电子健康档案为医疗诊断提供更可靠的依据；通过构建医院信息系统、会诊系统、实验室信息管理系统等实现医疗信息集成和共享交换，促进医疗临床信息的深层次利用，辅助临床决策；同时借助医疗服务平台可实现对药品和医疗技术的全链条信息化管理，减轻医护人员的工作压力，也避免因人为失误产生医疗事故。区域医疗服务将公共卫生、医疗服务、疾病防控、社区组织健康服务等各项服务相互联系起来，通过全民电子健康档案、区域医疗资源信息的采集与存储，协调区域内医疗卫生机构的工作以实现资源高效调配。家庭自助健康监护服务一般是指借助手机等移动终端或专用通信设备，将患者使用各种健康监护设备采集到的生命体征信息实时反馈到相应的监控平台，如心率图和血压图等，这不仅可以进行超标预警提醒和获取紧急救助，还可以与医务人员进行在线交流，获得专业的健康指导。基于智慧城市的远程医疗服务能够实现视频服务、远程探视、远程会诊、远程指导手术和虚拟手术等。智慧医疗切实保障城市基本民生，这些应用的推广对解决我国医疗卫生资源不足、分配不协调，以及医疗服务落后等问题提供了重要路径。

2019 年初，国家卫生健康委员会与工业和信息化部共同指导中国信息通信研究院发起成立医疗健康大数据和网络创新研究中心，推动 5G 在医疗健康领域的应用，重点开展基于 5G 网络的移动查房、移动护理、远程急救、远程会诊、机器人超声等应用研究。

当前，医疗资源的配置仍存在不平衡问题，偏远地区的百姓受限于地理区域、经济条件，很难到大城市、大医院接受医疗专家的治疗。5G 技术则能够解决异地通信的问题，方便在光纤不普及的乡下、偏远地区实现基于无线的高速高质量通信。尤其在复诊阶段，患者不必长途奔波，减少了交通食宿等各方面的支出，将钱真正花到看病环节。目前，四川省凉山彝族自治州昭觉县的“悬崖村”阿土列

尔村，已启动了“5G+智慧医疗”试点项目。试点内容包括在“悬崖村”建设5G网络、提供省州县多级远程诊疗服务、提供20套健康体征实时监测设备用于5G随访、建立灾难（医疗）急救无人机送药模式等。据介绍，基于5G网络，“悬崖村”正在建设电视轻问诊系统，村民不用出村，通过5G网络就可以在电视上向四川省人民医院、凉山彝族自治州第一人民医院的医生看病咨询；通过健康体征实时监测设备，还能有效开展健康管理和随访工作。另外，中国移动通信有限公司也联合华中科技大学同济医学院附属同济医院通过5G智慧医疗车，在湖北省开展5G远程医疗。这辆车以5G急救车为基础，配合人工智能等应用，运用5G网络将优质医疗资源输送下乡。远在几百公里外的同济医院专家通过5G网络远程讲授相关健康知识，并实施远程诊断，帮助贫困地区群众解决看病就医难等一系列问题（李贞和李彤彤，2019）。

我国医疗行业的信息化还处于起步发展阶段，部分医院或者诊疗机构实现了对内部诊疗流程的信息化，不少医院还实现了远程联网应用，典型的远程应用主要包括线上挂号、在线预约、电子病历、在线缴费等功能应用。此外，部分智慧医疗系统还扩展增加了社区服务、家庭医疗等一些基于远程联网的应用。但由于技术起步不久，在智慧医疗领域仍面临技术范围广、技术需求个性化强、技术门槛高等挑战。

6. 智慧教育：依托信息技术，打造资源共享、开放互动的智慧化教育平台

智慧教育是指在教育领域深入运用信息技术，形成以开放共享、交互协作为特征的信息化教育平台。它着眼于教育系统的软硬件建设，充分利用互联网优势，使教师与学生之间克服时空限制开展远程教学活动，促进知识的快速传播和教学效果的及时反馈。同时最大化优化利用教学资源，如慕课和网易云课堂等，促进教育资源的全面开放。但目前智慧教育仅在信息存储、备课教学、校内管理等方面有较为普遍的应用，对于远程教育、教育科研等许多其他教务环节仍未贯彻信息技术的智能化处理。

广义的智慧教育还包括智慧图书馆和智慧校园。智慧图书馆起源于数字图书馆，它通过运用新一代信息技术创新图书馆与读者的交互方式，实现更智慧高效的运营服务和管理模式。它能广泛地获取资源信息，通过分析读者偏好，精准地进行信息推送，并以信息化、智能化的服务架构，提供形式多元、服务广泛、连续统一的知识服务，如随时随地线上阅读、查询、预订、交互和共享等，更好地满足读者需求。智慧校园利用信息技术平台将学校的教学科研、校园管理和生活服务等环节进行系统化整合，提高各项业务的灵活性和协同性，具体建设内容主要包括：网络教学平台、科研支撑平台、校务管理系统和校园服务系统四大部分。这几个应用平台具有统一的数据格式和接口，相互间信息互通，综合集成学校的

各项事务，为师生提供全面的智能化应用和实现高效的监管。

北大方正集团有限公司在部署智慧教育方面以教育大数据平台集成和支撑省、市、区县级各类教育基础数据库及各类教育管理信息系统，该平台不仅从各平台中进行数据采集和存储，在各平台之间进行数据交换，为区域教育行政部门和学校的信息化业务应用提供服务，还通过统一数据建模、统一数据管控、统一数据展示、统一数据服务及统一标准规范，带动省市区县教育信息化的全面发展（图 7-20）。

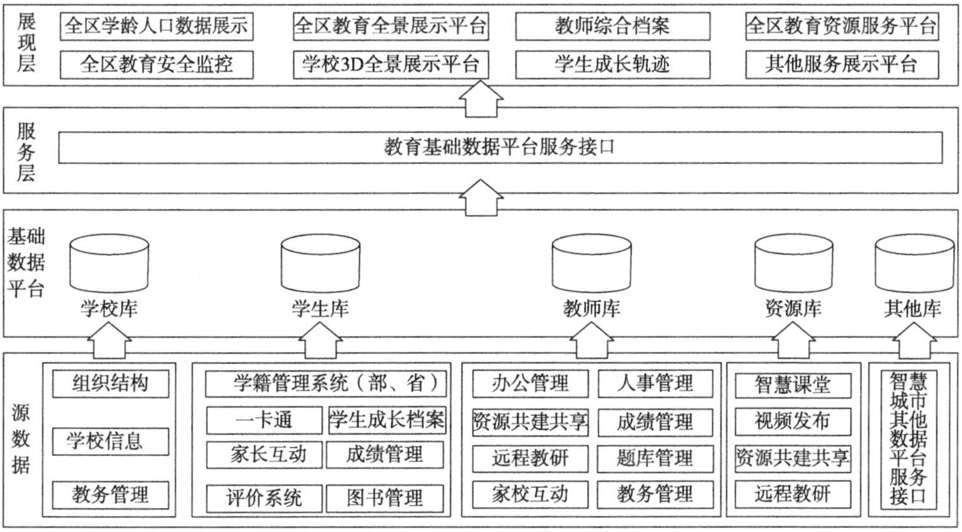

图 7-20　智慧教育集成系统示意

本章参考文献

成荣. 2015. 云计算实现的相关技术与面临问题探讨[J]. 科技视界，（23）：67，201.

刁兆坤，曹世强，孟繁丽. 2012. 物联网“云管端”的技术发展与应用[J]. 电信工程技术与标准化，25（6）：36-41.

莱文森 P .2004. 思想无羁——技术时代的认识论[M]. 南京：南京大学出版社.

李妃养. 2012. 广州战略性新兴产业国际化研究[D]. 广州：华南理工大学.

李孝林. 2019-08-02. 合肥试点“5G+环保监测平台”[N]. 中国环境报，（5）.

李贞，李彤彤. 2019-10-08. 5G 技术为智慧医疗添翼[N]. 人民日报海外版，（5）.

刘冬梅. 2013. 关于我校物理实验中心实行智能管理的探讨[J]. 科技信息，（36）：65.

刘叶婷，曾轶. 2012. 我国一线城市的智慧路径——以北京、上海、广州、天津为例[J]. 信息化建设，（11）：14-16.

乔延宾. 2019. 移动互联网对大学生课外体育活动的影响研究[J]. 当代体育科技，9（33）：114-117.
谭骁. 2017. 基于共词分析的中小型智慧城市要素研究[D]. 长沙：湖南大学.
王诚. 2017. 基于 GIS 的智慧城市综合治理系统的设计与实现[J]. 电子世界，（22）：127-128.
王洋. 2010. 智能楼宇中通信自动化系统应用[J]. 电信快报，（12）：20-22，34.
吴吉朋. 2011. 浅谈云计算与智慧城市建设[J]. 电子政务，（7）：23-27.
肖峰. 2012.信息技术的哲学特征[J].学术界，（12）：50-60，284.
徐欣欣. 2013. 大数据时代高校信息系统建设的探讨[J]. 信息与电脑（理论版），（8）：120-121.
杨国荣，马荣. 2010. MIMO-OFDM 系统空时编码技术的研究[J]. 系统仿真技术，6（4）：328-331，341.
姚继先，谭水，贾志强. 2012. 浅谈 4G 的发展及关键技术[J]. 数字通信世界，（5）：54-56.
俞黎文. 2010. 信息经济与城市信息化建设[J]. 网络财富，（21）：61-62.
于艳华，宋美娜. 2013. 大数据[J]. 中兴通讯技术，19（1）：57-60.
于正水. 2011. 基于云计算的铁路信息系统数据中心的研究[J]. 铁路计算机应用，20（1）：23-25.
袁远明. 2012. 智慧城市信息系统关键技术研究[D]. 武汉：武汉大学.
翟铁华. 2015. 论信息技术与政府公共服务建设[J]. 中国管理信息化，18（7）：162-165.
张传波，于喜展，隋映辉. 2018. 资源型城市：产业转型与信息支持系统[J]. 科技中国，（6）：45-53.
张宏铭. 2011. 云计算：基础设备最先受益[J]. 卓越理财，（6）：73-75.
张建勋，古志民，郑超. 2010.云计算研究进展综述[J]. 计算机应用研究，27（2）：429-433.
张勤. 2010. 数字家庭发展及其人文影响[J]. 中国软科学，（8）：1-5.
张文坚. 2011. 信息技术在中学历史教学中的应用[D]. 上海：华东师范大学.
张小娟. 2015. 智慧城市系统的要素、结构及模型研究[D]. 广州：华南理工大学.
张永民. 2010. 解析智慧技术与智慧城市[J]. 中国信息界，（11）：38-41.
赵玉章，郭文强. 2011. 物联网——中国经济腾飞的制高点[J]. 计算机与信息技术，19（4）：50-52.

第 8 章　泛化物联的空间与环境体系[①]

有别于传统意义上的空间环境，智慧城市中的空间与环境体系更多地表现为在借助知识与技术体系的基础上，城市各社会活动和经济活动在物质空间上的智能化运行状态。本章阐述了智慧城市空间与环境体系的含义和要素，就其主要内容进行了深入的研究，并对智慧城市的空间规划设计方法进行了思考。

8.1　含义和要素[②]

8.1.1　城市空间的含义

城市是人类经济社会活动在空间的投影。在城市范畴中，不同研究领域对空间的认识也不同（表 8-1），城市空间与人类活动密切相关，它是人类经济社会活动的场所，也受人类经济社会活动的塑造影响，是一种复杂的人工自然复合系统。

表 8-1　不同研究领域对空间的认识

研究领域	基本尺度	侧重内容
城市建筑学	生物人	探讨不同长、宽、高围成的体积及不同大小的体积组合，所能适应的人类活动类型和人们在其中活动时产生的复杂心理感受
城市地理学和城市规划学	社会人	探讨不同类型人类行为和活动在区域范围内的空间投影及形成这种状况的内在规律
城市生态学	兼有社会人和生物人	城市生态系统演进过程中以人类为主导的城市生命系统，以及对空间资源的利用和建设形成的地域系统

注：生物人反映了人类种群普遍的生理特征，它对空间资源的利用模式反映了人类生存最起码的空间需求，是人类社会存在的基础空间；社会人反映了人类种群普遍的组织特征，它对空间资源的利用模式则反映了人类种群内部不同层级对空间资源的不同需求与支配

资料来源：毕凌岚（2004）

---

① 初稿执笔人：赵渺希、张小娟。

② 本节内容源于课题组成员的相关成果：张小娟. 2015. 智慧城市系统的要素、结构及模型研究[D]. 广州：华南理工大学。

对城市空间的界定，不同的学科有不同的看法：城市建筑学认为城市空间探讨不同长、宽、高围成的体积及不同大小的体积组合，所能适应的人类活动类型和人们在其中活动时产生的复杂心理感受；城市地理学、城市规划学认为城市空间就是不同类型人类行为和活动在区域范围内的空间投影及形成这种状况的内在规律；城市生态学认为城市空间是城市生态系统演进过程中以人类为主导的城市生命系统，以及对空间资源的利用和建设形成的地域系统。总体而言，城市空间反映了城市系统中各种各样的相互关系和物质构成，并使各系统在一定地域范围内得到了统一。通俗地讲，城市空间是在特定地理边界，一组特征鲜明、结构有序和功能互补的要素在空间上相互作用形成的一个空间集合（张勇强，2003）。

8.1.2　信息社会下的流动空间

按照 Castells（1996）的学术观点，传统的城市空间是建构在邻近性之上的，即交互主体在物理意义上是聚在一起的，但是通信和信息技术可以克服这种限制，于是在信息时代中同时发生的实践就能从空间邻近性中解放出来，城市空间日益发展为一种实体空间和虚拟空间融合而成的新的空间形态。

在物理学和地理学意义上，空间是依托于某种具体的实体物质而存在的，人们在这种固定不变、相对稳定的空间中，进行有限的迁移和交往活动。然而，随着信息通信技术的发展和信息社会的到来，传统绝对的、实在的空间概念受到了极大的挑战，出现了实体空间和虚拟空间并存的空间形态（表 8-2）。实体空间是现实生活中人的活动的物质载体，主要由人的活动和自然景观共同构成，是我们通常意义上的物质空间，对应的空间和区域可以被感知。虚拟空间是一个由计算机和数字信息组成的拟人化的空间形态，由纯粹的技术空间和人的参与共同塑造，它在空间上具有无限超越性和很强的渗透功能，在形态上表现出跳跃、蔓延等特点。

表 8-2　实体空间与虚拟空间的特征

空间类型	实体空间	虚拟空间
传输媒介	交通运输设施、通信设施	信息网络设施、通信设施
空间中移动方式	由交通设施决定	由网络与通信手段决定
空间特性	物理的	信息化
场所感	明确的场所感	没有特定场所，依附于实体空间
距离影响	主要受距离影响	完全不受距离影响
时空关系	时空同步，时空统一	时空异步，时空分离
认同感	明确的认同感	跳出实体空间，建立新的认同感

资料来源：沈丽珍等（2010）

实体空间和虚拟空间的相互影响、相互融合形成了一种新的混合型的空间形态——流动空间（图 8-1）。流动空间强调信息流动对生产和组织的影响作用，它的一个核心特征是具有较强的流动性，即它能够实现人流、物流、资金流、技术流、信息流等基本流态在城市—区域—国家—全球范围内顺畅流动。在信息流的引导下，生产和组织不再局限于固定的地理位置，而是在全球范围内流动，并带来经济社会组织结构和组织方式的变化。

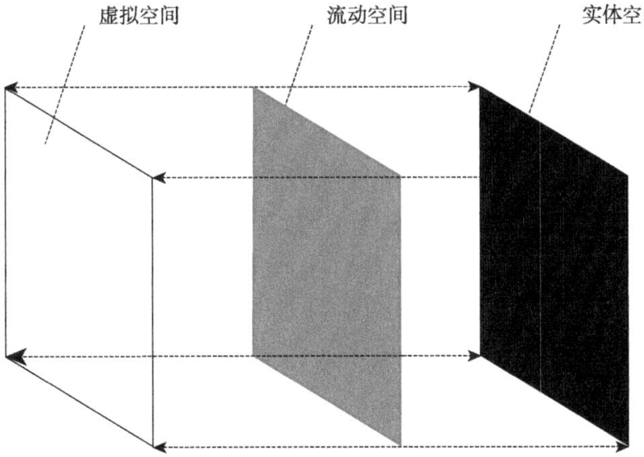

图 8-1　虚拟空间和实体空间相互融合形成的流动空间

8.1.3　智慧城市的空间与环境体系的两个要素

智慧城市的空间与环境体系是智慧城市中人们经济社会活动的资源空间和容纳场所的统一，也是人们的经济社会活动在城市空间上的投影，它是城市物质空间和属性空间的统一体。其中，物质空间系统主要体现了智慧城市中物质资源和环境运作呈现的新形态，它反映了物质实体之间组织、联系和互动方式的变化，以及对应的人们对它们的获取、组织、管理、调度和利用方式的变化，这些变化推动了城市物质空间向流动空间的转化。属性空间系统主要反映了随着流动空间的形成与发展，城市物质空间在分布形态、结构形式及功能特征等方面发生的新变化。

物质空间系统反映了新一代信息技术影响下原有的城市物质空间出现的新的变化发展趋势，可以从物质资源空间和物质环境空间两个方面来描述。在物质空间系统中，无论是自然资源、自然环境还是人工设施，以物联网为代表的新一代信息通信技术的应用使物质实体具备了感知和智能响应能力，相应的物质实体之间不再是分散、孤立、封闭的状态，它们通过物联网、互联网及移动互联网连接起来，形成了智能水网、智能电网、智能能源、智能应急、智能环境监测、智能交通、智能建筑等智能应用系统，物质实体的存在状态和运动特点能够被实时捕捉，能够被更好地管理、调度和利用。同时，随着新一代信息通信技术的运用，网络虚拟空间形成了新的发展形态，物联网、无线网、移动通信网的发展实现了城市中人与人、人与物、物与物之间随时随地的广泛连接，进一步打通了虚拟空间和实体空间之间联系及互动的通道，加速了虚拟空间和实体空间的融合发展，推动了城市物质空间向流动空间的转化。

属性空间系统反映了新一代信息技术影响下城市空间在属性特征方面出现的变化发展趋势，主要体现在空间结构和空间功能两个方面。在属性空间系统中，信息通信技术的发展在一定程度上使物理空间的邻近性变得没有那么重要，资本、信息、技术等基本流态的流动跨越了地域的限制，很多区位选择对交通的依赖性也逐步降低，使城市的空间结构从集聚型向分散型转化，从圈层式向网络化转变。与此同时，随着城市实体空间不断向虚实结合的流动空间转化，城市的居住、就业、休闲等活动空间的边界也日益模糊，城市的功能发生了解构和重构，城市的功能日益多元化和复合化，城市不同功能空间的融合发展成为城市空间发展的重要趋势。

城市空间结构作为空间要素的组合格局，是复杂的人类社会、经济、文化活动在特定的环境条件下的地域投影，是城市功能组织方式在空间上的具体体现，城市空间结构的优劣直接影响着城市系统功能的发挥和正常运营。这些要素自身之间或与其周围环境之间，不断进行物质、能量和信息的交换及传输，且以“流”的形式（如人口流、物质流、能量流、信息流、经济流等）贯穿其间，既维系系统与环境的关系，又维系系统内部各要素的关系，形成一个动态的、成等级的、有层次的、可实行反馈的开放系统。

8.2 智慧城市空间与环境体系的主要特征①

在地理学科的传统研究领域，城市内部空间有三种类型，分别是物质环境（physical environment）、感知环境（perceived environment）和社会-经济环境（social-economic environment），其中感知环境是建立在对于物质环境的主观体验的基础上的，由此我们认为城市物质空间的另一种研究角度是强调对于城市物质环境的主观体验而不是客观现实（唐子来，1997）。基于此，除了有关智慧城市空间

① 本节内容源于课题组成员的相关成果：赵渺希，王世福，李璐颖. 2014. 信息社会的城市空间策略——智慧城市热潮的冷思考[J]. 城市规划，38（1）：91-96。

与环境体系中物质空间和属性空间的主要内容以外，本章加入对信息社会下的感知环境的相关探讨，同时以智慧城市的交通行为为例，剖析信息技术的空间作用机制。

8.2.1　信息化和全球化催生巨型城市区域

在人文地理领域，Hall（1999）联合众多研究者开展了欧洲 Polynet 研究项目，Hall 和 Pain（2009）合作出版了《多中心大都市：来自欧洲巨型城市区域的经验》一书，揭示了欧洲八个巨型城市区域的功能联系特征，由此重新掀起了城市群网络研究热潮。从全球城市化的趋势看，城市的发展已经跨越了自身界限，人流、资金流和信息流通过基础设施将各城市紧密地联系起来，形成了多样化的世界或区域性城市网络。

考察国外城市群网络研究脉络，Castells（2002）所提出的流动空间为城市研究提供了重要的理论框架。城市之间要素流动的数据是分析城市网络的关键，通过对国内外相关研究的回顾发现，城市网络分析的数据类型包括：基于企业总部和分支机构的经济网络（路旭等，2012；Zhang and Kloosterman，2016）；基于通勤的交通网络（陈伟劲等，2013）；基于科学知识合作者所在城市的科技网络（胡晓辉等，2012）；基于基础设施的网络（汪明峰和宁越敏，2006）等。但是关于促进城市联系的信息通信技术本身，目前仍未受到学术界足够的关注。

在相关研究中，Hall 和 Pain（2009）尝试用商务人士的邮件来判断巨型城市区域的功能联系，Boulton 等运用 Hyperlinks 对美国的 51 个城市在全球经济和环境危机上的关注上进行考察；Zook（2001）通过图示互联网域名在全球主要城市的分布格局，分析全球网络信息市场的生产和消费的动力机制；国内相关研究中，甄峰等（2012）通过新浪微博描绘了我国城市网络的社会特征；刘铮等（2013）通过百度指数对我国 36 座副省级城市的城市网络进行了描绘。

巨型城市区域作为一种信息化和全球化推动下产生的新的地理现象，其对于传统的垂直城镇体系结构的冲击已经被众多国内外学者（Taylor，2009；赵渺希和唐子来，2010）所承认或实证，水平、互补的多中心网络体系逐渐浮现，关于珠三角巨型城市区域的多中心演化研究，也证实了跨地级行政边界的网络交互趋势（Zhao et al.，2017）。

8.2.2　城市空间结构的集聚与分散趋势并存，空间形态网络化

城市的空间结构是城市空间组成要素的分布模式与组合形态，它是人类的经济社会结构在土地使用上的投影，反映了构成城市经济、社会、环境发展的主要

要素在一定时间形成的相互关联、相互影响、相互制约的关系。信息通信技术的发展对传统的城市物质空间产生了较大影响，它逐步分解了城市的物质空间，使城市的空间布局形态出现了新的发展形态（图 8-2）。这种新的变化可以通过以下几个方面来具体分析。

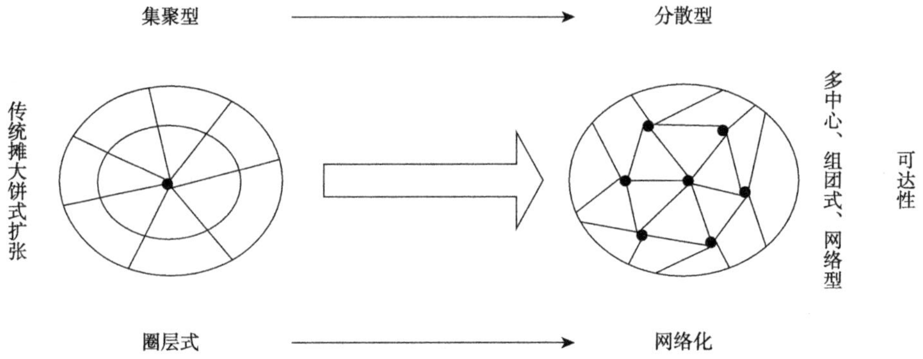

图 8-2　智慧城市空间结构发展形态的演变

首先，智慧城市中城市的空间布局形态逐渐由集聚型向分散型转化。早在 20 世纪 80 年代就有学者关注到信息技术对城市空间集聚—扩散的影响，Toffler（1980）认为通信技术的发展弱化了空间距离的影响，Cairncross（1997）则提出了“距离已死”的观点。电子通信网络的发达很大程度上削减了距离的障碍，同时由于市中心较高的地租和拥挤的环境，很多城市功能逐步离开市区向城市外围乃至国外转移，因此城市的一些非中心区域也可以利用自身的优势形成经济活动的集聚，城市功能布局出现了由集聚型向分散型转化的趋势。此外，在流动空间中，虚拟空间中出现的虚拟社区和网络论坛、E-mail 和电脑会议等在一定程度上替代了传统的城市物质空间，大大减少了人们对城市中物质场所的要求，同时，远程通信和互联网服务的发展也使城市的物质空间出现了流动化的发展趋势，消费者和生产者、服务需求者与服务供给者通过信息流建立联系，出现了流动的商店、银行、学校、医院等设施空间，使得这些设施原先所依赖的物质场所变得不再那么必需。因此，在流动空间中，城市的一部分交易和交往活动不再单纯地以物质空间为场所，生产和服务位置的选择有了更大的自由度和灵活性，人们对城市物质空间的邻近性要求降低了，工业、商业、服务、制造业和娱乐休闲活动的分布出现了分散化的发展趋势。

其次，智慧城市中城市的空间布局形态由圈层式向网络化转变。传统城市的发展具有由内向外，呈同心圆式的紧凑连续扩展的特点，从中心到外围依次为中央商务区、轻型制造业、住宅区、重型制造业、外围商务区、郊外住宅区、郊外工业区、通勤区等，形成了城市空间的圈层结构。这种扩展模式有利于保持城市的连贯性和基础设施的完善，但也容易造成交通拥挤和环境的恶化，我国很多大城市的空间拓展都是这种圈层结构。在信息时代，信息技术对人们生活及生产方式所带来的巨大改变，使得城市中的居住、交通、工业等功能也随之发生显著性的改变，城市土地使用尤其是中心区的土地使用出现了混合的趋势，并使得城市空间景观也向外迁移与延伸，促进了城市郊区的功能重构（王颖，1999；孙世界，2001；张婷等，2007）。另外，生产的专业化分工和生产要素的不可分割性导致了规模经济的产生，信息技术条件下企业对于生产要素的整合能力大大提高，上下游产业集群空间邻近性形成的外部性最终体现为高技术产业集群对土地的更大需求，从而在邻近风险资本、科研机构、基础设施，交通便利，生活品质较高的地区形成了高技术产业集群（Tyebjee and Bruno，1984；Malecki and Nijkamp，1988；张庭伟，1997；顾朝林和赵令勋，1998；高彤，2007）。

再次，分析信息技术对城市空间结构的影响可结合 Alonso（1964）的单中心城市模型概要论述：信息技术对城市整体交通出行的改善，使得人们在更远处也能以较少的时间到达中央商务区，从而导致了城市空间的边界外拓，同时也从技术层面支撑了城市中心区的高强度开发（图 8-3）。由此看来，以区位条件为主导的城市功能布局在流动空间中不再那么重要，城市的功能区（如居住、工业等）呈现了分散布局的趋势，而城市的商业、金融、信息服务等职能仍然在城市中心区集聚，城市的郊区和中心区成为城市的活跃地带，这些新的集聚体之间通过交通与通信网络形成紧密联系的整体，城市圈层的发展格局被打破，形成了多中心网络化的发展格局（甄峰，2004；林辰芳，2009）。

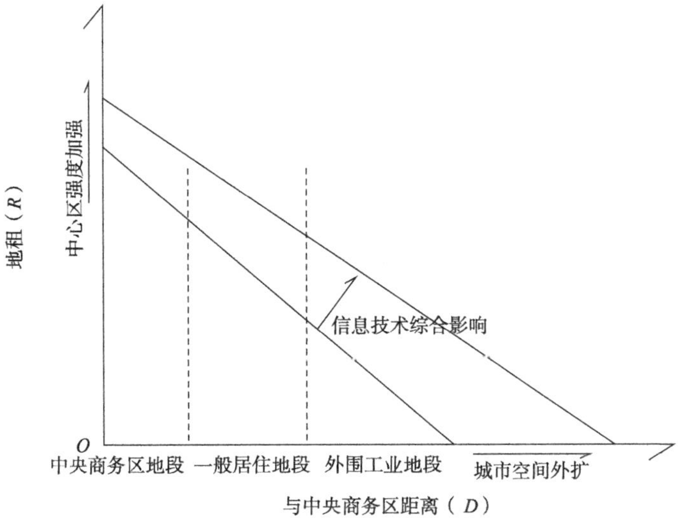

图 8-3 信息技术对城市空间结构的影响

最后，与信息技术导致空间分散说相对应的空间重组说强调信息技术并非仅使城市空间分散，同时也促进知识、经济、社会等要素的空间重组与集聚。根据Audirac（2002）的研究，这两派学说在空间概念、空间尺度、空间特征，研究传统、社会均衡、政治经济、规划挑战、信息景观等方面具有明显差异（表 8-3）。重组说学派认为，高速进行的科技革命与信息革命在加强空间扩散能力的同时，也蕴含着集聚的要求，并导致经济、社会等要素向一定的地域空间集聚（姚士谋等，2001）。就人本身而言，面对面的交流所传递的信息并非都能通过电信网络实现，因此分散是有限度的，且信息技术实质上促进了知识密集型功能活动的集聚及生产性服务业在全球中心城市集聚，从而实现对全球产业分工的管理和控制，这也是全球城市网络形成的重要机制（Matthews，1996；Sassen，2001）。

表 8-3　信息时代的城市形式：分散说学派与重组说学派的比较

分析维度	分散说学派	重组说学派
空间概念	后工业城市；E 托邦；智慧城市；航空城	后福特主义城市；信息城市；全球城市；网络城市
空间尺度	大都市、城市群	大都市、区域、全球
空间特征	混合空间（物理空间与虚拟空间的混合）；互联网的结节性空间	多节点与电子链接；流动空间与场所空间；城市空间与电子空间的协同性
研究传统	空间交互模型（城市尺度的定量分析）；概率选择模型（个体行为）	实证案例研究；多个城市的定量比较
社会均衡	数字鸿沟；空间错配；空间分异	奢侈城市、社会极化；不固定雇员、弹性工作时间；社会经济的分层；非均衡发展；物理与电子的隔离
政治经济	“倒置”的公共分配	监管制度；企业化城市，增长机器
规划挑战	拥挤的城市：混合空间与信息技术、汽车社会的活动碎片化导致的出行需求对交通设施的压力	地方间争夺全球资本的竞争；拥挤的城市：信息技术与汽车社会、即时性生产导致的出行需求对交通设施的压力；流动空间对场所空间的主导性
信息景观	多中心扩展：高流动性、低进入性、空间错配；与互联网结节性空间的链接/隔断（少数大都市地区的网络）	在土地、空气、水资源、互联网方面与全球和区域城市系统的多中心及网络交互；网络内部的高度电子化、多结节性，在社会经济隔离明显、物理空间过度延伸的同时存在严重的交通拥堵问题

8.2.3　城市功能解构再重构，呈现多元复合的特点

智慧城市的功能结构反映了城市功能在城市空间上的投影，城市功能在城市空间上的布局是否科学合理直接影响着城市能否持续健康发展。城市功能是一种系统属性，是城市结构整体作用于外界地理环境的能力。城市的功能具有

一定的多元性，城市是许多交织着的功能的高度集中，城市的活力和发展动力取决于城市综合功能的协调。1933 年的《雅典宪章》曾明确指出城市的四大功能是居住、工作、游憩和交通。而 1977 年的《马丘比丘宪章》则指出不应当把城市当作一系列孤立的组成部分拼凑在一起，必须努力去创造一个综合的多功能环境。1999 年的《北京宪章》指出城市空间的发展应是技术与人文、人类与自然、历史与未来的统一，城市的功能布局形态更趋于多样化。与城市功能布局形态的多样化相对应，不同功能的合理布局非常重要。事实上，在国内外城市的发展过程中，很多都出现了城市功能过度集中的现象，如果没有将各种城市功能进行合理疏散和科学布局，城市的发展就会背负较大的负担，如日本的东京就因职能过度集中而面临着资源有限、商务办公云集、人口膨胀、交通与环境污染等问题。

在智慧城市中，新一代信息技术的广泛应用及空间的流动化发展也使城市的功能空间有了新的表现形式和发展趋势。具体而言，在智慧城市背景下，随着物联网、互联网等信息技术的发展及应用，城市物质空间不断向虚实结合的流动空间转化，城市的居住、就业、休闲等活动空间的边界日益模糊，城市的功能也变得更加多元化和复合化。因此，城市的功能发生了解构和重构，智慧城市的功能区有了新的特点和发展趋势。

首先，不同类型功能区的用地比例发生了变化。与工业经济时代城市用地布局以工业布局为主导不同，智慧城市背景下的流动空间更加注重空间的动态流动，城市用地主要体现对人流、物流、资金流、技术流和信息流的支持，伴随着城市产业结构的调整，原有的技术落后的产业和企业逐渐被高利润、高效益的产业和企业替代，因此产能和效益落后的功能区逐渐减少，传统的工业功能区所占比例大大降低，信息业、教育、高新技术产业等功能区所占比例大幅上升。可以看出，北京等城市重点规划建设的功能区中，科学教育、高新技术、文化娱乐、现代服务业等功能区占了较大比重（表 8-4）。

表 8-4　北京、天津、上海、广州、重庆的功能区建设

城市项目	主要内容
北京“六高四新”功能区	六高：中关村国家自主创新示范区、北京经济技术开发区、北京商务中心区、金融街、奥林匹克中心区、临空经济区； 四新：通州高端商务服务区、新首钢高端产业综合服务区、丽泽金融商务区、怀柔文化科技高端产业新区
天津“双十”功能区	十大产业功能区：临港装备、南港石化、航空航天、生物医药、电子信息等 十大现代服务业功能区：中心城区中央商务区、滨海新区中心商务区、文化商贸城、中新生态城、航运城、智慧城、科学城、商贸城、航空城、会展城等

续表

城市项目	主要内容
上海“三带六基地”	三大服务业集聚带：沿黄浦江综合发展带、滨江沿海发展带、中部产业发展带 六基地：国家微电子产业基地、精品钢材基地、船舶制造基地、国际汽车城、临港装备产业基地、化学工业区等
广州“八强九拓”功能区	功能强化型八大功能区：珠江新城-员村地区、琶洲地区、新城市中轴线南段及珠江后航道地区、白云新城地区、白鹅潭地区、空港经济区、黄埔中心区、广州南站地区等 优化拓展型九大功能区：中新广州知识城、南沙新区、空港经济区、广州南站商务区、增城经济技术开发区、从化温泉地区、大学城周边地区、广州新城、白云区国际健康产业城等
重庆十大功能区	十大功能区：江北嘴中央商务区、保税港区、鱼复现代物流功能区、龙石先进制造功能区、北部新区、空港新城、悦来会展城、蔡家高技术产业功能区、水复生态产业功能区、木古出口加工功能区

资料来源：丁伟等（2012）

本书编写组根据大众点评的 POI（point of interest，兴趣点）数据发现，广州公共服务设施呈现明显多中心分布，其中在越秀区、天河区、海珠区、白云区及番禺区呈大量的集聚分布，而在花都区、增城区、从化区等城市外围则形成独立的中心集聚，数量也比中心地区要明显减少；另外，广州公共服务设施评论主要集中在越秀区、天河区、海珠区等市中心区，其他地区则分布较少，表明市中心区更受人们的欢迎（图 8-4、图 8-5）。

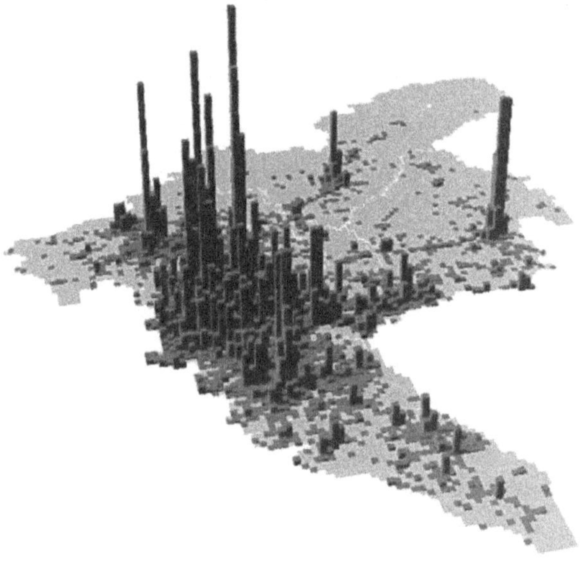

图 8-4　广州公共服务设施数量空间分布

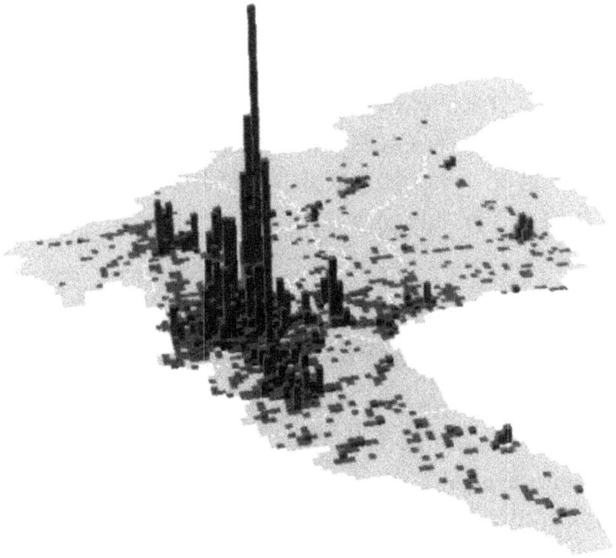

图 8-5　广州公共服务设施评论密度空间分布

其次，不同功能区之间的融合发展加强。智慧城市和流动空间的出现导致了不同功能用地的融合发展，一方面，随着信息高速网络的发展，生产者和消费者之间可以直接进行信息交流，用户可以借助网络搜寻所需商品的信息，直接向厂家订货，生产和销售日益一体化，流通领域与生产领域的边界日益模糊，工业用地和商业用地日益融合；另一方面，先进的互联网技术使得人们在有网络、电源和电话线的地方就能办公，区位条件、交通条件不再是企业选址时首选的考虑因素。同时，由于信息社会企业的小型化、轻型化、清洁化发展，生产空间与居住空间的临近变得更加可行，由此，商务办公、工业生产和居住生活的用地也出现了明显的兼容化趋势。不同功能用地的混合发展使原有的功能区承载更多的城市功能，工业区、商贸区、办公区、居住区、游憩区及物流区之间的共通共融将会大大加强。

最后，新型的城市功能集聚区产生。智慧城市和流动空间的发展改变了人们的生活方式，融合多重功能的集聚区发展起来，如智慧社区就成为融居家生活、网上购物、在家办公、休闲娱乐等多种功能为一体的复合空间（席广亮和甄峰，2014）。流动空间的发展消除了空间距离和人们联系的障碍，一方面使人们对自我实现的要求更高了，另一方面知识创造和应用在企业的发展中也有着越来越重要的作用。为了获得更多的集聚效应，融合信息、知识密集区，优良的生态环境，优质的居住环境（较好的社区认同感、设计和质量良好的居住环境），以及多样化的生活选择（具有游憩、娱乐交往等多种功能）的新型多重功能集聚区逐渐发展起来，这类功能集聚区是一个融居住、工作、学习、娱乐等多种城市功能，具有良好的生产、生活与交流环境，富含创造性思想、文化和知识的新型空间，这种功能集聚区将在未来城市空间结构中占据重要地位。在城市发展过程中，新型的城市功能集聚区很多时候是在现有的城市功能区融合发展的基础上形成的，如经济技术开发区、大学城区、文化娱乐区和高档居住区的融合就很有可能发展为集聚知识创新、科技创新、高科技制造、休闲娱乐、居住生活等功能为一体的新型多功能集聚区。

8.2.4 信息技术差异化地作用于各类交通出行

进入 21 世纪以来，信息技术与交通出行之间的关系逐步成为学术领域中的热点话题（Calabrese et al.，2011），在针对通勤交通方面的研究中，Gaspar 和 Glaeser （1998）认为信息技术对于面对面交流的补充作用大于替代作用，但总体上信息技术的发展将使得城市的集聚趋于减弱（Negroponte，1995；Sridhar K S and Sridhar V，2003）；其他类似的实证研究中，国内外学者均认为，信息技术的发展使得居家工作成为可能，信息点的空间切换提升了多地点工作的可能性（李涵冰，2009），如图 8-6 所示，信息技术导致的空间分散降低了人们对交通出行的需求（Sridhar K S and Sridhar V，2003；Balepur et al.，1998；Cecilia and Jin，2000）。

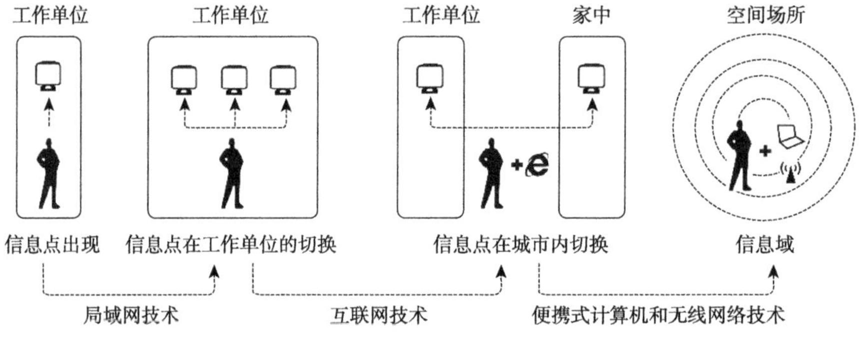

图 8-6 信息技术下工作地点的空间切换
资料来源：李涵冰（2009）

值得关切的是，部分学者已经关注到了信息技术对不同类型交通流的影响，如 Matthews（1996）提出的信息技术之于城市的四种效应，即协作效应、替代效应、衍生效应和增强效应，而按照 Şenbil（2009）的研究，信息技术对交通的影响可以进一步归纳为替代效应、增强效应、变更出行或不变等三类模式（图 8-7），这形象地说明了信息技术对于不同类型的交通出行的效应。

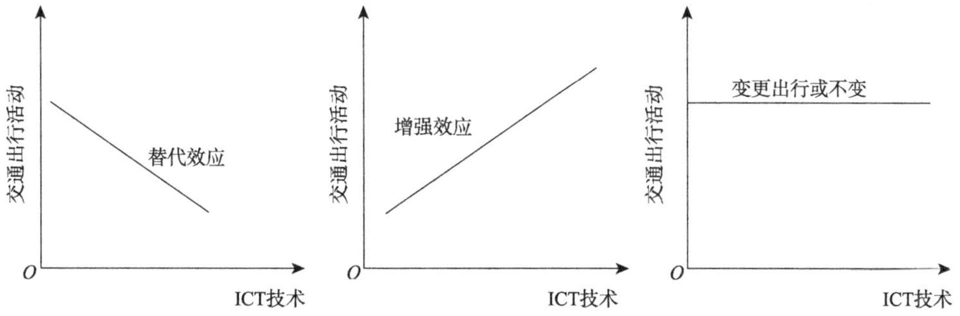

图 8-7 信息技术对交通出行活动的影响

资料来源：Şenbil（2009）

其中，针对电子商务对交通出行影响的研究在国外地理领域较多（Golob and Regan, 2001; Mokhtarian et al., 2002; Mokhtarian and Chen, 2004; Ferrell, 2005），尽管商对客电子商务模式的信息化会降低人们交通出行的需求，但是发生在个人与个人之间的电子商务的信息化过程反而有可能使交通出行的概率增加。其原因在于，尽管电子通信已经极大地拓展了非地方性联系的频率和强度，但它并没有使得地方连接变得无意义，反而增进了人们在地方上的关系多样性，Mokhtarian（2002）则强调指出，无论替代效应还是增强效应，其背后都反映了两者之间的复杂关系。

国内相关研究方面，刘红和真虹（2000）较早就信息技术与交通运输相关性理论开展了较为深入的研究。路紫和张会巧（2003）研究了石家庄交通导引系统的实施对城市空间格局的积极影响。吴士锋和路紫（2007）以网络服务统计数据为依据拟合出现实人流指标，计算出网站信息流对现实人流的替代作用。韩瑞玲等（2010）以杭州智能社区为案例研究发现，虚拟社区对现实居住行为的导引是客观存在的，其中网站智能性在导引中发挥了巨大作用，而受影响人群的同质化是虚拟社区信息流对居住人群导引的突出特征。

实证研究中，课题组对居民信息技术使用与交通出行的耦合关系进行了深入分析。对顺德区大良、容桂共派发 2000 份问卷，2012 年 8 月通过定点发放问卷 1000 份，9 月通过中学家长填写问卷 1000 份，最终总共获取有效问卷 1765 份，整体回收的问卷有效率为 88.3%。研究发现，合计上网时间高于 2 小时的受访者具有更为明显的高峰时段，而上网时间低于 2 小时者的交通出行的时段相对平缓。

从交通需求的角度来说，信息化程度高的家庭的出行需求更为突出，信息技术与“面对面交流”的出行目的有着更为密切的关系。比较上网时间与通勤的交通工具选择（表 8-5），在具有统计意义的通勤方式上，上网低于 2 小时的群体在小汽车、公交、轨道交通方面的比例都低于上网时间较多的群体，而采用摩托车或自行车工具出行的群体上网 2 小时以下的比重较高，其余的出行方式差别不大。

表 8-5　顺德区不同上网时间人群的通勤交通工具差异

出行方式	上网时间	比例	差值	双侧显著性
小汽车	上网 2 小时以下	28.00%	5 个百分点	2.70%*
	上网 2 小时以上	33.00%		
公交	上网 2 小时以下	24.60%	10.9 个百分点	0.00%**
	上网 2 小时以上	35.50%		
轨道交通	上网 2 小时以下	3.10%	2.8 个百分点	0.50%**
	上网 2 小时以上	5.90%		
摩托车或自行车	上网 2 小时以下	44.30%	15 个百分点	0.00%**
	上网 2 小时以上	29.30%		
步行	上网 2 小时以下	23.50%	1.2 个百分点	59.50%
	上网 2 小时以上	22.30%		
的士	上网 2 小时以下	3.70%	1.4 个百分点	18.10%
	上网 2 小时以上	5.10%		

**表示显著性水平 p<0.01，*表示显著性水平 p<0.05

8.2.5　信息技术重构特定群体的意象感知

在空间认知领域，自 20 世纪 50 年代以来，西方建筑、地理学科领域的一些学者开始研究人类行为和城市空间的关系，其中城市意象理论（林奇，2001）已经成为相关领域内公认的基础理论。随着信息化、全球化的不断深入，出现了 Hall（1999）所说的规模尺度空前的巨型城市，在这种全球性的交通、通信变革中，市民对巨型城市空间要素的认知已经不可能再依赖于对真实物理环境的遍历式接触，而在很大程度上依赖于媒介的传播（图 8-8）。但是媒介本身不仅只是中介，相当程度上它还会影响社会、文化及思想的建构（麦克卢汉，2000），而按照列斐伏尔（2008）的观点，空间不但具有物质属性，更有其精神属性，因此，对于居民可感知的城市景观和城市空间来说，各类互联网媒介所建构的城市功能等级序列在很大程度上表征了特定群体对空间意象的选择性传递。

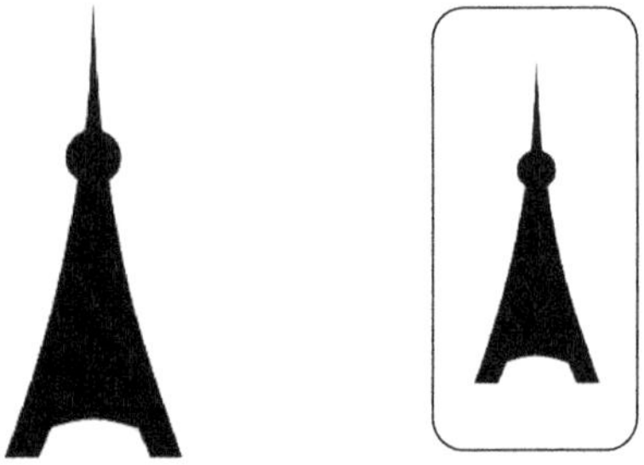

图 8-8　数字媒介对城市意象的影响

米切尔（2001）认为，21 世纪的人类不仅居住在钢筋混凝土构筑的“现实”城市中，而且还栖身于数字通信网络组建的“软”城市中（蔡良娃，2006）。在信息技术的编码化作用下，知识能被简化成一种可以被普遍获取的信息形式，将信息还原成比特，以“数字化存在（digital beings）”，而以信息编码技术为依托的互联网则成为传播城市空间意象的重要媒介。网络社会的信息传播速度改变了传统社会中进行高效信息交换受到的时空限制，这种限制的解除使社区的空间边界变得模糊。由此，在信息网络建构的社会活动体系中，传统的社会秩序和物质空间关系受到了颠覆性的冲击，物质世界的虚拟化使得城市公共空间也开始面临新的挑战和机遇（李涵冰，2009）。对于信息化过程中的城市景观而言，城市及建筑的空间审美观念已经突破了传统的实体空间界限，形成了物质空间与虚拟空间共同存在（蔡良娃等，2010），但 Matthews（1996）也指出，网络社会中人们对城市的感知依然是以自身在不同城市空间中的停留和移动为基础的，从这个意义上来说，在智慧城市的视野中，信息技术对城市空间意象认知有着更为复杂的影响（Castells，2002）。

本书编写组的前期实证研究中，以网络搜索引擎中的城市图片为数据来源，比较分析案例城市在网络空间中的意象，试图通过实证研究对凯文·林奇的意象理论进行扩展和补充。在针对广东 21 个城市的比较研究中，将所有网络意象的图景进行特征的初步识别，可以归纳为 11 个图景变量——公园广场街道、都市景观、城市地标、建筑、山、水、商务活动、城市事件、历史文化民俗、人物、乡村景观。针对互联网的意象分析表明，高频场景也都是物质性的城市建筑、园林或者自然风光，没有一个城市的高频意象图片属于非物质性的活动场景，这也说明，在网络社会中，实体性的物质环境依旧占据着绝对的主导地位。进一步分析比较上述高频图景可以发现，网络社会中的城市意象场景更多是景观性的，如广州的“小蛮腰”电视塔、佛山的祖庙等。在地标建筑的位置方面，广州、深圳的代表性城市意象具有区域范畴的可意象性，且高频意象主要分布在城市内部，珠海的高频意象则位于城市边缘位置。当然，高度发达的媒介拓宽了意象的空间映射范围，梅州的围龙屋、韶关的丹霞地貌、清远的古龙峡等建成区以外的人文与自然景观担负起“城市名片”的网络营销功能。

以上案例生动地表明，信息媒介快速传递的社会中，虚拟世界和现实世界重叠、交互催生了特定社会群体城市意象的重新建构。

8.2.6　创新资源与环境的运转方式

智慧城市中知识支撑体系的形成和发展推进了人们对物质资源获取、管理和利用方式的创新与变革。城市中的物质资源是多种多样的，包括了土地、空气、淡水、矿产、原料、化石燃料、食物（动植物）等各类自然资源和能源，它们是人类社会生存和发展的基础，也是人类经济社会活动所必须依托的物质资源。人们对这些物质资源的利用水平与人类的生产力水平和劳动工具的复杂程度密切相关。随着科技的进步与信息技术的发展，数字化、智能化的劳动工具的利用深刻地变革了人类改造自然的方式，人类社会的生产力水平也得到了前所未有的突飞猛进的发展。反映在人类对物质资源的使用方面，即感知、定位、通信等新一代信息通信技术的发展及应用拉近了人类与物质资源的距离，人类有了更加智能化的技术手段来实时、精确地获取物质资源的状态和运动信息，大大提升了人们对物质资源的获取、管理和利用水平。智慧城市中土地、水、电力、化石燃料、食物（动植物）等物质资源的智能化运作形态有智能测绘、智能水务、智能电网、智能能源、智能食品体系等（图 8-9），它们推动了城市物质空间向流动空间的转化。

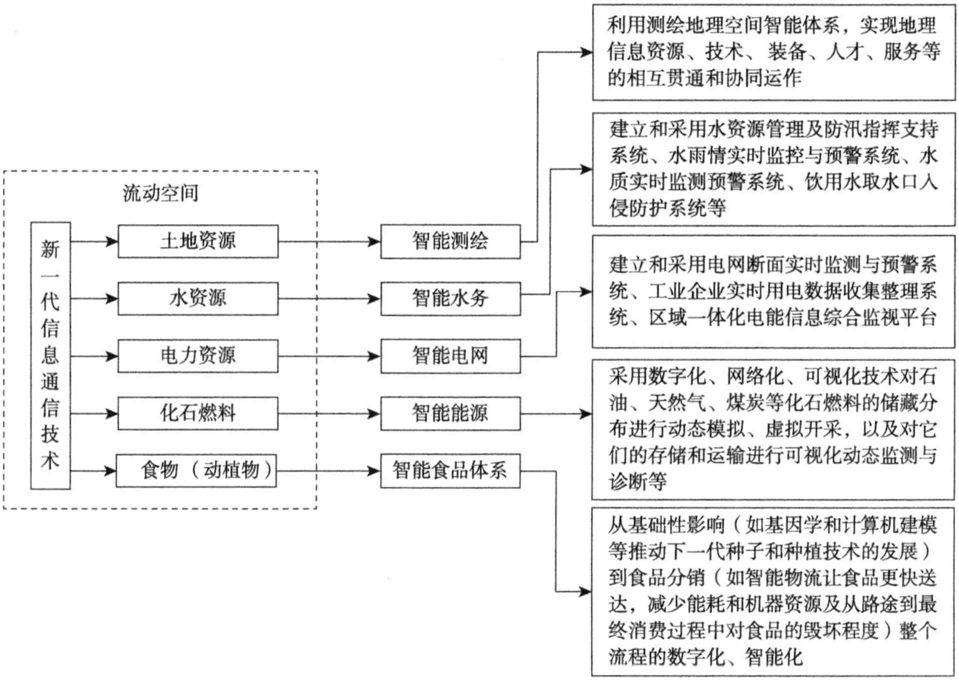

图 8-9　智慧城市中物质资源空间的智能化运作形态

同时，城市物质空间和虚拟空间的融合发展改变了城市物质环境的运作形态，一方面改变了人类对自然环境的管理方式，形成了智能化的自然环境管理和保护方式；另一方面改变了人工环境的存在和运动形式，使其呈现出智能化的运作形态。城市的物质环境空间主要由自然环境空间和人工环境空间构成。其中，自然环境主要包括水环境、气候、地质、地貌、土壤等主要受自然条件影响形成的环境条件，人工环境主要包括基础设施、交通运输、道路设施、市政管网设施、通信设施、建筑物、绿地等在人类活动主导下形成的物质环境条件。

8.3　智慧城市的空间规划设计前瞻①

在城市建设实践中，虽然规划领域的信息化应用包含了 GIS、通信工程等技术内容，但这些技术属于辅助性、配套性的工作。对于普遍意义上的规划设计人员来说，城市空间始终是主要议题，在这一前提下，巨型城市区域的多中心发展、空间结构和功能的合理规划、资源与环境的适宜建设、城市空间的特色建构等方面依旧是泛化物联背景下智慧城市建设的核心议题。

8.3.1　智慧的巨型城市区域发展

在智慧城市的建设中，宏观层面应依托信息技术对产业升级的助推效应，探索城镇体系等级结构和职能结构的优化，利用通信、交通技术对大都市区人口、产业疏散的支撑作用，借鉴欧洲巨型城市区域的经验，培育形态上相互分离、功能上相互协调的多中心功能区，从区域层面缓解向心式大城市的各种弊病。国家第一批智慧城市试点——广州中新知识城即体现了依托知识密集型产业促进广佛都市区多中心发育的战略意图。随着信息化的深入，构建规模层级合理的多中心网络组织已成为未来城市群发展的主要方向。

首先，区域活动组织可以最大程度地发挥城市网络的功能外部性和借用规模效应，以高效的交通网络将高等级城市的服务设施快速地辐射至较小规模城市，以快速交通和信息技术支撑的“流动空间”替代传统的“场所空间”（Castells，1996），从而在交通日益增多的差异化、多元化需求格局中，以交通可达的均等性取代活动设施载体布局的均匀性，从而最大限度地减缓区域设施资源均匀配置的财政压力。

其次，次级规模的城市没有必要盲目地建设大规模的区域性公共服务设施，在建设公共服务设施的时候应该着重考虑与区域核心城市的关系，如顺德的北部片区“融入广州”的理念，即在城市功能和定位上考虑与枢纽城市的互补、错位发展。

最后，规模较小的一般城市，还可以通过强化自身的地域特色和生态基底，并积极利用新媒体的优势，对核心城市潜在受众的互动类型活动进行宣传，使之成为具有地方特色、环境优美的区域，以适应大规模城市的居民“面对面”交流

① 本节内容源于课题组成员的相关成果：赵渺希，王世福，李璐颖. 2014. 信息社会的城市空间策略——智慧城市热潮的冷思考[J]. 城市规划，38（1）：91-96。

及享受生态环境的需要，最终实现城市群功能一体化的提升。

值得注意的是，对于城市本身而言，不论其规模大小，都应不断强化自身资源的地域性及由此带来的稀缺性——无论是基于城市人居环境或者特色休闲资源，还是源于现实生活的具有独特主题和丰富体验的城市活动与事件——在争夺区域乃至全球范围内的资本、人才和技术资源中占据一席之地，最终实现不同规模层级城市在网络中的合作共赢。我国三大城市区域的这种多中心网络结构并不是意味着城市规模的绝对分散，信息仍然是往高等级城市集聚，但这种集聚并不往某个大城市，而是往多个枢纽和次枢纽城市。在高等级城市之间，中等级与高等级城市之间有着较为稳定和高质量的联系，构成了信息空间网络联系中的主体，一般城市除了被这些中高等级城市吸引以外，同规模的城市也会出现少量的联系，使城市群内出现网络化特征。这说明，巨型城市区域的空间发展模式还有待在实践中逐步完善。

与此同时，借用规模理论认为，城市网络外部性具有正向促进作用，且同样承认空间集聚的内在需求与反馈。当各城市在不同空间尺度上表现出与高等级城市相关联的城市功能或绩效水平时，城市网络之间的交互趋向于产生积极的外部性效应，这就是借用规模的发生（Meijers and Burger，2017）。这意味着，通过提升区域交通的连通性，可以使得巨型城市区域的次级城镇同样获取外部发展资源。

8.3.2　智慧城市的空间结构规划

在智慧城市的空间规划中，应运用网络信息在消除距离阻隔上的技术优势，主动采纳科技集成系统提升城市生活品质。当前的城市建设实践中，“智慧医疗”“智慧教育”等理念的推出除了依靠技术系统自身的集成优势外，远程服务的实现更多地利用了信息技术消除空间距离阻隔的原理。作为用地紧张、服务设施覆盖不足的老城区，上海市虹口区于 2012 年尝试利用街道的信息服务平台为老龄群体提供便捷化的服务，这种以时间换空间的解决方式同样是合理利用信息技术的智慧规划。

在城市中心区，传统街区的历史文脉符合信息社会中部分人群对于符号消费的内在需求。因此，城市中心区向现代服务业转型过程中应注重历史文脉的延续，大城市特别是具有一定世界城市职能的北京、上海、广州等城市，应探索中心城区的土地混合使用模式以应对信息社会的空间集聚需求。

此外，在全球化的“时空收缩”进程中，企业区位灵活性意味着合意性规划选址的多种可能，加上流动资本的短周期性趋势，城市土地开发的不确定性也因此而大为增加。中长远期的发展规划应重点关注区域生态安全格局的建构，通过空间增长边界的划定限制信息和交通技术可能助长的城市无序蔓延；而对于短期性的操作性规划（如控规），则应完善规划的弹性控制内容。此外，部分操作性规划还可以适当缩短编制周期，甚至采取滚动式的规划编制，有针对性地吸纳流动资本以带动城市开发。

8.3.3　智慧城市的功能布局规划

在智慧城市的功能布局规划方面，首先应明确，脱离基本价值观、过度依赖信息技术的空间增长并不是智慧的城市。当前各界过于强调智慧城市对远距离生活或者工作的便利性，没有意识到过度的分散开发不利于空间资源的整体利用效率的提升，而远郊所谓高档别墅区、高科技园区的建成则形成了与周围社会相隔离的飞地。另外，旧城更新过程的绅士化现象形成了精英空间与流动空间的叠合，并对普通市民形成了事实上的社会隔离，尽管这类地段有着先进的信息基础设施，但却并不能算是“智慧”的城市街区。

其次，应意识到智慧城市发展过程的不确定性将大为增加（图 8-10）。在信息技术和全球流动性资本的作用下，弹性优势将成为地区重要的竞争力，而企业区位灵活性的增大进一步导致了合意性规划选址的不确定性，或然性成为城市规划部门必须要面对的客观现实，这一趋势使得长远性的地区发展规划在严格意义上都面临着失效的威胁。智慧城市作为复杂社会系统，其功能性活动的空间安排并不存在唯一解，即使在新古典城市空间模型中，信息技术的发展也同时支撑了向高强度垂直开发、远距离水平拓展的可能。

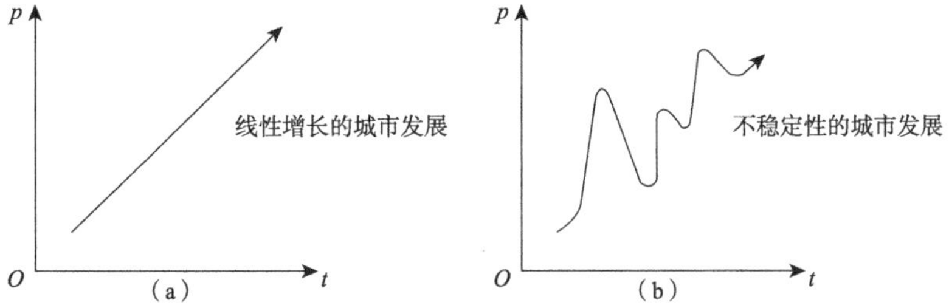

图 8-10　智慧城市发展的不确定性路径

对此，在智慧城市的思路下，城市功能的近期组织应与长期发展有一定的衔接，远期的空间拓展必须将近期的项目约束作为重要的发展依据。

最后，尽管功能混合已经成为信息技术下城市空间重组的重要特征，但引导正外部性、避免负外部性仍然是智慧城市最重要的空间组织原则。

相互干扰的各类功能活动在空间上的简单拼合并不等于智慧的城市，规划师应探索各类功能相互促进的基本规律，毕竟，强调信息社会中城市发展的或然性并不能无视城市运行的必然性，如传统街道之所以具有持久的人气在于其街道空间符合了环境心理学的相关原理。另外，甄别各类功能活动之间的负外部性仍旧是空间规划需要严肃面对的问题，尽管智慧城市技术的发展为相邻负外部性的空间问题提供了一定的解决途径，但是网络社会也意味着公民主体意识的增强，在信息媒介更发达的前提下，原本可相安无事的功能活动有可能难以在空间上并置。

8.3.4 智慧城市的城市交通组织

第一，交通出行方面应以出行效率为目标加强信息基础设施的建设，最大限度地实现对各类交通信息的收集、处理、发布、交换、分析，为交通出行者提供多样性的服务，如将道路交通信息实时地发布给邻近的出行者，在城市中心区则应供给停车场的车位信息，通过信息诱导，提升城市的运行效率，减缓城市客运系统的冗余交通（图 8-11）。

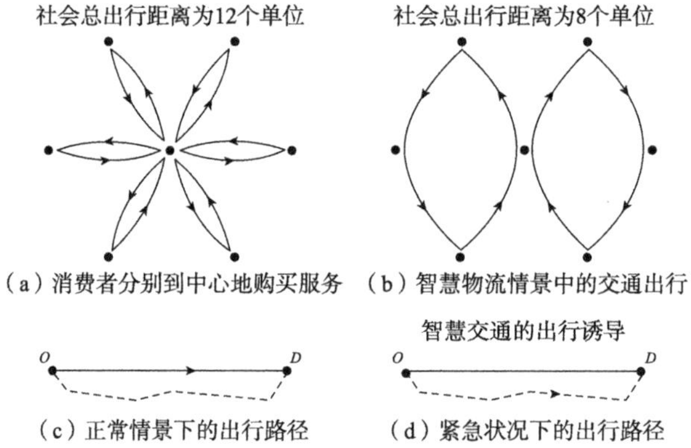

图 8-11 智慧城市的交通优化

第二，在城市交通规划设计中，更应注重于不同类型居民的出行需求，对各类型就业、休闲的吸引点进行交通调查，分析信息技术对出行交通起止点发生的空间效应。由于互联网的多样性联系增加了出行的需求，居民的闲暇时间日益增多，部分城市休闲区或旅游地的交通压力将进一步增大，在空间策略方面应及时增加交通设施的供给，同时还应增加即时的拥堵信息发布以缓解交通出行需求。

第三，针对交通负荷压力较大的城市地段，规划设计应增强道路系统应对不同空间情景的适应性，即针对不同的情景相应地组织“智慧”型的局部交通，在交通拥堵时及时诱导出行者按照规划预案变更出行路线，增强信息技术解决现实问题的能力。

第四，在静态交通方面，为缓解停车难问题，以存量规划为导向、集约管理为核心的共享停车越来越受到广泛的关注。基于移动互联网的停车 App 日益成为停车位共享的重要平台，2015 年，国内涉足智能停车 O2O 项目的企业有 100

多家。车位所有者与司机通过平台的联系，达成特定时段有偿使用停车位的协定。但目前这种由停车 App 所属企业发起的模式，对于潜在停车泊位资源的发掘缺乏足够的信息，同时，真正具有实现错时停车的潜力地段由于缺少了共享停车的服务覆盖等问题，降低了共享泊位的平台服务效率。

第五，在高密度职住混合地段内，居住用地与办公用地的停车时间具有明显的互补性，这为错时停放机动车提供了可能。鉴于此，课题组以广州市天河区为实证案例，运用 GIS 进行空间分析，利用微博数据、企业数据、人口数据，基于泊位共享的理论对具有错时停车潜力的停车场进行判定，以期提高实施共享停车的效率。基于分时共享停车的理念，需求地段应具有职住混合的特征，首先将天河区按照交通小区划分原则进行分区，再采集开源社交网络数据与企业数据、居住人口数据，用熵权法计算权重后获取各个交通小区职住比综合值，初步甄别适合提供错时停放社会车辆的潜在匹配地段（图 8-12）。

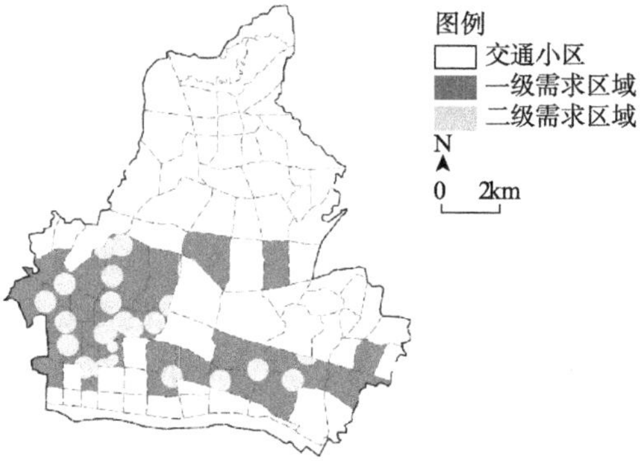

图 8-12　停车需求分布区域图

广东湛江交通大数据决策支持系统平台项目自 2018 年 3 月启动，按照中等规模城市的交通特征及其规划建设决策支持需求，构建了以集成共用的综合交通大数据中心为基础，以综合运行监测、多层次模型仿真等关键技术为支撑，以多场景交通评估分析决策为应用的“1+2+N”大型系统。

该项目整合湛江多源动静态交通大数据资源，汇聚了包括政府行业监管数据、运输企业数据、互联网及移动运营商数据等多源交通大数据，并在此基础上建立了湛江市交通大数据资源中心，形成动态监测、定点检测和静态规划共三大类 36 小类的交通大数据体系；构建交通大数据决策支持系统，面向城市交通规划建设，提供综合监测、基础研判、规划评估、建设决策、数据服务等五大类 188 项基础功能，全面支持城市交通规划、建设项目评估分析决策，是运用大数据助推城市交通治理的城市典范。这一平台的建设是新兴技术与大数据在智慧城市交通组织中的创新利用，有助于引导城市的交通系统向更为健康的方向发展。

8.3.5 智慧城市的城市特色建构

在信息社会中，城市形象尤其是巨型城市的形象已经不再仅仅依赖于步行者的亲身体验，互联网、影视等媒介和交通工具及站点所传递的空间意象将叠加于传统的认知地图之上，因此城市设计方面更加应该注重结节性空间的场所营造，从物质层面实现对空间的优化设计是构建城市美好形象的重要基础。同时，在互联网时代，智慧城市的空间形象更多地依靠媒介来构建城市特色的地域认同，因此各种非物质形态的策划成为城市形象营销的重要工具，新时期的规划师有必要熟悉综合性的空间形象设计方法（图 8-13）。

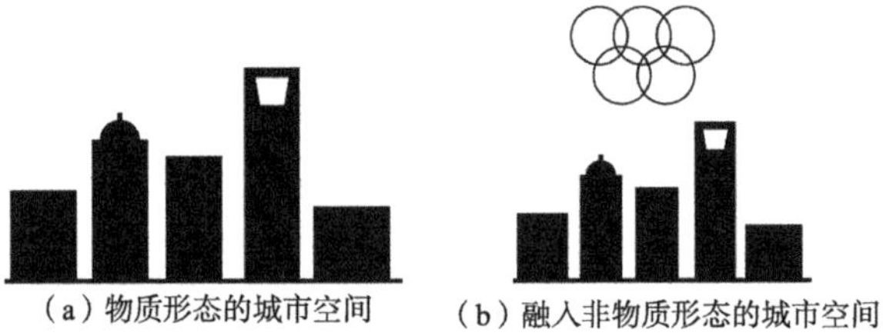

图 8-13 非物质要素对智慧城市形象的作用

另外，智慧城市的技术方案极大地提升了居民获取异地空间特征的能力，通过媒介宣传进行城市营销成为地方政府应对全球化的重要手段，但是从本质上来说，信息技术所导致的流动空间无法替代地方的本土文化认同，因为前者在一定程度上是与本地社会相脱离的精英空间。尽管城市化的发展意味着社会关系的原子化，但是社会个体对交往的需求及地方的荣誉感仍然是维系地方可持续发展的根本动力，因此城市的空间属性从价值观层面不应脱离空间的地域性，确切地说不能脱离地域化的场所空间。具体到智慧城市发展的价值观层面，面对信息技术所带来的流动性的空前提升，政府决策者和规划师应冷静地看待，取悦资本、脱离本地民众需求的建设行为固然能换取一时的回报，但是本地居民活动场所的空间品质却是维系地方持久魅力的物质保障。

8.3.6 智慧城市的资源与环境建设

资源与环境是城市空间正常运行的物质基础。在“健康–环境–经济”模型（Hancock，1993；Labonté，1993）的基础上（图 8-14），Kelly 等（2004）提出了“经济–社会–环境”的可持续发展模型（图 8-15），认为城市的可持续发展应包含经济、社会和环境三方面的相互协同与融合（Dooris，1999），同时强调环境承载力对经济和社会的可持续发展的重要性与影响力。近年来生态城市、弹性城市、海绵城市等城市规划理念与实践不断涌现。2018 年，中国在国务院机构改革中组建自然资源部，将国家发改委组织编制主体功能区规划职责和住房和城乡建设部的城乡规划管理职责整合划归自然资源部，自然资源部的重要职能之一是建立空间规划体系并监督实施，包括城乡规划在内的空间规划职能按照“多规合一”要求纳入自然资源部。这是呼应生态文明战略的具体行动，意味着规划与政策重心由建设转向保护，也标志着空间规划进入以自然生态为基础的生态文明的新时代。种种理论与政策体现了对城市资源与环境的关注，也同属于本章节的研究范畴。

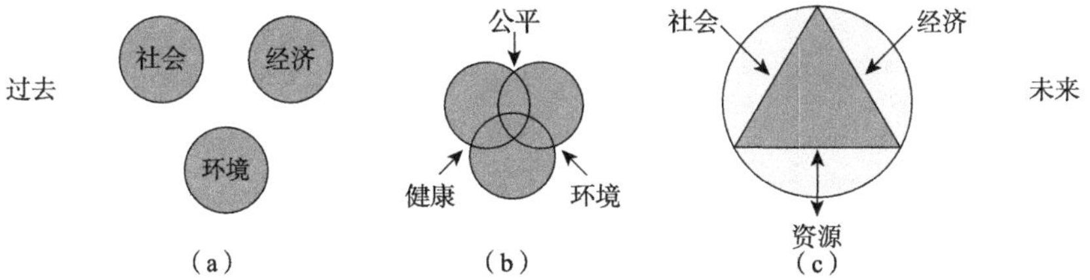

图 8-14　“健康-环境-经济”模型示意图

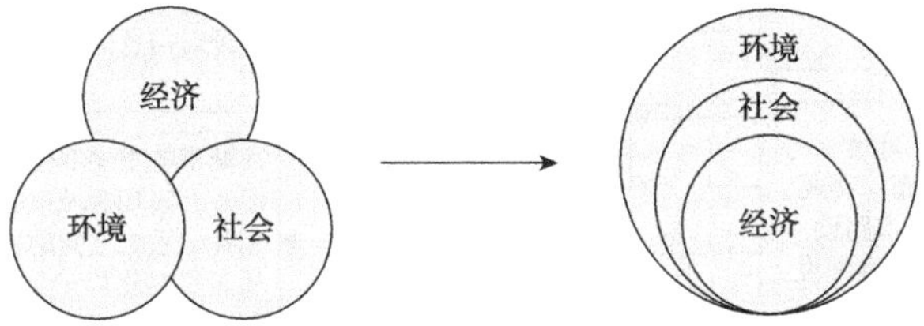

（a）亚健康的可持续发展模型示意　（b）健康的可持续发展模型示意

图 8-15　“经济-社会-环境”的可持续发展模型示意图

随着新一代信息通信技术发展及广泛应用，城市的物质空间环境出现了一些新的变化发展趋势：在自然环境方面，人类虽然不能改变自然环境运行发展的规律，但新兴的、先进的工具和技术使人类能够更好地掌握和利用自然环境的运行发展规律，人们可以利用新兴的信息技术来了解自然环境的状态，实时掌握自然环境的变化发展态势，探索和发现自然环境的运行发展规律，并及时、准确地对自然环境的变化发展做出应对；在人工环境方面，为了更好地运行和管理人工环境中的物质要素，人们将新一代信息通信技术融入对应的物质要素之中，使其变得数字化、信息化、智能化，能够具有一定的感知、连接、反馈和控制功能，从而更好地服务于人类的经济社会活动。新一代信息通信技术影响下城市自然环境和人工环境出现的智能化运作形态有智能水资源环境监测、智能大气环境监测、智能森林生态安全监测、智能交通、智能安全、智能建筑、智能管网、智能物流等（图 8-16），它们推动了城市物质空间向流动空间的转化。

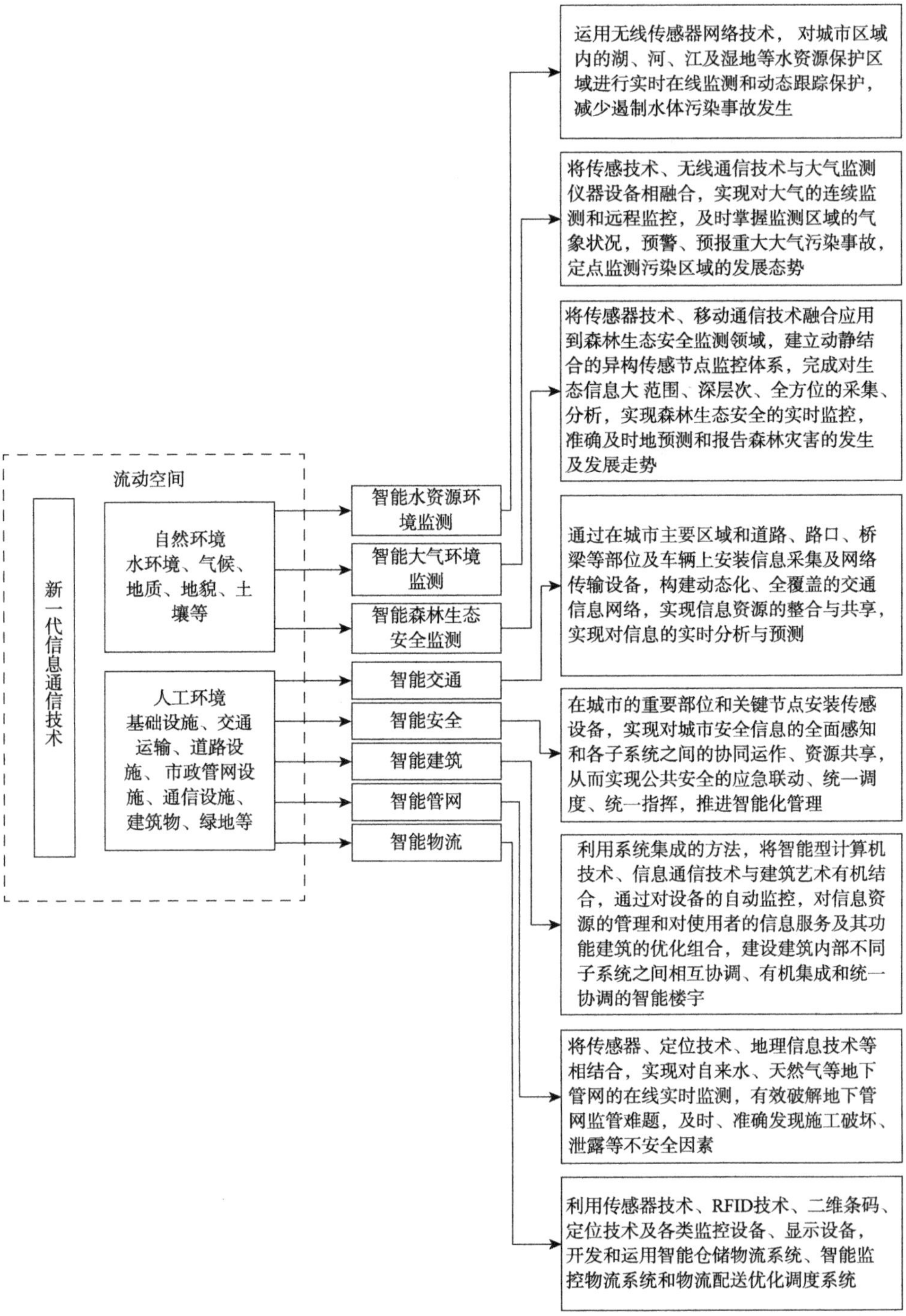

图 8-16　智慧城市中自然环境和人工环境的智能化运作形态示意图

依托上述智能信息技术，智慧城市的资源与环境建设可在不同层面有所回应，其归根结底仍是基于可持续发展理念的空间规划转变。

在区域规划层面，重点在于加强环境承载力分析，识别生态影响的主要要素、建构区域生态安全格局，划定生态分区、加强各类空间管制，协调自然生态空间与城镇发展空间的耦合布局关系，组织多核心、网络化的城镇发展空间结构，建设便捷、高效的综合交通运输支撑体系。在城市总体规划层面，重点在于研究城市“生态位”、合理进行城市发展定位，以“转型”为主线、科学制定城市发展战略，开展生态演化的情景分析、提高对城市生态问题的认识，开展生态演化的情景分析、提高对城市生态问题的认识，加强适宜性评价和“四区”划定、提高用地布局的科学性，采取适度集中紧凑的发展模式、提高土地利用的集约化水平，以人为本、构建绿色基础设施系统。在控制性详细规划阶段，要把生态的核心要求纳入控规指标体系，把控规作为实施生态导向的城市规划的重要抓手（李浩，2012）。

互联网开放数据也为空间规划的资源环境分析提供了新的技术支撑可能。随着网络上社会公众参与、大数据理念的兴起，利用多源开放数据辅助城市防灾、提高建成环境生活品质成为新的技术热点（Honjo et al.，2015；Tkachenko et al.，2016）。在针对珠江三角洲地区的规划实践中，华南理工大学通过挖掘互联网开放数据分析了土地使用强度、空气质量、公交站点、市民 POI 休闲兴趣点等，通过图像可视化实现了三角洲地区的环境品质评估，为参与项目的 30 余家设计研究单位提供了基础性的技术支撑。2019 年自然资源部基于前期试点工作经验，修订完成并印发《智慧城市时空大数据平台建设技术大纲（2019 版）》，城市时空大数据平台利用物联网获取实时位置信息，共享交通、环保、水利、气象等监控或监测数据，并且利用互联网在线抓取相关任务缺失的数据，是数字中国时空信息数据库的重要组成部分，是基础测绘转型升级的重要任务，也是智慧城市的基础支撑。未来智慧城市的资源与环境建设，将可以借助城市时空大数据平台，实现城市信息资源共享，辅助城市土地管理等，实现城市建设智慧化。

习近平在党的十九大报告中提出，“推动互联网、大数据、人工智能和实体经济深度融合”[①]。智慧城市将是中国实施国家大数据战略的主阵地，城市在经历了农耕文明时代、工业文明时代后，迭代进入了信息时代。万物互联互动的数字化催生了新的“生态文明”，城市成为有机生命体。新时代的中国国土空间规划的提出，将是可感知、能学习、善治理、自适应的“智慧规划”或智慧型“生态规划”，有利于绿色发展的智慧城市建设。未来智慧城市的建设，将通过数字驱动构建规

---

① 《习近平：决胜全面建成小康社会 夺取新时代中国特色社会主义伟大胜利——在中国共产党第十九次全国代表大会上的报告》，http://www.gov.cn/zhuanti/2017-10/27/content_5234876.htm[2021-05-28]。

划数据平台、通过网络驱动构建基础设施网络驱动空间多维发展，以数据为规划的基础，以网络为规划的脉络，建设实时感知、学习、预警、安全等数字基础设施和数字空间，提高空间规划感知、认知、预知和自适应能力；通过生态驱动实现生态优先、绿色发展，自然生态和数字生态基础设施决定资源环境承载力、城市开发和空间运营适宜性；通过网络驱动实现网络基础设施驱动空间多维发展；通过用户驱动模糊生产者与消费者的边界，政府、企业、社会机构和个人等是空间生产和消费的关联“用户”，也是共同成长的命运共同体，政府和机构将更好发挥公共平台作用、激发“群体智慧”，使规划过程成为“用户”共建、共治、共担、共享的社会建设过程。

本章参考文献

毕凌岚. 2004. 生态城市物质空间系统结构模式研究[D]. 重庆：重庆大学.

蔡良娃. 2006. 信息化空间观念与信息化城市的空间发展趋势研究[D]. 天津：天津大学.

蔡良娃，曾坚，曾鹏. 2010. 信息化城市的美学内涵与空间观念的拓展[J]. 天津大学学报（社会科学版），12（2）：133-137.

陈伟劲，马学广，蔡莉丽，等. 2013. 珠三角城市联系的空间格局特征研究——基于城际客运交通流的分析[J]. 经济地理，33（4）：48-55.

丁伟，徐娜，胡艳凤，等. 2012. 国家中心城市与城市的战略思维[M]. 北京：中国城市出版社.

高彤. 2007. 信息技术产业节点区域性发展研究[D]. 长春：东北师范大学.

顾朝林，赵令勋. 1998. 中国高技术产业与园区[M].北京：中信出版社.

韩瑞玲，张秋娈，路紫，等. 2010. 虚拟社区信息流导引现实社区人流的特征——以杭州市智能居住小区网站为例[J]. 人文地理，25（1）：31-34.

胡晓辉，杜德斌，龚利. 2012. 长三角区域知识合作网络演化的空间特征[J]. 地域研究与开发，31：22-27.

李涵冰. 2009. 结合城市公共空间的数字化界面设计[D]. 上海：同济大学.

李浩. 2012. 基于“生态城市”理念的城市规划工作改进研究[D]. 北京：中国城市规划设计研究院.

列斐伏尔 H.2008. 空间与政治[M].李春译. 上海：上海人民出版社.

林辰芳. 2009. 信息时代的上海办公活动区位研究[D]. 上海：同济大学.

林奇 K . 2001. 城市意象[M].方益萍，何晓军译.北京：华夏出版社.

刘红，真虹. 2000. 信息技术发展对城市交通客流量替代作用的定量研究[J].系统工程理论与实践，20（9）：78-82，98.

刘铮，王世福，赵渺希，等. 2013. 有向加权型城市网络的探索性分析[J]. 地理研究，32（7）：1253-1268.

路旭，马学广，李贵才. 2012. 基于国际高级生产者服务业布局的珠三角城市网络空间格局研究[J].

经济地理，32（4）：50-54.
路紫，张会巧.2003. 石家庄市交通导引系统的实施对城市空间格局的积极影响[J].经济地理，23（2）：242-246.
麦克卢汉 M. 2000. 理解媒介——论人的延伸[M].何道宽译.北京：商务印书馆.
米切尔 W J. 2001. 伊托邦：数字时代的城市生活[M]. 吴启迪译.上海：上海科技教育出版社.
沈丽珍，顾朝林. 2009. 区域流动空间整合与全球城市网络构建[J]. 地理科学，29（6）：787-793.
沈丽珍，顾朝林，甄锋，等. 2010. 流动空间结构模式研究[J]. 城市规划学刊，（5）：26-32.
孙世界. 2001. 信息化城市：信息技术与城市关系初探[J]. 城市规划，25（6）：30-33，49.
唐子来. 1997.西方城市空间结构研究的理论和方法[J]. 城市规划汇刊，（6）：1-11，63.
汪明峰，宁越敏. 2002. 网络信息空间的城市地理学研究：综述与展望[J]. 地球科学进展，17：55-863.
汪明峰，宁越敏. 2006. 城市的网络优势——中国互联网骨干网络结构与节点可达性分析[J]. 地理研究，25（2）：193-203.
王颖. 1999. 信息网络革命影响下的城市——城市功能的变迁与城市结构的重构[J]. 城市规划，（8）：24-27.
吴士锋，路紫. 2007. 网站信息流对现实人流替代函数的计算与应用——以中国互联网络发展状况统计报告为例[J]. 经济地理，27（1）：22-25.
席广亮，甄峰. 2014. 基于可持续发展目标的智慧城市空间组织和规划思考[J]. 城市发展研究，21（5）：102-109.
姚士谋，朱英明，陈振光. 2001. 信息环境下城市群区的发展[J]. 城市规划，25（8）：16-18.
张庭伟. 1997. 高科技工业开发区的选址及发展：美国经验介绍[J]. 城市规划，21：47-49.
张婷，姜石良，杨山. 2007. 信息时代城市空间结构的演变趋势探讨[J]. 干旱区资源与环境，21（1）：88-92.
张勇强. 2003. 城市空间发展自组织研究——深圳为例[D]. 南京：东南大学.
赵渺希，唐子来. 2010. 基于网络关联的长三角区域腹地划分[J]. 经济地理，30（3）：371-376.
甄峰. 2004. 信息时代新空间形态研究[J]. 地理科学进展，（3）：16-26.
甄峰，王波，陈映雪. 2012. 基于网络社会空间的中国城市网络特征——以新浪微博为例[J].地理学报，67（8）：1031-1043.
Alonso W. 1964. Location and Land Use，Toward a General Theory of Land Rent [M]. Cambridge：Harvard University Press.
Audirac I. 2002. Information technology and urban form[J]. Journal of Planning Literature，17（2）：212-226.
Balepur P N，Varma K V，Mokhtarian P L .1998. Transportation impacts of center-based telecommuting：interim findings from the Neighborhood Telecenters Project[J]. Transportation，25（3）：287-306.
Cairncross F . 1997. The Death of Distance[M]. Cambridge：Harvard Business School.
Calabrese F，Smoreda Z，Blondel V D，et al. 2011. Interplay between telecommunications and face-to-face interactions：a study using mobile phone data[J]. PLoS One，6（7）：1-6.
Castells M. 1996. The Rise of the Network Society[M]. Oxford：Blackwell.

Castells M. 2002. The Internet Galaxy：Reflections on the Internet，Business，and Society[M]. Oxford：Oxford University Press.

Cecilia N，Jin K K. 2000. Teleworking in Malaysia：issues and prospects [J] . Economic and Political Weekly，35（26）：2308-2313.

Devriendt L，Boulton A，Brunn S，et al. 2011. Searching for cyberspace：the position of major cities in the information age[J]. Journal of Urban Technology，18（1）：73-92.

Dooris M. 1999. Healthy Cities and Local Agenda 21：the UK experience—challenges for the new millennium[J]. Health Promotion International，14（4）：365-375.

Ferrell C E. 2005. Home-based teleshopping and shopping travel：where do people find the time? [J]. Transportation Research Record Journal of the Transportation Research Board，1926（1）：212-223.

Gaspar J，Glaeser E L . 1998. Information technology and the future of cities[J]. Journal of Urban Economics，43（1）：136-156.

Golob T F，Regan A C. 2001. Impacts of information technology on personal travel and commercial vehicle operations：research challenges and opportunities[J]. Transportation Research Part C Emerging Technologies，9（2）：87-121.

Hall P. 1999. Planning for the Mega-City：a New Eastern Asian Urban Form? [M] // Brotchie J，Newton P，Hall P，et al（Eds）. East West Perspectives on 21st Century Urban Development：Sustainable Eastern and Western Cities in the New Millennium.Aldershot：Ashgate.

Hall P，Pain K.2009. The Polycentric Metropolis：Learning from Mega-City Regions in Europe[M]. London：Routledge.

Hancock T. 1993. Health，human development and the community ecosystem：three ecological models[J]. Health Promotion International，8（1）：41-47.

Honjo T，Yamato H，Mikami T，et al. 2015. Network optimization for enhanced resilience of urban heat island measurements[J]. Sustainable Cities & Society，19：319-330.

Kelly R，Sirr L，Ratcliffe J. 2004. Futures thinking to achieve sustainable development at local level in Ireland[J]. Foresight，6（2）：80-90.

Labonté R. 1993. A holosphere of healthy and sustainable communities[J]. Australian Journal of Public Health，17（1）：4-12.

Malecki E J，Nijkamp P. 1988. Technology and regional development：some thoughts on policy [J] .Environment and Planning C：Government and Policy，6（4）：383-399.

Matthews J A. 1996. Telecommunications and the city：electronic spaces，urban places[J]. Journal of Transport Geography，4（4）：301-302.

Meijers E J，Burger M J. 2017. Stretching the concept of "borrowed size"[J]. Urban Studies，54（1）：269-291.

Mokhtarian P L. 2002. Telecommunications and travel：The case for complementarity[J]. Journal of Industrial Ecology，6（2）：43-57.

Mokhtarian P L，Chen C. 2004. TTB or not TTB，that is the question：a review and analysis of the empirical literature on travel time(and money)budgets[J]. Transportation Research Part A Policy

& Practice, 38（9/10）: 643-675.

Mokhtarian P L, Samaniego F J, Shumway R H, et al. 2002. Revisiting the notion of induced traffic through a matched-pairs study[J]. Transportation, 29（2）: 193-220.

Negroponte N. 1995. Being Digital [M]. New York: Vintage Books.

Sassen S. 2001. The Global City: New York, London, Tokyo [M]. Oxford: Princeton University Press.

Şenbil M. 2009. Forecasting information and telecommunications technologies in an era of change: what are the implications for personal travel? [J] .METU Journal of the Faculty of Architecture, 26（2）: 139-152.

Sridhar K S, Sridhar V. 2003. The effect of telecommuting on suburbanization: empirical evidence [J]. Journal of Regional Analysis & Police, 33（1）: 1025.

Taylor P J. 2009. Urban economics in thrall to christaller: a misguided search for city hierarchies in external urban relations[J]. Environment and Planning A: Economy and Space, 41（11）: 2550-2555.

Tkachenko N, Procter R, Jarvis S. 2016. Predicting the impact of urban flooding using open data[J]. Royal Society Open Science, 3（5）: 160013.

Toffler A.1980. The Third Wave [M]. Newyork: Bantam Books.

Tyebjee T T, Bruno A V. 1984. A model of venture capitalist investment activity[J].Management Science, 30（9）: 1051-1066.

Zhang X, Kloosterman R C. 2016. Connecting the "workshop of the world": intra-and extra-service networks of the Pearl River Delta city-region[J]. Regional Studies, 50（6）: 1069-1081.

Zhao M X, Derudder B, Huang J H. 2017. Examining the transition processes in the Pearl River Delta polycentric mega-city region through the lens of corporate networks[J]. Cities, 60: 147-155.

Zook M A. 2001. Old hierarchies or new networks of centrality? The global geography of the Internet content market[J]. American Behavioral Scientist, 44（10）: 1679-1696.

第 9 章　展望中国智慧城市社会[①]

基于前文对智慧城市的社会活动体系、经济活动体系、知识与技术体系及空间与环境体系的研究与分析，立足城市社会特征与中国城市化特征，对未来中国发展智慧城市群与智慧社会做出展望。

9.1　城市社会是新时代文明的特征

城市化，是一种对人自身生存方式及人与人之间关系教化和洗礼的进程，本身具有极显著的社会教育意义。作为其物理承载的空间形态——城市，则是一种生活和生产方式不断演进并改变的动态文明。当今世界，全球化与地方化交织，信息化与工业化深度融合，以更迅猛的变化向着更强烈不确定性的未来演进。更智慧的城市应该是更具社会教育能力和组织创新能力的更高级的地缘共同体。

中国城镇化率超过 50%并带动全球进入城市社会时代，城市社会成为全球生产、生活方式的新常态，日益给予人类一种“城市性”的教化，一种强交互和强自我并存，组织精细化和个体异质化共现的精神洗礼。它已经引导人类走出“乡村社会”的简单组织模式，迈入复杂化、高科技化、专业化的分工合作共享模式，并在信息技术的变革推动下日益呈现去时空的即兴式特征。

当前，我国已步入工业化、全球化、信息化同步交织推动的快速城市化后半程。全球化并发的迅猛工业化使我国成为全球工厂，但也留下了一些资源环境问题；近乎瞬间来袭的信息化压缩了时空距离，改变了人际沟通、思想交流、商品流通、交通出行的传统方式，大大提升了城市的产业创新和综合服务能力，同时也重构了城市实体空间和虚拟意象，催生了社会数字鸿沟。

如果说，城市是人类最伟大的发明与最美好的希望，基于信息技术建构智慧

---

① 初稿执笔人：王世福、张振刚、邓昭华。

城市则应是人类走向未来更好城市文明的一种状态。

9.2　中国城市化的特征急需新时代的“城市智慧”

“城市社会”是一个动态的区域时空概念，它指代城市生产生活占据区域主导的发展阶段，它同时也是一个时间维度的动态概念，描述的是一种城乡差距逐步缩小直至无差别的演进状态，强调城乡生产和生活组织方式在趋同进程中寻求新的平衡与可持续发展。通过分析城镇人口在区域总人口中是否已经占主导，即城镇化率是否超过 50%来判断城市社会是否来临，是一个比较简明可取的方法。2011 年，中国城镇化率为 51.27%，一定程度上表明我国已经进入城市占主导的城市社会。同时，我们应该强调，中国当前只是处在城市社会发育的起步阶段，一方面，我国城镇化快速推进期和经济发展繁荣期也是城市社会矛盾凸显期和“城市病”集中爆发期；另一方面，我国的区域差别、城乡差别也有待统筹。因此，我国跨越 50%城镇化率的特殊时期，在经济、社会、空间等方面具有特定的特征。

首先，中国城市化发展呈现城市规模持续增大、密度持续提高，社会异质性日益增加的总体趋势。我国城市化水平东高西低，并在区域或省域层面出现相当明显的不均衡，进一步表现为城市化地区人口集聚的超大规模和城市建成环境的超高密度，以东部城镇群空间集聚为主的巨型城市空间化现象加剧了与资源环境承载力的矛盾。同时，城市问题因高度异质性的人口聚集而更加严峻，流动人口规模庞大，市场化进程中难以建立社区空间领域感，城市化水平高的地区的城市结构日益多中心区域化，城市内部空间不断老化，城市灰色空间激增，如何管控、引导和治理高异质化的城市社会进程，对于中国城市社会的发育和成熟提出了前所未有的挑战。

其次，中国城市化进程中社会建设重视不足，公共服务供给和公共管理水平滞后于经济和空间的城市化。纵观我国城市化发展进程，人口城镇化伴随着快速工业化和土地城镇化，经济与城市空间均出现了持续快速的增长，但生产生活状态城镇化的大量人口并未同步地获得更优质的城市公共服务的支持，城市公共意识的培育和公共管理水平的提升也不尽理想，出现了户籍人口城镇化滞后于常住人口城镇化，以及一系列其他问题，城市居民日益增长的教育医疗、交通出行、市政设施等需求与城市的公共服务及公共管理能力之间形成了矛盾。

最后，中国城市化进程中经济发展质量不优，城市创新能力和产业竞争实力的不足显著影响着可持续发展和城市品质的提升。中国制造业目前仍然与全球顶尖制造业的创造价值能力存在差距，既直接表现为资源环境消耗不容乐观上，也体现在产业结构不合理、自主创新能力弱等深层次问题上。城市作为经济发展的支撑平台,其支持企业创新的产业服务能力及综合优质的生活服务能力亟待提升,充满活力的技术创新、有序升级的产业体系、便捷高效的生活服务，都需要一系列的城市创新来实现。

上述中国城市化的特征虽然与西方国家曾经走过的城市化有一定相似性，但在人口城市化规模、时间、空间等方面更具中国国情的特殊性，需要在清醒认识自身特殊问题和现实挑战的基础上，确立中国城市化的自身路径。

当然，中国城市化也伴随着更多的机遇，尤其是信息通信技术推动的智慧城市创新，具有不可估量的解决问题的强大力量，其跨时空资源调配、高效率社会应用等手段和对策，将可能成为城市治理“中国智慧”的重要内涵。

9.3　构建更和谐、均衡的城市经济社会活动体系

智慧城市是由精明的发展战略所引领，拥有创新能力强的经济活动体系、自组织能力强的社会活动体系及智能化程度高的支撑体系的空间有机体。

智慧城市的概念模型由五大体系构成，包括战略体系、经济活动体系、社会活动体系、知识和技术体系、空间与环境体系。其中，顶层战略体系应引领城市经济活动体系的效率提高、社会活动体系的公平发展，并通过知识和技术的综合运用、空间与环境的载体支撑，在不断变化演进的城市化进程中实现城市经济与社会的和谐、均衡发展。

9.3.1　智慧城市的经济活动体系

智慧城市的经济活动体系是智慧城市建设的基本内容，智慧城市必须是经济上健康科学可持续发展的城市，合理高效并充满创新能力的产业体系是智慧城市建设的关键。综合考虑智慧城市建设实际，我们把智慧城市建设的经济活动体系主要分为三大部分：一是智慧城市的产业体系；二是智慧城市的经济制度系统；三是智慧城市的创新系统。智慧城市的产业体系应具备持续性、创新性、生态性和舒适性四大特征，是智慧产业比重高，产业创新能力强，结构优化、协同发展的产业体系。智慧城市的经济制度系统主要包括城市基本经济制度、城市现代市场体系、城市政府职能、城乡发展一体化、开放型城市经济体制等五方面的内容。智慧城市的创新系统则是城市创新驱动战略的基础，智慧城市政府应该建立负责研发的公共服务平台来为企业创新提供支持，建立产学研协同创新机制，强化企

业在技术创新中的主体地位，发挥大型企业创新骨干作用，激发中小企业创新活力，推进应用型技术研发机构市场化、企业化改革，切实让企业成为建设城市创新体系的主体。

基于动态因子分析方法进行的大城市经济智慧指数表明中国城市的经济智慧发展水平分层明显，经济发展智慧指数最高的城市分别为深圳、上海、北京及广州，城市的经济发展智慧度与其综合实力是相互支撑的。整理中国城市产业发展现状，当前中国城市产业存在尚未形成智慧的主导产业链与产业体系、缺乏系统的产业规划与空间布局、缺乏高效的产业组织与保障机制、工业化与信息化融合不充分、协同发展意识不足等问题，在智慧城市经济活动体系的构建上有待努力。

通过借鉴发达经济体城市的经验与深入研究智慧城市产业，归纳了中国智慧城市经济活动体系的发展对策：①立足城市特色与相应的资源禀赋，建立更替有序的主导产业体系；②引导产业空间合理布局，高效利用整合资源；③以技术创新为依托，加快生产模式与产业管理的革新；④以智慧产业发展为突破口，促进产业科技的智能化发展；⑤协同共享资源，建立智慧城市综合服务平台，发挥平台经济的促进作用。

9.3.2　智慧城市的社会活动体系

智慧城市的社会活动体系是城市中人与人之间形成的联系、网络、组织、制度、规范及价值观念和行为活动的集合。数字化、网络化、智能化运作的智慧城市社会活动体系主要包括三大部分：一是智慧公共政务，通过信息共享、资源整合、业务协同实现一站式政务服务和及时、精准的智能化决策；二是智慧公共服务，通过信息技术的应用提升公共服务供给能力，创新供给模式，突出强调人的核心价值和能动作用，实现公共产品和公共服务高效便捷的智慧化供给；三是智慧城市社会治理，通过信息开放、公众参与促成多元主体基于共同目标的合作，实现积极的社会互动，市民、公私机构及政府通过合作、协商、伙伴关系，处理城市公共事务或者实现协同发展，促进社会进步。

首先，智慧公共政务方面，要尽快搭建智慧型政府一站式服务模式，通过“前台—后台”的功能设置和双向互动来实现服务供给，政府工作重心由以政府自身为中心的管制向以公民为中心的服务转移。智慧公共政务实现供给侧改革的路径是改变传统政务服务所采用的粗放式、模式化和批量化形式，倡导集约式、个性化和多样化的形式。充分利用政府的信息优势，率先在政府内部部门之间实现资源共享整合，通过优化前台的服务功能及增进后台管理的协同性来改进政务服务。通过业务协同实现高效率、精准化的智能决策，尤其是在应急管理、社会保障等方面。

其次，智慧公共服务方面，应积极构建以下三类智慧化的公共服务供给模式：第一，区域一体化供给模式，以及时的跨区域资源调配和供需匹配来实现区域整体化可持续发展为目标，追求发展中的“合作”和“共赢”；第二，全触式供给模式，以“多元前台，单一接触；多层前台，一体服务”为建设原则，拓宽公共服务获取渠道，高效率对接实际需求，形成决策、执行、监督相对明晰的公共服务机制；第三，合作式供给模式，倡导政府、市场、社会、个人等多元主体在公共服务供给中的协调与合作，解决单一垂直化供给造成的效率低下问题。

最后，智慧城市社会治理方面，要加快构建智慧安全管理体系，实现公共安全监测网络全覆盖，提升城市的自感知、自预防和自应对危机的能力；利用大数据，不仅要重视电子政务功能的开发和拓展，还要重视线上线下的社会互动与协作，开展信息时代更有效的公共参与；推进“互联网+政务服务”，驱动社会治理创新；加大简政放权力度，做到放管结合，培育社会自组织、自解决冲突的能力，协调各类跨组织边界的行动，探寻多元协同的社会治理路径，不断促进公民意识的提升和社会整体的进步。

9.4　迈向智慧城市群与智慧社会

9.4.1　信息技术体系支撑协调的智慧城市群

智慧城市群，是城市群在信息通信技术运用后的高级城市形态。随着中国经济进入新常态，我国城市群作为新型城镇化的主体形态，面临着国际交流对话、产业转型升级、区域交通融合、人居环境提升等多领域的机遇和挑战，构建智慧城市群将为进一步深化城乡融合、实现跨区域协同发展提供新思路。我国城市群建设，应打破行政区划阻隔，实现城市群高质量一体化发展，各方面资源要素自由流动、基础设施互联互通，城市间功能和产业合作共赢、协同发展。

智慧城市群，并不是简单的多个智慧城市的集合，而是在区域层面将城市群的协调联系，以智慧的手段加以实现。在城市群内部的每个城市配置了所需的智慧基础设施的基础上，在智慧城市群全面运用信息通信技术，构建智能化的信息技术平台，通过城市数据互通共享建立快速匹配的供需关系，提供高效率、高智慧的跨城、跨时间的服务，实现区域的分工合作。总的来说，智慧城市群，是以充分利用信息通信技术为基础，快速感知、收集、甄别城市群数据，通过建立跨时空调配供需关系，提供高效便捷的城市群服务。

智慧城市群的顶层设计，首先需要建立快速高效的信息设施，作为智慧城市群的基础。建立智慧城市群网络的关键一步是全面统一的感知网络，将各类信息通过感知技术进行收集汇总，并且突破城市群内各城市的行政界限，以统一接口的感知信息对区域的基础设施、公共管理、产业发展、生活出行等信息与数据进行全面的掌握。在数据的基础上，针对城市设施发展的需求，建立公共管理、生活出行、产业发展和基础设施四个运营平台，并针对政府内部用户、公共信息用户，在各个平台开发相应的操作应用。在基本网络设施建立和普及之后，建立基础设施、公共管理、产业发展和生活出行四种平台，通过云技术来处理感知网络中的大量数据，可分四个战略重点发展策略。

（1）管理更协同：建立政务一体化平台。电子政务云融合了云计算技术特点，对政府管理和其他服务职能进行精简、优化与整合，并且通过信息化手段在政务上实现各种业务流程的办理和服务，为政府机构各级部门打造极为可靠的基础 IT 服务平台。同时，政府需要更全面掌握社会信息，尽可能调用企业的数据库，接入统一数据平台接口，实现社会与政府的数据共享。

建设统一的数据平台，是智慧城市群电子政务公共平台建设的核心工程。打造政务一体化平台有利于创新区域治理新模式，可以使“画地为牢”的各地政府突破行政边界，创新行政管理模式，政府部门业务审批、缴税纳税、社保信息管理实现跨境同步处理，政务信息统一接入数据平台实现信息共享。同时，引入政府沟通协作平台，建设统一通信、即时通信、邮件系统等使各地政府部门之间高效沟通，以共享信息网络为载体的政务一体化平台可大大提高城市群内各政府政务处理效率，实现城市群各级各部门行政管理的有效衔接和高度一体化。

（2）生活更便利：整合城市群民生信息，重点建设安全快速出行系统。生活云通过智慧技术手段，整合城市群内涉及市民日常生活的居住、医疗、出行、教育、消费等各领域的信息，建立智慧生活信息智能化管理平台，提高市民的生活质量和幸福水平，使得生活更加方便、快捷、智能，这一系统与智慧城市相关的物联网、云计算、移动互联网、大数据等新一代信息技术手段融合，以创造更智慧的城市生活为目的。生活云更可分为智慧社区、智慧医疗、智慧出行、手机一卡通等多个服务板块。

完善的交通出行系统是加速区域融合的重要前提。建立一个行之有效的安全的快速出行系统，可分层处理交通出行需求，提高路网交通运行效率；可进一步强化区域道路交通网络的联系，对过境车辆自动采集通关信息和对车辆信息进行智能化管理，提高通行效率。快速出行系统由中央计算机系统和四大子系统组成，包括先进的交通管理系统、车辆检测系统、自动事故检测系统、交通信息诱导系统。与电子地图应用开发商合作，全面开放政府交通政策数据，与企业数据进行对接，将原本基于现状的出行指引进行优化，通过先期的政策发布、需求发布、供给平衡提升出行指引的智能水平。

（3）生产更高效：产业资源整合，重点建设供需匹配平台。产业云是针对产业协作发展的建立在云处理基础上的系统，通过智慧技术手段，整合区域产业发展资讯、及时供需、产品流通等信息，增强区域产业协作能力，提高市场供需平衡的反应速度，优化产业和服务的管理水平，建立智慧产业的运行系统。这一系统通过智慧城市相关的企业数据、市场信息及货品流通等信息流，以指引城市群产业的发展和升级改造。

产业云系统的建设主要围绕物联网、云计算等新一代信息技术的推广应用，加强发展智慧产业技术的公共服务平台建设，扩大企业投资渠道，开展智慧企业试点工作及完善智慧产业支撑服务体系这几个方面进行。培育基于大数据的定制化产业，利用本地信息技术企业、物流企业进行再创新，开发信息化下的城市群定制服务，实现大规模流动性的供需匹配服务。建立科研信息发布与合作平台，科技产业、科研院校共享的科研信息发布平台，发挥城市群“产学研”优势，推进各地各类的科研合作，实现专利交易、转让的网络应用。建立产业云服务平台，推进以产业园区为单体的信息共享和平台对接，以三维展示技术、移动电子商务实现产业链的供需平衡和产业链衔接整合。建设跨城物联网与物流服务平台，开展物联网标识解析和产品认证服务。建设企业情况综合大数据平台，推进省、市、县三级联动的企业数据采集体系建设，建立多元化数据收集机制，提高对电子商务平台及行业平台数据的主动收集能力。

（4）设施更智慧：建立城市群设施整合方案，跨区共建共享基础设施。通过智慧技术手段，整合城市群基础设施，提高基础设施的运行水平和能力，完善网络基础设施，建立智慧基础设施的运行系统。这一系统通过智慧城市相关的感知技术、云处理技术，将包括环保、气象、道路、电力、燃气、给排水的基础设施进行整合，实现城市群内、各设施间的协调控制，储量调控，并结合灾难预警设置快速应对方案。基础云主要涵盖了两个支撑主体：环保、气象、水利、交通等相关政府部门，高速、轨道、电力、燃气等专营企业；依靠两大技术手段——感知技术和云处理技术，分别从基础设施的建设、运作、安全监控和灾难应对入手。

对于已建基础设施，进行分期的智慧提升工程，完善设施电子网络和监控。建立智慧环境响应系统，通过基础设施智能感应网络，实现区域协调控制，对于水电气等能源进行区域平衡。灾难时期对生命线保障进行迅速反应，及时启动灾难预警和处置措施。建立智慧城乡空间信息服务平台，实施数字城市群地理空间框架建设和一村一镇一地图工程，提供全面测绘基础地理信息资源服务，推进区域三维数据建设和高精度地理数据覆盖并及时更新。

随着交通和通信联系的日益发达，不少基础设施和大型公共设施的服务半径已经超出城市或区域的范围，城市群共建共享基础设施应从城市群整体协同发展的角度出发，冲破行政区内各自为政的传统管理模式，寻找设施建设的最佳技术路线，建立城市群联盟、城乡协调的区域和谐发展机制，推进区域一体化建设。通过对区域交通、信息、技术、给排水、防洪减灾等基础设施的统一规划布局，联合区域共同建设，一方面降低开发成本，提高投资效益，集约利用资源，另一方面促进各行政地域的分工协作，优势互补，实现资源的有效整合，进一步提升城市群的整体竞争力。

9.4.2 美好生活的智慧社会

智慧社会，是智慧城市在市民应用层面的广度与深度的拓展。在现代人类文明的发展理念中，城市意味着更加美好的空间状态，《新城市议程》中指出，“我们必须抓住城镇化发展的机遇，将其作为永续、包容经济增长，社会和文化发展，环境保护，转型发展和永续发展的引擎”。在中国当前的城镇化阶段，尽管大“城市病”的社会反思与乡思、乡愁的文学追忆相交织，却不能否认中国城市化进程还将继续，智慧城市战略的实施意义在于如何智慧地利用各种可能的知识和先进技术，让城市社会容载、发育在更加美好的城市空间及环境之中。

一般地，智慧社会的空间与环境体系表现为在知识与技术支撑的基础上，城市社会活动和经济活动在物质空间上的智能化运行状态，其中城市功能优化、交通出行诱导、空间形象提升、资源环境善化是构建美好空间环境的核心内容。

首先，推进智慧的城市功能组织。信息技术对人们生活及生产方式带来的巨变，促使城市功能的改变，有集聚需求的城市功能在中心区域重新聚集，中心区的土地使用趋于更加混合，同时，通信技术和交通的支撑，城市空间景观的外迁与延伸，促进了郊区的功能重构，打破了传统常见的圈层式发展格局，向多中心网络化的格局发展。在这情形下，应提升巨型城市区域的集合能效，依托信息技术对产业升级的助推效应，探索城镇体系等级结构和职能结构的优化，利用通信、交通技术对大都市区人口、产业疏散的支撑作用，培育形态上相互分离、功能上相互协调的多中心功能区，从区域层面缓解向心式大城市的各种弊病。但必须承认的是，通信技术的发展在很大程度上确实削弱了空间距离的障碍，但并不意味着城市空间将因为距离感的缩减而无限扩张：由于高质量的面对面的协调与合作仍然不可或缺，这就要求有集聚需求的城市功能区在中心区域重新聚集，相互融合并互为补充，一些非中心区域也可利用自身的优势形成新的聚集，城市将打破传统常见的圈层式发展格局，并向多中心网络化的格局发展，其向外围的扩展也呈现多极化复合发展态势。微观层面，则应关注信息社会下城市社区尺度的空间优化与社区建设，对居民的社会构成及空间分布、相关服务体系的建设、社区组织管理等方面进行深入研究与评价，探讨自下而上的自组织发展，完善小尺度的城市功能环境。

其次，创建智慧的城市交通组织。信息技术的发展和移动互联网的日益普及，使人员的流动性也相较于之前大大加强，改变了城市居民日常行为及出行模式，其流动也逐渐转向更加高效、舒适的智能化出行。响应智慧城市空间环境的交通组织理念，应建立社会化信息共享联动机制，通过海量数据的集成处理进行交通诱导，从而提升城市的运行效率、减少城市客运系统的冗余交通，并依托物联网建设提升整体的交通效率；增强道路系统应对不同空间情景的适应性，利用物联网、移动互联网等技术，进一步加强交通基础设施网络基本状态、交通工具运行、运输组织调度的信息采集，形成更加完善的交通运输运行感知与监控体系，有效组织“智慧”型交通。

再次，构建美好的城市形象。随着信息化、全球化的不断深入，市民对城市空间要素的认知已经不再完全依赖于对真实物理环境的遍历式接触，而在一定程度上依赖于媒介材料的传播，以信息编码技术为依托的互联网成为传播城市空间意象的重要媒介。信息社会下的图像媒介空间可以依附于传统物质空间，和传统物质空间相重叠而产生出一种新型的、复杂的城市环境，在全球化的流动空间与地方空间之间创造了一种动态的交流，并不断改变着城市的空间结构和性质，同时，在信息媒介快速传递的社会中，虚拟世界和现实世界重叠、交互催生了各类社会群体城市意象的重新建构，如在互联网的历史文化遗产形象传递中，以保护为名义生产的满足大众符号消费的物质空间虽然一定程度有利于留下具有符号象征和形象名片的文化遗产原真性，但更多的是将空间符号化，不能真实反映历史信息，正如互联网空间的广州岭南印象园，受众看到的是被符号化的“岭南印象”，岭南建筑被符号化并逐步变成一种设计指引，练溪村，或者说一个全新岭南风情村的重现，到底是对历史的抢救、致敬，还是又一次面向特定消费群体的讨巧的商业包装？互联网媒介与建筑规划设计的深度融合，为地方城市形象的全球化传播提供了可能，但工具理性必须向价值理性回归，方能在社会维度构建美好的城市形象。

最后，善化可持续的城市资源环境。以物联网为代表的新一代信息技术的应用使物质实体具备了感知和智能响应能力，相应的城市物质实体之间不再是分散、孤立、封闭的状态，而是实现了城市中人与人、人与物、物与物之间随时随地的广泛连接。结合当前我国社会经济发展的新常态现实，城市的发展亟须从大拆大建狂飙式向内涵提升式转变，从工业文明转向生态文明，为此，就要充分调控互联网与物联网，促使资源环境建设从单向式向有机循环式处理方式转变、促使空间规划管理从集中管控向分布式社会治理转变，积极采用城市资源环境的微降解、微净化、微渗透、微更新和微调控等手段，协调自然生态空间与城镇发展空间的耦合布局关系，最终实现城市资源环境的可持续发展。

按照列斐伏尔的空间生产理论，“空间即社会”，城市空间不仅仅是社会经济活动的容器，更是社会的直接表达。在社会关系原子化的城市社会中，智慧的城市空间环境应包容性地看待各种社会群体关系中的彼此联系、网络、组织、制度、规范及价值观念，在综合运用各类技术的基础上，以智慧的城市设计构建社会共同体的美好城市环境。

9.5　迈向更智慧的中国城市社会

《道德经》中写到“九层之台，起于累土”，目前智慧城市实践处于概念构建向多维运用的演进中，人们对“智慧城市”的理解大多指向“互联网+”、物联网、云计算等智能城市或数字城市层面，各大媒体出现的“智慧城市”也让人难以区别哪些是城市营销的手段，哪些是城市建设的实况。

智慧城市固然包括应对城市问题的各类科学技术集成及应用，但并非只是技术进步本身，而是技术向社会、向人的内涵的全面渗透。事实上，“智慧城市”应当是对城市社会美好前景的综合描述，技术进步是“智慧城市”的必要但非充分条件。中国传统文化中有相当丰富的“大智慧”，如何在积极的文化传承中表达大数据信息时代的中国幸福生活理想，如何运用最新科技智能，实现更高更和谐的新型人类城市文明，是一种“智慧城市+中国梦”的中国智慧城市社会构想。

因此，从超越技术进步的视角关注“智慧城市”建设，尤其是关注“智慧城市”是否有助于培育和建构更好的城市社会，并与中国传统文化美学交融，是在这样一个日新月异的技术狂热时期尤其值得探究的人文关怀话题。针对我国的城市社会现实，多学科相互交融的协同研究及应用是开展智慧城市研究的客观要求，尤其是城乡规划学与信息科学的交叉，以及与传统人文社科领域的深切协同，既有利于建立系统、完善的智慧城市发展理念、策略和制度，也有利于实现智慧城市在空间策略和技术应用方面的可操作性。

在中国城市社会不断演进的过程中，全球科技发展的步伐还将继续向前迈进。因此，智慧城市的发展战略和设计也应是一种面向未来、开放包容的发展范式，而不限于当下的知识和技术；同时，日益形成共识的城市也不是人类向大自然不断索取的增长机器，而须更具人文关怀的知识与技术应用，营建与自然环境更加友好、更具“生活智慧”的可持续人居城市空间。

总而言之，智慧城市能否让城市社会更加美好，不单单取决于最新信息技术对人类生活和生存方式及空间与环境承载的物质性变革，更在于意识理念的社会鼎革。